UM PANORAMA CONTEMPO...

DO DIREITO INTERNACIONAL

DOS DIREITOS HUMANOS

Organizadora:

Priscila Caneparo dos Anjos

Autores:

Priscila Caneparo dos Anjos, Sidney Vincent de Paul Vikou, Sony Cortese Caneparo, Everton Passos, Marcelo Bordin, Maria Izabel Machado, Maurício Dalri Timm Do Valle, Valterlei A. Da Costa, Arinéia Barbosa de Macedo, Kimberly Coelho de Oliveira, Alana Danielle de Andrade Azevedo Costa, James Oliveira dos Santos, Maria Edna A. Ribeiro, Bruno Starcke Buzetti, Nicole Sanábio Einsfeld, Andressa Paludzyszyn Ferreira, Cassio Aguiar Caneparo, Letícia Niehues, Luan Gustavo Girardi Sampaio, Valentina Vaz Boni, Thiago Alisson Cardoso de Jesus

AMBRA UNIVERSITY press

Copyright 2022 © by
Ambra University Press, Priscila Caneparo dos Anjos.
All rights reserved.

Publisher: Ambra University Press
First edition: OCTOBER 2022 (Revision 1.0a)

Author: Priscila Caneparo dos Anjos, Sidney Vincent de Paul Vikou, Sony Cortese Caneparo, Everton Passos, Alana Danielle de Andrade Azevedo Costa, Bruno Starcke Buzetti, Luan Gustavo Girardi Sampaio, Letícia Tanchella Niehues, Arinéia Barbosa de Macedo, Kimberly Coelho de Oliveira, Valentina Vaz Boni, Nicole Sanábio Einsfeld, Marcelo Bordin, Maria Izabel Machado, Maria Edna A. Ribeiro, Andressa Paludzyszyn Ferreira, Maurício Dalri Timm Do Valle , Valterlei A. Da Costa, Cassio Aguiar Caneparo.
Title: Um Panorama Contemporâneo Do Direito Internacional Dos Direitos Humanos
Cover design: Ambra University Press
Book design: Ambra University Press
Proofreading: Ambra University Press

E-book format: EPUB
Print format: Print format: Paperback- 8 x 10 inch

ISBN: 978-1-952514-38-8 (Print - Paperback)
ISBN: 978-1-952514-39-5 (e-book – EPUB)

Ambra is a trademark of Ambra Education, Inc. registered in the U.S. Patent and Trademark Office.
Ambra University Press is a division of Ambra Education, Inc.
Orlando, FL, USA
https://press.ambra.education/ • https://www.ambra.education/

Copyright 2022 © por
Ambra University Press, Priscila Caneparo dos Anjos.
Todos os direitos reservados.

Editora: Ambra University Press
Primeira edição: outubro 2022 (Revisão 1.01)

Autores: Priscila Caneparo dos Anjos, Sidney Vincent de Paul Vikou, Sony Cortese Caneparo, Everton Passos, Alana Danielle de Andrade Azevedo Costa, Bruno Starcke Buzetti, Luan Gustavo Girardi Sampaio, Letícia Tanchella Niehues, Arinéia Barbosa de Macedo, Kimberly Coelho de Oliveira, Valentina Vaz Boni, Nicole Sanábio Einsfeld, Marcelo Bordin, Maria Izabel Machado, Maria Edna A. Ribeiro, Andressa Paludzyszyn Ferreira, Maurício Dalri Timm Do Valle , Valterlei A. Da Costa, Cassio Aguiar Caneparo.
Título: Um Panorama Contemporâneo Do Direito Internacional Dos Direitos Humanos
Design da capa: Ambra University Press
Projeto gráfico: Ambra University Press
Revisão: Ambra University Press

Formato e-book: EPUB
Formato impresso: Capa mole - 8 x 10 polegadas

ISBN: 978-1-952514-38-8 (Impresso – capa mole)
ISBN: 978-1-952514-39-5 (e-book – EPUB)

Ambra é uma marca da Ambra Education, Inc. registrada no U.S. Patent and Trademark Office.
Ambra University Press é uma divisão da Ambra Education, Inc.
Orlando, FL, EUA
https://press.ambra.education/ • https://www.ambra.education/

SUMÁRIO

SOBRE OS AUTORES

PRISCILA CANEPARO DOS ANJOS

Doutora em Direito Internacional (PUC-SP). Professora do Programa de Pós-Graduação em Governança, Tecnologia e Inovação (Universidade Católica de Brasília). Professora do Programa de Pós-Graduação em Direito da Ambra University. Coordenadora da Clínica de Direito Internacional (UNICURITIBA). Professora dos cursos de Direito e Relações Internacionais (UNICURITIBA). Membro e parecerista da Academia Brasileira de Direito Internacional. Membro da Comissão de Direito Internacional (OAB/PR). Membro e Pesquisadora da RED de Derecho América Latina y Caribe. Membro da Associação Iberoamericana de Derecho, Cultura Y Ambiente. Delegada da Diplomacia Civil para a Organização Mundial do Comércio (OMC)e para o Conselho Econômico e Social (ONU). Autora de livros.

ALANA DANIELLE DE ANDRADE AZEVEDO COSTA

Mestranda em Ciências Jurídicas pela Ambra University. Analista Judiciário do Tribunal de Justiça de Pernambuco, onde exerce a função de Auditora de Inspeção da Corregedoria Geral de Justiça. Pós-graduada em Direito Público pela Escola Judicial de Pernambuco - ESMAPE. Graduada em Direito pela Universidade Católica de Pernambuco - UNICAP.

ANDRESSA PALUDZYSZYN FERREIRA

Graduada em Relações internacionais pela Unicuritiba, pós graduanda em História Contemporânea e Relações Internacionais pela Pontifícia Universidade Católica do Paraná, PUCPR. Pesquisadora na área de Direitos Humanos, com enfoque em Direito Ambiental.

ARINÉIA BARBOSA DE MACEDO

Mestranda em Ciências Jurídicas pela Ambra University-EUA. Possui Pós-graduação Lato Sensu em Processo Judiciário pela Escola Superior de Advocacia do Amazonas - ESA/OAB/AM em parceria com a Faculdade Figueiredo Costa/UNIFAL. Bacharel em Direito pelo Centro Universitário do Norte-UNINORTE. É Escrivã de Polícia Civil do Estado do Amazonas. Tem experiência em direito penal, processual penal e direito eleitoral.em Direito, Justiça, Instituições e Desenvolvimento pela Universidade Católica de Brasília – UCB; Ex-conciliador do Tribunal de Justiça do Paraná; Advogado Licenciado.

BRUNO STARCKE BUZETTI

Mestrando em Ciências Jurídicas (Master of Science in Legal Studies) pela Ambra University, Orlando/FL (EUA). Pós-graduado em Direito Público pela Universidade Leonardo da Vinci, Indaial/SC (Brasil). Pós-graduado em Direito Penal e Processual Penal pela Universidade Gama Filho (UGF), Rio de Janeiro/RJ (Brasil). Graduado em Direito pela Universidade Estadual Paulista Júlio de Mesquita Filho (UNESP), Franca/SP (Brasil). Atualmente exerce o cargo de Analista Jurídico do Ministério Público do Estado de São Paulo.

CASSIO AGUIAR CANEPARO

Professor de Direito Tributário; Especialista em Direito Tributário pelo Instituto Brasileiro de Estudos Tributários – IBET; Especialista em Direito Aplicado lato sensu pela Fundação Escola do Ministério Público do Estado do Paraná – FEMPAR; Especialista em Direito Aplicado lato sensu pela Escola da Magistratura do Paraná – EMAP; Mestrando.

EVERTON PASSOS

Geógrafo, graduado em Geografia (bacharel e licenciado) pela Universidade Federal do Paraná (1976), mestre em Ciências do Solo pela Universidade Federal do Paraná (1985) e doutor em Manejo Florestal pela Universidade Federal do Paraná (1999). Professor titular aposentado da Universidade Federal do Paraná, onde atuou no ensino pesquisa extensão administração de 1981 a 2022. Consultor na área de Geociências, com ênfase em Geografia Física – Geomorfologia, atuando nas seguintes temáticas: geomorfologia, análise de paisagem, ambiental e em geoprocessamento.

Kimberly Coelho de Oliveira

Especialista em Ética e Direitos Humanos pela Faculdade Vicentina, formada em Relações Internacionais e com graduação em andamento pelo Centro Universitário Curitiba.

Letícia Tanchella Niehues

Mestranda em Política Mundial e Relações Internacionais pela Universidade de Pavia, Itália, e bacharel em Relações Internacionais pelo Centro Universitário Curitiba. Delegada da sociedade civil no World Food Forum, organizado e sediado pela FAO (Organização para a Alimentação e Agricultura), em Roma. Interesses de pesquisa englobam segurança alimentar, ecopolítica, direitos humanos e direito das mulheres.

Luan Gustavo Girardi Sampaio

Graduado em Relações Internacionais pela UNICURITIBA - Centro Universitário Curitiba. Interessa-se pelos temas de Direitos Humanos, Mudanças Climáticas, Refugiados

Marcelo Bordin

Geógrafo (UFPR), Cientista Político (UNINTER), Mestre em Geografia e Doutor em Sociologia (ambos pela UFPR). Atualmente é pesquisador do Centro de Estudos em Segurança Pública e Direitos Humanos (CESPDH/UFPR), do Grupo de Pesquisas em Segurança, Violência e Justiça (SEVIJU/UFABC) e da Rede Nacional de Pesquisas em Militarização da Educação. Atualmente é Professor Visitante no Curso de Pós-Doutorado do Centro Euro-Americano de Pesquisas em Políticas Constitucionais (CEDEUAM) da Università Del Salento, Itália.

Maria Edna A. Ribeiro

Mestranda em Estudos Jurídicos pela AMBRA University (Estados Unidos), advogada, pesquisadora, integrante de Programa de Extensão Universitário e Orientadora de Estágio em Direito Penal no Centro Universitário Tabosa de Almeida (Asces/Unita em PE), membro da Comissão da Mulher Advogada da OAB/PE.

Maria Izabel Machado

Socióloga, Professora Permanente do Programa de Pós Graduação em Educação (PPGE-UFG) e do Programa de Pós Graduação Interdisciplinar em Direitos Humanos (PPGIDH-UFG). Pesquisadora do Grupo Mutamba (UFG) e do Núcleo de Estudos de Gênero (UFPR).

Maurício Dalri Timm Do Valle

Mestre e Doutor em Direito do Estado (UFPR). Professor de Direito Tributário da Universidade Católica de Brasília – UCB. Coordenador do Mestrado em Direito da Universidade Católica de Brasília – UCB. Ex-assessor de Ministro do Supremo Tribunal Federal – STF. Membro Julgador do Conselho Administrativo de Recursos Fiscais – Carf. Advogado Licenciado.

Nicole Sanábio Einsfeld

Graduada em Direito pelo IBMEC/RJ, especialista (pós-graduada) em Advocacia Contratual e Responsabilidade Civil pela Escola Brasileira de Direito e especialista (pós-graduada) em Direito Digital pela Universidade do Estado do Rio de Janeiro (UERJ). Atualmente, é pós-graduanda em Direito Internacional pela Unyleya e advogada associada no PVS Advogados, atuando na aérea de aviação civil comercial. Possui experiência em resolução de conflitos cíveis e empresariais, com ênfase nas áreas de aviação civil comercial, telefonia e seguros.

SIDNEY VINCENT DE PAUL VIKOU

Graduação em Gestão Ambiental pela Universidade Federal do Paraná (2016), mestre em Geografia pela mesma universidade (2018) com pesquisa desenvolvida sobre expansão urbana e modelagem preditiva. Atualmente é doutorando do Programa de Pós-Graduação em Geografia da UFPR com pesquisa sobre os efeitos das atividades antrópicas sobre o ecossistema manguezal. Tem experiência na área de Ciências Ambientais, com ênfase para a gestão ambiental, além do domínio em Geoprocessamento e Sistemas de Informações Geográficas (SIG). Desenvolve pesquisa relacionada aos temas de Expansão urbana, Planejamento Ambiental Urbano, Unidades de Conservação, Ecossistemas Costeiros, Qualidade ambiental, entre outros.

SONY CORTESE CANEPARO

Possui Doutorado em Meio Ambiente e Desenvolvimento (1999), Mestrado em Ciências Geodésicas na área de concentração Fotogrametria (1983), Especialização em Geoprocessamento (1993) e Graduação em Geografia (Bacharelado e Licenciatura), todos obtidos na Universidade Federal do Paraná (UFPR). Atuou como professora de no Departamento de Geografia da UFPR de 1984 a 2015. Foi orientadora de monografias, dissertações e teses. Atualmente, orienta no Programa de Pós-Graduação em Geografia da Universidade Federal do Paraná. Presta consultorias nas áreas ambientais e de Geoprocessamento.v

THIAGO ALLISSON CARDOSO DE JESUS

Advogado. Pós-Doutor em Ciências Criminais pela Pontifícia Universidade Católica do Rio Grande do Sul. Fez estágio pós-doutoral no Programa Desigualdades Globais e Justiça Social (Capes/Print) pela Faculdade de Direito da Universidade de Brasília e pela Faculdade Latinoamericana de Estudos Sociais (FLACSo). Especialista em Compliance Internacional pela Universidade de Coimbra (PT). Professor Adjunto I do Curso de Direito da Universidade Estadual do Maranhão, Diretor do Curso de Relações Internacionais e Coordenador da Especialização em Direitos Humanos da mesma Universidade. Professor Permanente do Mestrado em Direito e Afirmação de Vulneráveis e da graduação em Direito da Universidade Ceuma. Pesquisador da Rede e Observatório Internacional em Desaparecimento Forçado (ROAD). Doutor e Mestre em Políticas Públicas pela Universidade Federal do Maranhão. Autor de "A (des)ordem do discurso em matéria de segurança pública" lançada em 2020 pela Editora Tirant Lo Blanch e de diversas outras obras.

Valentina Vaz Boni

Mestranda em Direito Internacional pelo Geneva Graduate Institute (IHEID). Especialista em Direito e Processo Penal pela Academia Brasileira de Direito Constitucional (ABDConst). Bacharel em Direito pelo Centro Universitário Curitiba (UniCuritiba). E-mail: valentinavazboni@hotmail.com.

VALTERLEI A. DA COSTA

Doutorando em Direito Econômico, Financeiro e Tributário pela USP e em Direito do Estado pela UFPR, com intercâmbio na Universidad Autónoma de Madrid. Mestre em Direito do Estado e Bacharel em Direito pela UFPR. Ex-Técnico de Finanças e Controle lotado na Procuradoria da Fazenda Nacional. Membro-relator da Comissão de Direito Tributário da OAB/PR e líder do Grupo de Trabalho Tributos Federais. Membro do Instituto de Direito Tributário do Paraná. Professor de cursos de pós-graduação lato sensu em direito. Sócio do Costa & Costa Advogados em Curitiba/PR vE-mail: valterlei@costaecostaadvocacia.com.br

A ORGANIZAÇÃO DAS NAÇÕES UNIDAS E OS DIREITOS HUMANOS: BREVES CONSIDERAÇÕES

Autora:

Priscila Caneparo

INTRODUÇÃO

Os direitos humanos são tidos como os valores mais indispensáveis para a consolidação da dignidade da pessoa humana em um entrecho global. De tal forma, devem ser reconhecidos, normatizados e efetivados em todas as sociedades mundo afora.

Neste sentido, sua proteção demanda esforços cooperativos de toda e qualquer ordem jurídica nacional, encadeada e conjugada à existência de mecanismos efetivos de proteção internacional. Ocorre que, para tanto, fora necessário o rebentamento do processo de internacionalização dos direitos humanos, pautados, aqui, primordialmente, em seus sistemas internacionais de proteção.

Inegavelmente, a Declaração Universal dos Direitos Humanos, idealizada na seara das Nações Unidas, cumprira o papel indispensável de trazer à tona os ideais perseguidos pelos próprios direitos humanos, bem como possibilitara a ascensão de mecanismos internacionais para a consubstanciação de valores essenciais a serem resguardados por toda a sociedade internacional.

Por consequência, o documento, ainda que sem contar formalmente com força vinculativa, trouxera consigo os ideais a serem perseguidos pela própria Organização das Nações Unidas, resultando em convenções e no próprio sistema universal de proteção dos direitos humanos.

Justifica-se, de tal forma, o necessário enaltecimento dos valores perseguidos pela Declaração Universal, bem como sua atuação em um entrecho internacional, quando então possibilitara que os Estados, frente às atrocidades advindas de duas grandes guerras mundiais, entendessem, internalizassem e perseguissem, ainda que teoricamente, um imaginário coletivo pautado nos direitos humanos.

Fora este documento, sem sombra de dúvidas, que permitira, de maneira definitiva, o florescimento de uma sociedade de Estados não mais guiados por uma soberania rígida e egoística, mas sim na flexibilização deste seu elemento constitutivo em prol da cimentação das concepções atinentes aos direitos humanos.

A ECLOSÃO DE UM NOVO PARADIGMA: O PROCESSO DE INTERNACIONALIZAÇÃO DOS DIREITOS HUMANOS

O processo de internacionalização dos direitos humanos acompanhou a própria humanização do Direito Internacional. Se outrora os direitos humanos eram considerados ramo do Direito Internacional Público, subjugado à vontade soberana dos Estados, o processo evolutivo do Direito e da sociedade fez com que hoje sejam considerados como ramo autônomo jurídico, reclamando conceitos e normatividade própria que alcancem a proteção que lhes é indispensável.

Considera-se o processo de internacionalização dos direitos humanos a partir de dois momentos: da segunda metade do século XIX até a 2.a Guerra Mundial; e pós-2.a Guerra, quando do nascimento da Organização das Nações Unidas.

A primeira fase – ou também conhecida como primeiros precedentes históricos do processo de internacionalização dos direitos humanos – atrela-se ao surgimento do Direito Humanitário, da Liga das Nações e da Organização Internacional do Trabalho.

Concentrando esforços na compreensão do Direito Humanitário, diz-se ser este "a lei da guerra, sendo o ramo do Direito dos Direitos Humanos que se aplica aos conflitos armados internacionais e, em determinadas circunstâncias, aos conflitos armados nacionais" (BUERGENTHAL, 1988, p.190).

Sua importância reside no papel desempenhado pelo Estado para com os direitos humanos: o poderio estatal encontra limites até mesmo quando se tratar de conflito armado, devendo guardar respeito para com o mínimo dos direitos humanos, elencado em normativa própria, chamada de Direito Humanitário.

Quanto ao surgimento da Liga das Nações, após a 1.a Guerra Mundial, valem algumas considerações. Proposta, em Paris, pela Conferência da Paz, em 1919, assentou suas bases na cooperação internacional, objetivando a consolidação da paz e da segurança internacional. Entendeu-se que estas só seriam alcançadas se houvesse o dispêndio de atenção e de esforços partilhados entre os diversos Estados.

Por último, neste entrecho, tem-se o papel atribuído à Organização Internacional do Trabalho (International Labour Organization). Criada em 1919, destacou-se por consolidar padrões internacionais para o trabalho – condições, equiparação de gênero e salário, entre outros. Fora crucial para o processo de internacionalização dos direitos humanos por contar com convenções de observância obrigatória aos Estados que da Organização participavam.[1]

As circunstâncias aqui expostas, como precursoras dos processos de internacionalização dos direitos humanos, trouxeram grandes inovações: diversificaram o campo de atuação do Direito Internacional, abrigando interesses além do relacionamento entre Estado – Estado, ou Estado – organismos internacionais, supervisionando a efetivação dos direitos humanos pelos Estados aos indivíduos, além de disponibilizarem instrumentos e meios próprios para tanto, já que estes direitos se internacionalizaram.

Sucede-se que o Direito Internacional dos Direitos Humanos, como hoje se apresenta, estabelecera-se, definitivamente, com o final da Segunda Guerra, vindo a ser compreendido como o conjunto de normas internacionais criadoras e processadoras das obrigações do Estado em respeitar e garantir certos direitos a todos os seres humanos, sob sua jurisdição, sejam nacionais ou não (SIMMA,1995, p.166).

Os direitos humanos, como tema autônomo do Direito Internacional, emergem na crença coletiva de que, caso estivessem presentes em momento anterior, muitas das violações ocorridas na Segunda Grande Guerra poderiam ter sido evitadas ou prevenidas.[2]

Nesse cenário de caos e destruição em massa, impôs-se a reconstrução de uma sociedade pautada na ordem moral e ética dos direitos humanos. Não mais se demonstra concebível a ineficácia e a falta de proteção efetiva aos referidos direitos, uma vez que as atrocidades da Segunda Guerra não poderiam, novamente, vingar em qualquer lugar, a qualquer tempo.

A continuidade da espécie humana demandava, então, novos parâmetros, a partir da confecção de uma nova ordem internacional, orientada por padrões éticos, morais e jurídicos pautados nos direitos humanos. É neste traçado que se permeia caminho para o surgimento da Organização das Nações Unidas (ONU).

---

1   No ensinamento de Antonio Cassesse: "Imediatamente após a Primeira Guerra Mundial, a Organização Internacional do Trabalho (OIT) foi criada e um de seus objetivos fora o de regulamentar as condições dos trabalhados em âmbito mundial. Os Estados foram encorajados a não apenas elaborar e aceitar as Convenções Internacionais (relativas á igualdade de remuneração no emprego para mulheres e menores, à jornada de trabalho noturno, à liberdade de associação, dentre outras), mas também a cumprir novas obrigações internacionais". (CASSESSE, Antonio. Human Rights in a Changing World. Philadelphia: Temple University Press, 1990. p.172).

2   Para Thomas Buergenthal: "o moderno Direito Internacional dos Direitos Humanos é um fenômeno do pós-guerra. Seu desenvolvimento pode ser atribuído às monstruosas violações de direitos humanos da era Hitler e à crença de que parte destas violações poderiam ser prevenidas se um efetivo sistema de proteção internacional de direitos humanos existisse". (BUERGENTHAL, Thomas. International Human Rights. Minnesota: West Publishing, 1988. p.17).

A ONU delimitou, definitivamente, a prospecção de uma nova ordem internacional, com um novo modelo para o desenvolvimento das relações internacionais voltado à manutenção da paz e da segurança internacional, socorrendo-se, para tanto, da cooperação internacional.

Considera-se como marco inicial da disciplina chamada de Direito Internacional dos Direitos Humanos a Carta das Nações Unidas – também chamada de Carta de São Francisco –, de 1945. Fora providencial seu surgimento, visto que elencara, expressamente, a locução direitos humanos, positivando, ainda, a cooperação para consecução de seus objetivos. Vale considerar, acerca do tema, a passagem abaixo (PIOVESAN, 2011, p.184):

> *A criação das Nações Unidas, com suas agências especializadas, demarca o surgimento de uma nova ordem internacional, que instaura um novo modelo de conduta nas relações internacionais, com preocupações que incluem a manutenção da paz e segurança internacional, o desenvolvimento de relações amistosas entre os Estados, a adoção da cooperação internacional no plano econômico, social e cultural, a adoção de um padrão internacional de saúde, a proteção ao meio ambiente, a criação de uma nova ordem econômica internacional e a proteção internacional dos direitos humanos.*

Vale ressalvar que, apesar de sua inestimável contribuição para a consolidação dos direitos humanos em plano internacional, não havia um rol expresso de tais direitos, tendo em vista seu tratado constitutivo ser bastante amplo, contando apenas com disposições gerais acerca da temática.

Em decorrência, três anos após sua instauração, estabelecera-se uma declaração englobando todos os direitos previstos ao longo da história. Imputa-se a este novo documento a utilidade de servir como código moral e ético cabível de internalização pelos ordenamentos jurídicos estatais.

Alude-se à Declaração Universal dos Direitos Humanos[3], datada de 10 de dezembro de 1948. Elaborada no âmbito da ONU, estipulara a universalidade e a afirmação ética dos direitos humanos, impossibilitando reservas acerca dos temas ali contidos.[4]

---

3   Atenta-se, inicialmente, ao fato de que, sendo uma declaração, não possui, por si só, caráter impositivo àqueles que com ela consentiram. Entretanto, inegável é seu teor moral, ético e jurídico, capaz de influenciar todos aqueles ordenamentos jurídicos estatais que dos valores ali mencionados compartilham.

4   Como bem explica André de Carvalho Ramos: "embora a Declaração Universal dos Direitos Humanos tenha sido aprovada por 48 votos a favor e sem voto em sentido contrário, houve oito abstenções (Bielorrússia, Checoslováquia, Polônia, União Soviética, Ucrânia, Iugoslávia, Arábia Saudita e África do Sul). Honduras e Iêmen não participaram da votação". (RAMOS, André de Carvalho. Curso de direitos humanos. 2.ed. São Paulo: Saraiva, 2015. p.47).

O objetivo central deste documento fora a consolidação do respeito à dignidade da pessoa humana e o advento de uma nova sociedade global pautada nos valores dos direitos humanos. Ainda, assentou como requisito único a condição de ser humano para gozo e proteção dos direitos ali referenciados (PIOVESAN, 2007).

A doutrina garante o entendimento acima elencado, quando propõe que, a partir de tal documento, fora possibilitada uma normatividade congruente e protetiva a todos os indivíduos, apenas por sê-los. Coordena-se (PIOVESAN, 2007, p. 137):

> No tocante à sua projeção normativa, constituíram ambas as Declarações um ímpeto decisivo, como já indicado, no processo de generalização da proteção internacional dos direitos humanos que as quase cinco últimas décadas têm testemunhado. Este processo passou a visar a proteção do ser humano como tal, e não mais sob certas condições ou em setores circunscritos como no passado [...].

É a partir de então que se impõe moralmente aos Estados a necessária conduta ativa na proteção e efetivação dos direitos humanos, traduzindo-se em preceitos constitucionais. Em ambiente internacional, influi no surgimento de instrumentos que supervisionem e fiscalizem a conduta dos Estados para com os direitos humanos de seus cidadãos. Como bem detalha Cançado Trindade (2002, p.641):

> Ademais, a Declaração Universal também se projetou no direito interno dos Estados. Suas normas encontraram expressão nas Constituições nacionais de numerosos Estados, e serviram de modelo a disposições das legislações nacionais visando a proteção dos direitos humanos. A Declaração Universal passou a ser invocada ante os tribunais nacionais de numerosos países de modo a interpretar o direito convencional ou interno atinente aos direitos humanos e a obter decisões. A Declaração Universal, em suma, tem assim contribuído decisivamente para a incidência da dimensão dos direitos humanos no direito tanto internacional como interno. Os direitos humanos fazem abstração da compartimentalização tradicional entre os ordenamentos jurídicos internacional e interno; no presente domínio de proteção, o direito internacional e o direito interno encontram-se em constante interação, em benefício de todos os seres humanos.

É neste momento que irrompe a responsabilidade internacional dos Estados no campo dos direitos humanos. Esta será deflagrada quando as ações estatais de promoção e proteção dos direitos não mais se demonstrem efetivas, em consonância com a falha ou omissão de suas instituições.

Destaca-se, ainda, o fato de que o processo de universalização e internacionalização dos direitos humanos assistira à eclosão de um mundo bipolar, dividindo entre duas ideologias dominantes, o capitalismo e o socialismo, permeando e consolidando então o chamado período da Guerra Fria.

Como consequência, edificaram-se dois grandes pactos, enunciativos e juridicamente vinculantes aos Estados que viessem a fazer parte: Pacto Internacional dos Dirietos Civis e Políticos (alinhados aos interesses e valores dos países capitalistas) e Pacto Internacional dos Direitos Econômicos, Sociais e Culturais (em consonância com a ideologia dos países socialistas). Ambos foram desenvolvidos em 1966, pela Resolução 2200.a (XXI) da Assembleia Geral das Nações Unidas. Visando à melhor compreensão, destaca-se (SILVEIRA, 2010, p.154):

> *Nos anos seguintes, com o desenrolar da Guerra Fria, esta tentativa de consenso sobre os direitos humanos se revelou crescentemente inócua devido à cada vez mais acirrada disputa entre os dois blocos. Sendo assim, quando se decidiu transformar os princípios declarados em normas jurídicas, a ONU formulou dois pactos distintos. Com efeito, parte dos países socialistas não assinou o Pacto Internacional dos Direitos Civis e Políticos, enquanto parte das nações capitalistas não assinou o Pacto Internacional dos Direitos Econômicos, Sociais e Culturais – dentre elas destacamos os EUA, que até hoje não reconhecem estes direitos como tais.*

Investigando o Pacto Internacional sobre Direitos Civis e Políticos (PIDCP), sua adoção se dera na XXI Sessão da Assembleia Geral das Nações Unidas, em 16 de dezembro de 1966, com vigência a partir de 23 de março de 1976. Prenuncia-se, mediante seu art. 1.o, parágrafo 1.o, o fato de todos os Estados signatários terem o dever de respeitar e assegurar a todos os indivíduos dentro do seu território e sujeito a sua jurisdição os direitos que o instrumento prevê. Inferiu, também, na criação do Comitê de Direitos Humanos, sendo ele o mecanismo de implementação do documento. Sua atuação baseia-se na análise de relatórios de seus Estados signatários e da direta comunicação com o Conselho Econômico e Social das Nações Unidas (ECOSOC). Depreende-se o seguinte trecho (ALVES, 2003, p. 53):

> *O mecanismo de implementação do Pacto de Direitos Civis e Políticos é o Comitê dos Direitos Humanos, composto por 18 membros eleitos a título pessoal. Os Estados-partes dos Pactos se obrigam a "apresentar relatórios sobre as medidas adotadas para dar efeito aos direitos reconhecidos" no documento e "sobre os progressos realizados no gozo desses direitos" (Artigo 40, parágrafo 2). O Comitê é incumbido de estudar os relatórios, transmiti-los aos Estados-partes com os comentários gerais que considerar apropriados, e de reportar, por sua vez, ao ECOSOC (Artigo 40, parágrafo 4).*

O Pacto Internacional sobre Direitos Econômicos, Sociais e Culturais fora produto da XXI Sessão da Assembleia Geral das Nações Unidas, realizada em 19 de dezembro de 1966, entrando em vigor em 3 de janeiro de 1976. Apontou diretrizes aos Estados signatários, segundo seu art. 2.o, parágrafo 1.o, que alude que individualmente e através da assistência e cooperação internacionais, especialmente econômicas e técnicas, até o máximo de seus recursos disponíveis, com vistas a alcançarem progressivamente a completa realização dos direitos. Findou possíveis equívocos quanto ao caráter dos direitos sociais, econômicos e culturais: são tão respeitáveis e reconhecidos quanto os direitos civis e políticos, não havendo entre eles qualquer posição de supremacia, contando, todos eles, com caráter normativo aos Estados aderentes. Diferem-se apenas dos direitos civis e políticos quanto à postura estatal: enquanto estes preveem uma postura abstencionista do Estado, os direitos sociais, econômicos e culturais necessitam, para sua realização, da atuação estatal.

Sem embargos, o que se observa é que os direitos humanos, em conjunto com o desenrolar societário, acabaram por demandar, cada vez mais, esforços cooperativos para sua consolidação e efetivação no âmbito interno dos Estados. Não mais dependem única e exclusivamente da ordem normativa interna, vindo a trilhar caminhos próprios no Direito Internacional para que seu processo de internalização se cumpra efetivamente.

A NECESSÁRIA PROTEÇÃO INTERNACIONAL DOS DIREITOS HUMANOS

Determina-se que a proteção internacional dos direitos humanos é o principal instrumento para transpor à realidade a própria internacionalização destes direitos, devendo, indispensavelmente, estruturar o respeito ao ser humano em todas as atividades que visem o desenvolvimento dos instrumentos da própria proteção.

Detecta-se, neste entrecho, a proteção internacional dos direitos humanos como o conjunto de mecanismos internacionais que analisa a situação de direitos humanos em um determinado Estado (RAMOS, 2013, p. 34), visando constatar possíveis violações ali realizadas, além de prever, para estas, reparações materiais e/ou obrigacionais.

Assim sendo, precisa-se a materialização da proteção internacional dos direitos humanos por, essencialmente, três categorias: 1) sistema de petições (reclamações individuais ou de Estados às jurisdições internacionais); 2) sistema de relatórios (instrumento ex officio, inferindo numa supervisão internacional em determinado Estado, instituído por intermédio de tratado); e 3) procedimentos de investigações (visitas in loco, objetivando a coleta de dados, em caráter permanente ou ad hoc).

Despontam, na proteção internacional dos direitos humanos, três grandes categorias de ações, quais sejam: "promoção, controle e garantia" (ALVES, 2003).

A promoção visa influenciar Estados que ainda não possuem um sistema normativo interno de tutela dos direitos humanos a desenvolvê-lo e, caso já o tenha, aperfeiçoar e incrementá-lo ainda mais. Quanto ao controle, cobra-se dos Estados a observância de suas obrigações. Finalmente, quanto à garantia, diz-se ser esta a verdadeira tutela internacional dos direitos humanos, compondo-se por uma nova forma, além da jurisdição interna, de garantia da proteção,

Julga-se que a responsabilidade primária, no quesito proteção dos direitos humanos é, sem sobra de dúvidas, dos Estados, tanto é que os próprios tratados acerca do tema referem-se aos órgãos estatais como executores primários da proteção em tela.

Por consequência, os instrumentos internacionais de proteção possuem caráter complementar à proteção nacional, com a devida valoração indispensável à consolidação dos direitos humanos.

Ainda, substancial se constata a adequação dos ordenamentos jurídicos nacionais ao regime de proteção internacional dos direitos humanos. Mesmo que com entraves, é nítido o avanço, em seus planos de ação e de modificação das estruturas sociais, da proteção internacional dos direitos humanos, por intermédio da multiplicação de instrumentos, organismos e cortes internacionais. Há um incremento cada vez maior no número de organismos passíveis de se socorrer caso a proteção nacional não se demonstre eficaz, ou mais perigosamente, onde ainda não exista a referida proteção.

Indica-se que a compatibilização entre a jurisdição nacional e a internacional é plenamente realizável, uma vez que se consagrou, na proteção internacional, o princípio do prévio esgotamento dos recursos de direito interno, trazendo à tona a responsabilidade primária estatal na proteção e, também, a subsidiariedade da jurisdição internacional (CANÇADO TRINDADE, 1991).

Ressalta-se que a proteção internacional dos direitos humanos vem abarcar organismos supranacionais e intergovernamentais, contando com três níveis de proteção: universal, regional e sub-regional. Obviamente, há ainda um quarto nível de proteção, sendo o essencial e intransponível neste sistema devidamente escalonado, qual seja, o nível nacional ou doméstico.

Especificando, brevemente, o sistema universal de proteção dos direitos humanos, infere-se ser este realizável por intermédio do sistema ONU, contando com instrumentos, agências, fundos, programas, comitês, mecanismos e órgãos próprios. Os mecanismos universais podem se desenrolar em procedimentos convencionais, com base em tratados, ou não convencionais, por intermédio de resoluções dos órgãos da ONU. Preveem-se, nesta seara, critérios e procedimentos próprios para efetivação dos direitos ali consolidados.

Concomitantemente ao sistema universal, observa-se o afloramento de sistemas regionais de proteção, sendo eles: europeu, interamericano e africano. Justifica-se a criação de sistemas regionais para o melhor atendimento das demandas locais, uma vez que um número reduzido de Estados, com características semelhantes, torna mais facilmente realizável o consenso político e a cooperação (SMITH, 2003).

Um questionamento pertinente a se fazer, quando do estudo dos sistemas de proteção, repousa sobre a possibilidade de dualidade de processos sobre uma mesma violação de direitos humanos.

Assimila-se, primeiramente, a possibilidade de coexistência de todos estes sistemas, aplicando-se a norma mais favorável à vítima, pela coordenação destes mecanismos. Aponta-se, ainda, ao fato de que "o esgotamento de um mecanismo não exaure o direito da vítima de utilizar-se de outro mecanismo que garanta seus direitos violados" (RAMOS, 2013, p.345).

O SISTEMA UNIVERSAL DE PROTEÇÃO DOS DIREITOS HUMANOS

Os direitos humanos, com base em seu processo de universalização e internacionalização, cobraram um incessante monitoramento e controle de toda a comunidade internacional, denominado de international accountability.

Realiza-se o início da proteção internacional com o advento da Carta da ONU (1945) e após, com a estabilização de direitos e liberdades fundamentais do homem na Declaração Universal (1948). Entretanto, este último documento não contara, por si só, com força normativa vinculante, consagrando-se como um código de conduta para os ordenamentos jurídicos estatais.

A consolidação jurídica de tal documento se dera por intermédio do Pacto Internacional dos Direitos Civis e Políticos e do Pacto Internacional dos Direitos Econômicos, Sociais e Culturais, ambos de 1966. A partir de então, ordenou-se o International Bill of Rights ou Carta Internacional dos Direitos Humanos, introduzindo o sistema global de proteção dos direitos humanos.

Em suma, a proteção universal dos direitos humanos operaciona-se na esfera da ONU, dividindo-se em dois grandes ramos (ALSTON, 1992): a proteção pelos mecanismos convencionais, criados por convenções específicas, independentes, mas que se localizam no seio da Organização; e a proteção por mecanismos não convencionais, decorrentes de resoluções elaboradas por órgãos da própria ONU.

A proteção dos direitos humanos não é objetivo central da Organização, uma vez que sua Carta não faz referência à proteção ou salvaguarda direta dos direitos humanos. Entretanto, impensável se atesta a evolução da proteção dos direitos humanos sem a presença da Organização (GARCIA, 2005).

A tutela dos direitos humanos, na estrutura da ONU, encontra respaldo em dois órgãos especializados – Conselho de Direitos Humanos e Alto Comissariado em Direitos Humanos –, agindo conjuntamente a três de seus principais órgãos, quais sejam: (I) Assembleia Geral; (II) Conselho Econômico e Social (ECOSOC); (III) Tribunal Internacional de Justiça. Não obstante, o sistema ONU regula-se, igualmente, por diversos outros órgãos, agências e fundos, cujos quais também englobam a proteção e efetivação dos direitos humanos.

Concentrando a investigação nos mecanismos convencionais de proteção dos direitos humanos (treaty-monitoring bodies), apreende-se como aqueles previstos em convenções específicas e autônomas, localizadas no seio da Organização das Nações Unidas.

Estas convenções possuem força vinculante aos Estados que lhes aderiram, contando, cada qual, com uma forma de proteção específica aos direitos que versam em seu interior e, quase sempre, preveem a existência de comitês, compostos por peritos independentes, "que atuam em sua responsabilidade individual, portanto, com independência em relação aos países dos quais são provenientes" (LIMA JR., 2002, p. 31).

A competência dos comitês restringe-se às comunicações que se atrelam às violações dos direitos previstos em suas convenções. Estes "contam, para o desempenho de suas tarefas, com o apio administrativo do Alto Comissariado das Nações Unidas para os Direitos Humanos, com sede em Genebra (Suíça)" (RAMOS, 2013, p. 79).

Funcionando como órgãos autônomos do sistema ONU, cada comitê poderá: (a) receber petições individuais, relatórios e comunicações interestatais; (b) proferir decisões a petições individuais, declarando a violação ou determinando que o Estado repare a violação configurada; (c) requerer informações aos Estados sobre a sua realidade no condizente aos direitos no documento assegurados.

Os comitês, em suma, pretendem assegurar mecanismos próprios para o melhor e maior cumprimento das convenções pelos Estados que lhes aderem. Estes mecanismos são realizáveis por intermédio de fases assim descritas (CAMPELLO, 2013, p. 146 – 147):

> *Na fase inicial, há o controle de informação, pelo qual o Estado deve informar não apenas as medidas adotadas para dar cumprimento ao Tratado, mas também os resultados obtidos mediante os meios empregados. Nesse sentido, a preocupação se volta para a coleta de informações sobre a conduta dos Estados. [...]*
>
> *A segunda etapa se concentra em facilitar o cumprimento. Nesse sentido, mecanismos de facilitação procuram canalizar a pressão política ou moral para persuadir um Estado inclinado a ignorar o compromisso assumido. [...]*
>
> *A terceira etapa está relacionada com o não cumprimento. [...] Os procedimentos de não cumprimento são principalmente destinados à investigação das causas e facilitação do cumprimento.*

Destaque importante cabe, como mecanismo convencional judicial, à Corte Internacional de Justiça.[5] Instituída em 1945 pela Carta das Nações Unidas, alicerça o judiciário da ONU. Possui sua sede em Haia, Holanda, compondo-se por quinze magistrados independentes, eleitos pela Assembleia Geral e pelo Conselho de Segurança, com mandato de nove anos, passíveis de reeleição.

---

5   Já no art. 14 da extinta Liga das Nações (1919) previa-se um "projeto de Tribunal permanente de justiça internacional". (Disponível em: <http://www.direitoshumanos.usp.br/index.php/Corte-Internacional-de-Justi%C3%A7a/historico.html>. Acesso em: 26 maio 2021.

Em consonância com o art. 38 de seu estatuto constitutivo, abre-se a possibilidade jurisdicional[6] para a solução de controvérsias internacionais, havendo a previsão, em muitos tratados de direitos humanos, de outorga de competência à Corte, especificamente para a emissão de pareceres quando da ocorrência de controvérsias entre dois ou mais Estados sobre a interpretação e/ou aplicação de suas disposições.

Assimilados os mecanismos convencionais de proteção dos direitos humanos, abre-se o estudo aos mecanismos não convencionais (charter-based system) – ou extraconvencionais – do sistema ONU. Previstos por resoluções dos órgãos, no bojo da Carta das Nações Unidas, consistem em procedimentos fundados em dispositivos genéricos referentes a 'direitos humanos' da Carta da Organização das Nações Unidas (RAMOS, 2013, p. 107).

Contam com fundamentação decorrente da Declaração Universal de Direitos de 1948, cuja qual elencou, precisamente, quais seriam os direitos genericamente considerados na Carta da ONU: direitos e liberdades pessoais; direitos do indivíduo e seu relacionamento com a sociedade que faz parte; liberdades pessoais e direitos políticos; e direitos econômicos, sociais e culturais (LAFER, 2008).

Diferentemente dos mecanismos convencionais, há uma vinculação obrigatória aos participantes da Organização das Nações Unidas, não havendo, de fato, convenções específicas para se aludir a proteção e a submissão do Estado.

Os órgãos da ONU que compõem os mecanismos extrajudiciais são: a) Comissão de Direitos Humanos (CDH); b) Conselho de Direitos Humanos; d) Subcomissão para a Promoção e a Proteção dos Direitos Humanos; e) Comitê Consultivo de Direitos Humanos.

A já extinta Comissão de Direitos Humanos – hoje substituída pelo Conselho de Direitos Humanos – fora criada no ano de 1946, no interior do Conselho Econômico e Social, compondo-se por 46 Estados da África, 26 da Ásia, 18 da América Latina, 32 da Europa, mais Canadá, Nova Zelândia e Austrália. Fora o principal órgão da ONU, com objetivos inaugurais específicos de promoção e proteção dos direitos humanos[7], vindo a elaborar um programa mínimo de obediência aos Estados.

A CDH tinha sua base jurídica prevista nos artigos 55, alínea c, e 56 da Carta das Nações Unidas, comprometendo seus Estados-membros à realização da cooperação internacional para a implementação da promoção e proteção dos direitos humanos (ALVES, 2003, p. 79).

---

6   Quanto ao meio utilizado pela Corte Internacional de Justiça, destaca-se: "[...] se caracteriza pela real situação de violação do Tratado e as consequências legais que dela se derivam. Os meios adotados para esse fim são contenciosos ou quase judiciais, visando dirimir a questão com base em decisões juridicamente vinculantes. [...]" (CAMPELLO, Lívia Gaigher Bósio. Mecanismos de controle e promoção do cumprimento dos tratados multilaterais ambientais no marco da solidariedade internacional. Tese (Doutorado em Direito) - Pontifícia Universidade Católica de São Paulo, São Paulo, 2013. p.147).

7   Como bem trata Flávia Piovesan, nos primeiros 20 anos de sua existência, concentrou-se na fixação de parâmetros mínimos para a proteção desses direitos, elaborando projetos para várias das Convenções internacionais [...]. (PIOVESAN, loc. cit.).

Os objetivos da CDH repousavam na elaboração de proposições ao Conselho Econômico e Social, em recomendações e relatórios sobre a proteção dos direitos humanos, por grupos de trabalho, em prestar assistência ao ECOSOC na coordenação das atividade de proteção dos direitos humanos (serviço de consultas por especialistas) e no exercício do direto de proteção aos direitos do homem, a partir de recebimento de declarações de vítimas ou de seus familiares (GODINHO, 2006, p. 25).

Não obstante sua importância, a CDH não contou com competência judicial e nem com capacidade de ação compensatória quando do recebimento de declarações individuais. Contava, apenas, com três métodos de trabalho: sistema de petições, sistema de relatórios e sistema de investigações.

Quanto ao sistema de petições[8], infere-se ao recursos de que se valiam as vítimas – ou seus familiares – para a comunicação de violações de um Estado à Comissão. Poderia valer, além do sistema individual pessoal, para os Estados denunciarem violações de outros.

O sistema de relatórios, a partir de 1956, tornou-se periódico, devendo os Estados-membros informar à Comissão seus progressos na implementação dos direitos humanos em seus territórios.

Adentrando ao sistema de investigações, alude-se às irregularidades apontadas pelo sistema de petições ou pela verificação dos relatórios apresentados pelos Estados. Em ambos os casos, poder-se-ia formar comissões ad hoc para a verificação das situações in loco.

A Comissão ainda poderia monitorar a implementação dos parâmetros previamente previstos, contando com procedimentos especiais e permanentes. Os procedimentos especiais eram caracterizados como missões de investigações, mecanismos temáticos e serviços consultivos, enquanto que seus procedimentos permanentes repousavam em seus procedimentos 1235 e 1503.

Estabelecido pela Resolução n.o 1235, em 1967, o procedimento 1235 possibilitou a realização de debates públicos anuais, além de sua investigação e análise, sobre as graves e sistemáticas violações de direitos humanos.

Mais tarde, em 27 de maio de 1970, fora aprovado, pelo ECOSOC, o procedimento 1503, intitulado como Procedimento para lidar com comunicações relativas a violações de direitos humanos e liberdades fundamentais, tendo ficado conhecido como "procedimento confidencial". Era, de fato, um procedimento confidencial, tomando-se cuidado para não infringir a soberania dos Estados, uma vez que não necessitava da anuência onde fosse atuar. Quanto à sua funcionalidade, elenca-se (PIOVESAN, 2007, p. 296):

No que concerne ao procedimento 1503, foi criado pela Resolução n. 1503 do Conselho Econômico e Social em 27 de maio de 1970, com o intuito de examinar comunicações relacionadas com violações sistemáticas a direitos humanos. Essa resolução autorizou a Subcomissão para a

---

8   O sistema de petições deveria obedecer ao previsto na Resolução n.o 728F, de 1959 (ONU).

Promoção e para a Proteção de Direitos Humanos a indicar um grupo de trabalho composto por no máximo cinco membros, que seria responsável por considerar todas as comunicações encaminhadas por indivíduos, grupos de indivíduos ou organizações não governamentais. [...]

A primeira crítica ao procedimento 1503 repousara no fato da confidencialidade do procedimento; a segunda no fato de se analisarem, quase que exclusivamente, violações de direitos civis e políticos; e também a questão do procedimento tratar somente de violações sistemáticas.

Para sanar algumas das críticas mencionadas, ampliou-se o alcance do então procedimento 1235, prevendo a criação de Grupos ad hoc, a partir de 1975, para a investigação in loco, e o desenvolvimento de grupos especiais de trabalho, a partir da especificidade dos temas, em 1980.

Ainda assim, caso ambos os procedimentos não surtissem efeitos para por fim às violações, caberia a solicitação da CDH ao ECOSOC para aprovar uma resolução condenando os possíveis infratores – condenação pública, colocando em risco a reputação dos líderes dos Estados possivelmente condenados.

Apesar de seus inúmeros problemas, especialmente no condizente à excessiva politização e influências diplomáticas, fora indubitável a relevância da atuação da Comissão de Direitos Humanos na proteção dos direitos humanos, vindo a ser substituída, em 2006, pelo Conselho de Direitos Humanos.

Este, criado pela Assembleia Geral da ONU em 15 de maio de 2006 –em vigor desde 16 de junho de 2006 –, vem a ser um órgão intergovernamental que visa avanços na promoção e proteção dos direitos humanos já não mais possíveis pela antiga Comissão.

Já em 2007, o Conselho adotou o Institution – building package, guias elementares para a consecução de seus objetivos. Entre eles encontra-se o Universal Periodic Review[9], mecanismo que lhe proporcionara o acesso aos 192 Estados-membros da ONU para a observância da situação dos direitos humanos. Previu, ainda, a ferramenta do Advisory Commitee, composto por especialistas na temática dos direitos humanos. Conta, também, com o Complaints Procedure, mecanismo que permite a submissão de reclamações individuais ou organizacionais sobre possíveis violações ao Conselho.[10]

O Conselho continua a empregar os procedimentos especiais já outrora estabelecidos pela extinta CDH, podendo estes serem realizados por intermédio de especialistas (special rapporteur ou independent expert) ou grupos de

---

9   O Conselho tentava acabar com a prática de "um peso, duas medidas" no que tange às violações de direitos humanos, fato que tanto viera a prejudicar a Comissão de Direitos Humanos.

10   THE HUMAN RIGHTS COUNCIL. Disponível em: <http://www2.ohchr.org/english/bodies/ hrcouncil/index.htm>. Acesso em: 18 jun. 2015.

trabalho, cada qual com cinco membros. Prevê a possibilidade de aplicação atualizada dos procedimentos 1235 e 1503 (procedimento de queixa[11]).

Ainda que imperfeito, o Conselho tem se mostrado um excelente instrumento na promoção e proteção dos direitos humanos, com o devido reconhecimento internacional, uma vez que a suspensão ou expulsão de um Estado do órgão consecute negativamente àquele, tendo em vista o amplo poder e reconhecimento da instituição mundo afora.

Destaca-se, por fim, o fato do sistema universal, aqui exposto, dever os louros de seu surgimento, inegavelmente, à própria Declaração Universal dos Direitos Humanos.

CONCLUSÃO

Verifica-se, de imediato, que os direitos humanos necessatariam de um processo de internacionalização não apenas para a consolidação de seus valores na ordem internacional, mas especialmente para que a sua proteção fosse garantida de modo eficiente, quando então os Estados se demonstrarem inaptos ou falhos na busca de tais.

Nesta conjuntura, observou-se a grandeza inenarrável da Declaração Universal dos Direitos Humanos, quando conseguira trazer à tona e de maneira definitiva os valores mais elementares que devem ser buscados por todas as sociedades mundanas, a fim de que a humanidade não ponha em risco sua própria existência.

Igualmente, este documento fora, por si só, o mais importante feito no âmbito das Nações Unidas para a proteção dos direitos humanos em seu seio: é ele quem não apenas permite a abertura de portas da organização para o tema, como também possibilita que todo um arsenal de instrumentos, órgãos e convenções fossem desenrolados para que a proteção se desse de maneira efetiva, vindo, assim, a surgir o sistema universal de proteção dos direitos humanos.

Neste desenrolar lógico, pode-se concluir que a Organização das Nações Unidas, hodiernamente, participa ativamente, no cenário internacional, na busca e na consolidação das vertentes mais essenciais atreladas aos direitos humanos não apenas por contar com órgãos para tanto, mas especificamente pelo fato da Declaração - que fora idealizada em seu bojo, frise-se –, ter trazido consigo o ideário perfeito para que a Organização – outrora pautada em objetivos paralelos – fosse iluminada definitivamente pela luminescência das concepções dos direitos humanos.

---

11   No exame de André de Ramos Carvalho: "em 2007, o Conselho de Direitos Humanos atualizou o trâmite do 'Procedimento 1503' por meio da Resolução n.5/1 [...]. A expressão 'procedimento 1503', apesar de mantida para fins doutrinários (homenageando a origem desse procedimento), foi substituída por procedimento de queixa. Foram estabelecidos dois grupos de trabalho: o Grupo de Trabalho sobre Comunicações e o Grupo de Trabalho sobre Situações. [...]". (RAMOS, André de Carvalho. Processo internacional de direitos humanos. 3.ed. São Paulo: Saraiva, 2013. p.118).

REFERÊNCIAS BIBLIOGRÁFICAS

ALSTON, Philip. The United Nations and human rights: a critical appraisal. Oxford: Clarendon, 1992.

ALVES, José Augusto Lindgren. Os direitos humanos como tema global. 2.ed. São Paulo: Perspectiva, 2003.

ALVES, José Augusto Lindgren. Relações internacionais e temas sociais: a década das conferências. Brasília: IBRI, 2001.

BUERGENTHAL, Thomas. International Human Rights. Minnesota: West Publishing, 1988.

CACHAPUZ DE MEDEIROS, Antônio Paulo (Org.). Desafios do direito internacional contemporâneo. Brasília: FUNAG, 2007.

CAMPELLO, Lívia Gaigher Bósio. Mecanismos de controle e promoção do cumprimento dos tratados multilaterais ambientais no marco da solidariedade internacional. Tese (Doutorado em Direito) - Pontifícia Universidade Católica de São Paulo, São Paulo, 2013.

CANÇADO TRINDADE, Antônio Augusto. A evolução da proteção dos direitos humanos e o papel do Brasil. Brasília: Instituto Interamericano de Derechos Humanos, 1992.

CANÇADO TRINDADE, Antônio Augusto. O direito internacional em um mundo em transformação. Rio de Janeiro: Renovar, 2002.

CANÇADO TRINDADE, Antônio Augusto. Tratado de direito internacional de direitos humanos. 2.ed. Porto Alegre: Sergio Antonio Fabris, 2003.

CASSESSE, Antonio. Human Rights in a Changing World. Philadelphia: Temple University Press, 1990.

CHEVALLIER, Jacques. O estado pós-moderno. Tradução de Marçal Justen Filho. Belo Horizonte: Fórum, 2009.

FAVOREU, Louis et al. Droit des libertés fondamentales. 4.ed. Paris: Dalloz, 2007.

GODINHO, Fabiana de Oliveira. A proteção internacional dos direitos humanos. Belo Horizonte: Del Rey, 2006.

LAFER, Celso. Declaração Universal de Direitos Humanos. In: MAGNOLI, Demétrio. A história da paz. São Paulo: Contexto, 2008.

LIMA JR., Jayme Benvenuto. Manual de direitos humanos internacionais: acesso aos sistemas global e regional de proteção dos direitos humanos. Recife: GAJOP, 2002.

MENEZES, Wagner. Ordem global e transnormatividade. Ijuí: Editora Unijui, 2005.

PIOVESAN, Flávia. Direitos humanos e o direito constitucional internacional. 8.ed. São Paulo: Saraiva, 2007.

RAMOS, André de Carvalho. Curso de direitos humanos. 2.ed. São Paulo: Saraiva, 2015.

RAMOS, André de Carvalho. Processo internacional de direitos humanos. 3.ed. São Paulo: Saraiva, 2013.

SARLET, Ingo Wolfgang. Direitos fundamentais sociais: estudos de direito constitucional, internacional e comparado. Rio de Janeiro: Renovar, 2003.

SILVEIRA, Vladmir Oliveira da; ROCASOLANO, Maria Mendez. Direitos humanos: conceitos, significados e funções. São Paulo: Saraiva, 2010.

SIMMA, Bruno. International Human Rights and General International Law: a comparative analysis. Netherlands: Kluwer Law International, 1995.

SMITH, Rhona K. M. Textbook on International Human Rights. Oxford: Oxford University Press, 2003.

MEIO AMBIENTE E DIREITOS HUMANOS: UM ENSAIO SOBRE A QUALIDADE DE VIDA COMO DIREITO FUNDAMENTAL

Autores:

Sidney Vincent de Paul Vikou

Sony Cortese Caneparo

Everton Passos

INTRODUÇÃO

A urbanização é um dos fenômenos mais relevantes nas sociedades modernas e está ligada ao surgimento, crescimento das cidades e a instalação de equipamentos urbanos (energia elétrica, água e esgoto, pavimentação, entre outros). Além disso, trata- se de um novo modo de vida para as populações, com novos comportamentos (sociais, culturais e econômicos) e o afastamento de uma existência ligada à natureza, resultando em um espaço artificial, construído pelas mãos do homem (OLIVA; GIANSANTI[1], 1995, apud CANEPARO, 1999).

A urbanização se tornou um fenômeno global, característico do século XXI e marcado pela tendência das pessoas a residir nas cidades, gerando assim um importante processo de crescimento demográfico e de expansão urbana. O Brasil não ficou à margem dessa tendência haja vista que se tornou uma sociedade com alto grau de urbanização (SANTOS, 1993).

Nessa expansão urbana cada vez mais acelerada, a ocupação da zona costeira ganha suma relevância. Segundo, a Organização das Nações Unidas (ONU), mais de 600 milhões de pessoas (10% da população mundial) vivem em áreas costeiras. Adicionalmente, uma parcela significativa da população mundial estimada aproximadamente a 2,4 bilhões de pessoas (cerca de 40% da população mundial) vive a 100 km (60 milhas) da costa (ONU, 2017).

---

[1]   OLIVA, J.; GIANSANTI, R. Espaço e modernidade. São Paulo: Atual, 1995. p.106-117.

No entanto, o diagnóstico da conjuntura dos problemas urbanos vigentes hodiernamente aponta uma redução e desvalorização da qualidade de vida nas cidades, o que prejudica o bem-estar das populações que residem nos espaços mais urbanizados (CAMPOS et al., 2021). Adicionalmente, um dos desdobramentos da expansão urbana e a urbanização cada vez mais acelerada é a ocupação de ecossistemas frágeis, degradando o meio ambiente, levando novamente a perda da qualidade de vida e por consequência a qualidade ambiental.

A discussão sobre a qualidade de vida e, qualidade de vida em ambientes urbanos é de notória relevância dada sua relação com o bem-estar que propicia para as populações, podendo, portanto, ser considerado direito fundamental. A qualidade de vida encontra conceituação nas mais diversas áreas de conhecimento e com os mais diversos enfoques. No presente trabalho, alinhar-se-á à definição da Organização Mundial da Saúde (OMS) que a define como "a percepção do indivíduo de sua inserção na vida, no contexto da cultura e sistemas de valores nos quais ele vive e em relação aos seus objetivos, expectativas, padrões e preocupações" (OMS, 1998).

A qualidade de vida não é apenas abordada na esfera acadêmica. Encontra amparo na legislação nacional como internacional. Neste sentido, a Constituição Federal de 1988 no seu artigo 225 abordou a sadia qualidade de vida, porém atrelado à proteção do meio ambiente (BRASIL, 1988; MACHADO, 2006; JAMPAULO, 2007; SILVA, 2010). Adicionalmente, embora não tenha usado literalmente o conceito de qualidade de vida, pode-se fazer um contraponto deste com o artigo 25 da Declaração Universal dos Direitos Humanos quando foi estipulado que todos têm o "direito a um nível de vida suficiente para lhe assegurar e à sua família ...". A Declaração do Meio Ambiente, adotada na Conferência das Nações Unidas (Estocolmo/ junho de 1972) também traz algumas considerações acerca da qualidade de vida.

Partindo da conjuntura anteriormente apresentada, o presente capítulo objetiva apresentar uma reflexão sobre o conceito de qualidade de vida como um direito fundamental e sua relação com o meio ambiente tal como mencionado na Constituição Federal de 1988.

ABORDAGEM CONCEITUAL DA QUALIDADE DE VIDA

A qualidade de vida é termo polissêmico que abrange uma multiplicidade de áreas de conhecimento (biológico, social, político, econômico, médico), assim como, diferentes formas de ciências ou conhecimento popular. Devido a sua abrangência e multidisciplinaridade, não há consenso ou definição única, porém, um conjunto muito diversificado de abordagens (MINAYO, HARTZ e BUSS, 2010; ALMEIDA e GUTIERREZ, 2010; ALMEIDA, GUTIERREZ e MARQUES, 2012).

Neste sentido, de acordo com a Organização Mundial da Saúde (OMS, 1998, p.11), a qualidade de vida é definida como "a percepção do indivíduo de sua inserção na vida, no contexto da cultura e sistemas de valores nos quais ele vive e em relação aos seus objetivos, expectativas, padrões e preocupações.

Para o Grupo de Estudo e Pesquisa da Atividade Física e Qualidade de Vida (FEF, UNICAMP), a qualidade de vida é definida "como a percepção do indivíduo de sua posição no contexto da cultura e sistema de valores nos quais vive e em relação aos seus objetivos, expectativas, padrões e preocupações, até a dimensão ética e política" (ALMEIDA e GUTIERREZ, 2010, p.152).

Ampliando o escopo das abordagens conceituais, a sociologia, especificamente a sociologia ambiental latino-americana, apresenta como proposta para a qualidade de vida um caminho que se sustenta na consolidação da democracia. Este, por sua vez, contribuiria para a sustentabilidade socioambiental, a criação de modo diferente de desenvolvimento, mais justo nos aspectos ambiental e social e, assim com mais qualidade de vida (BAGNOLO, 2010).

Na área de saúde, a qualidade de vida estive por muito tempo tratado na ótica de alguns autores como sinônimo de saúde e considerado por outros como um conceito abrangente dentro dos quais a saúde representaria apenas um dos pontos. Nesta perspectiva, a máxima "saúde não é doença, saúde é qualidade de vida" ganhou destaque. (FLECK et al., 1999; MINAYO, HARTZ e BUSS, 2010; PEREIRA, TEIXEIRA, SANTOS, 2012).

De acordo com Minayo, Hartz e Buss, 2010 (2000, p.10), qualidade de vida é:

uma noção eminentemente humana, que tem sido aproximada ao grau de satisfação encontrado na vida familiar, amorosa, social e ambiental e à própria estética existencial. Pressupõe a capacidade de efetuar uma síntese cultural de todos os elementos que determinada sociedade considera seu padrão de conforto e bem-estar (MINAYO, HARTZ e BUSS, 2010, p.10)

Dentro da Geografia, a abordagem da qualidade de vida engloba qualidade de vida, mais especificamente a qualidade de vida urbana. O foco dado ao ambiente urbano (as cidades) e, por consequente, ao tratar da qualidade de vida na sua interface de qualidade de vida urbana, deve-se ao fato da cidade ter se tornado o principal ambiente dos seres humanos na atualidade, além de representar um lugar decisivo que sedia as principais transformações sobre a natureza devido ao uso antrópico (ESTÊVEZ e NUCCI, 2015).

Nesta perspectiva, Santos e Martins (2007) ressaltam que nos últimos anos, os estudos sobre a qualidade de vida têm se focado na realidade urbana. Isso se deve ao fato que haja vista o crescente aumento da população mundial com perfil cada vez mais urbano, tornou-se legitimo que existisse uma linha de pesquisa autônoma sobre qualidade de vida urbana. Para Seixas e Cintra (2012) pode-se entender a qualidade de vida como a soma das condições objetivas e subjetivas que o indivíduo vivencia no seu cotidiano e que provem das mudanças do ponto de vista social e ambiental que a sociedade atravessa.

O conjunto das abordagens supracitadas aponta as mudanças de paradigmas pelas quais o conceito de qualidade de vida perpassou. O termo foi inicialmente utilizado na área médica na década de 1930. Nos anos que sucederam a segunda guerra mundial, passou a ser utilizado como referência aos recursos materiais, ou seja, padrão de vida. Entre as décadas de 1950 a meados de 1970, surgiu o uso de critérios objetivos e universais para mesurar a qualidade de vida. No final da década de 1970 e durante a década de 1980, houve o surgimento de estudos que deram destaques para os aspectos subjetivos, qualitativos e apreciativos, que se basearam na percepção dos sujeitos e dos grupos em relação a sua qualidade de vida (FARQUHR, 1995; DAY & JANKEY, 1996; SEIDL; ZANNON, 2004; GUIMARÃES, 2005).

Farquhar (1995) sistematizou as diferentes definições (abordagens) pelas quais o conceito passou ao longo do tempo na perspectiva de diversos autores. Como resultado, quatro tipos de abordagens conceituais foram destacados. O primeiro tipo aborda as definições que são gerais ou globais (tipo I: global definitions) e que são caracterizadas por serem mais usuais e abrangentes sobre o conceito, porém não abordam quais são os elementos que compõem a qualidade de vida. Adicionalmente, abordam os aspectos relativos à satisfação/insatisfação e felicidade/descontentamento. O segundo tipo trata de definições que decompõem o conceito de qualidade de vida em uma série de partes, componentes ou dimensões (tipo II: component definitions) ou ainda permitem a identificação de componentes essenciais para avaliar a qualidade de vida. Essas definições se destacam das anteriores pelo seu aspecto mais voltado ao trabalho empírico por estarem mais próximo à operacionalização do conceito. No que diz respeito ao terceiro, essas definições englobam aquelas que se concentram em apenas uma ou duas das partes ou componentes de qualidade de vida (tipo III: focused definitions). Geralmente, esta forma de abordar o conceito relaciona-se somente aos componentes saúde/habilidade funcional. Por fim, o quarto tipo trata de definições que ao mesmo tempo são globais, mas também especificam componentes, tornando-se definições combinadas (tipo IV: combination definitions).

Para Nahas et al. (2006), é a partir do período entre a década de 1970 e 1980 que as discussões sobre "qualidade de vida urbana" tomam corpo devido ao processo de crescimento e expansão das cidades. O uso do conceito passa a destacar os impactos gerados pelo desenvolvimento e expansão das cidades e seus conjuntos de problemas de ordem social e ambiental.

De acordo com Mazetto (2000), a qualidade de vida urbana é um conceito amplo, objeto de estudo de várias pesquisas e que não pode se restringir apenas às condições estáticas proporcionadas pelo quadro físico ou mesmo social. O autor ainda ressalta o impacto desencadeado pelo intenso processo de urbanização. Este gerou um panorama de desigualdade social marcado por classes sociais (minoria) com altíssimo poder aquisitivo que desfrutam um nível de qualidade de vida comparável aos países desenvolvidos e, por outro lado, classes menos favorecidas com baixos níveis de qualidade de vida.

Adicionalmente, ao se tratar de qualidade de vida, alguns autores a relacionam com a qualidade ambiental. Segundo Seixas e Cintra (2012), desde ao final da década de 1980, houve o surgimento de uma relação entre os a qualidade de vida e a questão ambiental. Essa relação foi estabelecida dentro de uma conjuntura marcada pela crescente degradação ambiental a nível global e, consequentemente, pelo desdobramento dessa degradação sobre a qualidade de vida da população em geral.

Para a Agência Europeia de Meio Ambiente (EEA, 2004), a qualidade ambiental constitui um termo amplo que pode englobar um leque de características diversas referentes a qualidade do ar e da água, ruído, acesso a espaços abertos, efeitos visuais dos edifícios, e os efeitos potenciais que tais características podem ter sobre a saúde física e mental (causados pelas atividades humanas).

Segundo a OCDE (1997), a qualidade ambiental é um estado das condições ambientais expresso em termos de indicadores ou índices relacionados a padrões de qualidade ambiental. Por padrão de qualidade ambiental, entende-se limite para alterações ambientais (concentração de poluentes, resíduos, entre outros) que determinam a degradação máxima permitida.

A qualidade ambiental é a resultante da qualidade das partes que compõem uma determinada região, porém, mais de que a mera soma das partes, é a percepção de um local como um todo. As partes que compõem (natureza, espaço aberto, infraestrutura, ambiente construído, ambiente físico e recursos naturais) têm suas próprias características e qualidade parcial. A qualidade ambiental ainda pode ser definida como uma parte essencial do conceito mais amplo de "qualidade da vida", as qualidades básicas, como saúde e segurança, em combinação com aspectos como conforto e atrativos (RMB, 1996; RIVM, 2002 apud VAN KAMP et al., 2003).

É comum observar o uso dos termos qualidade ambiental e qualidade de vida como se fossem sinônimos, contudo, não é o caso. Qualidade ambiental por incorporar o "meio ambiente" acaba sendo um conceito mais abrangente, posto que este último pode ser considerado como "substrato e mediador de todas as formas de vida". Neste sentido, a qualidade ambiental representa um conceito mais profundo que engloba em si a totalidade do conceito de meio ambiente bem como o conjunto das suas dimensões, incluindo "os processos e condições que propiciam a plenitude da Vida". Assim, sem a adequada qualidade ambiental não será possível aceder às diferentes da qualidade de vida (GUIMARÃES, 2005, pp 19-20).

Nessa perspectiva, pode-se considerar o meio ambiente como sustentáculo sobre o qual se desenvolve os demais aspectos da vida. Isso porque o meio ambiente é definido como o conjunto de todas as condições externas que afetam a vida, o desenvolvimento e a sobrevivência de um organismo (OCDE, 2005). Na legislação ambiental nacional, especificamente a Lei Federal 6.938/1981 (Lei da Política Nacional do Meio Ambiente) que dispõe sobre a Política Nacional do Meio Ambiente, seus fins e mecanismos de formulação e aplicação, e dá outras providências, o meio ambiente no art. 3º é definido como "o conjunto de condições, leis, influências e interações de ordem física, química e biológica, que permite, abriga e rege a vida em todas as suas formas".

Oliveira (1983, p 3) salienta a relação qualidade de vida e meio ambiente ao afirmar que "... a qualidade do meio ambiente está intimamente ligada a qualidade de vida. Vida e meio ambiente são inseparáveis". Nesta lógica, o fato de buscar garantir e manter padrões adequados de qualidade ambiental acarretará o melhoramento e manutenção da qualidade de vida haja vista a relação intrínseca e interdependente entre os dois conceitos.

Partindo do referencial teórico apresentado, a conceituação adotada neste capítulo seguirá aquela supracitada da Organização Mundial da Saúde (OMS, 1998, p.11), onde a qualidade de vida é tratada como a percepção do indivíduo de sua inserção na vida, no contexto da cultura e sistemas de valores nos quais ele vive e em relação aos seus objetivos, expectativas, padrões e preocupações. Essa definição se mostra a mais integradora no que diz respeito ao conjunto de dimensões abrangidas.

QUALIDADE DE VIDA COMO DIREITOS HUMANOS / DIREITO FUNDAMENTAL

Os direitos humanos estão atrelados à dignidade da pessoa. Segundo Silveira e Rocasolano[2] (2010, apud CANEPARO, 2021), é a partir da dignidade da pessoa humana que se dá um significado aos diretos humanos. Após a Primeira Guerra Mundial, houve o vínculo definitivo entre dignidade e direitos humanos. A dignidade da pessoa humana está atrelada aos valores da justiça, vida, liberdade, igualdade, segurança e solidariedade.

Com a criação da Organização das Nações Unidas (ONU) no final da Segunda Guerra Mundial (1945), emerge, após um cenário desolador, uma nova ordem pautada em padrões éticos, morais e jurídicos, tomando por base os direitos humanos (CANEPARO, 2021). Piovesan[3] (2011, apud por CANEPARO, 2021), coloca que afloram as relações amistosas entre os Estados, bem como, a cooperação nos planos: econômico, social e cultural; a adoção de um padrão internacional de saúde, a proteção do meio ambiente e a sobretudo a proteção internacional aos direitos humanos.

Quanto aos direitos humanos, estes estão ligados aos valores de cada sociedade, atrelados as Constituições de cada país, e, assim, são representados pelos direitos fundamentais, garantindo proteção à dignidade do indivíduo. Não é um conceito único e depende do momento histórico, mantendo uma dinâmica de construção e reconstrução. Sob essa ótica, se pode estabelecer um elo com a dignidade humana, pois a Declaração Universal dos Direitos Humanos, no artigo 1°, coloca que: "todos os seres humanos nascem livres e iguais, em dignidade e respeito" (CANEPARO, 2021).

A mesma autora faz um paralelo entre os direitos humanos e fundamentais:

> *Direitos humanos, em suma, seriam aqueles reconhecidos e exigíveis em plano internacional, atrelados à normativa própria de Direito Internacional – tratados, por exemplo -, não sendo, em todos os casos, exigíveis em um determinado ordenamento jurídico. Diferentemente, os direitos fundamentais são aqueles positivados e plenamente exigíveis em plano nacional, por intermédio do Direito Constitucional do Estado em tela (CANEPARO, 2021, p.144).*

---

2   SILVEIRA, V. O.; ROCASOLANO, M. M. Direitos humanos: conceito, significados e funções. São Paulo: Saraiva, 2010, p.207.

3   PIOVESAN, F. Direitos humanos e direito constitucional internacional. 12 ed. São Paulo: Saraiva, 011, p.184.

A noção de direito fundamental pode ser entendida no sentido amplo como as bases, os alicerces para se criar e garantir os pressupostos de uma vida livre e digna. No stricto sensu, trata-se dos direitos designados como tal no texto da constituição de uma determinada Nação (BONAVIDES, 2003; SARLET, 2006; SALZANO, 2013).

Jampaulo (2007), traz a noção de qualidade de vida como direito fundamental ao afirmar que " Assim, é correto afirmar que não basta apenas viver, conservar a vida e subsistir. É necessário que todo ser humano busque, consiga e tenha garantido constitucionalmente como direito fundamental a qualidade de vida". O autor ainda ressalta que a qualidade de vida pode ser classificada como direito fundamental decorrente do direito à vida, pois este gravita na consolidação dos direitos individuais e coletivos, dos direitos sociais e dos direitos políticos. Neste sentido, o autor ainda conclui que a garantia de uma qualidade de vida sadia, engloba três aspectos que são:

> *(i) meio ambiente considerado essencial; (ii) garantia do Poder Público em fornecer minimamente*
> *e de forma justa os serviços públicos básicos que deverão estar em consonância com os fundamentos*
> *da República (art. 1º, incisos II, III e IV, CF), e seus objetivos fundamentais (art. 3º incisos I, II e III,*
> *CF);100 e, (iii) a dignidade humana em seu aspecto material (JAMPAULO, 2007, p.42)*

A qualidade de vida encontra amparo legal nos mais diversos instrumentos internacionais, como é o caso da Declaração Universal dos Direitos Humanos, aprovada e 10/12/1948, na Assembleia Geral das Nações Unidas (Resolução n. 217). O texto reconhece a dignidade da pessoa humana como fundamental, agregando o sentido de liberdade, igualdade e justiça, entre outros. Os direitos humanos devem ser protegidos pelo Estado de Direito em todas as nações. Ressalta-se aqui o artigo 25 que está intimamente ligado a qualidade de vida:

> *Todo ser humano tem direito a um padrão de vida capaz de assegurar a si e a sua família saúde*
> *e bem-estar, inclusive alimentação, vestuário, habitação, cuidados médicos e os serviços sociais*
> *indispensáveis, e direito à segurança em caso de desemprego, doença, invalidez, viuvez, velhice ou*
> *outros casos de perda dos meios de subsistência em circunstâncias fora de seu controle (ONU, 1948).*

Adicionalmente, é importante salientar o papel das convenções e tratados internacionais sobre o meio ambiente que objetivaram assegurar o direito à qualidade de vida. Tal preocupação teve como marco inicial o ano de 1972, na cidade de Estocolmo, com a Conferência das Nações Unidas sobre Desenvolvimento e Meio Ambiente. Nesta foi criado o Programa das Nações Unidas para o Meio Ambiente, cujos objetivos são os aspectos ambientais das catástrofes e conflitos, a gestão dos ecossistemas, a governança ambiental, as substâncias nocivas, a eficiência dos recursos e as mudanças climáticas. Em 1987, a Comissão Mundial de Meio Ambiente e desenvolvimento publicou o relatório denominado "Nosso Futuro Comum", onde a máxima foi: O desenvolvimento sustentável é o desenvolvimento que encontra as necessidades atuais sem comprometer a habilidade das futuras gerações (ONU, 1972; ONU, 1987).

A Declaração da Conferência da ONU sobre o Meio Ambiente de 1972, supracitada possui vários princípios que abordaram sobre a temática qualidade de vida. O primeiro princípio (1) faz menção ao direito de ter as condições de vida em ambiente com qualidade que possam contribuir para ter uma vida digna e usufruir de bem-estar. O oitavo princípio (8) aborda a desenvolvimento econômico e social como essências para garantir um ambiente de vida e trabalho que consigam criar condições favoráveis de qualidade de vida. O princípio 11 destaca a importância que as políticas nacionais de meio ambiente têm para contribuir para melhores condições de vida (ONU 1972, JAMPAULO, 2007). Esses foram os marcos iniciais das preocupações que correlacionam meio ambiente e qualidade de vida.

Na atual conjuntura da globalização, emerge a natureza como patrimônio comum da humanidade, assim ganha foco nos direitos humanos a preservação do meio ambiente que garantirá as gerações futuras (SANTOS, 2001). O direito fundamental assegura que a qualidade de vida é normatizada pela legislação. Tomando como exemplo o artigo 225, da Constituição Federal do Brasil de 1988, que trata do meio ambiente, reflete que a sua preservação ou conservação, é uma condicionante a qualidade da vida dos indivíduos ou da coletividade, não esquecendo das gerações futuras:

> *Todos têm direito ao meio ambiente ecologicamente equilibrado, bem de uso comum do povo e essencial à sadia qualidade de vida, impondo-se ao Poder Público e à coletividade o dever de defendê-lo e preservá-lo para as presentes e futuras gerações (BRASIL, 1988).*

Com base nesse artigo da Constituição brasileira, Troppmair (1992) formulou sua conceituação sobre qualidade de vida e qualidade ambiental, essa última é dependente das propriedades que possui o meio ambiente, que pode ser favorável ou não. Nesta lógica, a sadia qualidade de vida pode ser compreendida como o conjunto dos parâmetros de natureza físico, químico, biológico, psíquico e social que dão sustento ao desenvolvimento equilibrado, pleno e digno da vida.

O artigo 225 da Constituição Federal do Brasil de 1988 ainda salienta como requisito para alcançar a qualidade de vida, a atuação tanto do poder público como da coletividade, assim como seu compromisso para que as presentes e futuras gerações possam se beneficiar também. Nesta perspectiva, a qualidade de vida não se limita apenas para a questão presente, mas engloba uma perspectiva futura.

Destacando a atuação do poder público, ou seja, a sua deficiência ou ausência, nos adensamentos humanos, podem gerar ruídos que se manifestam na forma de conflitos que têm potencial para interferir na qualidade de vida. Esses são representados pela falta de acesso saúde, a educação, ao abastecimento de água, a coleta de esgoto, a coleta de lixo, ao transporte público, entre outros. As populações de baixa renda, na maioria das vezes, ocupam as áreas de baixo ou nenhum valor imobiliário. Essas áreas são geralmente protegidas por lei, por serem margens de rios, encostas e vegetações destinadas a preservação. A apropriação desses espaços gera uma segregação socioespacial, expondo as populações a riscos[4] socioambientais que são representados, tanto por reações da natureza (catástrofes naturais ou aquelas provocadas pelo homem), bem como aquelas inerentes a sociedades vitimadas pelas desigualdades sociais, econômicas, educacionais e culturais; na grande maioria das vezes vinculadas à pobreza.

Inúmeros são os retratos da não garantia de uma vida digna, aqui será citado apenas uma insignificante parcela desses conflitos/riscos a que estão sujeitas as populações. Os autores acreditam que no atual momento mundial a pobreza é o maior de todos conflitos/riscos, dentre as principais consequências se destacam a insegurança alimentar e a apropriação de espaços naturais frágeis, muitas vezes insalubres. Não esquecendo de mencionar a migração de populações em busca de paz e segurança que se deslocam para outros países no intuito de fugir de guerras e conflitos políticos. Os desastres ambientais, também estão correlacionados a estas migrações.

Os conflitos expõem as populações a riscos socioambientais que comprometem a qualidade de vida, a resposta do indivíduo ou coletividade a tais riscos é dependente da capacidade de reação ao retorno ao estado de equilíbrio. Porém esse movimento deve estar assegurado nos direitos fundamentais, bem como, é um reflexo das políticas públicas, por muitas vezes, ineficientes. O papel do Estado é primordial na garantia da relação qualidade de vida - qualidade ambiental, tendo como alicerce o direito fundamental da pessoa, em consonância com as políticas públicas.

INSTRUMENTOS PARA AVALIAÇÃO DA QUALIDADE DE VIDA

A avaliação da qualidade de vida se realiza por meio da utilização de uma extensa e diversificada gama de indicadores que objetivam expressar alguma dimensão da qualidade de vida. Esses podem ser classificados como objetivos ou subjetivos.

Os classificados como objetivos têm como características uma análise e compreensão da realidade a partir do uso de determinados elementos. Assim, recorre-se ao uso de dados quantitativos e qualitativos para definir o perfil do indivíduo ou grupo no que diz respeito ao acesso a bens e serviços. Com os dados coletados, é gerado índices estatísticos de referência sobre posições socioeconômicas de populações, tornando possível a geração de dados socioeconômicos e, por consequente, o desenvolvimento de ações voltadas à melhoria da qualidade de vida dos sujeitos envolvidos. Estes referem-se a elementos como emprego/desemprego, renda, moradia, acesso à saúde,

---

4   O risco é a ocorrência de um determinado evento, onde as consequências causam danos negativos a natureza, ou ao indivíduo ou a coletividade. O entendimento de risco nessa pesquisa, segue os estudos de Veyret (2007), que aborda a visão geográfica dos riscos: ambientais, tecnológicos, econômicos, geopolíticos e sociais.

saneamento básico, disponibilidade de energia elétrica, propriedade da terra e de domicílios, educação, transporte, entre outros (MINAYO, HARTZ e BUSS, 2010; ALMEIDA, GUTIERREZ e MARQUES, 2012).

Os considerados subjetivos dizem respeito a forma como as pessoas percebem ou sentem em relação a suas vidas, ou de que maneira elas percebem o valor dos componentes materiais reconhecidos como base social da qualidade de vida. Neste caso, é levado em conta fatores de ordem histórico, social, cultura do indivíduo. Trata-se de identificar a percepção dos sujeitos sobre a própria vida ao considerar também aspectos como prazer, felicidade, angústia e tristeza (MINAYO, HARTZ e BUSS, 2010; ALMEIDA, GUTIERREZ e MARQUES, 2012).

Existe hoje em dia um conjunto muito diversificado de instrumentos para avaliação da qualidade de vida. Dentro desses, pode-se elencar: o primeiro e também o mais conhecido, o Índice de Desenvolvimento Humano (IDH) que foi criado por Mahbub ul Haq, junto com a colaboração do economista Amartya Sen, sendo publicado pela primeira vez em 1990. Este indicador objetiva apresentar uma medida geral, sintética, do desenvolvimento humano. É fundamentado sobre 3 bases que são a saúde, educação e renda. É importante ressaltar que este índice não trata da felicidade em si e não engloba os aspectos do desenvolvimento na sua totalidade. Aspectos como democracia, equidade, sustentabilidade não são inclusos no índice (PNUD BRASIL, 2021).

O Grupo de Qualidade de Vida da OMS, The World Health Organization Quality Of Life Assessment (WHOQOL Group, 1995) desenvolveu também instrumentos de avaliação de qualidade de vida que se fundamentam nos pressupostos que a qualidade de vida envolve uma construção subjetiva (percepção do indivíduo em questão), multidimensional e composta por elementos positivos e negativos. Nesta ótica, foram desenvolvidos dois instrumentos o WHOQOL-100 e o WHOQOL-Bref. O WHOQOL-100 é composto de 100 perguntas que avaliam as seguintes dimensões: 1) físico,) psicológico, 3) independência, 4) relações sociais, 5) meio ambiente e 6) espiritualidade/crenças pessoais. No que tange ao WHOQOL-Bref, este abrange apenas 26 questões que têm como origem o WHOQOL-100 e engloba as dimensões 1) físico, 2) psicológico, 3) relações sociais e 4) meio ambiente (MINAYO, HARTZ e BUSS, 2000).

DIMENSÃO	CRITÉRIOS AVALIADOS
Físico	Dor e desconforto; Energia e fadiga; Sono e descanso
Psicológico	Sentimentos positivos; Pensamento, aprendizagem, memória e concentração; Autoestima; Imagem e aparência do corpo; Sentimentos negativos
Independência	Mobilidade; Atividades diárias; Dependência de medicamentos ou tratamentos; Capacidade de trabalho
Relações Sociais	Relações pessoais; Apoio social; Atividade sexual
Meio Ambiente	Segurança física e segurança; Ambiente doméstico; Recursos financeiros; Saúde e assistência social: disponibilidade e qualidade; Oportunidades de aquisição de novas informações e habilidades; Participação em e oportunidades de recreação e lazer; Ambiente físico (poluição / ruído / tráfego / clima); Transporte
Espiritualidade/ Crenças Pessoais	Espiritualidade / religião / crenças pessoais

FONTE: OMS, 1998

QUADRO 01: DIMENSÕES E CRITÉRIOS DE QUALIDADE DE VIDA AVALIADOS PELA WORLD HEALTH ORGANIZATION QUALITY OF LIFE ASSESSMENT (WHOQOL GROUP)

De uma forma sintética, o quadro 01 tem como objetivo apresentar as características de cada dimensão assim como os critérios avaliados. Dentro do conjunto dos critérios, o referente ao "Meio Ambiente/Ambiente físico (poluição / ruído / tráfego / clima)" trata da avaliação da visão que o sujeito tem de seu ambiente. Isto inclui o ruído, a poluição, o clima e a estética geral do ambiente e se isto serve para melhorar ou afetar negativamente a qualidade de vida. Em algumas culturas, certos aspectos do meio ambiente podem ter uma influência muito particular na qualidade de vida, tais como a natureza central da disponibilidade da água ou da poluição do ar (OMS, 1998).

No contexto brasileiro, pode-se citar o Índice de Condições de Vida (ICV). Este foi inicialmente desenvolvido pela Fundação João Pinheiro em Belo Horizonte para ser aplicado nos municípios de Minas Gerais. Posteriormente, a partir de uma parceria com o Instituto Brasileiro de Geografia e Estatística (IBGE), o Instituto de Pesquisa Econômica Aplicada (IPEA) e o Programa das Nações Unidas para o Desenvolvimento (PNUD), passou a ser utilizado para a avaliar os demais municípios do país (IPEA/IBGE/FJP/PNUD, 1998). Abrange um leque maior de indicadores de desempenho socioeconômico com o intuito de avaliar o "processo" de desenvolvimento e inclusão social. Esses indicadores, sistematizados em cinco dimensões, englobam, além dos referentes ao IDH (renda, educação e longevidade), dois novos que são referentes ao aspecto da infância e da habitação (condições habitacionais). Do ponto de vista metodológico, o cálculo do ICV passa pela transformação das dimensões contempladas em índices que variam entre 0 (pior) e 1 (melhor). Posteriormente, realiza-se uma combinação destes índices em índice sintético geral que se traduz por "Quanto mais próximo de 1 o valor deste indicador, maior será o nível de desenvolvimento humano do município ou região (MINAYO, HARTZ e BUSS, 2000; BONELLI, 2001; DADOS MUNICIPAIS, 2008).

Outro instrumento criado, porém, com uma ênfase mais urbana é o Índice de Qualidade de Vida Urbana dos municípios brasileiros (IQVU-BR). Este foi criado em novembro de 2004 a dezembro de 2005 como resultado de uma parceria entre o Ministério das Cidades e o Instituto de Desenvolvimento Humano Sustentável da Pontifícia Universidade Católica de Minas Gerais (IDHS/PUC Minas – Belo Horizonte/MG), através do Programa das Nações Unidas para o Desenvolvimento (PNUD) sob a coordenação da Profa. Dra. Maria Inês Pedrosa Nahas. Trata-se de uma ferramenta de diagnóstico dos municípios brasileiros, destinando-se a ser utilizado como instrumento de auxílio no planejamento de políticas públicas municipais a cargo do Ministério das Cidades (NAHAS et al., 2006).

Para Nahas et al. (2006, p. 2), o histórico de construção qualidade de vida urbana está atrelado aos conceitos bem-estar social, qualidade ambiental, pobreza, desigualdades sociais, exclusão social, vulnerabilidade social, desenvolvimento sustentável e sustentabilidade e, por isso, "sua história encontra-se estreitamente vinculada à história dos indicadores formulados com base nestes enfoques".

CONCLUSÃO

O presente capítulo não objetivou esgotar a discussão acerca da qualidade de vida, mas sim, embora de forma introdutória, apresentar uma reflexão sobre o conceito de qualidade de vida como um direito fundamental e mostrar sua relação com o meio ambiente.

Abordar a qualidade de vida como um direito fundamental, atrelado a políticas públicas deficientes ou inexistentes, dentro de uma conjuntura marcada por adensamentos humanos cujos desdobramentos, por um lado, podem resultar na degradação do meio ambiente, e por outro lado, na precarização da qualidade de vida das populações, a resultante é a segregação socioespacial. A qualidade de vida ou a busca dela torna-se um assunto de extrema relevância, pois na ausência dela ou na garantia dela, o indivíduo ou coletividade vive sem o mínimo conforto ou condições de bem-estar, sendo assim sujeito a riscos de ordem sociais, ambientais, econômicos, geopolíticos e tecnológicos.

Embora o foco desta pesquisa não se direcionou para uma classe econômica específica, não é raro observar que nos adensamentos humanos, na maioria das vezes, a população de baixa renda reside em áreas legalmente protegidas, ambientalmente frágeis e de suma importância ecológica; justamente por serem de baixo ou nenhum valor imobiliário (encostas com alta declividade, margens de rios e áreas de vegetação protegida). Esses espaços além do poder público não levar os serviços essenciais, são áreas que podem estar sujeitas a inundações, deslizamentos, entre outras; resultando em baixa ou nenhuma qualidade de vida.

Nesta conjuntura, tratar a qualidade de vida como direito fundamental consiste em reconhecer a importância de criar instrumentos que possam, ao mesmo, tempo garantir a qualidade de vida da população e, assegurar a proteção do meio ambiente. Isto porque a qualidade de vida reflete a preservação e conservação ambiental e, por sua vez, um meio ambiente sadio proporciona uma qualidade de vida àqueles que o usufruem, se tratam de duas temáticas intimamente ligadas.

AGRADECIMENTOS

À Coordenação de Aperfeiçoamento de Pessoal de Nível Superior (CAPES) pelo financiamento da presente pesquisa por meio da outorga de bolsas de estudo de doutorado ao primeiro autor.

REFERÊNCIAS BIBLIOGRÁFICAS

ALMEIDA, M. A. B. de. Qualidade de vida: definição, conceitos e interfaces com outras áreas, de pesquisa / Marcos Antonio Bettine de Almeida, Gustavo Luis Gutierrez, Renato Marques: prefácio do professor Luiz Gonzaga Godoi Trigo. – São Paulo: Escola de Artes, Ciências e Humanidades – EACH/USP, 2012. 142p.: il.

ALMEIDA, M. A. B. de; Gutierrez, G.L.. Qualidade de Vida: Discussões Contemporâneas. In Qualidade de vida: evolução dos conceitos e práticas no século XXI / Roberto Vilarta, Gustavo Luis Gutierrez, Maria Inês Monteiro (organizadores). Campinas: Ipes, 2010. 206p.

ALVES, E.F.. Qualidade de vida: considerações sobre os indicadores e instrumentos de medida. REVISTA BRASILEIRA DE QUALIDADE DE VIDA, v. 03, n. 01, jan./jun. 2011, p. 16-23.

BAGNOLO, C.M. O debate sobre qualidade de vida na sociologia ambiental: algumas considerações. AMBIENTE & EDUCAÇÃO, v15(1), 2010.

BIRNFELD, Carlos André. Cidadania ecológica. Pelotas: Delfos, 2005.

BONAVIDES, Paulo. Curso de direito constitucional. 13. ed. rev. atual. São Paulo: Malheiros, 2003.

BONELLI, R. IMPACTOS ECONÔMICOS E SOCIAIS DE LONGO PRAZO DA EXPANSÃO AGROPECUÁRIA NO BRASIL: REVOLUÇÃO INVISÍVEL E INCLUSÃO SOCIAL. IPEA, Rio de Janeiro, 2001

BRASIL. [Constituição (1988)]. Constituição da República Federativa do Brasil [recurso eletrônico]. -- Brasília: Supremo Tribunal Federal, Secretaria de Documentação, 2017. 518 p.

CAMPOS, J. C. B.; SILVEIRA, J. A. R. da; SILVA, G. J. A. da; LIMA, E. R. V. de; BARROS FILHO, M. N. M.; DANTAS, N. F. B. F. Proposta de avaliação da qualidade de vida e do bem-estar em áreas verdes urbanas. Ambiente Construído, Porto Alegre, v. 21, n. 3, p. 97-115, jul./set. 2021.

CANEPARO, P. Direitos humanos: evolução e cooperação internacional. 1. Ed. São Paulo: Almedina, 2021.

CICONELLI, R.M.; FERRAZ, M.B.; SANTOS, W.; MEINÃO, I.; QUARESMA, M.R. Tradução para a língua portuguesa e validação do questionário genérico de avaliação da qualidade de vida SF-36 (Brasil SF-36). Revista Brasileira de Reumatologia, São Paulo, v.39, n.3, p.143-50, 1999.

DADOS MUNICIPAIS. ICV - Índice de Condições de Vida. Dados e Índices municipais, 2008. Disponível em < https://www.dadosmunicipais.org.br/index.php?pg=exibemateria&secao=10&subsecao=&id=373&uid>. Acesso em Agosto de 2021.

DAY, H.; JANKEY, S.G. Lessons from the literature: toward a holistic model of quality of life. In: RENWICK, R.; BROWN, I.; NAGLER, M. (Eds.). Quality of life in health promotion and rehabilitation: conceptual approaches, issues and applications. Thousand Oaks: Sage, 1996.

EEA. European Environment Agency. Glossary Environmental Quality. Disponivel em : <http://www.eionet. eu.int/GEMET>. Acesso em Agosto de 2021.

ESTÊVEZ, L. F.; NUCCI, J. C. A QUESTÃO ECOLÓGICA URBANA E A QUALIDADE AMBIENTAL URBANA. Revista Geografar - Curitiba, v.10, n.1, p.26-49, jun./2015.

FARQUHAR, M. Definitions of quality of life: a taxonomy. Journal of Advanced Nursing, v. 20, n. 2, p. 502-508, 1995.

FLECK, M.P.A.; LOUZADA, S.; XAVIER, M.; CHACHAMOVICH, E.; VIEIRA, G.; SANTOS, L.; PINZON, V. Aplicação da versão em português do instrumento de avaliação de qualidade de vida da Organização Mundial da Saúde (WHOQOL-100). Revista de Saúde Pública, Rio de Janeiro, v.33, n.2, p.198-205, 1999.

GUIMARÃES, S.T.L. Nas trilhas da qualidade: algumas idéias, visões econceitos sobre qualidade ambiental e de vida. Geosul, Florianópolis, v. 20, n. 40, p 7-26, jul./dez. 2005.

JAMPAULO, J. J. Qualidade de Vida, Direito Fundamental: Uma questão urbana: A Função Social da Cidade. Tese (Doutorado em Direito do Estado - Direito Constitucional), Pontifícia Universidade Católica, São Paulo – 2007.

KRAN, F.; FERREIRA, F. P. M.. Qualidade de vida na cidade de Palmas - TO: uma análise através de indicadores habitacionais e ambientais urbanos. Ambient. soc. [online], v. 9, n. 2, p. 123-141, 2006.

MACHADO, P. A. L.. Direito ambiental brasileiro. 14. ed. rev. atual. e ampl. São Paulo: Malheiros, 2006.

MACHADO, P. A. L.. Direito ambiental brasileiro. 14. ed. rev. atual. e ampl. São Paulo: Malheiros, 2006.

MAZETTO. F. A. P. Qualidade de vida, qualidade ambiental e meio ambiente urbano: breve comparação de conceitos. Revista Sociedade e Natureza, 12(24):21-31, Uberlândia, 2000.

MINAYO, M.C.S.; HARTZ, Z.M.A.; BUSS, P.M. Qualidade de vida e saúde: um debate necessário. Ciência & Saúde Coletiva, Rio de Janeiro, v.5, n.1, p.7-18, 2000.

NAHAS, M. I. P; PEREIRA, M.A.M.; ESTEVES, O. A. de; GONÇALVES, E.. Metodologia de construção do índice de qualidade de vida urbana dos municípios brasileiros (IQVU-BR). XV ENCONTRO NACIONAL DE ESTUDOS POPULACIONAIS, Caxambú. Anais... Caxambú: Associação de Estudos Populacionais (ABEP), 2006.

OECD. Organisation for Economic Co-operation and Development. Glossary of Environment Statistics, Studies in Methods, Series F, No. 67, United Nations, New York, 1997.

OLIVEIRA, L. de. 1983. A Percepção da qualidade ambiental. In: Ação do Homem e a Qualidade ambiental. Rio Claro: ARGEO/Câmara Municipal, São Paulo, 1983.

ORGANIZAÇÃO DAS NAÇÕES UNIDAS (ONU). Declaração Universal dos Direitos Humanos - 1948. Disponível em: < http://brasil.un.org/pt-br/91601-declaracao-universal-dos-direitos-humanos >. Acesso em: 10 de outubro 2021.

ORGANIZAÇÃO DAS NAÇÕES UNIDAS (ONU). Declaração do Meio Ambiente – 1972. Disponível em: < http:// https://brasil.un.org/pt-br/search?key=declara%C3%A7%C3%A3o+do+meio+ambiente >. Acesso em: 8 de outubro 2021.

ORGANIZAÇÃO DAS NAÇÕES UNIDAS (ONU). Nosso futuro comum – Cimissão de Brundland – 1987. Disponível em : <http:// https://brasil.un.org/pt-br/91223-onu-e-o-meio-ambiente>. Acesso em : 1 de outubro 2021.

ORGANIZAÇÃO DAS NAÇÕES UNIDAS (ONU). The Ocean Conference. Disponível em < https://www.un.org/sustainabledevelopment/wp-content/uploads/2017/05/Ocean-factsheet-package.pdf >. Acesso setembro de 2021

OMS. Promoción de la salud. glosario. GENEBRA: OMS; 1998.

SANTOS, B. S. Para uma concepção multicultural dos direitos humanos. Revista Contexto Internacional, Rio de Janeiro, v. 23, n. 1. Disponível em: http://hdl.handle.net/10316/44219. Acesso em 10 de nov. 2021.

VEYRET, Y. Os riscos: o homem como agressor e vítima do meio ambiente. São Paulo: Contexto, 2007.

A APLICAÇÃO DA LITIGÂNCIA ESTRATÉGICA PARA O FORTALECIMENTO DA GOVERNANÇA CLIMÁTICA

Autora:

Alana Danielle de Andrade Azevedo Costa[1]

INTRODUÇÃO

As alterações climáticas causadas pela interferência antropogênica é um problema global que demanda uma grande discussão entre Poder Público, organizações internacionais, cientistas, empresários e a sociedade.

Contemporaneamente o número de processos judiciais e demandas administrativas envolvendo a temática de mudanças climáticas tem aumentado consideravelmente. Em muitas dessas ações, a chamada litigância climática (também conhecida por estratégica) é usada para fomentar e alcançar a governança climática.

A litigância climática já é bastante desenvolvida nos Estados Unidos da América, o que parece um contrassenso, considerando que é um dos Estados que mais causa o desgaste ambiental à nível mundial. Ela vem sendo estudada e implantada em um número cada vez maior de países, com níveis diversos de desenvolvimento e eficácia. O papel dela é estratégico, pois busca trazer para apreciação das Cortes de Justiça questões relacionadas à redução da vulnerabilidade às mudanças climáticas (adaptação), redução de emissão de gases do efeito estufa (mitigação), reparação de danos sofridos (perdas e danos) e à gestão dos riscos climáticos (riscos).

As ações que envolvem casos de litigância climática tornam legítimas as instâncias do Poder Judiciário enquanto agentes do sistema de governança climática. Os casos de litigância estratégica influenciam a opinião pública sobre a urgência da temática, levando a avanços de governança nos níveis locais, regionais e internacionais.

---

1   Mestranda em Ciências Jurídicas pela Ambra University. Pós graduada em Direito Público pela Escola Superior da Magistratura de Pernambuco. Bacharel em Direito pela Universidade Católica de Pernambuco.

Ela visa estimular ações de controle e redução da emissão de gases do efeito estufa e outras medidas de contenção às alterações climáticas. Por meio do Judiciário, os entes públicos e privados que emitem ou permitem a emissão dos gases poluentes serão responsabilizados para adotarem posturas mais proativas para a reafirmação do compromisso internacional de redução do efeito estufa (CARVALHO E BARBOSA, 2019).

Assim, as decisões judiciais na litigância estratégica reforçam a responsabilidade dos atores envolvidos para impulsionar alterações no tratamento político e jurídico das questões que envolvem as mudanças climáticas e o aquecimento global (CARVALHO E BARBOSA, 2019).

No primeiro capítulo deste artigo será realizado um histórico sobre a questão ambiental, a partir de quando aconteceram as primeiras pesquisas e reuniões para o reconhecimento e providências quanto à ocorrência das mudanças climáticas. Em prosseguimento, será explanado sobre o que é Justiça Ambiental e Justiça Climática, demonstrando que as consequências ambientais resultantes das mudanças climáticas são suportadas de forma irregular pelos grupos sociais.

Em seguida, serão desenvolvidas considerações sobre a chamada litigância estratégica (climática) e seu papel na proteção dos direitos humanos relacionados à temática ambiental. Por fim, será demonstrada a interface existente entre litigância e governança climática.

A partir das considerações realizadas, pode-se dizer que este trabalho objetiva responder a seguinte pergunta de pesquisa: a aplicação da litigância climática é uma estratégia para o fortalecimento da governança climática? A hipótese de pesquisa é de que a litigância estratégica contribui para a consolidação da governança climática.

Ademais, será utilizado o método de abordagem hipotético-dedutivo e o método de pesquisa bibliográfica, com a consulta de livros, artigos e teses, para a realização da pesquisa qualitativa.

HISTÓRICO

A influência humana sobre o sistema climático vem causando uma série de mudanças climáticas pelo planeta: aumento no nível dos oceanos, ocorrência de tempestades, ciclones, tornados, chuvas intensas, derretimento de geleiras do Ártico, secas extremas e desertificação (RAMMÊ, 2012). O aquecimento global é evidente e se tornou uma das principais apreensões da contemporaneidade. As alterações climáticas são motivadas pela concentração de gases do efeito estufa na atmosfera, originada por processos naturais e pelas emissões provenientes da atividade humana, que são hoje as maiores da história (RAMOS, 2015).

Fazendo uma retrospectiva histórica tem-se que em 1972 ocorreu a 1ª Conferência Mundial sobre o Homem e Meio Ambiente da ONU, conhecida como Conferência de Estocolmo, que trouxe uma conscientização em relação à necessidade de combater a destruição do meio ambiente. Essa conferência ocorreu em razão da crescente poluição atmosférica e por diversas tragédias ambientais ocorridas na década de 1960. Teve como principal resultado o Programa das Nações Unidas para o Meio Ambiente - PNUMA (MANTELLI, CASTILHO E GARCIA, 2017).

No período entre a Conferência de Estocolmo e a próxima grande conferência (Rio 1992) houve um aumento significativo de tratados internacionais para o meio ambiente. Além disso, em 1987, a Comissão Mundial sobre Meio Ambiente e Desenvolvimento criou o Relatório Brundtland, onde foi elaborado o conceito de desenvolvimento sustentável, que é aquele desenvolvimento que satisfaz as necessidades das gerações presentes, sem comprometer a capacidade das futuras (MANTELLI, CASTILHO E GARCIA, 2017).

No ano de 1988, em Toronto, foi criado o International Panel on Climate Change (IPCC), órgão formado por diversos cientistas voluntários, que é responsável pela percepção das mudanças climáticas no meio ambiente, todavia, sem interferir na tomada de decisões dos Estados (MANTELLI, CASTILHO E GARCIA, 2017).

No Rio de Janeiro em 1992, foi realizada a Conferência das Nações Unidas sobre Meio Ambiente e Desenvolvimento que foi importante para o movimento de justiça ambiental, pois nela ficou patente que os países industrializados são os maiores causadores de danos ao meio ambiente. Ademais, houve a criação da Agenda 21, um compromisso político, com medidas a serem adotadas pelos países signatários, para melhoria ambiental (MANTELLI, CASTILHO E GARCIA, 2017).

Ainda no ano de 1992, foi realizada a primeira Convenção-Quadro das Nações Unidas sobre Mudança do Clima (COP), que teve como objetivo buscar a estabilização da concentração de gases do efeito estufa em um nível que não ofereça riscos ao sistema climático. A COP teve grande expressão, tornando-se permanente e ocorre de forma periódica (MANTELLI, CASTILHO E GARCIA, 2017).

Na terceira COP, realizada em 1997, foi criado o Protocolo de Kyoto, documento de grande importância para as mudanças climáticas globais. Ele definiu pactuações almejando a redução das emissões de gases do efeito estufa causadas pelo homem. Sua ratificação ocorreu em 15 de março de 1999, todavia, entrou em vigor somente em 16 de fevereiro de 2005, depois da ratificação da Rússia, totalizando a assinatura de 55 países que somados produziam 55% das emissões globais de gases. No protocolo, as nações reafirmaram a responsabilidade comum, mas diferenciada entre os países, onde foi assumido o compromisso de redução das emissões em pelo menos 5,2% aos níveis de 1990, para o período entre 2008 e 2012. Para isso, foram criados alguns mecanismos de flexibilização, a exemplo do mercado de carbono e exportação de tecnologia (WEDY, 2019).

Um dos mais recentes marcos sobre mudanças climáticas foi o Acordo de Paris, no ano de 2015, durante a COP 21. Nele as nações se comprometeram a limitar o aumento da temperatura mundial em 1,5°C, bem como se obrigaram a adotar medidas para diminuir as emissões de gases do efeito estufa. Ressalta-se que superou-se em parte o princípio das responsabilidades comuns, mas diferenciadas, considerando que os países desenvolvidos e os em desenvolvimento devem fomentar a redução das emissões em igual proporção (WEDY, 2019).

JUSTIÇA AMBIENTAL E CLIMÁTICA

A expressão Justiça Ambiental surgiu na década de 1960, quando movimentos sociais norte-americanos passaram a reivindicar direitos civis às populações afrodescendentes e grupos minoritários residentes em periferias.

Além disso, protestavam contra a exposição humana à contaminação de origem industrial e buscaram a garantia de acesso à saúde de qualidade (RAMMÊ, 2012).

Segundo o Movimento de Justiça Ambiental dos EUA, justiça ambiental

> *"É a condição de existência social configurada através do tratamento justo e do envolvimento significativo de todas as pessoas, independentemente de sua raça, cor ou renda no que diz respeito à elaboração, desenvolvimento, implementação e aplicação de políticas, leis e regulações ambientais. Por tratamento justo entenda-se que nenhum grupo de pessoas, incluindo-se aí grupos étnicos, raciais ou de classe, deva suportar uma parcela desproporcional das consequências ambientais negativas resultantes da operação de empreendimentos industriais, comerciais e municipais, da execução de políticas e programas federais, estaduais ou municipais, bem como das consequências resultantes da ausência ou omissão destas políticas" (ACSELRAD, MELLO e BEZERRA, 2009)*

Nas COPs o debate sobre Justiça Ambiental se faz presente e tem sido constante, em especial, sobre a divergência de posicionamento entre países do norte e do sul. De um lado estão países como Inglaterra e Estados Unidos, que são causadores de grande parte das emissões de gases e sob menor risco aos impactos das mudanças climáticas e com maior capacidade adaptativa a elas. Do outro lado, países do hemisfério sul, que tem baixa responsabilidade sobre a quantidade de gases emitidos e que tem maior risco de impactos intensos do aquecimento global, além de possuírem capacidade limitada de proteção (MILANEZ E FONSECA, 2011).

Do exposto, há uma questão fundamental a ser percebida: as consequências ambientais resultantes das mudanças climáticas não são suportadas na mesma proporção pela população humana. O problema climático é também um problema de justiça social. São os mais vulneráveis que mais sofrem, de forma acentuada, com as consequências negativas das alterações climáticas, conquanto sejam quem menos contribui para o problema (RAMMÊ, 2012).

Conforme Rammê (2012),

> *"o movimento por justiça ambiental torna evidente o fato de que as populações mais vulneráveis, que menos consomem, menos geram lixo, e menos se beneficiam das benesses do atual modelo econômico de desenvolvimento, são as que mais diretamente suportam os riscos gerados pela degradação ambiental. Evidencia, portanto, que a lógica econômica dominante ignora por completo a ideia de equidade na repartição das externalidades negativas do processo produtivo (...) . O conceito de injustiça climática, portanto, surge da constatação de que as comunidades tradicionais de pequenos agricultores e pescadores, os índios, e de um modo geral as populações pobres do planeta, em razão de sua vulnerabilidade social, são mais suscetíveis de se tornarem vítimas de processos de alterações do clima provocados pelo aquecimento global, mesmo sendo quem menos*

contribui para o problema. Necessário, pois, analisar, à luz de uma adequada concepção de justiça, a dimensão ética contida nesse referencial" (RAMMÊ, 2012).

Fato é que a degradação ambiental fomenta as violações aos direitos humanos e a luta por justiça ambiental é também uma luta por justiça social, através de uma concepção ecológica de redução de impactos ambientais. A proteção ambiental é necessária para o gozo dos direitos humanos como a vida, a saúde e a cultura (MANTELLI, CASTILHO E GARCIA, 2017).

Segundo Boràs (2017) a justiça climática, assim como a ambiental, surge como resultado de um fenômeno que ameaça a vida humana e perpetua a pobreza: uma geopolítica que abusa dos recursos naturais, dentro e fora dos limites nacionais, que beneficia apenas os países mais ricos (BORÀS, 2017).

A justiça climática surgiu como um desdobramento da justiça ambiental e faz com que se enxergue que a desigualdade gerada pelo modelo capitalista fez com que algumas pessoas se tornassem mais vulneráveis e resultou do fato dos ricos serem os maiores responsáveis pelas emissões de gases do efeito estufa. Sem um esforço global e político para a redução dos gases de efeito estufa e apoio aos mais vulneráveis a se adaptar, os níveis de desigualdades dentro e entre os países só aumentarão (FAGUNDEZ, ALBUQUERQUE E FILPI, 2020).

Para combater as mudanças climáticas se faz necessária cooperação através de estratégias para redução e gerenciamento dos riscos, as chamadas medidas de mitigação e de adaptação. Através das políticas públicas de adaptação, que objetivem a redução de desigualdade e vulnerabilidade, com aumento de resiliência das comunidades, o Estado promove direitos sociais, ao meio ambiente equilibrado e a justiça climática (RAMOS, 2015).

De acordo com Ramos (2015), a justiça ambiental

"tem como princípio basilar o princípio da equidade entre os indivíduos, objetivando que todos tenham direito de acesso aos recursos naturais de forma equânime e sejam equanimemente protegidos contra a degradação e poluição ambiental, ou seja, que parcela da população não suporte de maneira desproporcional os danos ambientais provocados por terceiros em razão de raça ou nível social. Também tem por característica se fundamentar nos princípios da prevenção e da precaução, para que ações de proteção sejam tomadas antecipadamente, evitando-se que a população, os trabalhadores e o meio ambiente sejam colocados desnecessariamente em risco" (RAMOS, 2015).

As questões ambientais tem características multidisciplinares, sendo locais ou transfronteiriças, em diversos níveis de governo. Por isso, as prestações estatais na seara ambiental devem envolver os três níveis federativos. Ao formular políticas públicas, o governo tem certa discricionariedade, todavia, ele deve considerar o que é melhor para toda a população, através de processo participativo e informativo (RAMOS, 2015).

A mitigação busca criar limites para as mudanças humanas no clima e a adaptação busca realizar ações para melhor responder às mudanças climáticas presentes ou futuras, de maneira a minimizar os danos.

A mitigação é alcançada através da limitação ou prevenção da emissão de gases de efeito estufa, bem como de sua remoção da atmosfera. Ela pode ser empregada em todos os setores e atividades, a exemplo da construção, transporte, indústria, energia, gestão de resíduos, etc. Já a adaptação é uma maneira de conectar justiça ambiental, climática e social aos mais vulneráveis, de forma a reduzir a vulnerabilidade às alterações climáticas (FAGUNDEZ, ALBUQUERQUE E FILPI, 2020).

Os movimentos por Justiça Climática questionam a assimetria nos impactos das mudanças climáticas e como a temática vem sendo debatida nos fóruns internacionais, questionando o próprio sistema capitalista, que não demonstra ser capaz de lidar com os impactos do aquecimento climático de forma justa e equitativa (MILANEZ E FONSECA, 2011).

Consoante Kassmayer (2017) é perceptível que as indústrias com poder de gerar danos normalmente estão localizadas em países pobres, pois existe uma interligação entre riscos extremos e pobreza. Nos países subdesenvolvidos há um interesse por essas indústrias, em razão da possibilidade de geração de emprego e chegada de tecnologias. Assim, os riscos ambientais são colocados em segundo plano, para superar a miséria material. Os movimentos sociais de justiça ambiental se mostram relevantes para conter políticas e decisões governamentais indevidas, que a longo prazo podem gerar problemas sociais, econômicos e ambientais. Percebe-se que a precaução é necessária para obstar riscos futuros e indesejados (KÄSSMAYER, 2017).

LITIGÂNCIA ESTRATÉGICA (CLIMÁTICA)

As atuais mudanças climáticas são consequência de séculos de desenvolvimento humano e econômico insustentáveis. Existe uma carência de normas jurídicas, decisões administrativas e judiciais sustentáveis. A era das mudanças climáticas tem como premissa básica o necessário direito ao desenvolvimento sustentável, que é um dever que vincula entes públicos e particulares (WEDY, 2019).

As discussões e o enfrentamento das causas e efeitos das mudanças climáticas tem atingido várias jurisdições locais, nacionais e internacionais. Houve avanços no âmbito administrativo e legislativo, bem como há um número cada vez maior de discussões judiciais e administrativas que tratam desse tema, objetivando determinar e efetivar estratégias para lidar com as mudanças climáticas, que envolvem problemas de dimensões planetárias e sociológicas (FILPI, 2021).

Assim, diplomas internacionais e infraconstitucionais passaram a regulamentar emissões de gases de efeito estufa, responsabilizar emissores, bem como buscar alternativas de adaptação e resiliência. Das constituições se extraem interpretações que podem auxiliar na estabilização do clima na terra, de modo a garantir a vida das presentes e futuras gerações. Este arcabouço normativo, acrescido da doutrina e da jurisprudência, vem criando direitos e obrigações para governos e entes privados que excedem as fronteiras do Direito Ambiental (WEDY, 2019).

O Judiciário vem sendo invocado a cada vez mais se manifestar sobre a aplicação de direitos e obrigações referentes às mudanças climáticas. A nomenclatura "litigância climática" ou "litigância estratégica" se refere a soma de ações judiciais e administrativas pertinentes à diminuição de gases do efeito estufa (mitigação), reparação de danos, gestão de riscos e redução de vulnerabilidades (adaptação) (SETZER, CUNHA e FABRI, 2019).

Segundo FILPI (2021)

> *"entende-se que os litígios climáticos representam um fenômeno local e localizado, apesar do seu alcance também em nível global. Trata-se de conceituação e delimitação que reconhece a natureza transfronteiriça da litigância climática, pela qual os argumentos e as decisões resultantes de determinado caso alcançam e influenciam um movimento global de justiça climática, contribuindo para o enfrentamento desse desafio que é ao mesmo tempo, local, nacional, regional e global. Os litígios climáticos teriam, nesse sentido, impacto transversal e desempenhariam um papel fundamental para o aprimoramento de uma governança climática multinível, além de transnacional, transfronteiriça. Isso quer dizer que os litígios climáticos lidariam com atividades, normas e discussões que ultrapassam os limites fronteiriços jurisdicionais, assim como visões tradicionais e dualistas em torno do que seria nacional e internacional, público e privado, e agentes estatais e não estatais" (FILPI, 2021).*

Os efeitos da litigância climática não se limitam ao caso concreto, eles impactam a tomada de decisões no âmbito regulatório estatal, no comportamento de empresas e no próprio entendimento da população sobre o problema. Existem várias balizas no tocante as contribuições da litigância, a exemplo da dificuldade de acesso à justiça e limitações do papel jurisdicional sobre o campo regulatório ou legislativo. Todavia, tais litígios tem importância até mesmo para funções atípicas do Judiciário, incluindo o alcance e engajamento a partir de provocações da sociedade civil organizada (FILPI. 2021).

Tais litígios encontram alguns obstáculos para se alcançar uma decisão de mérito e efetivá-la. Existem obstáculos processuais relacionados à garantia do acesso à justiça, que envolve, por exemplo, o entendimento da corte sobre a legitimidade ativa de quem propôs a ação. Há também obstáculos quanto à produção e acesso à prova necessária para alcançar um julgamento de mérito, em especial, àqueles que possuem orçamento mais restrito, que comumente são quem ingressam com as ações. Quando o pleito é atendido, há dificuldade para efetivá-lo (FILPI, 2021).

O relatório The Status of Climate Change Litigation – A Global Review, do Programa das Nações Unidas para Meio Ambiente, enumera cinco estratégias adotadas pelos litígios climáticos

> *"(i) vincular governos a compromissos legislativos e políticos assumidos; (ii) identificar o nexo causal entre os impactos da extração de recursos, às mudanças climáticas e à resiliência; (iii) estabelecer o nexo de causalidade entre emissões particulares e impactos adversos das mudanças climáticas; (iv) estabelecer responsabilidade por falhas (omissivas ou comissivas) na adoção de políticas de adaptação às mudanças climáticas e; (v) aplicar a doutrina da confiança pública (public trust doctrine dos países de direito anglo-saxão) às mudanças climáticas"* (SETZER, CUNHA e FABRI, 2019).

O objetivo maior da litigância climática é pressionar o legislativo, o executivo e particulares a efetivar o compromisso de assegurar um clima adequado, com a diminuição de emissões e o incentivo à produção de energias renováveis, bem como a necessária manifestação judicial para materializar os princípios da precaução e prevenção, como forma de possibilitar o desenvolvimento sustentável. Desta maneira, os litígios climáticos são necessários para preencher as lacunas estatais na esfera administrativa e legislativa, onde os juízes têm julgado um crescente número de ações envolvendo o Direito das Mudanças Climáticas, vedando excessos e omissões (WEDY, 2019).

O litígio estratégico utiliza o Poder Judiciário, para que através de casos paradigmáticos, sejam alcançadas mudanças sociais a partir da formação de precedentes. Também há a provocação a mudanças legislativas e necessidade de criação de políticas públicas. Assim, o litígio estratégico não se dirige apenas ao Judiciário, mas também aos formuladores de políticas públicas, tomadores de decisão e sociedade em geral (NUSDEO, 2019).

Seu objetivo não se limita a uma solução de um caso concreto, é algo maior. Nele ocorre a combinação de técnicas legais, sociais e políticas. Mesmo quando não acontece uma decisão favorável, o caso pode servir para a sensibilização de magistrados para a questão e sobre o direito em discussão, podendo chamar a atenção da sociedade e dos agentes decisórios (NUSDEO, 2019).

Desta forma, a litigância climática tem efeitos extrajudiciais além do caso concreto, trazendo atenção midiática para o problema, mobiliza a sociedade civil, conscientiza cidadãos e pressiona para que os agentes públicos e privados adotem posturas condizentes com a urgência climática (CARDOSO, 2017).

Claro que o melhor desfecho para os casos de litigância estratégica depende de um Poder Judiciário independente e criativo, no qual a sua decisão possa impactar a decisão de outros tribunais, em precedentes consistentes (NUSDEO, 2019).

Do exposto, percebe-se que os litígios estratégicos se utilizam do Judiciário para produção de efeitos e mudanças que vão além do âmbito das partes. Podem ocorrer mudanças sociais a partir da formação de precedentes, mudanças legislativas, criação de políticas públicas e aumento de visibilidade social (NUSDEO, 2019).

INTERFACE ENTRE LITIGÂNCIA E GOVERNANÇA CLIMÁTICA

Pode-se dizer que o conceito de governança está diretamente relacionado à participação de atores não estatais e estatais. No caso dos estatais, existem os atores que atuam nas instâncias local, regional e nacional, que se relacionam com atores da esfera supranacional e internacional. O conceito se refere a um processo de criação de normas de diferentes categorias, a partir de uma estrutura que compreende os diversos atores sociais. Desta maneira, agentes estatais, indivíduos, empresas, ONGs, consumidores, movimentos sociais são coordenados para a consecução de determinados objetivos, com participação ativa e no qual exista accountability, ou seja, transparência, prestação de contas e responsabilidade (NUSDEO, 2019).

A litigância climática é um modo de governança porque estimula alterações nos comportamentos de organismos públicos e privados e na maneira que as decisões são definidas, ainda que a ação não venha a ser julgada procedente. A propositura da ação reflete (in)diretamente na mudança de comportamento dos atores envolvidos. Ela atrai a mídia e populariza o debate. Além disso, influencia em outras políticas públicas, fazendo com que sejam adotadas medidas para redução de impactos que suas atividades causam ao clima, considerando a litigância em si e futuras ações a serem propostas (CARVALHO E BARBOSA, 2019).

A política climática é uma política de Estado. Ela é uma política pública, bem como se constitui como obrigação jurídica imputável ao Estado. Por ser uma política pública, ela está condicionada ao direito. O direito é constitutivo de políticas públicas, estruturando sua dimensão institucional, ao regular seus procedimentos e articular os atores responsáveis pelo seu desenvolvimento, bem como definir as responsabilidades em sua implementação (ALBERTO e MENDES, 2019).

De acordo com Alberto e Mendes (2019), a litigância climática é uma técnica de efetivação de compromissos constitucionais manejada por atores da sociedade civil. Contudo, a sensibilização estratégica (e assimétrica) de um dos poderes estatais em desfavor dos demais, produz pontos de impacto sobre a tradicional separação entre os poderes.

Em casos de litigância climática, não se trata apenas de uma infração pontual à Constituição, e sim de uma inconstitucionalidade estrutural. O STF já denominou em situações análogas, como o caso do sistema prisional brasileiro, que se trata de um "estado de coisas inconstitucional". Esse estado é caracterizado pelo desrespeito a diversos deveres legais que, em seu conjunto, conformam deveres constitucionais gerais, a exemplo do dever de cuidado ambiental. Inconstitucionalidade estrutural demanda resposta igualmente estrutural do poder público, o que envolve a administração pública e também o Poder Judiciário enquanto garantidor de compromissos constitucionais (ALBERTO e MENDES, 2019).

Ainda segundo Alberto e Mendes (2019),

"O controle judicial sobre a administração pública é, no constitucionalismo contemporâneo, um pressuposto inafastável ao desenvolvimento de qualquer política pública. Com a política climática não é diferente. A observação do arranjo constitucional brasileiro, por exemplo, evidencia a clara opção por um controle judicial forte, dotado de duas características essenciais: a inafastabilidade e a incondicionalidade" (ALBERTO e MENDES, 2019).

A litigância climática não traz inovação em relação à atividade judicial. Existe uma controvérsia em torno de um direito (no caso, o direito transindividual ao meio ambiente ecologicamente equilibrado) que não foi cumprido de forma eficiente pois houve infração da administração pública aos seus deveres jurídicos. Esse descumprimento cria então uma crise jurídica, que ocorre por conta da pretensão resistida, que só poderá ser resolvida pela tutela jurisdicional (ALBERTO e MENDES, 2019).

Uma decisão judicial como no caso da política climática não depende de uma determinação forte por parte da Corte Suprema, que esvazie o espaço de competências regulamentares, decisórias e executivas dos demais Poderes. Litígios estruturais clamam soluções assertivas e em constante diálogo. Para tanto, o Poder Judiciário carece de abertura junto à sociedade civil, dando espaço para participação de interessados e amicus curiae no processo, como também com a execução de audiências e consultas públicas como etapa anterior à decisão. Além disso, o Poder Judiciário precisa conversar com os outros poderes, em especial, com o Executivo, seja através de termos de ajustamento de conduta, fixação de metas e resultados, determinação de prazos e fiscalizações, etc (ALBERTO e MENDES, 2019).

O meio ambiente ecologicamente equilibrado é uma obrigação de Estado. Sua efetivação depende de todos os Poderes do Estado, convergentes em suas especificidades institucionais. A Administração Pública e o Judiciário são subordinados ao mesmo compromisso constitucional e são corresponsáveis pelo eficiente desenvolvimento da política climática, como uma política de Estado. Assim, o Poder Judiciário ao intervir na condução da política climática não usurpa um poder que não tem. Na verdade, ele atua para a realização da política de Estado, enquanto parte que é do próprio Estado (ALBERTO e MENDES, 2019).

Para exercer a defesa de um clima estável e tutela dos direitos fundamentais dos seres afetados por eventos climáticos existem diversos instrumentos processuais: a ação popular; a ação civil pública; a ação direta de inconstitucionalidade, de lei ou ato normativo; o mandado de segurança coletivo; o mandado de injunção; a ação direta de constitucionalidade por omissão; e, a ação de arguição de descumprimento de preceito fundamental. Considerando o clima elemento ambiental vital, ele pode ser tutelado pelas diversas ações ambientais previstas no ordenamento jurídico nacional (WEDY, 2019).

CONCLUSÃO

A crise climática é um dos maiores desafios atuais da humanidade. Os eventos climáticos extremos vêm afetando gravemente a vida das pessoas. Os impactos das mudanças climáticas atingem os direitos humanos, em especial daqueles que estão em situação de vulnerabilidade. As alterações climáticas são um problema que requer solução compartilhada e senso de coletividade local, regional e global.

O caráter não vinculante dos instrumentos internacionais que tratam das mudanças climáticas e as falhas de proteção ambiental no âmbito brasileiro, demonstra a necessidade de uso de mecanismos estratégicos para assegurar a defesa ambiental. Diante disso, a litigância climática se mostra como meio de obtenção de provimentos judiciais favoráveis ao meio ambiente, objetivando viabilizar a efetividade dos direitos transindividuais ambientais.

A litigância climática se mostra como uma oportunidade de combate às alterações climáticas e em favor da defesa dos direitos humanos. Ela tem relevância intergeracional, considerando que luta pelos direitos das gerações presentes e futuras. Ademais, ela é importante para evitar o esgotamento dos recursos ecossistêmicos que todos dependem.

A maior parte das ações de litigância climática é direcionada aos governos e agentes estatais, contudo, é possível utilizá-la em desfavor de particulares. No mundo, existem ações que objetivam indenizações e reparações de danos, como também, impor comportamentos a governos e agentes privados. Já no Brasil, a litigância climática ainda é principiante se comparada a outros países e os processos em sua maioria são relacionados à poluição e desmatamento, sendo o tema das mudanças climáticas atingido apenas de forma transversal.

Fato é que o litígio climático é uma ferramenta jurídica para fazer com que o Judiciário e órgãos extrajudiciais avaliem, fiscalizem, implementem e busquem efetivar direitos relacionados às mudanças climáticas. Além disso, na área da litigância climática o engajamento e debate público são tão importantes quanto o caso em si. A discussão pública precisa ser internalizada por todos, seja setor público, privado ou algum dos poderes do Estado.

A litigância estratégica pode servir para que os brasileiros se apoiem na lei e no Judiciário para se insurgir contra práticas que vem impedindo que o Brasil, dono da maior biodiversidade do mundo, consolide-se como potência ambiental. Ela funciona como uma forma de estimular o Judiciário a exigir e auxiliar o Executivo na execução e fiscalização de medidas de combate às mudanças climáticas, bem como ao Legislativo na elaboração de normativos climáticos.

Entende-se por governança climática as ações dos entes públicos e privados em prol da defesa dos direitos a um meio ambiente ecologicamente equilibrado. Desta maneira, a litigância estratégica está diretamente ligada à governança climática, vez que o Judiciário provoca outros atores a se comprometerem com medidas de proteção ao meio ambiente.

Portanto, a utilização da litigância estratégica contribui para a consolidação da governança climática.

REFERÊNCIAS BIBLIOGRÁFICAS

Acselrad, H,; Mello, C. C. A.; Bezerra, G. N. (2009). O que é Justiça Ambiental. Rio de Janeiro, RJ: Garamond. ISBN 978-85-7617-159-1

Alberto, M. A. M.; Mendes, C. H. (2019). Litigância climática e separação de poderes. In Fabbri, A. B.; Setzer, J.; Cunha, K. (2019). Litigância climática - Novas fronteiras para o Direito Ambiental no Brasil (117-138). São Paulo, SP: Ed. Revista dos Tribunais. ISBN 978-8553214037.

Boràs, S. (2016). Movimientos para la justicia climática global: replanteando el escenario internacional del cambio climático. Relaciones Internacionales, (33), 97–119. Disponível em: https://revistas.uam.es/index.php/relacionesinternacionales/article/view/6729 . Acesso em: 23 nov. 2021.

Cardoso, A. C. A. (2017). A litigância climática e a relação entre Direitos Humanos e Empresas como instrumento de efetividade de políticas climáticas globais [Graduação em Direito, Escola de Direito da Fundação Getúlio Vargas]. Disponível em: https://bibliotecadigital.fgv.br/dspace/handle/10438/24100?show=full. Acesso em: 23 nov. 2021.

Carvalho, D. W.; Barbosa, K. S. (2019). Litigância climática como estratégia jurisdicional ao aquecimento global antropogênico e mudanças climáticas. Revista de Direito Internacional UNICEUB, vol. 16, n. 02. p. 55. Disponível em: https://www.publicacoesacademicas.uniceub.br/rdi/article/view/5949. Acesso em: 23 nov. 2021.

Fabbri, A. B.; Setzer, J.; Cunha, K. (2019). Panorama da Litigância Climática no Brasil e no Mundo. In Fabbri, A. B.; Setzer, J.; Cunha, K. (2019). Litigância climática - Novas fronteiras para o Direito Ambiental no Brasil (59-86). São Paulo, SP: Ed. Revista dos Tribunais. ISBN 978-8553214037.

Fagundez, G. T.; Albuquerque, L; Filpi, H. F. F. C. M. (2020). Violação de direitos humanos e esforços de adaptação e mitigação: uma análise sob a perspectiva da justiça climática. RIDH |Bauru, v. 8, n. 1, p. 227-240, jan./jun.] Disponível em: https://www3.faac.unesp.br/ridh/index.php/ridh/article/download/786/346. Acesso em: 23 nov. 2021.

Filpi, H. (2021). Litigância climática ecologizada: contribuições da América Latina. Rio de Janeiro, RJ: Ed. Lumen Juris. ISBN 978-65-5510-896-5.

Kässmayer, K. (2017). A Justiça Ambiental como elemento do Estado Contemporâneo. In Estado de Direito Ecológico: Conceito, Conteúdo e Novas Dimensões para a Proteção da Natureza. São Paulo: Inst. O direito por um Planeta Verde. Disponível em: http://www.ccj.ufpb.br/sda/contents/documentos/e-book-estado-de-direito-ecologico-prof-dr-jose-rubens-morato-leite.pdf . Acesso em: 23 nov. 2021.

Mantelli, G.A.S.; Castilho, A. F.; Garcia, J. M. (2017). Justiça Climática na perspectiva do Socioambientalismo. In: Perspectivas para a implementação do socioambientalismo: volume II (livro eletrônico)/ coordenação científica Carlos Frederico Marés de Souza Filho e Clarissa Bueno Wandscheer. Curitiba: Letra da Lei. Disponível em: http://ibap.emnuvens.com.br/rdd/article/view/193. Acesso em: 23 nov. 2021.

Milanez, B.; Fonseca, I. F. (2011). Justiça climática e eventos climáticos extremos: uma análise da percepção social no Brasil. Revista Terceiro Incluído, 1(2), 82–100. Disponível em: https://doi.org/10.5216/teri.v1i2.17842 . Acesso em: 23 nov. 2021.

Nusdeo, A. M. O. (2019). Litigância e governança climática. Possíveis impactos e implicações. In Fabbri, A. B.; Setzer, J.; Cunha, K. (2019). Litigância climática - Novas fronteiras para o Direito Ambiental no Brasil (139-156). São Paulo, SP: Ed. Revista dos Tribunais. ISBN 978-8553214037.

Rammê, R. S. (2012). A Política da Justiça Climática: Conjugando riscos, vulnerabilidades e injustiças decorrentes das mudanças climáticas. Revista dos Tribunais Online/Revista de Direito Ambiental, vol. 65/2012, p. 367. Disponível em: https://institutopiracema.com.br/wp-content/uploads/2021/05/A-POLITICA-DA-JUSTICA-CLIMATICA-Rogerio-RDA-2012.pdf . Acesso em: 23 nov. 2021.

Ramos, M. C. (2015). Políticas públicas de adaptação às mudanças climáticas em face das populações vulneráveis e da justiça climática [Mestrado em Direito Político e Econômico, Universidade Presbiteriana Mackenzie]. Disponível em: http://tede.mackenzie.br/jspui/handle/tede/1145 . Acesso em: 23 nov. 2021.

Wedy, G. (2019). Litígios climáticos de acordo com o Direito Brasileiro, Norte-Americano e Alemão. Salvador, BA: Ed. Juspodvum. ISBN 978-8544227442.

ANÁLISE LEGÍSTICA DO REGULAMENTO SANITÁRIO INTERNACIONAL (2005) E SOLUÇÕES PARA O PROBLEMA DA PROPAGAÇÃO INTERNACIONAL DE DOENÇAS

Autor:

Bruno Starcke Buzetti[1]

INTRODUÇÃO

Legística é o ramo do saber jurídico que tem por objeto o estudo da legislação (leis e normas em geral), com o fim de aprimorá-la, a partir de análises metódicas e sistemáticas em dimensões interdependentes, denominadas legística material e legística formal.

A legística material está relacionada ao conteúdo da legislação que se pretende analisar e, nas palavras da professora Fabiana de Menezes Soares (2007, p. 125):

> *"reforça a facticidade (ou realizabilidade) e a efetividade da legislação, seu escopo é atuar no processo de construção e escolha da decisão sobre o conteúdo da nova legislação, em como o processo de regulação pode ser projetado, através da avaliação do seu possível impacto sobre o sistema jurídico, por meio da utilização de técnicas (como por exemplo check list, modelização causal, reconstrução*

---

1   Mestrando em Ciências Jurídicas (Master of Science in Legal Studies) pela Ambra University, Orlando/FL (EUA). Pós-graduado em Direito Público pela Universidade Leonardo da Vinci, Indaial/SC (Brasil). Pós-graduado em Direito Penal e Processual Penal pela Universidade Gama Filho (UGF), Rio de Janeiro/RJ (Brasil). Graduado em Direito pela Universidade Estadual Paulista Júlio de Mesquita Filho (UNESP), Franca/SP (Brasil).

da cadeia de fontes) que permitam tanto realizar diagnósticos, prognósticos, mas também verificar o nível de concretude dos objetivos que justificam o impulso para legislar e dos resultados obtidos a partir da sua entrada em vigor."

Já a legística formal "atua sobre a otimização do círculo de comunicação legislativa e fornece princípios destinados à melhoria da compreensão e do acesso aos textos legislativos" (Soares, 2007, p. 126).

O presente capítulo realizará uma análise legística predominantemente material do Regulamento Sanitário Internacional (2005)[2], sem descuidar da legística formal em momentos pontuais, com o especial fim de propor soluções para o problema da propagação internacional de doenças. Afinal, especialistas classificam o momento histórico atual como a "era das pandemias"[3] e, enquanto soluções adequadas não forem concretizadas, a saúde humana permanecerá em constante risco.

Em suma, o estudo destacará a importância do Regulamento como instrumento de garantia de Direitos Humanos; exporá seus pontos fortes e fracos na prevenção, proteção, controle e resposta de saúde pública contra a propagação internacional de doenças; demonstrará que para o RSI alcançar sua ambiciosa meta de proteger todos os povos do mundo contra a propagação internacional de doenças é indispensável que, além de passar por atualizações pontuais, logre estabelecer as condições adequadas ao florescimento de incentivos para que os atores internacionais cooperem entre si, incrementem a proatividade dos Estados afetados, garantam uma ação célere (mais do que a da doença que se pretende combater) e a pronta notificação à OMS, a fim de que se consiga uma resposta rápida, precisa, coordenada e menos custosa para a saúde humana, a economia e a sociedade, bem como estabeleça sanções adequadas àqueles que contribuírem, por ação ou omissão, para a propagação internacional de doenças; e levantará proposições para a solução do problema apresentado.

---

2   Também denominado "RSI" ou "Regulamento", nos termos de seu artigo 1.

3   Para maiores esclarecimentos, vide: PNUMA (Programa das Nações Unidas para o Meio Ambiente). Especialistas alertam sobre a "era das pandemias" e oferecem opções para reduzir os riscos. Disponível em https://www.unep.org/pt-br/noticias-e-reportagens/comunicado-de-imprensa/especialistas-alertam-sobre-era-das-pandemias-e. Acessado no dia 11 de setembro de 2021.

O REGULAMENTO SANITÁRIO INTERNACIONAL (2005)[4] COMO INSTRUMENTO DE GARANTIA DE DIREITOS HUMANOS.

O Regulamento Sanitário Internacional (2005) é a matriz institucional base no tocante à prevenção, proteção, controle e resposta de saúde pública contra a propagação internacional de doenças (artigo 2, primeira parte, do RSI) e possui a ambiciosa meta de obter aplicação universal, para a proteção de todos os povos do mundo (artigo 3, parágrafo 3, do RSI), sendo importante instrumento de garantia de Direitos Humanos.

Com efeito, enquanto a Declaração Universal dos Direitos Humanos, em seu artigo 3, declarada que "Todo ser humano tem direito à vida, à liberdade e à segurança pessoal" (United Nations, 2021); é o Regulamento que instrumentaliza a proteção da vida humana e a segurança das pessoas contra a propagação internacional de doenças e, quando logra prevenir essa propagação, garante a liberdade de locomoção segura da população em nível mundial.

Não por outra razão, o Regulamento é instrumento fundamental na garantia do direito de toda pessoa de desfrutar o mais elevado nível possível de saúde física e mental e o gozo do mais alto nível de bem-estar físico, mental e social, na forma do artigo 12, parágrafo 1, do Pacto Internacional sobre Direitos Econômicos, Sociais e Culturais, in verbis: "Os Estados Partes do presente Pacto reconhecem o direito de toda pessoa de desfrutar o mais elevado nível possível de saúde física e mental" (Brasil, 1992); e do artigo 10, parágrafo 1, do Protocolo Adicional à Convenção Americana sobre Direitos Humanos em matéria de Direitos Econômicos, Sociais e Culturais (Protocolo de São Salvador), in litteris: "Toda pessoa tem direito à saúde, compreendendo-se como saúde o gozo do mais alto nível de bem-estar físico, mental e social". (Brasil, 1999)

Aliás, como bem salientado pelas pesquisadoras Yara Oyram Ramos Lima e Ediná Alves Costa, no artigo intitulado Implementação do Regulamento Sanitário Internacional (2005) no ordenamento jurídico-administrativo brasileiro, o RSI "tem como pilar da fundamentação regulatória os princípios de direitos humanos e das liberdades fundamentais das pessoas, inspirados na Carta da ONU e na Constituição da OMS". (Lima & Costa, 2015)

Com efeito, o próprio Regulamento traz como princípios, em seu artigo 3, o "pleno respeito à dignidade, aos direitos humanos e às liberdades fundamentais das pessoas" (Brasil, 2019), reforçando o seu caráter de instrumento garantidor de Direitos Humanos.

Compreendido isso, indaga-se: por meio de quais mecanismos o Regulamento logra promover a prevenção, proteção, controle e resposta de saúde pública e o que deve ser melhorado para que se aproxime de sua meta

---

4   Seu texto revisado foi acordado na 58ª Assembleia Geral da Organização Mundial de Saúde, no dia 23 de maio de 2005, e passou a vigorar internacionalmente, em 15 de junho de 2007, nos termos de seu artigo 59. No Brasil, seu texto foi aprovado pelo Congresso Nacional, por meio do Decreto Legislativo nº 395, de 9 de julho de 2009, e promulgado pelo Decreto nº 10.212, de 30 de janeiro de 2020.

de proteger todos os povos do mundo contra a propagação internacional de doenças? É o que será analisado na sequência.

O REGULAMENTO NO CONTEXTO DA PROPAGAÇÃO INTERNACIONAL DE DOENÇAS

Dentre os diversos avanços promovidos pelo Regulamento no incremento da prevenção, proteção, controle e resposta de saúde pública contra a propagação internacional de doenças, pode-se mencionar a criação de um sistema de informação e resposta em saúde pública (que viabiliza a comunicação direta, 24 horas por dia, entre a Organização Mundial da Saúde (OMS) e os Estados Partes); a previsão de um instrumento de decisão com critérios objetivos para avaliação e notificação de eventos que possam constituir emergência de saúde pública de importância internacional (ESPII); a exortação para que os Estados Partes desenvolvam capacidades básicas necessárias para vigilância e resposta (vigilância, informes, notificação, verificação, resposta e colaboração, inclusive no âmbito de portos, aeroportos e passagens de fronteira terrestre) e cooperem uns com os outros nesse mister; bem como a fixação de critérios e procedimentos para a expedição de recomendações temporárias ou permanentes pela OMS a Estados afetados e não afetados, caso verificada a ocorrência de uma emergência de saúde pública de importância internacional.

Por outro lado, o Regulamento possui um nítido déficit de efetividade quando se trata de prevenir a propagação internacional de doenças infecciosas que exigem ação rápida e medidas severas de controle. Com efeito, desde o início de sua vigência, no dia 15 de junho de 2007, ao menos quatro surtos de grande importância internacional foram deflagrados:

1) Pandemia de Gripe A ("Gripe Suína"): o vírus Influenza A (H1N1)pdm09 (combinação genética dos vírus da influenza suína, aviária e humana) foi a causa da primeira pandemia do século XXI. Nas primeiras duas semanas de abril de 2009, os sistemas de vigilância epidemiológica do México e da Califórnia (EUA) receberam notificações de casos de infecção humana pelo vírus. No dia 25 de abril, o Regulamento foi acionado e a OMS declarou tratar-se de uma emergência de saúde pública de importância internacional. Entretanto, a doença já estava se propagando rapidamente por diversos países. Com efeito, no dia 11 de junho a doença já havia se propagado por mais de 70 países (Manual MSD, 2021), fazendo com que a OMS reclassificasse o caso para o nível de alerta mais alto (nível pandêmico). A propagação internacional da doença continuou acelerada e, no dia 6 de julho, 122 países já registravam casos de infecção pelo vírus (Greco, 2009). Até o final da pandemia, foram notificadas 18.631 mortes à OMS. Entretanto, estudos posteriores sugerem subnotificação de casos e estimam que o número de mortes tenha sido aproximadamente 10 vezes maior (Simonsen, 2013), entre 120.000 e 250.000, em apenas um ano (Paim & Alonso, 2020, p. 20 e 21).

2) Surtos de Ebola: a doença causada pelo vírus Ebola (EVD), associada a febre hemorrágica, é uma doença séria e geralmente fatal (a depender da variante, a taxa de mortalidade pode chegar a 90%). O surto de Ebola que

ocorreu entre os anos de 2014 e 2016 na África Ocidental foi o maior e mais complexo desde a descoberta do vírus em 1976. Houve mais casos e mais mortes neste surto do que em todos os outros juntos. Além disso, ele se propagou para diferentes países: começou na Guiné (em dezembro de 2013) e se espalhou pelas fronteiras terrestres para Serra Leoa e Libéria (OMS, 2021). No dia 8 de agosto de 2014, o Regulamento foi acionado e a OMS declarou tratar-se de emergência de saúde pública de importância internacional. Até o dia 21 de setembro de 2014, a doença já havia se propagado também para a Nigéria e o Senegal, infectado 6.263 pessoas e causado 2.917 mortes (OMS, 2014). Em dezembro de 2018, a doença se propagou para a República Democrática do Congo. A situação fugiu do controle e, em outubro de 2019, a OMS declarou nova emergência de saúde pública de importância internacional. Até 1º de fevereiro de 2020, a doença já havia infectado mais de 3.300 pessoas e matado mais de 2.200 naquele país (Mahamba, 2019).

3) Surtos de Zica Vírus: a doença causada pelo vírus Zika (ZIKV) é transmissível pelo mosquito Aedes. O vírus foi isolado pela primeira vez em 1947, na floresta Zika, em Uganda, no continente africano. No ano de 2007, uma grande epidemia foi descrita na Ilha Yap (Micronésia), onde cerca de 75% da população foi infectada. No mês de maio do ano de 2015, autoridades sanitárias brasileiras confirmaram a transmissão do vírus Zika no nordeste do país. Dois meses depois, foi constatada a associação da doença com a síndrome de Guillain-Barré e, em outubro, verificou-se a associação entre a infecção e a malformação do sistema nervoso central em bebes, incluindo microcefalia. Desde então, outros países e territórios das Américas notificaram a presença do vírus. Em razão da associação do vírus Zika com o aumento de distúrbios neurológicos e malformações congênitas, em fevereiro de 2016, a Organização Mundial de Saúde considerou o caso uma emergência em saúde pública de importância internacional (OPAS/OMS, 2016).

4) Pandemia de Covid-19: o coronavírus "Sars-CoV-2" começou a infectar humanos, provavelmente, no último trimestre de 2019 (WHO, 2020). O primeiro caso de hospitalização registrado ocorreu na China, no dia 8 de dezembro de 2019 (Satie, 2021). Em 31 de dezembro do mesmo ano, a China reportou à OMS casos de uma grave pneumonia de origem desconhecida em Wuhan, na província de Hubei. No dia 9 de janeiro de 2020, foi registrada a primeira morte pela doença. Onze dias depois, autoridades chinesas de saúde anunciaram que o vírus recém descoberto poderia ser transmitido entre seres humanos. No mesmo dia, o país registrou um brusco aumento de novos casos. No dia 23 de janeiro, a Organização Mundial de Saúde alertou quanto ao risco de um surto mais amplo, para além do epicentro inicial. Casos cada vez mais frequentes da nova doença passaram a ser registrados fora da China, em diversos outros países, não só no continente asiático, mas também na Europa e na América. Na primeira semana de fevereiro, o número registrado de mortes pela Covid-19 ultrapassou 800 pessoas. No dia 14 do mesmo mês, foi confirmado o primeiro caso no continente africano, mais especificamente no Egito. No dia 26 de fevereiro, foi registrado o primeiro caso no Brasil. Dois dias depois, a Organização Mundial de Saúde aumentou de "elevado" para "muito elevado" o nível de ameaça global do novo vírus. O registro de mortes no mundo já era de 3.000 pessoas no início do mês de março. Finalmente, no dia 11 de março, em função de níveis acelerados e crescentes de propagação e gravidade do vírus em diferentes países, a Organização Mundial de Saúde declarou tratar-se de uma pandemia (Sá, 2020), que persiste até hoje, com mais de 250 milhões de infecções e mais de 5 milhões de mortes registradas (Reuters, 2021).

Com efeito, o sucesso do Regulamento Sanitário Internacional (2005) na proteção de todos os povos do mundo contra a propagação internacional de doenças depende do correto funcionamento de um sistema de intercomunicação previsto por ele próprio, que prevê a seguinte sequência de atos:

1) assim que o serviço nacional de vigilância sanitária do Estado afetado identifica (com base nas capacidades para detectar, avaliar, notificar e informar eventos de acordo com o Regulamento, na forma do Anexo 1[5]) um dos eventos previstos no Anexo 2 do RSI[6], ele deve agir prontamente e notificar à OMS, em até 24 horas (artigo 6);

2) o Diretor-Geral da OMS, com base nas informações recebidas, determinará se o evento constitui uma emergência de saúde pública de importância internacional e, para tanto, consultará o Comitê de Emergências acerca de recomendações temporárias apropriadas (artigo 12), dentre elas: exigir exames médicos, vacinação ou outras medidas profiláticas, colocar pessoas suspeitas sob observação de saúde pública, implementar isolamento e tratamento de pessoas afetadas, quando necessário, etc. (artigo 18);

3) por fim, o Diretor-Geral disponibilizará as informações e recomendações ao público em geral (artigo 12, in fine).

Entretanto, não é incomum que o Regulamento seja acionado apenas quando a propagação internacional de doenças já seja uma realidade irreversível e, portanto, muito mais difícil de ser controlada, especialmente quando se tratam de doenças infecciosas que rapidamente se transmitem a grandes massas de pessoas, como as causadas

---

5   Algumas das principais capacidades básicas previstas no Anexo 1 do RSI:

1) Capacidade para detectar eventos que apresentem níveis de doença ou óbito acima dos esperados para aquele dado tempo e local, em todo território do Estado Parte;

2) capacidade para repassar imediatamente todas as informações essenciais disponíveis ao nível apropriado de resposta de atenção à saúde (intermediário, nacional e internacional (OMS));

3) capacidade para implementar imediatamente medidas preliminares de controle;

4) capacidade para aplicar controles de entrada ou de saída para viajantes chegando ou deixando o país;

5) capacidade para fornecer acesso a equipamentos especialmente designados, e a pessoal treinado com proteção pessoal adequada, para a transferência de viajantes que possam estar contaminados ou serem portadores de infecção;

6) estabelecer, operar e manter um plano nacional de resposta a emergências de saúde pública, incluindo a criação de equipes multidisciplinares para responder a eventos que possam constituir emergências de saúde pública de importância internacional.

6   Doenças de notificação obrigatória à OMS (basta um caso): Varíola, Poliomielite por poliovírus selvagem, Influenza humana por novo subtipo e SARS (Síndrome Respiratória Aguda Grave). Doenças com notificação vinculada à prévia análise do Instrumento de Decisão previsto no próprio Anexo 2: Cólera, Peste Pneumônica, Febre Amarela, Febre Hemorrágica (Ebola, Lassa e Marburg) e outras doenças de interesse nacional/regional, bem como evento de potencial importância de saúde pública internacional, incluindo aqueles de causa ou fonte desconhecida.

por vírus Influenza, Ebola, Zika, Corona, dentre vários outros patógenos conhecidos e desconhecidos pela ciência atual.[7]

Ademais, não se deve desconsiderar que medidas severas de controle, como restrições de viagens, colocação de pessoas em observação, isolamento de pacientes e pessoas suspeitas, etc., são impopulares, demandam empenho, geram gastos e não há no Regulamento previsão específica de um programa de incentivos e recompensas pelos esforços empreendidos pela população afetada (que, a rigor, beneficiam o mundo todo), nem de sanções por eventuais condutas que contribuam, por ação ou omissão, para a propagação internacional de doenças (as quais colocam em risco a população em nível mundial).

SOLUÇÕES EM QUATRO DIMENSÕES

Para que o Regulamento consiga alcançar sua ambiciosa meta de proteger todos os povos do mundo contra a propagação internacional de doenças é indispensável que, além de passar por atualizações pontuais, logre estabelecer as condições adequadas ao florescimento de incentivos para que os atores internacionais cooperem entre si, incrementem a proatividade dos Estados afetados, garantam uma ação célere (mais do que a da doença que se pretende combater) e a pronta notificação à OMS, a fim de que se consiga uma resposta rápida, precisa, coordenada e menos custosa para a saúde humana, a economia e a sociedade, bem como estabeleça sanções adequadas àqueles que contribuírem, por ação ou omissão, para a propagação internacional de doenças.

Em suma, a solução passa por melhorias em quatro dimensões a serem implementadas concomitantemente, são elas:

1)   Atualização do Anexo 2 e incremento do Anexo 1 do RSI.

2)   Desenvolvimento em nível global das capacidades para detectar, avaliar, notificar e informar eventos de acordo com o Regulamento (especificadas em seu Anexo 1).

3)   Aumento na eficiência dos Estados afetados, a fim de que garantam ação célere, efetiva e a pronta notificação à OMS, a fim de que se consiga uma resposta rápida, precisa, coordenada e menos custosa.

4)   Criação de sanções rigorosas àqueles que contribuírem, por ação ou omissão, para a propagação internacional de doenças.

---

7   Atualmente, patógenos que se propagam e infectam humanos pelo ar, com destaque aos relacionados a doenças respiratórias graves (ex.: vírus zoonóticos Influenza A e Corona), representam um permanente risco à saúde pública mundial e uma janela aberta para futuras pandemias globais. Com efeito, as intensas aglomerações de pessoas, comuns nos centros urbanos, somadas à facilidade de se cruzar o mundo em poucas horas, no interior de veículos igualmente sujeitos a aglomerações, compõem o ambiente perfeito para a propagação em larga escala desses microrganismos.

ATUALIZAÇÃO DO ANEXO 2 E INCREMENTO DO ANEXO 1 DO RSI

Quando o Regulamento foi aprovado, no ano de 2005, a SARS (Síndrome Respiratória Aguda Grave) era a única doença grave causada por coronavírus humano ("Sars-CoV") e, por essa razão, apenas ela foi contemplada no rol dos eventos de notificação obrigatória do Anexo 2. Entretanto, nos últimos 10 anos, dois novos coronavírus humanos gravíssimos foram identificados, o "Mers-CoV" (causador da doença MERS – Síndrome Respiratória do Oriente Médio) e o "Sars-CoV-2" (responsável pela atual pandemia de Covid-19), e não há perspectiva de que novos coronavírus humanos deixarão de surgir. Necessário, portanto, que o Anexo 2 seja atualizado para incluir no rol dos eventos de notificação obrigatória: "Coronavírus humano por nova cepa viral".

A atualização é importante para que, mesmo após a pandemia, as notificações das novas cepas continuem a ser realizadas, viabilizando a constante atualização dos procedimentos de imunização e das estratégias de prevenção, proteção, controle e resposta de saúde pública.

Aliás, essa atualização é providência relativamente simples de ser implementada, uma vez que, além de não exigir qualquer investimento dos Estados Partes, o próprio Regulamento possui normativa expressa a respeito e dispõe, em seu artigo 54, parágrafos 2 e 3, que a Assembleia de Saúde revisará periodicamente o funcionamento do Regulamento e a OMS realizará estudos para revisar e avaliar o funcionamento do Anexo 2. Basta, portanto, que se cumpra o próprio Regulamento.

Um pouco menos simples (por exigir algum investimento dos Estados Partes), mas extremamente importante para a prevenção de novos surtos epidêmicos, é o incremento do Anexo 1 do Regulamento. Com efeito, em seu item A.6.g, o Anexo em tela prevê como capacidade básica necessária para vigilância e resposta, no nível nacional: "estabelecer, operar e manter um plano nacional de resposta a emergências de saúde pública, incluindo a criação de equipes multidisciplinares/multissetoriais para responder a eventos que possam constituir emergências de saúde pública de importância internacional". Nota-se que se fala em criar equipes multidisciplinares/multissetoriais para responder a eventos, mas não para prevenir eventos que possam constituir emergências de saúde pública de importância internacional.

Com efeito, é sabido que a missão do Regulamento é prevenir a propagação internacional de doenças e não o surgimento de novas doenças. Entretanto, é muito mais simples e barato prevenir o surgimento de novas doenças com potencial pandêmico do que agir após o início de sua propagação. Ademais, com os avanços científicos na área, atualmente é possível identificar a principal causa de doenças com potencial pandêmico: patógenos zoonóticos (de origem animal) adaptados a humanos, em razão de interações abusivas destes para com a biodiversidade, seja por meio do desmatamento desregrado de florestas (aumentando a interação entre humanos e novos vetores de doenças), seja pelo processo de caça, confinamento e abate de animais em massa (verdadeiras fábricas de novos patógenos zoonóticos), com destaque a aves, suínos, bovinos e morcegos[8]. Imperiosa, portanto, a vigilância preventiva dessas áreas.

Prudente, assim, o incremento do Anexo 1, a fim de que o item A.6.g incorpore em sua redação a criação de equipes multidisciplinares/multissetoriais de vigilância para prevenir eventos que possam constituir emergências de saúde pública de importância internacional, o que pode ser feito mediante revisão (artigo 54, parágrafo 2, do RSI) ou emenda ao Regulamento (artigo 55, parágrafo 1, do RSI).

Para tanto, sugere-se a seguinte redação: "estabelecer, operar e manter um plano nacional de prevenção e resposta a emergências de saúde pública, incluindo a criação de equipes multidisciplinares/multissetoriais de vigilância para prevenir e responder a eventos que possam constituir emergências de saúde pública de importância internacional".

DESENVOLVIMENTO DAS CAPACIDADES PARA DETECTAR, AVALIAR, NOTIFICAR E INFORMAR EVENTOS DE ACORDO COM O REGULAMENTO

A dimensão seguinte a ser incrementada para o sucesso do Regulamento é o desenvolvimento em nível global das capacidades para detectar, avaliar, notificar e informar eventos, na forma de seu Anexo 1. Com efeito, nos termos do artigo 5, parágrafo 1, do RSI, os Estados Partes deveriam ter desenvolvido essas capacidades até junho de 2012 (cinco anos a contar da entrada em vigor do Regulamento). Todavia, de acordo com o mapeamento realizado pelo "Global Health Observatory" (WHO, 2020), apenas Canadá, El Salvador, Guiana e Federação Russa atingiram 100% das capacidades previstas.

A boa notícia é que os três países mais populosos do mundo já possuem uma boa média de desenvolvimento (acima de 88%), são eles: China (com 94%), Índia (com 80%) e EUA (com 92%). O Brasil, aliás, atualmente o 6º país mais populoso do mundo, está com suas capacidades em 92%.

Por outro lado, a Indonésia (4ª maior população) está com suas capacidades em apenas 69%. Ainda mais preocupante é a situação do Paquistão (5º país mais populoso) e da Nigéria (7ª maior população), com capacidades muito abaixo da média global (65%), ou seja: 52% e 54%, respectivamente. Não bastasse, até o final do ano de 2020, 41 países ainda não haviam atingido o nível de 50%, o que é alarmante.[9]

---

8   Para maiores esclarecimentos, vide: IPBES (Intergovernmental Science-Policy Platform on Biodiversity and Ecosystem Services). Workshop on biodiversity and pandemics. Disponível em https://ipbes.net/sites/default/files/2020-12/IPBES%20 Workshop%20on%20Biodiversity%20and%20Pandemics%20Report_0.pdf. Acessado no dia 11 de setembro de 2021.

9   A integralidade dos dados está disponível para consulta no sítio eletrônico abaixo: https://www.who.int/data/gho/ data/indicators/indicator-details/GHO/-average-of-13-international-health-regulations-core-capacity-scores-spar-version. Acessado no dia 15 de setembro de 2021.

É importante que se entenda que a efetiva proteção contra a propagação internacional de doenças passa necessariamente pela urgente melhoria desses índices. Nesse cenário, aliás, é preciso deixar claro que enquanto não houver união e cooperação entre todos os atores internacionais, a proteção efetiva contra a propagação internacional de doenças jamais será alcançada. Com efeito, bastam alguns eventos não identificados, em qualquer parte do mundo, para que uma nova pandemia ecloda. É preciso, portanto, desenvolver uma estratégia eficiente para elevar, o quanto antes, o nível global das capacidades para acima de 80%, bem como ajudar os países mais pobres, a fim de que todos superem, pelo menos, o índice de 60%.

A missão certamente não é fácil e sua importância é tão grande quanto a dificuldade de se pensar uma solução viável. Entretanto, há uma certeza: os resultados apenas emergirão quando houver efetiva união, proatividade e cooperação de todos para com todos. Para tanto, os incentivos corretos devem ser pensados e colocados em prática.

Tendo isso em mente, provavelmente a abordagem mais adequada, levando em conta a realidade das relações internacionais e do direito internacional contemporâneos, esteja no contexto da soft law (ou soft norm), com o incremento de um plano flexível de incentivos, com benefícios concretos que efetivamente persuadam os atores internacionais, com destaque aos Estados Partes, a agirem voluntariamente de forma cooperativa para o desenvolvimento global das capacidades básicas para detectar, avaliar, notificar e informar eventos de acordo com o Regulamento.

Com efeito, uma abordagem mais tradicional, sob a ótica da hard law, mediante a celebração de um grande Tratado ou Convenção Internacional, apesar de garantir maior segurança jurídica, demanda um processo mais complexo e demorado de negociação, aprovação e ratificação (mormente porque o Regulamento possui 196 Estados Partes e a participação de todos é fundamental), retardando sobremaneira a produção dos efeitos almejados. Ademais, a abordagem tradicional é menos flexível e, consequentemente, menos adaptável ao dinamismo cada vez mais acentuado das relações internacionais contemporâneas.

Mas então, como funcionaria esse Plano de Incentivos?

Em primeiro lugar, é preciso entender que a maioria dos países com capacidades abaixo de 60% e praticamente todos aqueles abaixo de 50% são pobres e precisam de ajuda (financeira, material e humana) para incrementarem suas capacidades. Por outro lado, entre aqueles com capacidades entre 60% e 80%, é possível identificar países com condições econômicas para superarem sozinhos o patamar de 80%, como: Argentina (atualmente com 64%), Paraguai (65%), Áustria (67%) e Chile (76%). Ademais, entre os níveis de 80% e 90%, é possível destacar verdadeiras potências econômicas, que já deveriam ter desenvolvido suas capacidades em 100%, são elas: França (atualmente com 83%), Itália (83%), Espanha (88%) e Alemanha (89%).[10]

---

10   A integralidade dos dados está disponível para consulta no sítio eletrônico abaixo: https://www.who.int/data/gho/data/indicators/indicator-details/GHO/-average-of-13-international-health-regulations-core-capacity-scores-spar-version. Acessado no dia 15 de setembro de 2021.

Entendido isso, é necessário compreender que os incentivos devem ser trabalhados em 3 perspectivas distintas: dos países mais pobres, dos emergentes e dos mais ricos.

Países muito pobres, com destaque àqueles mais populosos e com histórico de propagação de doenças graves, tais como Nigéria (atualmente com suas capacidades em 54%), Guiné (48%), Libéria (54%), Serra Leoa (49%), Paquistão (52%), Afeganistão (47%), dentre outros, precisam de ajuda imediata e concreta do restante do mundo, com a destinação de recursos (financeiro, material e humano) para o incremento de suas capacidades.

Países emergentes, por outro lado, possuem condições de incrementarem suas capacidades, sem comprometerem suas economias locais. Entretanto, muitos, aparentemente, não o farão sem que haja alguma forma de incentivo externo que os leve a dar a devida atenção à matéria.

Países ricos, por fim, possuem plenas condições de elevarem suas capacidades a 100%, sem comprometerem suas economias locais. Contudo, muitos, ao que tudo indica, ainda não estão totalmente convencidos da importância da questão e precisam ser persuadidos ao desenvolvimento.

Compreendidas as três perspectivas, conclui-se que o sucesso do Plano de Incentivos demandará adequada comunicação, arrecadação de recursos e distribuição coordenada dos incentivos.

Mas afinal, quais incentivos seriam esses?

Na perspectiva dos países ricos, em que o problema está muito mais na vontade política das autoridades responsáveis do que na questão econômica, uma boa comunicação embasada na ciência especializada acerca da importância do desenvolvimento das capacidades de cada país; a divulgação do ranking dos países mais desenvolvidos, com o percentual de desenvolvimento das capacidades de cada um, em eventos internacionais pertinentes; a distribuição de prêmios simbólicos àqueles que contribuam concretamente para o desenvolvimento das capacidades de seus países e a eventual certificação daqueles que lograrem atingir 100% das capacidades previstas, podem trazer resultados muito positivos. Com efeito, no cenário atual de intensa competitividade, o reconhecimento internacional de um Estado e suas autoridades pelas boas práticas na proteção do mundo contra a propagação internacional de doenças, mormente após a recente experiência tenebrosa deixada pela pandemia de Covid-19, pode ser bastante persuasivo.

Na perspectiva dos países emergentes, marcados por um menor poder econômico, a lógica dos países ricos pode não ser suficiente, sendo necessário acrescentar incentivos financeiros. Aqui, pode-se pensar em estipular uma recompensa em dinheiro para cada etapa de desenvolvimento comprovada, levando-se em conta o percentual de desenvolvimento incrementado, a população e a extensão do território.

Por fim, na perspectiva dos países mais pobres, caracterizados pela necessidade de ajuda imediata e concreta, os incentivos vistos acima não bastarão. Em primeiro lugar, o incentivo financeiro deverá ser antecipado, a fim de que o Estado beneficiário consiga iniciar o desenvolvimento de suas capacidades sem comprometer a frágil economia local. Provavelmente, a melhor forma de instrumentalizar esse incentivo seja por meio de doações parceladas e com encargos. Ou seja, o Estado, ao receber a primeira parcela da doação, se obriga a desenvolver um percentual de suas capacidades, no prazo determinado. Caso logre cumprir a obrigação, adquire o direito de receber uma segunda parcela da doação, obrigando-se a desenvolver mais um percentual de suas capacidades, e assim sucessivamente. Em segundo lugar, é preciso entender que muitos desses países sofrem de sérios problemas estruturais e precisarão também de auxílio material e humano. Em alguns casos, faltarão materiais básicos para a consecução das atividades de desenvolvimento, que precisarão ser doados. É possível, ainda, que não haja pessoal capacitado para desenvolver as capacidades necessárias naqueles países, havendo a necessidade de um corpo de peritos (voluntários ou não) capacitados e dispostos a auxiliarem na capacitação do pessoal local. Essa certamente é a perspectiva mais importante e complexa.

E como esses recursos serão arrecadados?

Em primeiro lugar, é preciso criar um Fundo de Incentivo.

Adotando-se a lógica do Regulamento, esse Fundo deverá ser gerido pela OMS e abastecido anualmente pelos Estados Partes e por doações. Aliás, a anuidade dos Estados deve ser baixa, a ponto de não impactar significativamente a economia local, mas não insignificante, guardando estreita proporcionalidade com a capacidade econômica de cada Estado Parte.

A título de exemplo, caso todos os Estados Partes aderissem ao Plano, tendo em vista que o Regulamento possui 196 membros, uma anuidade equivalente a apenas 0,00001% do PIB (Produto Interno Bruto)[11] de cada Estado Parte, seria suficiente para abastecer o Fundo anualmente com aproximadamente U$ 1.000.000.000,00 (um bilhão de dólares)[12], abrindo ampla margem de ação ao Plano[13].

Frise-se que o investimento é extremamente baixo quando comparado aos danos causados pela propagação internacional de doenças. Para ilustrar, a anuidade que o Brasil pagaria (U$ 14.340.800,00) seria inferior à metade do gasto com cota parlamentar dos Deputados Federais, que no ano de 2020 foi de R$ 163.568.167,57[14], aproximadamente U$ 32.713.633,51. Em contrapartida, estima-se que, em apenas 3 meses de pandemia de

---

11   Frise-se que o PIB está sendo utilizado como mera referência, para análise de proporcionalidade, e não como indexador, o que é desaconselhável, uma vez que sua utilização para indexação de despesas pode gerar excesso de recursos em períodos de crescimento econômico e escassez em períodos de crise.

12   O cálculo foi realizado com base nos valores publicados no sítio eletrônico countryeconomy.com (2021). Disponível em https://countryeconomy.com/gdp. Acessado no dia 15 de setembro de 2021.

13   No exemplo, utilizando-se como referência o PIB de 2020, o Brasil pagaria uma anuidade de U$ 14.340.800,00, enquanto que os EUA pagariam U$ 209.366.000,00, a China pagaria U$ 147.228.400,00, o Japão pagaria U$ 50.486.910,00, a Alemanha pagaria U$ 38.030.100,00, etc.

14   Valor disponível no sítio eletrônico da Câmara dos Deputados (2021). Disponível em https://www.camara.leg.br/transparencia/gastos-parlamentares?legislatura=56&ano=202%20 0&m%C3%AAs=&por=deputado&deputado=&uf=&partido=. Acessado no dia 4 de julho de 2021.

Covid-19, o mundo tenha sofrido um prejuízo na ordem de U$ 5.600.000.000.000,00 (cinco trilhões e seiscentos bilhões de dólares) (Dobson, 2020). Ou seja, ainda que se analise o Plano sob a ótica estritamente econômica, imperioso concluir tratar-se de um investimento extremamente necessário. Acrescente-se ao cálculo milhões de vidas salvas e a saúde de centenas de milhões de pessoas preservadas para se concluir tratar-se de um investimento indispensável.

É claro que, ainda assim, alguns Estados não aderirão ao financiamento do Plano, razão porque ele deverá estar sempre aberto a doações de quem quer que seja. Aliás, as doações na área de saúde são tão importantes que mais de 80% do financiamento da própria OMS não vem das anuidades de seus Estados Membros, mas de doações. Aqui a boa comunicação é fundamental e a OMS já provou ser bastante competente no assunto.

AUMENTO DA EFICIÊNCIA DOS ESTADOS AFETADOS

A terceira dimensão é especialmente importante na prevenção contra a propagação internacional de doenças infecciosas graves que se transmitem com muita rapidez a grandes massas de pessoas, com destaque àquelas que se propagam eficazmente pelo ar, como as oriundas dos vírus Influenza e Corona.

Nesse caso, o desenvolvimento das capacidades básicas, por si só, pode não ser suficiente para prevenir a propagação. É o caso da China, que, mesmo com as capacidades desenvolvidas em 94%, não logrou evitar a propagação do vírus "Sars-CoV-2" em seu território e para além de suas fronteiras.

Aqui a ação tem que ser extremamente rápida e coordenada, tanto em nível nacional quanto internacional. Daí a importância de se incrementar a proatividade dos Estados afetados, garantindo-se ação célere (mais do que a da doença que se pretende combater) e a pronta notificação à OMS, a fim de que se consiga uma resposta rápida, precisa, coordenada e menos custosa para a saúde humana, a economia e a sociedade.

A ideia é evitar qualquer relutância das autoridades que possa gerar indevida perda de tempo na corrida contra a propagação da doença a ser controlada e acelerar ao máximo a resposta, para barrar a propagação enquanto ela ainda é pequena e frágil, antes que se torne um monstro gigante e difícil de combater, como a atual pandemia de Covid-19.

Pelos mesmos motivos abordados no subcapítulo anterior, o Plano de Incentivos provavelmente seja o instrumento mais adequado para a consecução dos fins aqui almejados, especialmente por ser menos rígido e permitir maior agilidade, além de comportar maior aderência dos Estados Partes, quando comparado a uma abordagem mais tradicional.

Mas como o Plano funcionaria nessa dimensão?

Pressupondo que o Estado afetado por quaisquer dos eventos listados no Anexo 2 do Regulamento ostente capacidades relativamente bem desenvolvidas de detecção, avaliação, notificação e informação de eventos (como ironicamente ocorreu quando da deflagração das duas pandemias deste século: de Gripe A e Covid-19), o foco passa a ser a criação de incentivos que persuadam o Estado afetado a agir com a maior celeridade possível, incluindo a pronta notificação à OMS, com todas as informações necessárias, viabilizando a movimentação adequada dos instrumentos do Regulamento na consecução de ações efetivas e coordenadas no âmbito internacional.

A ideia aqui é prever um Pacote de Ajuda a ser destinado quase imediatamente (em até 48 horas) ao Estado afetado, exigindo-se apenas que o Estado notifique a OMS acerca da detecção de quaisquer dos eventos previstos no Anexo 2 do Regulamento e preste informações suficientes ao deferimento liminar do pedido.

Esse Pacote de Ajuda proverá a remessa de recursos financeiros do Fundo de Incentivo, com o fim de fortalecer os respectivos sistemas de saúde (Hospitais e Unidades de Saúde) e vigilância (preventiva e repressiva), bem como a destinação de recursos materiais (macas, ventiladores e medicamentos) e humanos (médicos e enfermeiros, voluntários ou não) para auxílio na prevenção, combate e extinção do foco epidêmico, de forma precisa e efetiva[15].

É possível, ainda, incluir nesse Pacote um Protocolo de Restrições Humanizadas, com o fim de amparar e premiar todos que observarem adequadamente as restrições aplicadas durante a execução do Plano. Com efeito, muitas vezes as medidas de controle e resposta contra a doença em processo de propagação exigirão restrições severas por parte da população local, incluindo o isolamento. Para neutralizar os prejuízos socioeconômicos e até mesmo incentivar as pessoas a aderirem às medidas é desejável que se prevejam soluções adequadas. Por exemplo, pessoas submetidas a medidas de isolamento receberiam antecipadamente seus salários (desonerando o empregador nesse período, pois o Plano custearia o salário do empregado), não teriam gastos com alimentação, gás, luz, água e aluguel (igualmente custeados pelo Plano) e, caso cumprissem adequadamente as recomendações respectivas, seriam premiadas proporcionalmente ao empenho pessoal e ao sucesso das medidas preventivas em geral (a fim de que os mais comprometidos contribuam para a aderência dos menos comprometidos, em prol do benefício comum).

Frise-se que quanto mais rápida a ação, menor será o grupo afetado, consequentemente os gastos serão mais baixos e os benefícios muito maiores à saúde humana em geral.

Por fim, imperioso salientar que todos os instrumentos previstos no Plano são compatíveis com o arcabouço jurídico vigente, respeitam a soberania dos Estados, o princípio da autodeterminação dos povos e estão alinhadas com os preceitos da Constituição da Organização Mundial de Saúde (OMS/WHO) e do próprio Regulamento Sanitário Internacional (2005).

Com efeito, a Constituição da OMS prevê como objetivo da Organização "a aquisição, por todos os povos, do nível de saúde mais elevado que for possível" (artigo 1) e como funções da OMS (artigo 2): "atuar como autoridade diretora e coordenadora dos trabalhos internacionais no domínio da saúde" (alínea a); "estimular e aperfeiçoar os trabalhos para eliminar doenças epidêmicas, endêmicas e outras" (alínea g); "promover convenções, acordos e regulamentos e fazer recomendações respeitantes a assuntos internacionais de saúde e desempenhar as funções que neles sejam atribuídas à Organização, quando compatíveis com os seus fins" (alínea k).

---

15   A título de exemplo, caso cada Estado Parte forneça apenas um profissional de saúde, isso já representará 196 profissionais para a execução do Plano (certamente uma ajuda sem precedentes ao Estado afetado).

Ademais, o Regulamento, além de prever como uma de suas principais metas a proteção de todos os povos do mundo contra a propagação internacional de doenças (artigo 3, parágrafo 3), dispõe que a Assembleia de Saúde revisará periodicamente o funcionamento do RSI (artigo 54, parágrafo 2), que a OMS realizará estudos para revisar e avaliar o funcionamento do Anexo 2 (artigo 54, parágrafo 3) e que qualquer Estado Parte ou o Diretor-Geral poderão propor emendas ao Regulamento, que serão submetidas à consideração da Assembleia de Saúde (artigo 55, parágrafo 1).

CRIAÇÃO DE SANÇÕES RIGOROSAS

A última dimensão diz respeito à criação de sanções rigorosas àqueles que contribuam, por ação ou omissão, para a propagação internacional de doenças, com o especial fim de desestimular condutas que coloquem os povos do mundo em risco.

Com efeito, como a atual pandemia de Covid-19 deixou claro, suas consequências podem atingir níveis críticos, impactando os sistemas de saúde de diversos Estados, com substancial elevação dos índices de mortalidade no mundo, além de gerar complicações novas em saúde, muitas vezes difíceis de serem identificadas em um curto espaço de tempo e adequadamente tratadas, sem falar nas crises econômicas e sociais que chegam a reboque, multiplicando os problemas. Não podem, portanto, permanecer sem qualquer forma de sanção.

Um alerta, entretanto, precisa ser feito.

Em contraste com as dimensões anteriores, a concretização dessa dimensão exige uma abordagem mais tradicional, no contexto da hard law (ou hard norm), pressupondo a celebração de Tratado ou Convenção Internacional específica entre os Estados Partes, uma vez que seria ingênuo crer que os agentes responsáveis pela propagação internacional de doenças se submeteriam a sanções rigorosas por mera voluntariedade. Ademais, em alguns casos também haverá a necessidade de se alterar Estatutos já existentes, para incluir a conduta de "contribuir, por ação ou omissão, para a propagação internacional de doenças" na competência da jurisdição internacional.

Feita a ressalva, vamos às sanções.

A primeira espécie de sanção a se pensar nesse contexto é a obrigação de indenizar as vítimas pelos danos causados a elas. Essa indenização deverá ser adequada, razoável e proporcional, levando em conta os danos causados às vítimas, sem descuidar das possibilidades concretas do agente condenado.

É claro que em alguns casos, como na atual pandemia de Covid-19, os danos são tão altos e abrangentes, que nem mesmo o Estado mais rico seria capaz de reparar integralmente todos os danos causados. Isso, todavia, de forma alguma deve servir como justificativa para não se fixar qualquer indenização. Para esses casos, o piso indenizatório deve, pelo menos, ser suficiente para desestimular a reiteração da conduta indesejada.

Deve-se ter em mente também que, em alguns casos, apenas a previsão de indenização não será suficiente para desestimular a conduta. Para esses casos, é preciso haver a previsão de multas preventivas (para as hipóteses de ameaça de dano) e complementares (quando as indenizações forem insuficientes ao desestímulo da conduta).

Para casos extremos, pode-se também cogitar classificar expressamente a conduta de contribuir para a propagação internacional de doenças como ato de agressão, a fim de se viabilizar a excepcional aplicação do artigo 41 da Carta das Nações Unidas, que prevê o seguinte:

> *"O Conselho de Segurança decidirá sobre as medidas que, sem envolver o emprego de forças armadas, deverão ser tomadas para tornar efetivas suas decisões e poderá convidar os Membros das Nações Unidas a aplicarem tais medidas. Estas poderão incluir a interrupção completa ou parcial das relações econômicas, dos meios de comunicação ferroviários, marítimos, aéreos, postais, telegráficos, radiofônicos, ou de outra qualquer espécie e o rompimento das relações diplomáticas"*
> *(Brasil, 1945).*

Aliás, outro alerta deve ser feito.

A aplicação de indenizações, multas e outras sanções de fundo pecuniário a Estados condenados pela jurisdição internacional não é incomum. Contudo, muitas vezes elas podem não ser as opções mais adequadas. Com efeito, quando impostas ao Estado, elas penalizam toda sua população de forma difusa e não atingem necessariamente os verdadeiros responsáveis. Isso pode gerar três inconvenientes: 1) agravar as dificuldades de uma população já prejudicada pelos efeitos da doença propagada; 2) não servir como desestímulo às autoridades responsáveis, uma vez que a jurisdição internacional não costuma ser célere e seus resultados podem chegar quando o Estado já estiver sendo governado por outras autoridades; 3) em regra, a execução de sanções pecuniárias aplicadas pela jurisdição internacional fica a cargo da Justiça interna do Estado condenado, que pode ser manipulada, em caso de Estados cujas instituições ainda não sejam maduras o suficiente.

Mas então, como superar esses inconvenientes?

O ideal seria que as sanções atingissem diretamente as autoridades responsáveis pela propagação internacional de doenças. Contudo, para tanto, seria necessário alterar Estatutos internacionais, de modo a ampliar a competência da jurisdição internacional pertinente que, em regra, admite no banco dos réus apenas Estados. A título de exemplo, pertinente mencionar o artigo 34.1 do Estatuto da Corte Internacional de Justiça, que prevê expressamente que "Só os Estados poderão ser partes em questões perante a Corte" (Brasil, 1945); e o artigo 44 da Convenção Interamericana de Direitos Humanos, que dispõe que

> *"Qualquer pessoa ou grupo de pessoas, ou entidade não-governamental legalmente reconhecida em um ou mais Estados membros da Organização, pode apresentar à Comissão petições que contenham denúncias ou queixas de violação desta Convenção por um Estado Parte"* (Brasil, 1992).

Feitas as devidas alterações, poder-se-á pensar em uma série de sanções mais efetivas (porque atingem exatamente o agente responsável) e simples de serem aplicadas (por se constituírem por meio de decisões autoaplicáveis), tais como: perda da função pública, suspensão de direitos políticos, proibição de contratar com o Poder Público ou receber benefícios ou incentivos fiscais ou creditícios, restrição de direitos internacionais, etc.

Por fim, uma opção extrema é a inclusão da conduta de "contribuir, por ação ou omissão, para a propagação internacional de doenças" no rol dos crimes contra a Humanidade (artigo 7º do Estatuto de Roma), da competência do Tribunal Penal Internacional, mediante proposta de alteração de iniciativa de qualquer Estado Parte do Estatuto, na forma de seu artigo 121, ou revisão em Conferência de Revisão, nos termos do artigo 123 do Estatuto de Roma.

É claro que estabelecer sanções rigorosas no âmbito internacional não é tarefa simples. Com efeito, o Direito Internacional é regido pelos princípios basilares da soberania dos Estados, autodeterminação dos povos e não-intervenção, o que significa que as normas apenas vincularão os Estados que manifestarem consentimento prévio à vinculação, exigindo-se grande empenho diplomático, e até mesmo pressão dos demais atores internacionais, na persuasão dos Estados com maiores índices de propagação internacional de doenças a aderirem ao respectivo Tratado ou Convenção Internacional. Entretanto, quando o que está em jogo é a proteção de bilhões de vidas humanas, a saúde pública em nível global, a economia mundial e o bem-estar social geral, todo esforço é simplesmente indispensável.

CONCLUSÃO

O Regulamento Sanitário Internacional (2005) é a matriz institucional base no tocante à prevenção, proteção, controle e resposta de saúde pública contra a propagação internacional de doenças e possui a ambiciosa meta de obter aplicação universal, para a proteção de todos os povos do mundo, sendo importante instrumento de garantia de Direitos Humanos, na medida em que instrumentaliza a proteção da vida humana, o direito de toda pessoa de desfrutar o mais elevado nível possível de saúde física e mental, a segurança das pessoas contra a propagação internacional de doenças e, quando logra prevenir essa propagação, garante a liberdade de locomoção segura da população em nível mundial.

Entretanto, para que o Regulamento consiga alcançar sua ambiciosa meta de proteger todos os povos do mundo contra a propagação internacional de doenças é indispensável que, além de passar por atualizações pontuais, logre estabelecer as condições adequadas ao florescimento de incentivos para que os atores internacionais cooperem entre si, incrementem a proatividade dos Estados afetados, garantam uma ação célere (mais do que a da doença que se pretende combater) e a pronta notificação da OMS, a fim de que se consiga uma resposta rápida, precisa, coordenada e menos custosa para a saúde humana, a economia e a sociedade, bem como estabeleça sanções adequadas àqueles que contribuírem, por ação ou omissão, para a propagação internacional de doenças.

Em suma, a solução passa pelas seguintes melhorias:

1) Atualização do Anexo 2 do Regulamento, para incluir no rol dos eventos de notificação obrigatória: "Coronavírus humano por nova cepa viral".

2) Incremento de seu Anexo 1, a fim de que o item A.6.g incorpore em sua redação a criação de equipes multidisciplinares/multissetoriais de vigilância para prevenir eventos que possam constituir emergências de saúde pública de importância internacional.

3) Elaboração de um Plano de Incentivos flexível, pautado na adequada comunicação, arrecadação de recursos e distribuição coordenada de benefícios concretos, que efetivamente persuadam os atores internacionais, com destaque aos Estados Partes, a agirem voluntariamente de forma cooperativa para o desenvolvimento em nível global das capacidades para detectar, avaliar, notificar e informar eventos de acordo com o Regulamento, observando-se as realidades socioeconômicas de cada país.

4) Previsão de um Fundo, gerido pela OMS e abastecido anualmente pelos Estados Partes (com anuidades baixas, a ponto de não impactar significativamente a economia local, mas não insignificantes, guardando estreita proporcionalidade com a capacidade econômica de cada Estado Parte) e por doações.

5) Criação de um Pacote de Ajuda que promova a rápida remessa de recursos financeiros ao Estado afetado, com o fim de fortalecer os respectivos sistemas de saúde (Hospitais e Unidades de Saúde) e vigilância (preventiva e repressiva), bem como a destinação de recursos materiais (macas, ventiladores e medicamentos) e humanos (médicos e enfermeiros, voluntários ou não) para auxílio na prevenção, no combate e na extinção do foco epidêmico, de forma precisa e efetiva, de modo a incentivar o Estado afetado a agir com a maior celeridade possível, incluindo a pronta notificação à OMS, com todas as informações necessárias, viabilizando a movimentação adequada dos instrumentos do Regulamento na consecução de ações efetivas e coordenadas em âmbito internacional.

6) Previsão de um Protocolo de Restrições Humanizadas, com o fim de amparar e premiar todos que observarem adequadamente as restrições aplicadas durante a execução do Plano. Isso porque, muitas vezes, as medidas de controle e resposta contra a doença em processo de propagação exigirão restrições severas por parte da população local, incluindo o isolamento. Para neutralizar os prejuízos socioeconômicos e até mesmo incentivar as pessoas a aderirem às medidas é desejável que se prevejam soluções adequadas. Aliás, quanto mais rápida a ação, menor será o grupo afetado, consequentemente os gastos serão mais baixos e os benefícios muito maiores à saúde humana em geral.

7) Implementação de sanções rigorosas àqueles que contribuam, por ação ou omissão, para a propagação internacional de doenças, com o especial fim de desestimular condutas que coloquem os povos do mundo em risco, tais como: (a) indenização adequada, razoável e proporcional às vítimas; (b) multa preventiva (para as hipóteses de ameaça de dano); (c) multa complementar (quando a indenização for insuficiente ao desestímulo da conduta); (d) aplicação do artigo 41 da Carta das Nações Unidas; (e) perda da função pública pela autoridade responsável; (f) suspensão de direitos políticos; (g) proibição de contratar com o Poder Público ou receber benefícios ou incentivos fiscais ou creditícios; (h) restrição de direitos internacionais; e (i) inclusão da conduta de "contribuir, por ação

ou omissão, para a propagação internacional de doenças" no rol dos crimes contra a Humanidade (artigo 7º do Estatuto de Roma).

Reitera-se, por fim, que o que está em jogo é a proteção de bilhões de vidas humanas, a saúde pública em nível global, a economia mundial e o bem-estar social geral, de modo que todo esforço para solucionar o problema da propagação internacional de doenças é nada menos do que indispensável.

REFERÊNCIAS BIBLIOGRÁFICAS

Brasil (2020). Decreto nº 10.212, de 30 de janeiro de 2020. Promulga o texto revisado do Regulamento Sanitário Internacional, acordado na 58ª Assembleia Geral da Organização Mundial de Saúde, em 23 de maio de 2005. Disponível em http://www.planalto.gov.br/ccivil_03/_ato2019-2022/2020/decreto/D10212.htm. Último acesso no dia 11 de setembro de 2021.

_____ (1999). Decreto nº 3.321, de 30 de dezembro de 1999. Promulga o Protocolo Adicional à Convenção Americana sobre Direitos Humanos em Matéria de Direitos Econômicos, Sociais e Culturais "Protocolo de São Salvador", concluído em 17 de novembro de 1988, em São Salvador, El Salvador. Disponível em http://www.planalto. gov.br/ccivil_03/decreto/d3321.htm. Último acesso no dia 11 de setembro de 2021.

_____ (1992). Decreto nº 678, de 6 de novembro de 1992. Promulga a Convenção Americana sobre Direitos Humanos (Pacto São José da Costa Rica), de 22 de novembro de 1969. Disponível em http://www.planalto.gov.br/ccivil_03/decreto/d0678.htm. Último acesso no dia 13 de setembro de 2021.

_____ (1992). Decreto nº 591, de 6 de julho de 1992. Atos internacionais. Pacto Internacional sobre Direitos Econômicos, Sociais e Culturais. Promulgação. Disponível em http://www.planalto.gov.br/ccivil_03/decreto/1990-1994/d0591.htm. Último acesso no dia 11 de setembro de 2021.

_____ (1945). Decreto nº 19.841, de 22 de outubro de 1945. Promulga a Carta das Nações Unidas, da qual faz parte integrante o anexo Estatuto da Corte Internacional de Justiça, assinada em São Francisco, a 26 de junho de 1945, por ocasião da Conferência de Organização Internacional das Nações Unidas. Disponível em http://www. planalto.gov.br/ccivil_03/decreto/1930-1949/d19841.htm. Último acesso no dia 13 de setembro de 2021.

Câmara dos Deputados (2021). Gastos dos parlamentares. Disponível em https://www.camara.leg.br/transparencia/gastos-parlamentares?legislatura=56&ano=202   0&mês=&por=deputado&deputado=&uf=&partido=. Acessado no dia 4 de julho de 2021.

Countryeconomy.com (2021). GDP – Gross Domestic Product. Disponível em https://country economy.com/gdp. Acessado no dia 03 de julho de 2021.

Dobson, Andrew P. et. al (2020). Ecology and economics for pandemic prevention. Science, 24/07/2020. Disponível em https://science.sciencemag.org/content /369/6502/379. Acessado no dia 4 de julho de 2021.

Greco, Dirceu et. al. (2010). Influenza A (H1N1): histórico, estado atual no Brasil e no mundo, perspectivas. RMMG – Revista Médica de Minas Gerais. Volume 19.2. Disponível em http://rmmg.org/artigo/detalhes/467. Acessado no dia 27 de junho de 2021.

IPBES (Intergovernmental Science-Policy Platform on Biodiversity and Ecosystem Services) (2020). Workshop on biodeversity and pandemics. Disponível em https://ipbes.net/sites/default/files/2020-12/IPBES%20 Workshop%20on%20Biodiversity%20and%20Pandemics%20Report_0.pdf. Acessado no dia 11 de setembro de 2021.

Lima, Oyram Ramos & Costa, Ediná Alves (2015). Implementação do Regulamento Sanitário Internacional (2005) no ordenamento jurídico-administrativo brasileiro. Disponível em https://www.scielo.br/j/csc/a/ pfQc5GstfTDVMh8Ckxx7Gfc/?lang=pt#. Acessado no dia 23 de novembro de 2021.

Mahamba, Fiston (2019). Congo authorities say Ebola survivor falls ill a second time. Reuters, 08/12/2019. Disponível em https://www.reuters.com/article/us-congo-ebola/congo-authorities-say-ebola-survivor-falls-ill-a-second-time-idUSKBN1YC0CX. Acessado no dia 3 de setembro de 2021.

Manual MSD (2021). Pandemia de 2009 pelo vírus H1N1 da influenza (gripe suína). Última modificação de conteúdo em fevereiro de 2021. Disponível em https://www.msdmanuals.com/pt-br/profissional/doen%C3%A7as-infecciosas/v%C3%ADrus-respirat%C3%B3rios/pandemia-de-2009-pelo-v%C3%ADrus-h1n1-da-influenza-gripe-su%C3%ADna. Acessado no dia 26 de junho de 2021.

Meneguin, Fernando B. et. al (2017). Avaliação de impacto legislativo: cenários e perspectivas para sua aplicação. Brasília: Senado Federal.

OMS (Organização Mundial de Saúde) (2020). Doença do vírus Ebola. Disponível em https://www.who.int/es/ health-topics/ebola#tab=tab_1. Acessado no dia 26 de junho de 2021.

OMS (Organização Mundial de Saúde) (2014). Relatório da situação sobre o Roteiro de Resposta ao Ebola: 24 de setembro de 2014. Disponível em https://apps.who.int/iris/bitstream/handle/10665/134771/ roadmapsitrep_24Sept2014_por.pdf?sequence=5&isAllowed=y#:~:text=O%20n%C3%BAmero%20total%20 de%20casos,Nig%C3%A9ria%2C%20Senegal%20e%20Serra%20Leoa. Acessado no dia 27 de junho de 2021.

OPAS/OMS (Organização Pan-Americana de Saúde/Organização Mundial de Saúde) (2016). Zika. Disponível em https://www.paho.org/pt/topicos/zika. Acessado no dia 26 de junho de 2021.

Paim, Cynthia Schuck e ALONSO, Wladimir J. (2020). Pandemias, saúde global e escolhas pessoais. 1ª Edição. Alfenas/MG: Cria Editora.

PNUMA (Programa das Nações Unidas para o Meio Ambiente) (2021). Especialistas alertam sobre a "era das pandemias" e oferecem opções para reduzir os riscos. Disponível em https://www.unep.org/pt-br/noticias-e-reportagens/comunicado-de-imprensa/especialistas-alertam-sobre-era-das-pandemias-e. Acessado no dia 11 de setembro de 2021.

Reuters (2021). COVID-19: Global Tracker. Disponível em https://graphics.reuters.com/world-coronavirus-tracker-and-maps/pt/. Acessado no dia 17 de setembro de 2021.

Sá, Dominichi Miranda de (2020). Especial Covid-19: Os historiadores e a pandemia. FIOCRUZ. Disponível em http://www.coc.fiocruz.br/index.php/pt/todas-as-noticias/1853-especial-covid-19-os-historiadores-e-a-pandemia.html#.YNecmtVKjIV. Acessado no dia 26 de junho de 2021.

Simonsen, Lone et. al. (2013). Global Mortality Estimates for de 2009 Influenza Pandemic from the GLaMOR Project: A Modeling Study. PLOS MEDICE. Disponível em https://journals.plos.org/plosmedicine/article?id=10.1371/journal.pmed.1001558. Acessado no dia 04 de julho de 2021.

Soares, F. M. (2007). Legística e Desenvolvimento: a qualidade da lei no quadro da otimização de uma melhor legislação. Revista da Faculdade de Direito da UFMG. Belo Horizonte, nº 50, p. 125 e 126. Disponível em https://revista.direito.ufmg.br/index.php/revista/article/view/31. Acessado em 22 de junho de 2021.

United Nations (2021). Human Rights. Office of the High Commissioner. Universal Declaration of Human Rights. Disponível em https://www.ohchr.org/EN/UDHR/Pages/Language.aspx?LangID=por. Acessado no dia 17 de novembro de 2021.

USP (Universidade de São Paulo) (2021). Constituição da Organização Mundial de Saúde (OMS/WHO). Biblioteca Virtual de Direitos Humanos. Disponível em http://www.direitoshumanos.usp.br/index.php/OMS-Organiza%C3%A7%C3%A3o-Mundial-da-Sa%C3%BAde/constituicao-da-organizacao-mundial-da-saude-omswho.html. Último acesso no dia 4 de julho de 2021.

WHO (World Health Organization) (2021). The Global Health Observatory: average of 13 International Health Regulations core capacity scores, SPAR version. Disponível em https://www.who.int/data/gho/data/indicators/indicator-details/GHO/-average-of-13-international-health-regulations-core-capacity-scores-spar-version. Acessado no dia 15 de setembro de 2021.

WHO (World Health Organization) (2020). Origin of SARS-CoV-2: 26 March 2020. Disponível em https://apps.who.int/iris/bitstream/handle/10665/332197/WHO-2019-nCoV-FAQ-Virus_origin-2020.1-eng.pdf. Acessado no dia 6 de setembro de 2021.

REFUGIADOS AMBIENTAIS E MUDANÇAS CLIMÁTICAS

Autor:

Luan Gustavo Girardi Sampaio[1]

RESUMO

O presente trabalho tem como panorama as migrações internacionais, focando na análise das migrações relacionadas a causas ambientais e se existe uma proteção efetiva para o deslocado ambiental. Neste diapasão, observa-se que as ações antrópicas têm cada vez mais alterado o meio ambiente, provocando consequências negativas para todos os países, dentre as quais destacam-se as mudanças climáticas que gradativamente se tornam mais danosas aos Estados de todo o mundo e compromete a segurança de todos os seus nacionais, assim como, muitas vezes os seus direitos humanos. Assim sendo, este trabalho tem por escopo analisar os aspectos gerais das mudanças climáticas, assim como os aspectos migratórios. E, diante desse quadro, direcionará o exame, também, para se as pessoas dos países mais afetados por esses fenômenos ambientais recebem a devida proteção diante do Direito Internacional e do Direito Internacional do Refugiado, visando questionar e comprovar se, na prática, está garantida a sua dignidade humana. Por último, será estudado o instituto do refúgio ambiental: como tais deslocados poderiam ser classificados como refugiados ambientais e, assim, vierem a receber mais proteção diante da comunidade internacional.

Palavras-chave: Migrações internacionais. Deslocado ambiental. Mudanças climáticas. Refugiados ambientais.

ABSTRACT

The present work has as overview the international migration, focusing on the analysis of migrations related to environmental causes, and if there is an effective protection for the environmental displaced. In this vein, it is observed that anthropic actions have been increasingly altering the environment, causing negative consequences to

---

1   Bacharel em Relações Internacionais pelo Centro Universitário Curitiba (UniCuritiba).

all countries, among which stands out the climate change that gradually become more harmful to all the countries around the world and compromises the safety of all its nationals, as well as their human rights. Therefore, this work aims to analyze the general aspects of climate change, as well as the migratory aspects. And, in view of this situation the work will also direct the examination to whether people from countries most affected by these phenomena receive the due protection by the International Law and the International Refugee Law, aiming to question and verify if their human dignity is guaranteed. Lastly, the statute of environmental refugee will be studied: how such displaced people could be classified as environmental refugees and, thus, come to receive more protection from the international community.

Keywords: International migration. Environmental displacement. Climate change. Environmental refugees.

INTRODUÇÃO

Os movimentos migratórios sempre estiveram presentes na história. Hoje, os fluxos migratórios são intensos, com migrações por diversos motivos, e dentre diversos países e diferentes continentes.

Dentro desse quadro migratório, estão as pessoas que são consideradas forçadas a se deslocarem por conta de condições ambientais adversas, devido ao agravamento das mudanças climáticas – que, causadas por ações antrópicas, acabam por provocarem riscos à qualidade de vida das pessoas nas fronteiras nacionais artificialmente estabelecidas pelas sociedades, forçando-as a irem para outros países fora do seu de origem. Nesse cenário é que o trabalho se desenvolve: pensando na vulnerabilidade dessas pessoas que tendem a procurar condições melhores de sobrevivência, mas, que ainda assim, encontram-se à margem da devida proteção internacional.

Ao longo deste trabalho, tem-se como objetivo apresentar a necessidade da ampliação do conceito de refúgio, estabelecido pelo Direito Internacional e pelo Direito dos Refugiados para que pessoas deslocadas por causas ambientais se enquadrem na concepção de refugiados e, com isso, recebam a devida atenção e proteção, principalmente por conta da piora do aquecimento global.

Nesse sentido, o presente trabalho é dividido em três capítulos. O primeiro, demonstra as concepções e alguns dados sobre a migração, para entender como funciona esse fenômeno. Assim como, trata especificamente dos migrantes relacionados a causas ambientais, e como hoje, devido a ação antrópica, essas ocorrências têm aumentado.

O segundo capítulo apresenta a conceituação do refúgio e como funciona, para poder relacionar com o deslocado ambiental e analisar se há uma proteção efetiva desse, e como, se houver a necessidade por conta de sua inexistência, poderia ser feita a proteção seguindo uma ampliação do Estatuto do Refugiado.

O terceiro capítulo trata dos aspectos gerais das mudanças climáticas, colocando em pauta como o aquecimento global ocorre e suas diversas consequências, em diversos âmbitos, e como esses impactos resultam em mais movimentos migratórios por causa do clima. Também, é amplamente relatado como os países com mais vulnerabilidade são mais suscetíveis às adversidades climáticas e que deixa em xeque, ainda mais, o desenvolvimento dos países.

Percebe-se, diante dos expostos capítulos, que para a construção desses, o trabalho utiliza-se do método dedutivo, pois parte da descrição de migração e refúgio no geral, para depois analisar especificamente o caso dos deslocados ambientais, especialmente com o agravamento das mudanças climáticas.

Vale-se, ainda, de pesquisa bibliográfica, pois foi utilizado diferentes materiais que já abordaram o tema, com livros e artigos nacionais, mas principalmente de fonte estrangeira, assim como dados retirados de publicações oficiais de organizações internacionais (como por exemplo agências temáticas das Nações Unidas, como a IOM e a ACNUR).

Evidenciando a complexidade do tema, pretende-se chamar atenção para as mudanças climáticas e consequentemente para a ampliação do refúgio para que esse possa proteger diversas pessoas que tiveram seus Direitos Humanos afetados por estes eventos e foram forçados a se deslocar.

MOVIMENTOS MIGRATÓRIOS

Perspectivas Gerais

A migração humana se define como a mudança de local de estada, de um indivíduo ou um grupo, para outro. A definição mais exata, segundo a "International Organization for Migration" (IOM) – organização intergovernamental que conduz a área de migração no âmbito internacional, vinculada à Organização das Nações Unidas – repousa na ideia de a migração ser um tema geral não definido pela ordem internacional, mas reflete na perspectiva de mudança de um ser humano de sua residência usual, dentro de seu país ou não, temporária ou permanentemente, por diversas razões, para buscar emprego, se juntar à família, para estudar, escapar de conflito, perseguição, desastres naturais, efeitos climáticos etc (IOM, 2019).

Adentrando à migração espacial, pode se dar para área rural, para área urbana, podendo ser nacional – que segundo o Glossário sobre Migrações da IOM (IOM, 2009, p. 41), é a circulação de pessoas de uma região do país para outra, permanecendo dentro do país de origem –, ou internacional (nesse caso, o movimento das pessoas é de deixar o país de origem ou de residência habitual para se fixarem, temporária ou permanentemente, em outro país) (IOM, 2019). Em relação às causas da migração, ainda, examinam-se as migrações espontâneas, ou seja, uma migração sem qualquer ajuda externa (IOM, 2019), ou forçadas, em que, nesse caso, existe um elemento de ameaça à vida ou à sobrevivência, que possuam origens em causas naturais ou em causas antrópicas (como por exemplo, pessoas deslocadas por conta de desastres naturais, desastres nucleares, ou devido à fome, conflitos, etc) (IOM, 2019). Outras demais classificações, que não interessam a este trabalho, podem ser encontradas no Glossário sobre Migrações da IOM.

Os fluxos migratórios internacionais, entretanto, são muito mais dinâmicos e representam um dos principais fenômenos na atualidade (ANGÉLICO; BOKER, 2017, p. 57-76), com o processo de reestruturação econômica dos países, maior desenvolvimento de diferentes áreas, e, especialmente, quando então a globalização[2] viera a permitir maior contato entre diferentes áreas, bem como o aprofundamento das relações bilaterais e regionais (mercados integrados) e por questões ambientais (PATARRA, 2006).

Portanto, a maioria dos países de entrada não recebem pessoas baseada apenas em um tipo de migração, como migração à trabalho, reunião familiar, cunho ideológico, a procura de melhores condições de vida, refugiados, ou outros já citados, mas suporta diferentes tipos ao mesmo tempo, é multicausal, deriva normalmente, desses diversos fatores (CASTLES; HAAS; MILLER, 2020, p.16).

Recentemente, em 2019, 272 milhões de pessoas viviam fora do seu país de origem, isso representa três vezes mais que em 1970 (84 milhões de pessoas), apresentando-se, então, na porcentagem de 3,5% da população mundial. Desses 272 milhões, 52% são homens e 48% mulheres. Cerca de 74% tinha de 20 a 64 anos – houve uma diminuição no número de migrantes com menos de 20 anos de 2000 para 2019, de 16.4% para 14% e migrantes acima de 65 anos permaneceu em 12% desde 2000 (IOM, 2020).

Em 2019, a Europa e a Ásia foram destino de 82 milhões a 84 milhões de migrantes internacionais. Já a América do Norte, de 59 milhões, representando 22% do total. A África, como destino, representou 10% do total, a América Latina e o Caribe 4%, e a Oceania 3%. A Ásia, desde 2000, foi a que teve o maior aumento, cerca de 34 milhões de pessoas a mais. A Europa representa o segundo maior aumento, 25 milhões de migrantes internacionais a mais. Na América do Norte, foram 18 milhões a mais e 11 milhões na África (IOM, 2020).

Os principais destinos são os Estados Unidos da América, a Alemanha, a Arábia Saudita, a Rússia e o Reino Unido. Sendo que as principais origens dos migrantes são da Índia, do México, da China, da Rússia, da Síria, de Blangladesh, etc (IOM, 2020).

O fluxo migratório intenso, hoje, exige, portanto, a capacidade dos países na elaboração e execução de políticas públicas e ações internacionais. Em contraste, na realidade, não há um instrumento internacional amplo que regule as condutas dos Estados em relação ao que tange todas as variáveis da migração (esses mostram a sua incapacidade de fazerem políticas nacionais para gerenciar a situação e, por isso, a conjuntura necessita de uma autoridade global (NEWLAND, 2005)). A migração internacional não é um tema geral definido pela ordem internacional. O que há são normas de proteção geral aos seres humanos que se aplicam também à situação das pessoas deslocadas – com

---

2   Globalização é um termo elaborado nos anos 80, designado a representar a maior interdependência entre os países, o processo de interdependência econômica e política internacional. Segundo Ianni (2001, p. 13): "A descoberta de que a terra se tornou mundo, de que o globo não é mais apenas uma figura astronômica, e sim o território no qual todos encontram-se relacionados e atrelados, diferenciados e antagônicos" (IANNI, 2001, p.13). Pode ser relacionada também a ideia que o autor comenta de aldeia global, que seria: "uma expressão da globalidade das ideias, padrões e valores socioculturais e imaginários" (IANNI, 2001, p. 119).

exceção de algumas situações, como a dos refugiados, condição que será tratada com mais profundidade adiante. O resultado disso é a insuficiência de normas internacionais para solucionar as possíveis incoerências entre as diversas situações migratórias reguladas pela perspectiva internacional, gerando problemas de ordem nacionais (JUBILUT; APOLINÁRIO, 2010).

A abordagem relacionada a migrantes internacionais é uma problemática que não inclui apenas aspectos estatais, policiais e de controle, mas refere-se a uma questão social, a ser observada sob os olhos dos Direitos Humanos – e, com isso, possibilitar a sua consolidação e promoção –. Pois, esses, servem de instrumentos jurídicos por harmonizarem o internacional com o interno, dando parâmetros para políticas domésticas para melhorar a condição do migrante e possibilitar o alcance da legitimidade da diversidade cultural trazida pelos migrantes (PATARRA, 2006).

DESLOCADO AMBIENTAL

O meio ambiente tem sido de suma importância para a vida humana. A forma como os Estados e a população estão dispostos hoje geograficamente é justamente para melhor se adaptar e aproveitar os recursos que a natureza oferece, pois ao longo do tempo, pessoas foram movendo-se para adequar-se à natureza conforme suas necessidades, e também por causa de ameaças ambientais, por processos naturais como mudanças geográficas, meteorológicas, processos geológicos internos que causam tsunamis, terremotos, avalanches, etc.

Na hodiernidade, maneja-se a natureza para conseguir recursos necessários para a produção e manutenção do padrão de consumo[3] e de vida que se estabeleceu na sociedade. Porém, essas ações antrópicas (o consumo

---

3   O padrão de consume atual é exacerbado, não se compra por necessidade, não pela função que o produto trás, mas para manter um status social e com isso se comprometendo emocionalmente com o produto. Isso permite um controle social maior, pois traz uma alienação de si mesmo, o que é chamado, por Edward Bernays (publicista) de "engenharia do consentimento". No âmbito econômico e societal esse consumo gera uma superprodução para sustentar um padrão de um sistema econômico insustentável, designa uma maneira ineficaz e contraditória de manter o desenvolvimento das sociedades, já que esse já ocasionou diversas crises ao longo da história, como por exemplo a mais famosa de 1929, com a quebra da bolsa de Nova Iorque, que afetou diversos países. Outro exemplo é a crise financeira de 2008, em que a renda da população não acompanhou o aumento dos preços imobiliários. No nível estatal, além das crises, essa produção e consumo do sistema causam conflitos geopolíticos, como por exemplo a busca dos Estados Unidos por petróleo para sua produção que gera conflitos no Oriente Médio. Além disso, se exporta capital e trabalho dos países desenvolvidos para os em desenvolvimento, ou seja, exporta-se os excedentes para esses países, aumentando a desigualdade entre Norte-Sul, e causando crises nos países em desenvolvimento, pois afeta a produção e economia nacional desses. A reprodução dos padrões de consume do Norte, no Sul, aumenta também as desigualdades sociais. Todo esse consumo gera um impacto Ambiental enorme, pois há a degradação do meio ambiente para a produção, para alimentar essa sociedade de consumo. Com isso, segundo o Banco Mundial, se a população global chegar a 9,6 bilhões em 2050, far-se-ia necessário quase três planetas Terra para propiciar os recursos naturais necessários para manter esse padrão de consumo, o que é inviável. Portanto cabe a sociedade repensar esses padrões e estilo de vida..

exacerbado, padrões da sociedade moderna que geram desmatamentos, poluição, uso exacerbado de recursos etc), aumentaram os problemas ambientais, bem como as chances de ameaças ambientais e, além disso, provocaram mudanças climáticas, causando danos sociais e econômicos (IONESCO; MOKHNACHEVA; GEMENNE, 2017), pois os recursos naturais não conseguem se renovar com a mesma velocidade que estão sendo utilizados, e o meio ambiente não consegue absorver a quantidade de detritos que lhe são lançados por causa da produção em massa do sistema econômico vigente.

Ainda que com esforços para frear as mudanças climáticas, é claro que ainda não foi feito o bastante, e com isso torna-se mais evidente a existência do migrante ambiental (como também será demonstrado por meio de exemplos a seguir). As migrações são inevitavelmente consequências desse cenário atual e de desastres naturais. Portanto, o meio ambiente e as mudanças climáticas, mesmo que de forma tardia, voltaram a fazer parte da agenda de migrações, a migração foi inserida como uma estratégia de adaptação no "Cancun Adaptation Framework" em 2010 (IONESCO; MOKHNACHEVA; GEMENNE, 2017):

"Measures to enhance understanding, coordination and cooperation with regard to climate change induced displacement, migration and planned relocation, where appropriate, at the national, regional and international levels" (UNITED NATIONS, 2011, p.5).

Porém percebe-se que se trata de uma abordagem muito vaga, sem mencionar a condição do migrante pelo clima, como fazer essa realocação, já que essa atinge a cultura e o modo de vida das pessoas deslocadas, e também implica em mudanças para a região a que vão se deslocar. Implica em uma condução de políticas públicas nacionais fortes para a adaptação do migrante para se sentir incluído e ter oportunidades e em geopolíticas internacionais.

Tratando do termo migrante ambiental, mesmo sem um termo legal definido, o internacionalmente mais aceito refere-se à definição determinada pelo glossário sobre migração da IOM de migrante ambiental:

"O termo aplica-se a pessoas ou grupos de pessoas que, devido a alterações ambientais repentinas ou progressivas que afectam negativamente as suas vidas ou as suas condições de vida, vêem-se obrigados a deixar as suas residências habituais, ou escolhem fazê-lo, temporariamente ou permanentemente, e que se deslocam dentro do próprio país ou para o estrangeiro" (IOM, 2009, p.43).

Esse significado fornecido pela IOM é muito amplo, pode abordar pessoas que saem de sua residência para procurar um clima mais quente, por exemplo. Assim como pessoas forçadas a se deslocar por um desastre. Faz-se necessário um conceito mais específico para os migrantes que tem sua vida afetada por forças adversas e os fazem de maneira forçada deixarem suas casas, assim como uma proteção efetiva internacional, conceito e proteção como um refúgio ambiental.

Para ilustrar a importância do assunto há vários exemplos de deslocados por eventos da natureza, como na Nova Zelândia que, em 2011, um terremoto destruiu parte da cidade de Christchurch, o qual forçou 8 mil pessoas a abandonarem a região e deixarem suas casas. Os terremotos afetaram também outros países, como a China (2011), em Yunnan, deslocando 130 mil pessoas. No Japão (2011), em Tohoku, onde 350 mil foram deslocados. Na Itália, em 2009, na cidade de Áquila, deixou 70 mil pessoas sem casa (IONESCO; MOKHNACHEVA; GEMENNE, 2017).

Outro exemplo é a Tsunami na região das Malvinas, que em 2004 atingiu a região Autônoma de Açores (Raa Atoll), em Kandholhudhoo, onde a comunidade teve que ser realocada e não conseguiu voltar. O Furacão Katrina é um exemplo muito forte de deslocamento ambiental, pois, em 2005, Nova Orleans (EUA) perdeu quase um quarto de sua população, e os deslocados, em sua maioria, não voltaram à região por falta de estrutura e oportunidades econômicas (IONESCO; MOKHNACHEVA; GEMENNE, 2017).

O desastre ambiental de Fukushima em 2011, ocorreu porque após um terremoto, um tsunami atingiu a cidade e causou danos à usina nuclear local, fazendo com que essa liberasse material radioativo. O desastre causou a evacuação de 140.000 pessoas que viviam na área (BBC, 2019).

A migração por causa do clima é mais frequente, até 2030 segundo o Banco Mundial 22,5 milhões de pessoas vão ser deslocadas por causa das mudanças climáticas (RAMA, 2016).

No Alaska, 12 vilarejos já foram afetados pela erosão causada pela diminuição do gelo e elevação do nível do mar, deixando os moradores em situação de risco e com a probabilidade de terem que se deslocar. No Iraque, a seca trouxe a inviabilidade de produzir no solo, deixando o retorno da população deslocada por causa da guerra muito difícil (IONESCO; MOKHNACHEVA; GEMENNE, 2017). No Vietnam, já há planos de realocação da população devido a problemas climáticos, já que 70% dessa vive em áreas costeiras, portanto, com muito risco de inundação e erosão das costas. O programa de realocação é chamado de "Living with Floods", prevendo a realocação de 200 mil pessoas que vivem no delta do rio Mecom (BANGLADORE; SMITH; VELDKAMP, 2019, p. 79-99).

Em relação ao âmbito internacional até mesmo o Migration Data Portal (MIGRATION DATA PORTAL, 2021), que fornece dados sobre migrações, possui dados limitados sobre a migração internacional relacionada ao meio ambiente: "Global data on cross-border movement in the context of disasters are, limited, with only a few notable cases being examinated so far" (MIGRATION DATA PORTAL, 2021, online). Porém esses dados seriam de suma importância para melhor compreender os efeitos dos desastres ambientais e das mudanças climáticas nas sociedades. Para demonstrar a importância do assunto pode-se usar alguns exemplos como o do terremoto no Haiti. Em 12 de janeiro de 2010, um terremoto devastou a capital Porto Príncipe (IONESCO; MOKHNACHEVA; GEMENNE, 2017), causando uma migração das pessoas que viviam na região para outros países, como Estados Unidos, França, e muitos para o Brasil: estima-se que mais de 10 mil haitianos vieram para o Brasil à procura de novas oportunidades; porém, tiveram que enfrentar um longo caminho para chegar ao país, cheio de adversidades, como custo do transporte, discriminação, crime e tráfico humano ao longo dos países que tiveram que percorrer (IONESCO; MOKHNACHEVA; GEMENNE, 2017).

A população das ilhas do Pacífico é muito afetada pelas mudanças climáticas, todos os Estados regionais vão sofrer com isso, tanto as pequenas ilhas – Quiribati, as Ilhas Marshall, Tokelau –, como mais populosas, por exemplo Fiji, Ilhas de Salomão, Papua-Nova Guiné, etc. Com a elevação do nível do mar e a salinização da água, as ilhas ficam ameaçadas em relação à disponibilidade territorial para se viver, quanto à produção de comida e relações comerciais, e no tocante aos riscos de saúde e na incapacidade geral de ficar nas ilhas. É necessário, portanto, se pensar em maneiras de longo-prazo para ajudar a população local, antes que os riscos aconteçam, como realocação internacional, ou uma política de proteção climática (MENJIVAR; RUIZ; IMMANUEL, 2018, p.331-346). São 10 milhões de habitantes nas ilhas do Pacífico, esses que possuem como principal rota de destino à Austrália e Nova Zelândia, que inclusive onde as partes mais costeiras desses países também podem ser afetadas (CAMPBELL; BEDFORD, 2014).

Na América há diferentes combinações de razões para a migração em massa, porém, os riscos ambientais influenciam diretamente na decisão da migração. Com rotas de migrações já em curso para os Estados do Norte, as manifestações das mudanças climáticas vêm aumentando os impactos das migrações para o Norte (COUNCIL ON HEMISFERIC AFFAIRS, 2010). Países como Guatemala, Honduras e El Salvador sofrem de seca graças ao fenômeno ao El Niño (aquecimento anormal da faixa equatorial do Oceano Pacífico), e com as mudanças climáticas esse efeito tem sido mais severo, há imprevisibilidade dos períodos de chuva, causando seca mais prolongada e em menor período de tempo que acontecia normalmente, servindo, portanto, de estímulo à migração, a países com comunidades hipossuficientes que dependiam da plantação (TRAIANO, 2019). Outros países como México, Nicarágua, Costa Rica, Panamá, estão mais expostos à seca e a ciclones tropicais, que aumentaram a emigração de áreas rurais dos países rumo aos Estados Unidos. Desastres como Furacão Mitch, e terremotos como o de 2000 em El Salvador, também motivaram a emigração (CANTOR, 2018). Na América Latina as inundações no Sul da Colômbia estão motivando a ida para o Norte do Equador. Outro exemplo no Sul é a imigração para o Brasil de populações na região amazônica da Bolívia e Peru, por causa de inundações (CANTOR, 2018).

Outro caso, é o da migração de países da África, principalmente da região do Sahel, para países da Europa. O continente é altamente dependente de recursos naturais e agricultura, portanto é mais afetado a impactos ambientais (TORELLI, 2017), além de muitos países afetados sofrerem por falta de infraestrutura, pobreza ou conflitos. A região da Nigéria, Chade e Níger estão entre os países mais afetados. O Lago Chade, é um exemplo de como o continente é afetado. Esse localizado em quatro países, Camarões, Níger, Nigéria e Chade, é uma fonte vital de água para 20 milhões de pessoas nesses países, porém esse reduziu em 90% nos últimos anos, sendo 50% desta redução imputada pelas mudanças climáticas. Essa redução deixa mais de 7 milhões de pessoas sem uma segurança alimentar, e isso contribuiu com 2.5 milhões de pessoas já deslocadas da região (WOOD, 20019). Os países vizinhos não tem capacidade de acolher todas essas pessoas, por isso, cada vez mais tendem a ir para a Europa (TORELLI, 2017).

A migração ambiental, portanto, é muito complexa pois há a interação de fatores sociais, políticos e econômicos e demográficos, portanto, pode ser multicausal. Junta-se fatores internos com as mudanças climáticas e os desastres, que também causam riscos à segurança, levando, por conseguinte, a motivação para a migração como nos exemplos citados. Porém com a possível piora nas mudanças climáticas a motivação ambiental tem sido mais frequente para a mobilidade. Se essas já estão impulsionando a migração atualmente, quando a temperatura média mundial aumentar ainda mais, poderá resultar em fluxos de migração significativamente maiores.

Coloca-se, dessa forma, que o migrante ambiental é forçado e não voluntário, pois está em situação de risco em que o meio ambiente age como um determinante, e a saída preventiva a desastres naturais não deve ser considerada voluntária, pois não se deve correr o risco a ponto de ser afetado, mas sim se prevenir contra fatores que ferem a sua dignidade e bem-estar. Não se tem um termo legal para designar migrantes ambientais, por isso, e por muitas vezes serem consideradas migrações voluntárias por órgãos internacionais, não há nenhum mecanismo, nem um quadro jurídico internacional em vigor para proteger essa categoria de deslocados, portanto, não há qualquer aparato político legal que dê assistência para essas pessoas em situação de vulnerabilidade (IONESCO; MOKHNACHEVA; GEMENNE, 2017). Deve-se levar em consideração que essa migração não é fácil, depende de recursos para o transporte, de políticas públicas receptivas, adaptação a linguagem e cultura. Portanto, se faz necessária uma política internacional legal para considerar a condição do migrante ambiental com dignidade, pois como nos casos citados, as mudanças ambientais que estão ocorrendo estão prejudicando comunidades em diversas regiões, problemas que surgem como consequência de ações de países do mundo inteiro.

REFÚGIO

CONCEITO

A migração forçada ocorre há muito tempo e cada vez mais vem chamando a atenção da comunidade internacional. Dentro desse grupo, insere-se o refugiado, que é forçado a se deslocar por motivos de perseguição, os quais serão trabalhados adiante. O migrante ambiental, mesmo de forma forçada, não se encaixa nesse grupo.

Afim de se criar uma concepção universalmente aceita para o refúgio foi criado em 1950 o Alto Comissariado das Nações Unidas para o refúgio (FIDDIAN-QASMIYEH et al., 2014). A agência da ONU, adota, com base na perspectiva individualista, – analisando cada situação de deslocados em específico (JUBILUT et al., 2018, p. 42-68) – em 1951, a Convenção Relativa ao Status dos Refugiados (Convenção de 51), que vem a ser estabelecida como o Estatuto do Refúgio, aplicando-se especificamente de forma harmônica e internacional, aos diversos refugiados encontrados ao longo do globo.

O refúgio segundo a Convenção caracteriza-se pela acolhida e proteção de qualquer estrangeiro, por um outro Estado, já que o Estado de origem falha com suas obrigações para com a pessoa perseguida:

"Que, em consequência dos acontecimentos ocorridos antes de 1º de janeiro de 1951 e temendo ser perseguida por motivos de raça, religião, nacionalidade, grupo social ou opiniões políticas, se encontra fora do país de sua nacionalidade e que não pode ou, em virtude desse temor, não quer valer-se da proteção desse país, ou que, se não tem nacionalidade e se encontra fora do país no qual tinha sua residência habitual em consequência de tais acontecimentos, não pode ou, devido ao referido temor, não quer voltar a ele. No caso de uma pessoa que tem mais de uma nacionalidade, a expressão "do país de sua nacionalidade" se refere a cada um dos países dos quais ela é nacional. Uma pessoa que, sem razão válida fundada sobre um temor justificado, não se houver valido da proteção de um dos países de que é nacional, não será considerada privada da proteção do país de sua nacionalidade. Artigo 1º (A) (2)" (ACNUR, 1951, p.2).

Tem-se, portanto, o refúgio como um instituto (ACNUR), regulado por um Estatuto (Convenção de 51), que garante, seguindo as condições estabelecidas por esse, o status de refugiado (JUBILUT, 2007).

A Convenção prevê, pelo princípio do non-refoulement, conforme o artigo 33 (NAÇÕES UNIDAS, 1951, p.15)[4], que os indivíduos não podem ser devolvidos ou expulso (por um Estado acolhedor), contra sua vontade, para territórios que possam sofrer perseguição, ou para territórios que mandem para um terceiro território que também possuam esses riscos (JUBILUT, 2007, p. 86).

Estabelece, também, que o refugiado é detentor de direitos humanos de primeira geração, tais quais direitos civis e políticos (ACNUR, 2002), entretanto, como no início a Convenção tratava de refugiados por causa da Segunda Guerra Mundial, para realocação das pessoas, contava um objetivo mais restrito ao local e ao tempo, não abarcando os direitos sociais e econômicos (ainda, que será tratado no Protocolo de 67, que será trabalhado adiante).

Em relação ao temor de perseguição – expresso na definição para que se aplique a condição de refugiado e seus benefícios –, esse ocorre por um ou mais motivos relacionados à raça, religião, nacionalidade, pertencimento a um grupo social ou por possuir determinada opinião política[5].

O termo "perseguição", entretanto, é muito amplo – não tendo uma definição universalmente definida e aceita (ACNUR, 2011, p. 14) – mas pode-se inferir que está diretamente ligada à violação dos Direitos Humanos, como será analisado no próximo tópico deste trabalho.

---

4   "Nenhum dos Estados Contratantes expulsará ou rechaçará, de maneira alguma, um refugiado para as fronteiras dos territórios em que a sua vida ou a sua liberdade seja ameaçada em virtude da sua raça, da sua religião, da sua nacionalidade, do grupo social a que pertence ou das suas opiniões políticas" (NAÇÕES UNIDAS, 1951, p. 15).

5   Pessoas que são procuradas por crimes comuns e acabam fugindo de seu país, não são consideradas refugiadas (JUBILUT, 2018, p. 21).

A expressão "bem fundado temor de perseguição", ainda, faz-se subjetiva, pois o que seria "bem fundado"? O temor seria subjetivo a cada indivíduo que se sente atingido de formas distintas, um mais, outros menos, de uma forma, ou de outra, ou seja, de maneiras diferentes. Essa variação, portanto, impossibilita uma aplicação homogênea do instituto (JUBILUT, 2007, p. 47).

Seguindo esse raciocínio, a ACNUR estabelece critérios[6] para melhor determinação da condição de refugiado administrativamente, porém, efetivamente, a solicitação do refúgio é acordada pelos próprios Estados, já que a ACNUR não tem território próprio na qual pode ser feita a proteção – mas para os critérios utilizados não serem totalmente diferentes de Estado para Estado, deixando a determinação do refúgio muito ampla e subjetiva, as especificações da ACNUR são de extrema relevância e são seguidas pelos próprios Estados (JUBILUT, 2007). Além disso, os Estados se comprometem com o regime internacional sobre refúgio. A agência pode conduzir o processo de determinação de refugiado caso o Estado não faça parte da Convenção de 51 ou apresentar capacidade de auxílio insuficiente (UNHCR, 2021).

Ainda, para melhor objetivação da avaliação da situação, examina-se a declaração do próprio refugiado – possui a responsabilidade de demonstrar evidências para um entrevistador capacitado para demonstrar que é merecedor do refúgio e que a situação que o tornou refugiado não deixou de existir; Assim como, ocorre a análise da situação do país de origem, por um especialista, e se esse fornece ou não proteção necessária (JUBILUT, 2007); e se ainda não for conclusiva a solicitação de refúgio, consideram-se os antecedentes pessoais e familiares do solicitante, sua relação com determinado grupo racial, religioso, nacional, social ou político, informando a sua própria interpretação da situação e sua experiência pessoal. Considera-se, também, o fator de extraterritorialidade – se o solicitante já se encontra fora do seu país de origem (JUBILUT, 2007, p. 42-68)[7]. Inclusive, enquanto ocorre o processo de refúgio, pedidos de expulsão ou extradição ficam suspensos (BRASIL, 2016).

Toda essa configuração precisou ser harmonizada além da Convenção de 51, logo para aprimorá-la decorre o Protocolo Relativo ao Status de Refugiado, de 1967 (Protocolo de 67), pois se percebe que ainda havia conflitos pelo mundo e precisa-se estender o alcance do refúgio. O protocolo adicional resultou em uma aplicação mais ampla, sendo garantida, assim, uma aplicação universal da proteção ao refugiado, sendo isso disposto no Artigo 1 item 2 do referente Protocolo, seguindo as definições de refugiado ainda da Convenção de 51:

---

6   Tais quais são esclarecidos no Manual de Procedimentos e Critérios para a Determinação da Condição de Refugiado: de acordo com a Convenção de 1951 e o Protocolo de 1967 relativos ao Estatuto dos Refugiados. Disponível em: <https://www.acnur.org/fileadmin/Documentos/portugues/Publicacoes/2013/Manual_de_procedimentos_e_criterios_para_a_determinacao_da_condicao_de_refugiado.pdf>. (ACNUR, 2011).

7   Esses elementos para a determinação da condição de Refugiado podem ser observados no manual da ACNUR para determinação da condição de refugiado no parágrafo 37 ao 53 referente a comprovação de perseguição e em quesito aos procedimentos para a determinação de refúgio em relação aos Estados e ao ACNUR, estão dispostos no parágrafo 189 ao 223 (ACNUR, 2011).

"Para os fins do presente Protocolo, o termo "refugiado", salvo no que diz respeito à aplicação do §3 do presente artigo, significa qualquer pessoa que se enquadre na definição dada no artigo primeiro da Convenção, como se as palavras "em decorrência dos acontecimentos ocorridos antes de 1º de janeiro de 1951 e..." e as palavras "...como conseqüência de tais acontecimentos" não figurassem do §2 da seção A do artigo primeiro" (ONU, 1967, p.1).

Ademais, garante mais direitos aos refugiados, pois efetiva, nesse momento, os direitos sociais e econômicos do refugiado:

"De igual modo, os direitos econômicos e sociais que se aplicam aos refugiados são os mesmos que se aplicam a outros indivíduos. Todos os refugiados devem ter acesso à assistência médica. Todos os refugiados adultos devem ter direito a trabalhar. Nenhuma criança refugiada deve ser privada de escolaridade" (ACNUR, 2002, online).

Isso garante aos refugiados maior proteção a sua dignidade humana para além dos fatos ocorridos antes de 1951 que a Convenção abordava, conservando, assim, para o referido protocolo um caráter próprio (BARICHELLO; ARAUJO, 2014, p. 63-76).

As perseguições citadas que por fim caracterizam o refúgio, impactam diretamente os Direitos Humanos, como direito à vida, à liberdade, à integridade física, à saúde, à educação, à liberdade de expressão. Por isso é tão importante a proteção para o refugiado que assegure seus direitos sociais, econômicos, políticos e civis.

Porém, os migrantes ambientais, citados nesse trabalho, não se enquadram nesse quadro de perseguição estabelecidos pelo refúgio, mesmo estando em situação de risco e consequentemente podendo cruzar fronteiras nacionais. Questiona-se, portanto, a posição da comunidade internacional frente a esses deslocados e a falta de proteção desses ante normativas de direito internacional.

REFÚGIO AMBIENTAL

Por não haver proteção efetiva ao deslocado ambiental, não há um termo oficial para refugiado ambiental (RAMOS, 2011, p. 74), porém como neste trabalho pretende-se demonstrar a necessidade da proteção concreta para com essa categoria, adota-se o termo como necessário. Mesmo essa categoria, podendo ser multicausal (admitindo a interação dos problemas ambientais com aspectos sociais e econômicos)[8], não anula o fato de precisarem de assistência, devido ao aumento das mudanças climáticas (que tem efeitos além das fronteiras nacionais, como será melhor estudado ao longo do trabalho), desastres e pressões ambientais (pobreza, fome, os impactos negativos do desenvolvimento e acidentes industriais) (RAMOS, 2011, p. 77). Sendo o refugiado ambiental, portanto, tendo definição, segundo Norman Myers como:

> *"Refugiados ambientais são pessoas que já não conseguem ter uma vida segura em sua terra natal por causa de fatores ambientais de âmbito incomum. Esses fatores incluem a seca, a desertificação, desmatamentos, erosão do solo e outras formas de degradação dos solos; déficits de recursos, tais como a escassez de água, o declínio dos habitats urbanos através da sobrecarga maciça dos sistemas de cidade, problemas emergentes, tais como as mudanças climáticas, especialmente o aquecimento global, e desastres naturais como ciclones, tempestades e inundações, terremotos, com impactos agravados pela má gestão humana. Pode haver fatores adicionais que exacerbam os problemas ambientais e que muitas vezes resultam, em parte, de problemas ambientais: o crescimento populacional, pobreza generalizada, fome e doença pandêmica. Ainda há outros fatores que incluem as políticas de desenvolvimento deficiente e sistemas de governo que marginalizam o povo em sentido econômico, político, social e jurídico. Em determinadas circunstâncias, um número de fatores pode servir de "gatilhos" imediatos da migração, por exemplo, grandes acidentes industriais e construção de grandes barragens. Desses fatores múltiplos, vários podem operar em conjunto, muitas vezes com impactos agravados. Diante dos problemas ambientais, pessoas envolvidas sentem que não tem alternativa senão a de buscar o sustento em outro lugar, dentro dos seus países ou em outros países, numa base semipermanente ou permanente" (MYERS; KENT, 1995 apud RAMOS, 2011, p. 79).*

Porém essa caracterização não é reconhecida internacionalmente pela Convenção de 51 e pelo Protocolo de 67 para o qualificar como refúgio, e no âmbito doméstico de cada Estado, também faltam normativas para tal fenômeno (JUBILUT et al., 2018, p. 73). Muitos, ainda, recusam-se a reconhecer tais acontecimentos – um exemplo é a situação de pessoas em Kiribati, um Estado insular[9] no Oceano Pacífico que vem sendo afetado pelo aumento do nível do mar, diminuição das áreas produtivas e contaminação da água, e devido a isso, moradores buscam

---

8   Nesse caso, leva-se em conta a vulnerabilidade ambiental dos migrantes, que seria o quanto esses estão suscetíveis a danos e sua capacidade de adaptação a danos ambientais, levando em conta que pode ser influenciada por fatores socioeconômicos e políticos. (JUBILUT, 2018, p. 94).

9   Estado insular corresponde a um país independente cujo território é uma ilha, um grupo de ilhas.

refúgio na Nova Zelândia. Neste sentido, muitos deles, não tem o seu pedido aceito por serem considerados como imigrantes ilegais, e não como refugiados, pela jurisprudência neozelandeza (SALIBA; VALLE, 2017, p. 13), e mesmo com o princípio do non-refoulement foram barrados do país[10]. Mostra-se evidente, portanto, a falta de atenção humanitária para a, cada vez mais comum, situação.

Felizmente, as definições evoluem com o tempo e espaço, por surgirem novos conceitos e pela necessidade de novas proteções (como acredita-se que deve ocorrer quanto ao refugiado ambiental) que se adequam a especificidades geográficas (SALIBA; VALLE, 2017). Mesmo não se tratando do refugiado ambiental, e se tratando de âmbitos regionais, a Declaração de Cartagena (1984) e a Convenção Relativa aos Aspectos Específicos dos Refugiados Africanos (1969) pela Organização da Unidade Africana (OUA)[11] trazem um molde para que se permita a ampliação do conceito de refúgio no âmbito internacional e, com essa, possa-se fazer efetiva a proteção do refugiado ambiental, dentro Direito Internacional dos Refugiados, com base na ordem pública e nos Direitos Humanos.

A Convenção tratada pela OUA – que agora é recordada pela União Africana[12] – complementa o estatuto do refúgio, considerando ações externas dentro de um país e outros distúrbios da ordem pública, segundo seu artigo I (2):

"O termo refugiado também deve ser aplicado a toda pessoa que, devido a agressão externa, ocupação, e dominação estrangeira ou eventos que perturbem seriamente a ordem pública, tanto na totalidade do Estado de nacionalidade como em uma dada região, é compelida a deixar seu local de residência habitual a fim de buscar refúgio em outro local fora de seu Estado de origem" (JUBILUT, 2007, p. 136 apud OUA, 1969, p. 3).

A Declaração de Cartagena feita anos mais tarde na América Latina, no bojo do Sistema Interamericano de Proteção dos Direitos Humanos, acrescenta diretamente os Direitos Humanos na proteção do refugiado, considerando como um dos aspectos passíveis de concessão do refúgio as violações dos Direitos Humanos:

---

10   Considera-se nesse caso que deveriam ser aceitos por serem refugiados ambientais e não considerados como imigrantes ilegais.

11   Que rege os aspectos específicos em relação aos refugiados na África.

12   Como pode ser visto na Convenção de Kampala da União Africana, tanto em seu preâmbulo quanto em seu Artigo 20 (UNIÃO AFRICANA, 2009).

"[...]considere também como refugiados as pessoas que tenham fugido dos seus países porque a sua vida, segurança ou liberdade tenham sido ameaçadas pela violência generalizada, a agressão estrangeira, os conflitos internos, a violação maciça dos direitos humanos ou outras circunstâncias que tenham perturbado gravemente a ordem pública" (DECLARAÇÃO DE CARTAGENA, 1984, p.3).

Mesmo esses conceitos sendo regionais (JUBILUT, 2007, p. 136), - pois não há uma uniformidade global – possuem uma amplitude e proteção maior do instituto do refúgio previsto no sistema universal, que melhor assegurariam a proteção do refugiado em todo o mundo. Por isso, a proteção da ordem pública e dos Direitos Humanos devem servir de característica universal, a partir da interpretação de tais documentos regionais, para a proteção do refugiado.

Para entender a premissa de que os refugiados devem ser protegidos pela égide dos Direitos Humanos[13] faz-se necessária a explicação do termo Direitos Humanos:

Tendo em vista o histórico da humanidade, essa, ao longo do tempo estabeleceu diante do Estado, direitos, princípios, valores para assegurar melhores condições de vida (JUBILUT, 2007, p. 51-64). Para isso, determina-se os direitos essenciais dos seres humanos. Tais direitos visam proteger a dignidade humana – condições essenciais mínimas para uma vida saudável, lembrando a consciência do próprio valor de cada indivíduo. Os Direitos Humanos positivam e internacionalizam essas garantias individuais, afirmando sua dignidade como pessoa – tanto na relação entre os indivíduos como na relação entre o Estado com o indivíduo –, protegendo, assim, uma série de direitos e liberdades (NAÇÕES UNIDAS, 1948), com base em que todas as pessoas são iguais, independente da sua língua, religião, cor, sexo, opinião política, cultura, de sua nacionalidade ou qualquer outra característica (NAÇÕES UNIDAS, 1948). Assim sendo, esses direitos são universais, indivisíveis, interdependentes e inter-relacionados (JUBILUT, 2007).

Os Direitos Humanos estão dispostos em três gerações. A primeira representa os direitos civis e políticos, procuram garantir os direitos pertencentes ao indivíduo em detrimento do poder absoluto do Estado (OLIVEIRA, 2010, p. 18).

A segunda geração se respalda na igualdade. São direitos que o Estado deve fornecer a todo o cidadão, como direito ao trabalho, à saúde e à educação (OLIVEIRA, 2010, p. 18-19).

---

13   Segundo o Direito Internacional.

A terceira geração traz direitos coletivos, com o ideal de fraternidade. Diz respeito ao direito à paz, ao meio-ambiente ecologicamente equilibrado, à comunicação, ao desenvolvimento, autodeterminação dos povos e outros direitos transindividuais que necessitam de ações coletivas (OLIVEIRA, 2010, p. 19-21).[14]

O meio ambiente ecologicamente equilibrado, tanto para as presentes, quanto para futuras gerações, representa um Direito Humano de terceira geração. Os danos e os desastres ambientais, naturais ou antropológicos desequilibram o meio ambiente, podendo prejudicar sociedades, no todo ou em parte, e consequente disrupção na vida nessa sociedade por escassez de recursos anteriormente utilizados para subsistência, provocando migrantes forçados, ferindo tanto sua dignidade quanto a ordem pública (JUBILUT et al., 2018, p. 168). Um exemplo dessa situação é o caso que ocorreu no Haiti, em que as vulnerabilidades que o país apresentava acarretaram maiores consequências do terremoto para a nação: levaram ao colapso das instituições estatais, e a impossibilidade de as autoridades garantirem as necessidades básicas a seus cidadãos, que foram forçados a deixar o país (SÁNCHEZ-MOJICA; 2020, p. 71-96). Além disso, ao cruzar a fronteira com o objetivo de melhores condições de vida, os haitianos enfrentaram discriminação, tráfico humano e crimes, ferindo ainda mais sua dignidade humana.

Esse exemplo está longe de ser uma exceção. Há diversos outros, como o do furacão Mitch que devastou a América Central e levou ao colapso de instituições dos países[15] e fez com que um milhão de pessoas saíssem de seus territórios temendo por suas vidas (SÁNCHEZ-MOJICA; 2020, p. 71-96). Entre outros exemplos, como os já citados no capítulo anterior.

---

14   Tanto os Direitos Humanos quanto o Refúgio são fontes do Direito Internacional – um sistema de regulamentação das relações externas e leis universais. O Direito Internacional se manifesta diante do Direito consuetudinário e, numa visão positivista moderna, dá-se pelo consentimento de regras e operações pelos Estados de acordo com seus costumes.

Podem também ser aplicados pelo princípio geral da lei (princípios gerais, em suma, são condutas referente às ações do cotidiano, voltado a razões morais que regem a sociedade). Quando vários Estados possuem leis nacionais com o mesmo objetivo geral, a lei internacional valida esses direitos, que os Estados já consentiram com a vinculação pois possuem leis no âmbito doméstico.

Jus cogens podem derivar tanto da lei consuetudinária quanto do princípio geral da lei, e representam leis já universais que estão acima de outras leis e, portanto, não podem ser sobrepostas (HATHAWAY 2005).

Nota-se que as duas fontes de Direito Internacional se correlacionam e tem por objetivo a proteção do ser humano, afim de manter a dignidade da pessoa, e ambos são fontes do Direito Internacional. Sendo assim, segundo Flávia Piovesan: "A proteção internacional dos refugiados se opera mediante uma estrutura de direitos individuais e responsabilidade estatal que deriva da mesma base filosófica que a proteção internacional dos direitos humanos. O Direito Internacional dos Direitos Humanos é a fonte dos princípios de proteção dos refugiados e ao mesmo tempo complementa tal proteção". (JUBILUT, 2007, p. 60 Cf. PIOVESAN, F. O direito de asilo e a proteção internacional dos refugiados. In: ARAÚJO; Almeida, 2001, p. 44-49).

15   Como El Salvador, Guatemala e Honduras e Nicarágua como os mais afetados.

A interferência humana na natureza leva ao agravamento de secas, inundações, ciclones tropicais, degelos[16] etc. Todos esses efeitos afetam desproporcionalmente os países mais pobres, pois possuem menos infraestrutura e meios de mitigar esses impactos, que muitas vezes são irreversíveis, assim como apresentam dificuldade em defender seus nacionais em meio a tais degradações (WESTRA, 2009, p. 5).

Os Estados, por falta de normativa específica, recusam-se a prover ajuda aos deslocados (WESTRA, 2009, p.5) por essas condições adversas, que são causadas por esses próprios, como é o caso da poluição, em que os Estados desenvolvidos e em desenvolvimento continuam poluindo e agravando os efeitos das mudanças climáticas, piorando as condições de vidas para diversas comunidades[17].

Por esses fatores, questionam-se os limites de atuação, poder e proteção de um Estado, sozinho, para determinar a questão dos refugiados ambientais, já que os deslocados forçados devido a causas ambientais não se restringem aos espaços geográficos de apenas um. Assim como, as definições muito restritas de refúgio feitas pela Convenção de 51 e Protocolo de 67 que são aceitos pela ACNUR e comunidade internacional. Segundo Bruno Biazatti e Luciana Pereira:

> *"[...] urge ao Direito Internacional Público resguardar e garantir a proteção dos indivíduos afetados por tais fenômenos, buscando encontrar, assim, solução durável – e não apenas paliativa e emergencial –, eventualmente prestada em tempo de crise humanitária e/ou catástrofes – à questão"*
> *(JUBILUT et al. 2018, p. 169).*

Logo, considerando eventos transfronteiriços podendo ser causados por vários países e o direito ao meio ambiente equilibrado como Direito Humano universal e fundamental – para além dos laços de nacionalidade –, e tendo em vista a responsabilidade coletiva sobre o impacto humano no meio ambiente, defende-se a aplicabilidade do refúgio ambiental resultando, consequentemente, na proteção do deslocado ambiental por meio do Direito Internacional, e assistência efetiva da ACNUR com uma solução durável e preventiva, respaldando-se nesses direitos e na manutenção da ordem pública.

---

16   Um exemplo é o degelo na Groenlândia em que as temperaturas elevadas – que costumavam ser por volta de 3,2 graus Celsius em junho, chegam a ser de 15°C nessa época do ano – estão derretendo os mantos de gelo da região e consequentemente aumentando o nível do mar (JUÁREZ, 2019).

17   Pode-se observar esse dado na pesquisa feita pelo Carbon Dioxide Information Analysis Center, disponível em reportagem do New York Times (FRIEDMAN; POPOVICH; FOUNTAIN, 2018).

MUDANÇAS CLIMÁTICAS

ASPECTOS GERAIS E MIGRATÓRIOS

A piora da situação das mudanças climáticas têm origens antropogênicas. Após a Revolução Industrial a emissão dos gases do efeito estufa (GEE) – sendo os principais o dióxido de carbono (CO_2), o metano e o óxido nitroso, com especial atenção ao dióxido de carbono – aumentaram significativamente devido ao aumento da queima de combustíveis fósseis (dos meios de transporte, das indústrias, fontes de energia etc). Pela análise de especialistas, a temperatura global está estimada a subir em 3ºC até o final do século – no momento, tem-se a elevação em 1ºC acima dos níveis pré-industriais. Essa previsão para o fim do século está acima do limite previsto, de 1,5ºC, para que se evite consequências mais severas em diversos âmbitos sociais (WORLD ECONOMIC FORUM, 2020).

Esse aumento exacerbado da temperatura leva a condições climáticas extremas, aumento do nível do mar pelo derretimento do gelo, aumento dos níveis de CO_2, dentre outras consequências. Isso faz com que se estabeleça, frontalmente, ameaças à saúde pública, à economia, podendo causar conflitos geopolíticos, ameaça à segurança, entre outros.

No âmbito da saúde, as mudanças climáticas causarão o sobrecarregamento dos sistemas de saúde, bem como o aumento de doenças transmitidas por vetores, pois o alcance geográfico aumentará pelas mudanças no ar e na água, podendo atingir lugares que antes não atingiam. Igualmente, há o risco do aumento de ocorrências de doenças infecciosas transmitidas pela má condição da água e dos alimentos. Também, o aumento da temperatura pode causar maior mortalidade pelas ondas de calor, assim como estresse mental e perda de capacidade produtiva, principalmente nas áreas mais expostas ao calor direto, como o setor da agricultura. A poluição também afeta a qualidade de vida e influencia diretamente na saúde dos indivíduos, danifica os pulmões, além de doenças como diabetes, leucemia infantil etc (SEDDON; CONTRERAS; ELLIOT, 2019).

A produção agrícola é, igualmente, afetada diretamente com as mudanças climáticas, já que é uma atividade altamente dependente de fatores climáticos. Mudança na severidade de eventos ambientais, aumento da temperatura, mudança na quantidade de dias com temperaturas extremas e na ocorrência de pragas, dificultam a produção de alimentos, comprometendo tanto a demanda global por mantimento – que tem aumentado cada vez mais –, como a produção para subsistência de comunidades, causando ainda mais inseguridade alimentar (WORLD ECONOMIC FORUM, 2020, p. 31). Inseguridade esta que já é grande em alguns países, como por exemplo em Uganda, onde já existe um programa das Nações Unidas para ajudar a região[18], mas com as mudanças climáticas a situação tende a piorar.

---

18   Como pode ser visto no vídeo: WORLD FOOD PROGRAMME. Empowering Smallholder Farmers to Reduce Post-Harvest Loss. 2017. Disponível em < https://www.youtube.com/watch?v=j7mNzlqtFm8&ab_channel=WorldFoodProgramme>.

A escassez de água já afeta um quarto da população mundial, e vai piorar se não houver a mitigação das mudanças climáticas – que deixa a água como um recurso cada vez menos disponível (WORLD ECONOMIC FORUM, 2020, p. 31), afetando consequentemente a qualidade de vida das pessoas. A escassez de água também pode ocasionar conflitos, inclusive, segundo a ONU, a água foi um motivo de disputa em 45 países em 2017 (WORLD ECONOMIC FORUM, 2020) Um exemplo, é de estudo recente que demonstra que a seca serviu como um fator de influência na culminação da guerra civil na Síria (GLEICK, 2014).

O derretimento dos mantos de gelos e geleiras causarão mais ainda danos geográficos, pois muitas regiões costeiras inundarão pelo aumento do nível do mar. O descongelamento da permafrost (solo encontrado na região do Ártico que armazena uma grande quantidade de carbono, além de bactérias e vírus (AFP, 2019)), causado pelo aquecimento, pode liberar quantidades enormes de carbono, proporcionando danos colossais.

Os conflitos geopolíticos serão exacerbados pela busca de recursos, como no Ártico[19], pois, com o gelo derretido, abrem-se oportunidades para extração de recursos na região, tal qual, combustíveis fósseis, minérios e até mesmo para a pesca, acirrando, em futuro próximo, mais disputas pela região. O degelo e o aumento do nível do mar também proporcionarão novas rotas marítimas – as rotas, também no Ártico, que podem ligar o Extremo Oriente à Europa são um exemplo: pode haver maior fluxo de navios nessa região, por causa da redução das calotas polares que antes dificultavam o tráfego marítimo, tirando-se em parte o fluxo marítimo do canal de Suez (ALENCASTRO, 2019) – o que pode provocar atritos para utilização das mesmas (WORLD ECONOMIC FORUM, 2020).

As perdas econômicas devido ao estresse ambiental também são notórias. Os custos de desastres sentidos pelas grandes economias, entre 1998 à 2017, são de aproximadamente US$ 2.9 bilhões, dos quais, desastres relacionados ao clima representam 77% desse total – embora o custo econômico dos países atingidos pelos desastres seja maior nas economias mais desenvolvidas, o custo não econômico, de exposição e de mortes, é sentido mais por países com economias menores. Em 2018, os danos por conta dos desastres ambientais, no geral, foram de US$ 165 bilhões (WORLD ECONOMIC FORUM, 2020, p. 31).

Empresas têm calculado o custo econômico das mudanças climáticas, e mais de duzentos grandes negócios sugerem que este será, combinado, de US$ 970 bilhões de custos extras devido às altas de temperaturas, clima imprevisível, taxação do carbono e descarbonização – empresas como Apple, Microsoft, Sony, Nestlé, Unilever e até as empresas do setor petroleiro, como a Shell, tem se preocupado com as adversidades que as mudanças climáticas podem causar, ainda que continuem a fazer pouco para a mitigação da situação (GREEN, 2019).

Todos esses danos causados pela alteração climática, inegavelmente, influenciam na decisão das pessoas em migrarem. A insegurança alimentar, danos à saúde, inundações, seca, prejuízo na agricultura, e danos diretos de desastres podem motivar a migração pelos riscos que trazem e por prejudicarem as condições de vida das pessoas,

---

19   Região que já representa ponto de estratégia e, portanto, desperta interesse em diversas potências, como os Estados Unidos, Rússia, China, Japão, Singapura, Coréia do Sul e países Europeus. Consequentemente, o degelo pode acirrar disputas pela região (LANTEIGNE, 2019).

seus cotidianos, sua capacidade de sobrevivência, bem como afetarem a capacidade da proteção do Estado em lhes garantirem devida proteção contra tais situações. Portanto, essas condições são capazes de ferir a dignidade humana, o direito à vida, à alimentação, à uma moradia digna, à água potável, bem como alteram a ordem pública de uma região pela dificuldade que países mais vulneráveis têm de reagir a essa crise.

De 2008 a 2016, mais de 20 milhões de pessoas já foram forçadas a migrar por causa dos motivos previamente citados, como desastres naturais e altas temperaturas (WORLD ECONOMIC FORUM, 2020, p. 31). Essa situação tende a piorar, pois muitos terão que escolher entre a fome, por conta da inseguridade alimentar, a falta de saúde, devido a doenças e falta de atendimento médico, a falta de condições dignas de trabalho, ou a migração (OHCHR, 2019).

Os países mais pobres, como citado, são afetados em maior escala por essas adversidades climáticas. Segundo Philip Alston, relator especial da ONU sobre extrema pobreza e direitos humanos: "Perversely, while people in poverty are responsible for just a fraction of global emissions, they will bear the brunt of climate change, and have the least capacity to protect themselves" (OHCHR, 2019, online). Para o relator tem-se o risco de criar um apartheid climático, onde quem pode pagar sentirá menos os efeitos que foram previamente expostos nesse trabalho (OHCHR, 2019) – nesse sentido, pode-se pensar em um mercado de seguros para desastres ambientais. Ele segue: "Even if current targets are met, tens of millions will be impoverished, leading to widespread displacement and hunger" (OHCHR, 2019, online).

Essas metas, citadas pelo relator, foram uma alternativa encontrada pela sociedade internacional para a alteração do cenário e são representadas e estabelecidas por países no Acordo de Paris – tratado para redução do aquecimento global, prevendo o compromisso dos Estados com a redução da emissão de GEE, visando limitar o aumento da temperatura a 1,5ºC. Neste documento, com os países desenvolvidos tomando a dianteira – sendo os primeiros a reduzir a emissão de gases e auxiliando os países em desenvolvimento com transferência de tecnologia, financiamento e estratégia para adaptação e mitigação – busca um desenvolvimento sustentável, pensando as questões econômicas juntamente com o objetivo de manter maior integridade ambiental (UNFCC, 2015).

Porém, mesmo com o tratado, Alston ainda ressalta sobre as perdas de desenvolvimento: "Climate change threatens to undo the last 50 years of progress in development, global health, and poverty reduction" (OHCHR, 2019, online). As externalidades desses efeitos também não são pagas pelas empresas que poluem – 20 grandes empresas, de petróleo, gás natural e carvão foram motivadoras de 35% da emissão de dióxido de carbono no planeta de 1965 a 2017 (ROMANO, 2019) –, mas são suportadas pelo setor público, pelos próprios indivíduos e por países com menos condições de adaptação, mesmo, esses, tendo sido responsáveis por mínima poluição do meio ambiente ao longo dos anos.

Alguns desses países, que tendem ser mais afetados, justamente por terem menos capacidade de adaptação e dependerem mais de recursos naturais, como as Filipinas, na Ásia, que discorre sobre a situação:

"Climate change is a very emotional subject for the Philippines because the issue is viewed not only as causing additional economic burdens, but as a critical factor that would determine its survival as a nation. Many of its people are in coastal areas and at risk from the impacts of extreme climatic events, sea level rise and degradation of marine ecosystems. The effects of climate change on agriculture, forestry and water resources will further encumber a country already reeling from a host of socio-economic and environmental problems. (Philippines 1999)" (WORLD ECONOMIC FORUM, 2009, p.5).

Na América Central os efeitos também são sentidos em larga escala. Em relação a Nicarágua, ressalta-se:

"Recent catastrophes ... have shown that the poor are much more likely to be adversely affected than the non-poor. Because of the inadequate construction, poor people's dwellings are particularly vulnerable; and when affected have insufficient savings to address the emergencies. (Nicaragua 2001)" (WORLD ECONOMIC FORUM, 2009, p.5).

Apesar de tudo, os Estados, no geral, estão falhando, em um cenário global, em fornecerem orientação ou política eficaz para a redução da emissão de GEE – ao menos, não o necessário para conter o aquecimento previsto ao final do século citado no início do capítulo. Tanto é verdade que na Cúpula do Clima realizada, em 22 e 23 de março de 2021, constatou-se que diversos países, como os Estados Unidos, Brasil, Canadá, Austrália, entre outros, estão falhando em alcançar seus objetivos em relação à redução da emissão de carbono, com base nisso, pensando na reparação histórica em relação a tais emissões, anunciaram novas metas mais ambiciosas para alcançarem a redução das emissões.

Conclui-se, portanto, que se faz necessária a proteção – por meio do Direito Internacional – dos já afetados por essas condições, como os migrantes citados ao longo desse trabalho, que tiveram as suas condições de vida deterioradas devido às adversidades climáticas. Observa-se que nesse caso em específico a adoção do refúgio ambiental é uma solução eficaz e condizente, como apresentado neste trabalho. Outro ponto alternativo apto a reverter tal quadro seria a amplitude consolidatória maior do desenvolvimento sustentável – por meio de políticas públicas fiscais e econômicas verdes, como formas de incentivar a produção de produtos e serviços sem causar danos a outros membros da sociedade, evitando degradação ambiental e condições de trabalho precárias. Assim como, atender e colocar em prática a cooperação internacional proposta no Acordo de Paris, para que os Estados consigam atingir as metas de redução de emissão de GEE.

CONSIDERAÇÕES FINAIS

A partir do exposto, pode-se inicialmente concluir que, embora muitas pessoas migrem por diversas causas, com a gradual degradação do meio ambiente, mais essas passam a se deslocar por conta dos fatores ambientais.

Observa-se que dentro do quadro das mudanças climáticas, muitos eventos climáticos extremos e desastres naturais têm cada vez mais afetado a diversas regiões do mundo, causando migrações forçadas, já que as pessoas que são afetadas, muitas vezes, não possuem escolha, que não seja migrar.

Apesar dessa situação atingir diversas variáveis da sociedade internacional como um todo, e principalmente nos países que recebem tal fluxo migratório – como a segurança internacional, a ameaça à paz, ameaça aos direitos humanos, danos à economia –, os Estados estão fazendo poucos esforços, até então, para mitigar as situações: o desenvolvimento sustentável é colocado de lado, assim como os direitos humanos dos deslocados ambientais.

Em relação aos migrantes ambientais, mesmo, com os expostos acima, constata-se que esses não se enquadram no conceito de Refúgio estabelecido pela Convenção Relativa ao Estatuto dos Refugiados (1951) e pelo Protocolo de 67 Relativo ao Estatuto dos Refugiados (1967), pois considera-se que as causas ambientais não se enquadram como uma das passíveis de serem configuradas como refúgio, visto não serem estas pessoas perseguidas.

Porém, conclui-se, a partir das informações apresentadas neste trabalho, que tais migrantes (que não são refugiados, frise-se), têm suas vidas colocadas em risco. Constata-se, além disso, que o direito ao meio ambiente ecologicamente equilibrado é um direito humano, e sendo o conceito de refugio atrelado aos direitos humanos, a efetivação de uma proteção mais robusta, tal qual aquela atrelada ao refugio, para o deslocado ambiental, se faz necessária.

Ao procurar alternativas que pudessem respaldar o deslocado ambiental para efetivar a sua proteção, verifica-se que nos âmbitos regionais – com a Declaração de Cartagena (1984) e a Convenção Relativa aos Aspectos Específicos dos Refugiados Africanos (1969) – embora não tratem especificamente do deslocado ambiental, possuem a classificação do refugiado de forma mais ampla e mais assertiva, e que, em termos globais, o Direito Internacional e o Direito Internacional dos Refugiados podem tomar como base para efetiva proteção do deslocado ambiental, admitindo então que a causa climática e os desastres naturais são uma ameaça à ordem pública e aos direitos humanos.

Como alternativa, também, para uma condução de políticas públicas nacionais fortes e uma inclusão maior em geopolíticas internacionais, pode-se colocar em prática a ideia de Biermann e Boas, que sugerem a criação de um regime de proteção dos deslocados ambientais suis generis, baseados em cinco princípios que atendem o reconhecimento, a proteção e reassentamento dos mesmos:

1. Planejado reassentamento e realocação dos afetados pelas mudanças climáticas. As mudanças climáticas, segundo os autores, possuem efeitos singulares – como tempestades, secas e inundações -, mas como certos lugares possuem mais vulnerabilidade e menos capacidade de adaptação, pode-se prever a frequência e a magnitude que

vão impactar os países e suas regiões e, assim, fazer uma realocação planejada, voluntária e organizada das pessoas que irão ser afetadas. Portanto, esse princípio baseia-se que é melhor uma prevenção planejada previamente para atender às necessidades dos aqui chamados de refugiados ambientais, do que apenas reagir quando esses já tenham sido afetado pelas adversidades climáticas (BIERMANN; BOAS, 2010, p. 60-68).

2. Princípio do reassentamento ao invés do asilo temporário. Já que, muitas pessoas – principalmente, as vítimas da elevação do mar e das secas – não poderão retornar para a região onde viviam, é necessário que sejam amparadas por um instituto legal como imigrantes permanentes para que sejam acolhidas por um outro país (BIERMANN; BOAS, 2010, p. 60-68).

3. O direito coletivo para populações locais: a Convenção de 51 parte de uma premissa individualista, porém, no caso da aplicação de um regime de refugiados ambientais, precisa-se partir de uma premissa coletiva, pois afeta não apenas um único indivíduo, mas comunidades, cidades, regiões e pequenos Estados insulares (BIERMANN; BOAS, 2010, p. 60-68).

4. A assistência internacional para medidas domésticas. Já que, muitas vezes, apenas parte do país é mais afetado pelas mudanças climáticas – como por exemplo, no âmbito rural e nas áreas costeiras –, a população tende a migrar dentro do país. A ajuda internacional para o suporte das agências domésticas que ajudam esses deslocados dentro do país se faz necessária (BIERMANN; BOAS, 2010, p. 60-68).

5. O último princípio repousa na ideia do compartilhamento de encargos no âmbito internacional. Neste, os autores discorrem que os países industrializados são os principais causadores do agravamento das mudanças climáticas e, por isso, têm responsabilidade moral sobre as pessoas afetadas. Portanto, esses países teriam que auxiliar mais em relação ao refugiado ambiental (BIERMANN; BOAS, 2010, p. 60-68).

Para regular esses princípios, sugerem adicionar um Protocolo de Proteção e Reassentamento para Refugiados Ambientais dentro da Convenção-Quadro das Nações Unidas para Mudanças Climáticas (1992), já que, dentro daquela, poderia se ter o suporte também dos países que já ratificaram a Convenção – como por exemplo, por intermédio de um comitê executivo para analisar e dar suporte, com financiamento, programa de reassentamento voluntário, etc (BIERMANN; BOAS, 2010, p. 60-68).

Ainda observa-se ser indispensável uma ação preventiva para mitigar as mudanças climáticas, consistindo em efetivar nos Estados um desenvolvimento mais sustentável e uma cooperação internacional adequada, respeitando os termos acordados no Acordo de Paris, levando em consideração que a degradação ambiental já afeta diversas pessoas e irá, inegavelmente, afetar as próximas gerações.

Considerando, portanto, os conceitos expostos e analisados no presente trabalho, é possível afirmar que, caso estes fossem aplicados, os deslocados ambientais teriam melhor garantia de seus direitos humanos.

REFERÊNCIAS

_____. Convenção Relativa ao Estatuto dos Refugiados (1951). Disponível em: < https://www.acnur.org/fileadmin/Documentos/portugues/BDL/Convencao_relativa_ao_Estatuto_dos_Refugiados.pdf>. Acesso em: 10 de janeiro, 2021.

_____. Manual de Procedimentos e Critérios para a Determinação da Condição de Refugiado: de acordo com a Convenção de 1951 e o Protocolo de 1967 relativos ao Estatuto dos Refugiados. Genebra, 2011. Disponível em: <https://www.acnur.org/fileadmin/Documentos/portugues/Publicacoes/2013/Manual_de_procedimentos_e_criterios_para_a_determinacao_da_condicao_de_refugiado.pdf>. Acesso em: 09 de fevereiro, 2021.

_____. Quais são os Direitos de um Refugiado? 2002. Disponível em: < https://www.acnur.org/portugues/dados-sobre-refugio/perguntas-e-respostas/#direitos>. Acesso em: 25 de janeiro, 2021.

AFP. Degelo do Permafrost: uma caixa de Pandora para o clima e a saúde. Estado de Minas Internacional, Minas Gerais, 2019. Disponível em: < https://www.em.com.br/app/noticia/internacional/2019/08/29/interna_internacional,1080937/degelo-do-permafrost-uma-caixa-de-pandora-para-o-clima-e-a-saude.shtml>. Acesso em: 21 de março, 2021.

ALENCASTRO, L. Com o Degelo do Polo Norte, Rotas Marítimas são Intensificadas no Ártico. UOL, 2019. Disponível em: < https://noticias.uol.com.br/blogs-e-colunas/coluna/luiz-felipe-alencastro/2019/03/17/com-o-degelo-do-polo-norte-rotas-maritimas-sao-intensificadas-no-artico.htm>. Acesso em: 10 de abril, 2021.

ANGÉLICO, Gabriela G., BOKER, José G. Direitos Humanos, Políticas Públicas e o Problema da Inclusão de Populações Deslocadas. Revista Interdisciplinar de Direitos Humanos, Bauru, v.5, n.1, p. 57-76, jan./jun., 2017.

ARAÚJO, N., ALMEIDA, G. O Direito Internacional dos Refugiados: uma perspectiva brasileira. Renovar, Rio de Janeiro, 2001.

BANGALORE, M., SMITH, A., VELDKAMP, T. Exposure to Floods, Climate Change and Poverty in Vietanam. EconDisCliCha 3, 79-99 (2019). Disponível em: <https://doi.org/10.1007/s41885-018-0035-4>. Acesso em: 10 de dezembro, 2020.

BARICHELLO, S; ARAUJO, L. Aspectos Históricos da Evolução do Reconhecimento Internacional do Status de Refugiado. Universitas Relações Internacionais, Brasília, v. 12, n. 2, p. 63-76, jul/dez. 2014.

BIERMANN, F., BOAS, I. Preparing for a Warmer World: Towards a Global Governance System to Protect Climate Refugees. Global Environmental Politics, Vol. 10, 2010. pp. 60-68.

BRASIL. Ministério da Justiça e da Segurança Pública. Entenda a Diferença entre refúgio e asilo. 2016. Disponível em: < https://www.justica.gov.br/news/entenda-as-diferencas-entre-refugio-e-asilo>. Acesso em: 20 de janeiro, 2021.

CAMPBELL, J., BEDFORD, R. MIGRATION AND CLIMATE CHANGE IN OCEANIA. 2014. Disponível em: < https://www.researchgate.net/publication/289845818_Migration_and_Climate_Change_in_Oceania>. Acesso em: 12 de dezembro, 2020.

CANTOR, D. Cross-Border Displacement, Climate Change and Disasters: Latin America and the Caribbean. UNHCR, London, 2018. Disponível em: <https://www.unhcr.org/protection/environment/5d4a7b737/cross-border-displacement-climate-change-disasters-latin-america-caribbean.html>. Acesso em: 12 de dezembro, 2020.

CASTLES, Stephen; HAAS, Hein; MILLER, Mark J. The Age of Migration: international population movements in the modern World. 5. ed. Great Britain: Palgrave Macmillan, 2013.

COUNCIL ON HEMISFERIC AFFAIRS. Climate Migration In Latin America: A future 'flood of refugees' to the North? COHA, 2010. Disponível em: <https://www.coha.org/climate-migration-in-latin-america-part-1/>. Acesso em: 12 de dezembro, 2020.

DECLARAÇÃO DE CARTAGENA. 1984. Disponível em: <https://www.acnur.org/fileadmin/Documentos/portugues/BD_Legal/Instrumentos_Internacionais/Declaracao_de_Cartagena.pdf>. Acesso em: 06 de março, 2021.

FIDDIAN-QASMIYEH, E. Et. Al. The Oxford Handbook of Refugee and Forced Migration Studies. Oxford Handbooks Online, Oxford, 2014. Disponível em: < https://more.ufsc.br/relatorio_tecnico/inserir_relatorio_tecnico>. Acesso em: 10 de janeiro, 2021.

FRIEDMAN, L., POPOVICH, N., FOUNTAIN. H. Who's the Most Responsible for Global Warming? THE NEW YORK TIMES, 2018. Disponível em: < https://www.nytimes.com/2018/04/26/climate/countries-responsible-global-warming.html>. Acesso em: 07 de março, 2021.

GLEICK, P. Water, Drought, Climate Change, and Conflict in Syria. American Meteorological Society, 2014.

GREEN, M. World's Biggest firms foresee $1 trillion climate cost hit. Reuters, London, 2019. Disponível em: <https://www.reuters.com/article/us-climate-change-companies-disclosure/worlds-biggest-firms-foresee-1-trillion-climate-cost-hit-idUSKCN1T50CF>. Acesso em: 24 de março, 2021.

HATHAWAY. The Rights of Refugees Under International Law. Cambridge University Press, publicado nos Estados Unidos da América, Nova Iorque, 2005.

IANNI, O. Teoria da Globalização. 9ª ed. Rio de Janeiro: Civilização Brasileira, 2001.

IOM. Glossário sobre Migração. Nº 22.

___. Who is a migrant? Disponível em: <https://www.iom.int/who-is-a-migrant>. Acesso em: 07 de setembro de 2020.

___. World Migration Report 2020. 2020. Disponível em: <https:publications.iom.int/system/files/pdf/wmr_2020.pdf>. Acesso em: 19 de out. de 2020.

IONESCO, D., MOKHNACHEVA, D., GEMENNE, F. The Atlas of Environmental Migration. Routledge, London e Nova York, 2017.

JUÁREZ, B. O Drama do Degelo da Groenlândia em uma só foto. EL PAÍS, 2019. Disponível em: < https://brasil.elpais.com/brasil/2019/06/18/ciencia/1560863265_359643.html>. Acesso em: 10 de março, 2021.

JUBILUT, L. 2007 apud OUA. Convenção Relativa aos Aspectos Específicos dos Refugiados Africanos. 1969. Disponível em: < https://www.fafich.ufmg.br/~luarnaut/convencao_oua.pdf>. Acesso em: 06 de março, 2021.

JUBILUT, L. O Direito Internacional dos Refugiados e sua Aplicação no Ordenamento Jurídico Brasileiro. Editora Método, São Paulo, 2007.

JUBILUT, L. O Procedimento de Concessão de Refúgio no Brasil. Disponível em: < https://www.justica.gov.br/central-de-conteudo_legado1/estrangeiros/o-procedimento-refugio-no-brasil.pdf>. Acesso em: 09 de fevereiro, 2021.

JUBILUT, L., Et. Al. Refugiados Ambientais. EDUFRR, Boa Vista, 2018.

JUBILUT, Lyra Liliana L. APOLINÁRIO, Silvia M. O. S. A Necessidade de Proteção Internacional no mbito da Migração. Revista Direito GV vol. 6, no. 1, São Paulo, jan/jun., 2010. Disponível em: <https://www.scielo.br/pdf/rdgv/v6n1/13.pdf>. Acesso em: 26 de set. 2020.

LANTEIGNE, L. The Changing Shape of Arctic Security. NATO, 2019. Disponível em: < https://www.nato.int/docu/review/articles/2019/06/28/the-changing-shape-of-arctic-security/index.html>. Acesso em: 26 de março, 2021.

MARTINS, A. A Surpreendente Causa de Centenas de Mortes após Acidente Nuclear de Fukushima. BBC News Mundo, 2019. Disponível em: < https://www.bbc.com/portuguese/internacional-50494512#:~:text=O%20acidente%20nuclear%20de%20Fukushima,na%20costa%20nordeste%20do%20pa%C3%ADs.>. Acesso em: 10 de dezembro, 2020.

MENJÍVAR, C., RUIZ. M., IMMANUEL, N. The Oxford Handbook of Migration Crises. Oxford University Press, United States of América, 2018. pp. 331-346.

MIGRATION DATA PORTAL. About the Migration Data Portal. 2021. Disponível em: <https://migrationdataportal.org/video/about-migration-data-portal>. Acesso em: 10 de dezembro, 2020.

MYERS, Norman; KENT, Jennifer. Environmental Exodus: An Emergent Crisis in the Global Arena. Washington DC: Climate Institute, 1995.

Declaração Universal dos Direitos Humanos. 1948. Disponível em: <https://www.unicef.org/brazil/declaracao-universal-dos-direitos-humanos>. Acesso em: 20 de janeiro, 2021.

Convenção Relativa ao Estatuto dos Refugiados. Disponível em: < https://www.acnur.org/fileadmin/Documentos/portugues/BDL/Convencao_relativa_ao_Estatuto_dos_Refugiados.pdf>. Acesso em: 24 de fevereiro, 2021.

NEWLAND, K. The Governance of International Migration: mechanisms, processes and institutions. GLOBAL COMMISSION ON INTERNATIONAL MIGRATION (September 2005). Disponível: <https://www.peacepalacelibrary.nl/ebooks/files/GCIM_TS208b.pdf>. Acesso em: 27 de set. 2020.

OHCHR. UN Expert   Condemns Failure to Address Impact of Climate Change on Poverty. Genebra, 2019. Disponível em: <https://www.ohchr.org/EN/NewsEvents/Pages/DisplayNews.aspx?NewsID=24735>. Acesso em 27 de março, 2021.

OLIVEIRA, S. A Teoria Geracional dos Direitos do Homem. Theoria – Revista Eletrônica de Filosofia. 2010. Disponível em: <https://www.theoria.com.br/edicao0310/a_teoria_geracional_dos_direitos_do_homem.pdf>. Acesso em: 06 de março, 2021.

ONU. Protocolo de 1967 Relativo ao Estatuto dos Refugiados. Disponível em: < https://www.acnur.org/fileadmin/Documentos/portugues/BDL/Protocolo_de_1967_Relativo_ao_Estatuto_dos_Refugiados.pdf>. Acesso em: 20 de janeiro, 2021.

PATARRA, Neide L. Migrações Internacionais: teorias, políticas e movimentos sociais. Estudos Avançados, vol. 20, no.57, São Paulo mai/aug., 2006.

RAMA, O. Climate Change and Displacement. UNHCR Phillipines, 2016. Disponível em: <https://www.unhcr.org/ph/11069-climate-change-displacement.html>. Acesso em: 10 de dezembro, 2020.

RAMOS, E. Refugiados Ambientais: Em busca de reconhecimento pelo direito internacional. 2011. 150 f. Tese (Doutorado) – UNIVERSIDADE DE SÃO PAULO, FACULDADE DE DIREITO, São Paulo, 2011.

ROMANO, G. Petrobras Está na Lista das Vinte Empresas Mais Poluidoras do Mundo. VEJA, 2019. Disponível em: <https://veja.abril.com.br/brasil/petrobras-esta-na-lista-das-vinte-empresas-mais-poluidoras-do-mundo/>. Acesso em 28 de março, 2021.

SALIBA, A., VALLE, M. A Proteção Internacional dos Migrantes Ambientais. RIL Brasília, a. 54, n. 213 jan./mar. 2017. pp. 13-37. Disponível em: < https://www12.senado.leg.br/ril/edicoes/54/213/ril_v54_n213_p13.pdf>. Acesso em 06 de março, 2021.

SÁNCHEZ-MOJICA, B. Refugiados Ambientale: una propuesta de protección a los desplazados trasnacionales por motivos ambientales en América Latina. Latin American Law Review, no. 5 (2020): 71-96. Disponível em: <https://doi.org/10.29263/lar05.2020.04>. Acesso em: 07 de março, 2021.

SEDDON, J., CONTRERAS, S., ELLIOT, B. 5 Impactos Pouco Conhecidos da Poluição do Ar. WRI Insights, 2019. Disponível em: < https://wribrasil.org.br/pt/blog/2019/06/5-impactos-pouco-conhecidos-da-poluicao-do-ar-atmosferica#:~:text=A%20polui%C3%A7%C3%A3o%20atmosf%C3%A9rica%20afeta%20quase,de%20fertilidade%20e%20leucemia%20infantil.> Acesso em: 10 de abril. 2021.

TORELLI, S. Climate-Driven Migration in Africa. ECFR, 2017. Disponível em: < https://ecfr.eu/article/commentary_climate_driven_migration_in_africa/>. Acesso em 12 de dezembro, 2020.

TRAIANO, H. Refugiados Climáticos Aumentam Caravanas da América Central aos EUA. Revista Época, 2019. Disponível em: <https://epoca.globo.com/refugiados-climaticos-aumentam-caravanas-da-america-central-aos-eua-23620383>. Acesso em: 12 de dezembro, 2020.

UNFCC. United Nations Framework Convention on Climate Change Convenção. 21º Conference of the Parties. Acordo de Paris. 2015.

UNHCR. Refugee Status Determination. Disponível em: <https://www.unhcr.org/refugee-status-determination. html>. 2021. Acesso em: 11 de fevereiro, 2021.

UNIÃO AFRICANA. Convenção da União Africana sobre a Proteção e Assistência as Pessoas Deslocadas Internamente em África (Convenção de Kampala). 2009. Disponível em: <https://www.acnur.org/fileadmin/ Documentos/portugues/BD_Legal/Instrumentos_Internacionais/convencao_de_kampala.pdf?view=1>. Acesso em: 10 de março, 2021.

Framework Convention on Climate Change. Disponível em: <https://unfccc.int/resource/docs/2010/cop16/ eng/07a01.pdf>. Acesso em: 09 de dezembro, 2020.

Introdution to Green Economy. Disponível em: <https://uncclearn.org/course/view. php?id=51&page=overview>. Acesso em: 21 de fevereiro, 2021.

WESTRA, L. Environmental Justice and the Rights of Ecological Refugees. EARTHSCAN, London, 2009.

WOOD, T. The Role of Free Movement of Persons Agreements In Addressing Disaster Displacement: A study of Africa. Plataform on Disaster Displacement, 2019.

WORLD ECONOMIC FORUM (Org.). Poverty and Climate Change: reducing the vulnerability of the poor through adaptation. 2009.

WORLD ECONOMIC FORUM. The Global Risks Report 2020. Insight Report, 15th edition, 2020.

WORLD FOOD PROGRAMME. Empowering Smallholder Farmers to Reduce Post-Harvest Loss. 2017. Disponível em < https://www.youtube.com/watch?v=j7mNzlqtFm8&ab_channel=WorldFoodProgramme>. Acesso em: 25 de março, 2021.

A ECOPOLÍTICA E O AGRONEGÓCIO: ANÁLISE LATINO-AMERICANA DOS IMPACTOS AMBIENTAIS CAUSADOS PELA AGROPECUÁRIA

Autora:

Letícia Tanchella Niehues[1]

RESUMO

O agronegócio, ao mesmo tempo que é o principal modelo econômico da América Latina, é o setor que mais instiga o desmatamento, acarretando a perda de biodiversidade da região. Desta forma, o objetivo central deste artigo é analisar a dependência econômica dos países latino-americanos em seus produtos primários e o crescente desmatamento acarretado pelo agronegócio nos últimos anos, assim como a posição dos países frente à consolidação da ecopolítica. Após a contextualização inicial do surgimento da ecopolítica na esfera internacional e seu desenvolvimento na América Latina, com um recorte principal da Bolívia, Brasil e Equador, tem-se uma análise a respeito do papel do agronegócio nesses países. Através de um exame mais específico da sojicultura, busca-se evidenciar seus impactos e influência na esfera socioambiental, demonstrando o papel protagonista do agronegócio no crescente índice de desmatamento da América Latina, assim como sua contribuição para estancar o desenvolvimento latino-americano.

Palavras-chave: América Latina; Ecopolítica; Agronegócio; Proteção

---

1   Mestranda em Política Mundial e Relações Internacionais (World Politics and International Relations) pela Università degli Studi di Pavia, Itália. Bacharel em Relações Internacionais pelo Centro Universitário Curitiba.

AMBIENTAL ABSTRACT

While agribusiness is the primary economic model in Latin America, it is the area that most incites deforestation, causing the loss of the region's biodiversity. Therefore, this study aims to analyze Latin America's economic dependence on its primary products, the deforestation increase due to agribusiness' activities, and the position of Latin American countries in developing their ecopolitics. Upon the initial approach on the emergence of ecopolitics in the international sphere and its development in Latin America, focusing on Bolivia, Brazil, and Ecuador, the agribusiness sector in those countries is also analyzed. Through an analysis of the soybean production, this study aims to evaluate its connection with socio-environmental impacts. Therefore, it concludes that agribusiness is the primary source of the increasing deforestation rates and an obstacle to Latin America's development.

Key words: Latin America; Ecopolitics; Agribusiness; Environmental Protection

INTRODUÇÃO

A ecopolítica surgiu em um cenário em que a população começou a notar que estava sendo impactada devido à alta degradação ambiental, principalmente no pós-Primeira Guerra Mundial. Dessa forma, os debates acerca da proteção do meio ambiente começaram a surgir como um meio de solucionar os problemas que as populações começavam a enfrentar. Com o objetivo de prezar pela qualidade de vida humana, o modelo de produção e consumo da época começa a ser questionado devido aos impactos ambientais que carrega consigo.

A América Latina é considerada um grande polo produtor e exportador de commodities agrícolas, atraindo grandes empresas multinacionais que buscam comercializar seus produtos, tendo em vista a alta fertilidade dos solos e seu vasto território. Entretanto, apesar do agronegócio ter um destaque na economia dos países da região, também é apontado como a principal causa do desmatamento e perda da biodiversidade.

Nos últimos anos, os índices de desmatamento na América Latina seguem aumentando, sendo liderados pela crescente expansão da fronteira agropecuária, que busca maximizar seus lucros, independente da proteção ambiental. Com o apoio dos governos, que baseiam a economia de seus países na produção de insumos primários, principalmente voltados à exportação, o agronegócio tende a ter bandeira branca para seguir com o desmatamento. Com a agenda da proteção ambiental cada vez mais presente nos debates internacionais, esta começou a ser levantada na América Latina principalmente com os movimentos indígenas e dos seringueiros, que têm seus territórios e recursos naturais como meio de subsistência. Porém, historicamente, são esses mesmos povos que vêm lutando contra aqueles que buscam tomar suas terras, sobretudo grandes fazendeiros. Apesar do agronegócio ter se inserido como destaque econômico a partir do século XXI, é visto como uma prática que estrangula o desenvolvimento latino-americano, além de destruir a natureza em prol de terras agricultáveis e pastagem.

A partir deste cenário, será abordada a relação entre os países da América Latina com o agronegócio, assim como os impactos socioambientais que esta atividade traz à tona. Tem-se como principal objetivo evidenciar que a dependência econômica dos países em seu setor primário coloca em risco a rica biodiversidade latino-americana. Como consequência, essa relação afeta diretamente a qualidade de vida dos povos e o equilíbrio ecológico em prol de um retorno econômico imediato.

Além de ser insustentável a longo prazo, este método corrobora para a manutenção da dependência dos países Sul aos países Norte, tendo em vista que os primeiros se inserem no mercado internacional para suprir a demanda de commodities do mercado externo. Esta dinâmica cria uma falsa noção de desenvolvimento, a qual perdura somente a curto prazo.

Para embasar este estudo, faz-se uso do método de pesquisa qualitativa e exploratória, tendo como base a análise do histórico da ecopolítica e seu processo de inserção na América Latina. Assim, contextualiza-se o papel exercido pelo agronegócio nos tempos atuais e os impactos que acarreta. Parte-se, também, de uma revisão e delineamento bibliográfico, utilizando-se de artigos científicos, relatórios de organizações internacionais e livros sobre a América Latina, em prol de fundamentar as hipóteses levantadas através do método hipotético dedutivo.

Dessa forma, esta pesquisa é iniciada através da apresentação do histórico da ecopolítica no cenário internacional, passando brevemente pelos primeiros acontecimentos que trouxeram à tona a preocupação acerca da proteção ambiental. Em seguida, serão analisados, com maior cautela, os principais debates a nível internacional que ocorreram a partir da Conferência de Estocolmo, em 1972, e como contribuíram para a construção da ecopolítica até os tempos atuais.

O estudo parte, então, para a abordagem do surgimento da ecopolítica na América Latina e os acontecimentos que culminaram no desenvolvimento da proteção ambiental na região. Logo após, o agronegócio será examinado a partir de seu histórico e sua importância para a economia latino-americana, utilizando-se do caso da monocultura de soja como principal exemplo e aprofundando o estudo com uma análise de três países distintos, sendo eles a Bolívia, o Brasil e o Equador.

Os três serão abordados individualmente, partindo do histórico dos movimentos sociais relacionados aos povos nativos e sua relação com a terra, cobrindo também o surgimento da ecopolítica e chegando no atual papel da natureza em suas Constituições, assim como a relevância do agronegócio e seus impactos.

Através dessa estrutura apresentada, o propósito deste estudo é averiguar, por meio de uma análise histórica, o caminho percorrido pelos países latino-americanos no que tange à ecopolítica e como a dependência econômica em seus setores primários impacta diretamente as crises ambientais que vêm enfrentando.

O HISTÓRICO DA ECOPOLÍTICA

O presente capítulo tem como objetivo abordar a história da ecopolítica como campo de estudo nas Relações Internacionais, assim como sua crescente importância ao longo dos anos. O enfoque será nas conferências realizadas a partir de 1972 entre os Estados em prol do debate e fortalecimento da ecopolítica, as quais, no decorrer do tempo, permitiram com que o tema recebesse maior relevância dentro da política nacional dos países envolvidos.

O debate a respeito do meio ambiente vem se consolidando desde a Primeira Guerra Mundial, quando deu-se início a percepção de que as ações humanas têm consequências no meio ambiente e impactam a qualidade de vida na Terra. Pode-se observar o rumo tomado por essa área e o quanto evoluiu com o tempo, tendo em vista que se transformou de um não assunto para um problema de fato em debate internacional, além de ter evoluído e se tornado mais complexo[2] (HOGAN, 2017).

As décadas de 1970 e 1980 foram centradas principalmente em uma "ética entre humanos", restringindo valores às pessoas e tendo a natureza apenas como um objeto (GUDYNAS, 2019). Com a publicação de "Os Limites do Crescimento", do Clube de Roma[3], o cenário ambiental mundial começou a tomar novos rumos – a publicação ressaltava que a humanidade teria um limite para seu crescimento devido às limitações de energia, saneamento, poluição, saúde, ambiental e crescimento populacional (MEADOWS et al., 1972). A obra contém uma ênfase na questão do crescimento exponencial, tanto da população quanto do nível de produção da sociedade. Entre os dados apontados, foi visto que, enquanto a produção agrícola mundial estaria em crescimento exponencial, a produção agrícola de comida per capta em países não industrializados da época sequer conseguia se manter em um nível constante, e mesmo o grau de produção desses países era considerado inadequado para a população (MEADOWS et al., 1972).

---

2   Devido ao contexto de industrialização em que o mundo estava inserido, a humanidade teve de encarar desastres ambientais causados pela poluição atmosférica, sendo esses os primeiros sinais notados pela população quanto à questão ambiental que emergia (POTT; ESTRELA, 2017). Névoas estavam cobrindo as cidades, principalmente nas regiões altamente industrializadas, causando episódios como o smog em Londres e o caso de Donora, na Pennsylvania, em 1948, onde também ocorreu uma inversão térmica semelhante a em Londres. O caso contribuiu para a primeira pesquisa a respeito das consequências que a poluição atmosférica poderia ter para a saúde humana (HOGAN, 2017). Esses incidentes, além de tantos outros, contribuíram para questionar a supremacia dos avanços tecnológicos da humanidade e instigar o debate acerca das consequências da industrialização na saúde humana, devido aos impactos ambientais que traziam (HOGAN, 2017). As questões apresentadas, ao impulsionarem as conversas sobre o meio ambiente, trouxeram a complexidade do tema. Uma questão que antes sequer era debatida, a partir desse momento, começou a levantar uma preocupação a respeito da própria saúde e bem-estar da humanidade, confrontando a estrutura social altamente industrializada da época.

3   O Clube de Roma, fundado em 1968, foi criado em prol do debate a respeito do sistema global, ao mesmo tempo que buscava encorajar novas atitudes na sociedade. Seu primeiro grupo era composto por indivíduos da sociedade científica e admitia somente cientistas das ciências exatas. Todos os membros dividiam a mesma preocupação de que a humanidade enfrentaria um futuro preocupante devido ao ritmo acelerado de crescimento populacional e as complicações ambientais que já vinham enfrentando, seguindo uma perspectiva Malthusiana (SIMMONS, 2000). Em 1976, quando foi publicado o terceiro relatório, o Clube havia expandido sua atuação e já havia começado a admitir membros cientistas das ciências sociais entre os seus, trazendo um caráter mais multidisciplinar às suas análises.

O meio ambiente, que até então era enxergado apenas como um meio para um fim, começou a ser estudado a partir de outra ótica, levantando a problemática do esgotamento de recursos do planeta e o impacto que tal consequência traria para a qualidade de vida humana. Dessa forma, por ter se tornado foco da inquietação social e das nações, cada vez mais o debate a respeito da natureza foi tomando lugar nos espaços políticos.

À análise de tal conjuntura, os Estados começaram a debater a respeito das preocupações ambientais em foros internacionais, levando a temática a ser institucionalizada internacionalmente. Sob a influência do primeiro relatório do Clube de Roma, foi realizada a Conferência das Nações Unidas sobre o Meio Ambiente Humano, também conhecida como Conferência de Estocolmo, devido a cidade que sediou o debate. Realizada em 1972, foi o primeiro grande encontro organizado pela Organização das Nações Unidas (ONU) para a discussão específica sobre problemas ambientais, além de ser reconhecida como um marco no debate acerca da ecopolítica.

Strong (2003) aponta que a Conferência, apesar de ter evidenciado as diferenças entre as posições dos países[4], não as resolveu. As questões financeiras e a divisão de responsabilidades e de custos continuaram sendo as principais fontes de controvérsia, sendo temas centrais nas negociações internacionais sobre meio ambiente e desenvolvimento sustentável que procederam. Por conta disto, o embate entre os países do hemisfério Sul, desenvolvimentistas, contra os países do Norte, protecionistas, foi instaurado. Já em 1975, apenas 3 anos após a Conferência de Estocolmo, foi iniciada uma força tarefa, sugerida pelo Presidente Mobutu Sese Seko, do Zaire[5], em prol da confecção de um documento que serviria como um guia (soft law) para regulamentar o desenvolvimento da proteção ambiental internacional (BURHENNE; IRWIN, 1983). A proposta foi feita durante a 12ª Assembleia Geral da União Internacional para a Conservação da Natureza (UICN), em setembro de 1975, e foi aceita pela Assembleia, dando início à tarefa de conceber a Carta da Natureza (WOOD, 1985).

---

4   Mesmo a Conferência tendo tido a participação de diversos países em prol da temática ambiental, houve resistência de governos participantes por conta de questões tidas como consequências e interferências externas. A delegação brasileira, por exemplo, foi destaque neste âmbito, pois apontava que medidas protetivas acerca do meio ambiente restringiam o desenvolvimento econômico do Brasil e de outros países em desenvolvimento. Este posicionamento partia da concepção de que essa seria uma estratégia dos países desenvolvidos industrializados que buscavam limitar o desenvolvimento das nações do Terceiro Mundo. Isso occoreu tendo em vista que o primeiro relatório do Clube de Roma, de 1972, via a contenção do crescimento como uma medida essencial para combater o possível futuro sombrio que a humanidade enfrentaria e, dessa forma, propunha a adoção da política "Crescimento Zero" para todos os países. Entretanto, já nesse primeiro momento, essa política foi duramente criticada pois acreditavam que acabaria condenando a maioria dos países a situações de permanente subdesenvolvimento (LEMOS, 1991).

5   O Zaire foi o nome adotado pela atual República Democrática do Congo entre 27 de outubro de 1971 e 17 de maio de 1997. Mobutu Sese Seko foi presidente do país enquanto Congo e Zaire, exercendo sua posição de 1965 até 1997.

O preâmbulo do documento assume que "A humanidade é parte da natureza e a vida depende do funcionamento ininterrupto dos sistemas naturais que garantem o suprimento de energia e nutrientes"[6] (UNITED NATIONS GENERAL ASSEMBLY, 1982, p. 1, tradução do autor). A partir deste momento, tem-se uma mudança de paradigma nos debates ambientais internacionais, assumindo que a natureza deve ser protegida como fim único, transmutando-se a ideia de que o homem seria detentor da natureza e passando a ser parte integrante de tal.

O então antropocentrismo, característico dos debates anteriores e da Conferência de Estocolmo, abordado anteriormente, abre espaço para a concepção de que "Toda forma de vida é única, devendo ter seu respeito garantido independentemente do seu valor ao homem (...)"[7] (UNITED NATIONS GENERAL ASSEMBLY, 1982, p. 1, tradução do autor).

A indicação de que a natureza tem seu valor intrínseco, assim como toda outra forma de vida não humana, inaugura a percepção de que a natureza por si mesma é digna de tutela, que o homem não se encontra acima em um nível hierárquico. Gudynas (2019) ressalta que, mesmo as pessoas abrangendo uma ampla variação de valorações sobre o meio ambiente, não há escala humana que possa medir a importância de outros seres vivos, afinal, não há indicação mensurável econômica, por exemplo, que pudesse estipular o valor de uma espécie ameaçada.

A estrutura da Carta da Natureza não foi moldada para atingir objetivos específicos ou solucionar problemas técnicos, como financiamento ou assistência para coordenar projetos de desenvolvimento, mas para encorajar a conservação do meio ambiente em esfera global. A Carta foi o primeiro documento internacional a respeito da responsabilidade humana para com a natureza, considerando seu valor intrínseco, o qual Wood (1985) salienta que foi um guia necessário para o cenário da época, além de um passo importante que foi tomado em prol da proteção ambiental.

Já no final da década de 80, mais de 10 anos após a Conferência de Estocolmo, a Comissão Mundial sobre o Meio Ambiente e Desenvolvimento, chefiada pela então primeira ministra da Noruega, Gro Harlem Brundtland, apresentou o relatório "Nosso Futuro Comum", que também veio a ser conhecido como "Relatório Brundtland".

Este foi responsável por elaborar o conceito de desenvolvimento sustentável como "aquele que atende às necessidades do presente sem comprometer a possibilidade de as gerações futuras atenderem às suas necessidades" (COMISSÃO MUNDIAL SOBRE MEIO AMBIENTE E DESENVOLVIMENTO [CMMAD], 1991, p. 46). Ademais, o Relatório Brundtland aborda três diferentes dimensões, sendo elas a garantia da sustentabilidade ambiental a longo prazo, atender as necessidades humanas básicas e promover equidade para as futuras gerações.

As "necessidades" mencionadas no conceito de sustentabilidade abrangem, sobretudo, as necessidades essenciais da população mais pobre, devendo essa receber máxima prioridade dentro dos planos de desenvolvimento. Com

---

6   "Mankind is a part of nature and life depends on the uninterrupted functioning of natural systems which ensure the supply of energy and nutrients."

7   "Every form of life is unique, warranting respect regardless of its worth to man (...)"

o desenvolvimento sendo visto como uma transformação progressiva da economia e da sociedade, é exposta a necessidade de levar em conta a sustentabilidade durante seu planejamento (CMMAD, 1991).

Ao contrário de crenças anteriores de que o desenvolvimento econômico e a proteção ambiental seriam antagonistas, o Relatório sugere a conciliação desses dois aspectos, acreditando em um possível equilíbrio entre ambos, ao mesmo tempo que aponta a incompatibilidade entre o desenvolvimento sustentável e os padrões de produção e consumo da época (CMMAD, 1991).

Ressalta que é preciso definir uma produtividade máxima que seja sustentável, tendo em vista que a maioria dos recursos renováveis são parte de um ecossistema interligado e que cada um possui um tempo limite diferente de regeneração e crescimento natural. Não obstante, observa-se que a aspiração por crescimento econômico muitas vezes está alinhada a uma ambição de melhorar os padrões de vida humano além do que poderia ser considerado ecologicamente sustentável (HOLDEN; LINNERUD; BANISTER, 2014), esse sendo um dos maiores problemas apontados pelo Relatório.

Apesar do Relatório manifestar a necessidade do ser humano construir uma nova relação com o meio ambiente, ele não se aprofundou nos conceitos éticos (GUDYNAS 2019). Como apontado no Relatório Brundtland, "Nós agimos como agimos porque podemos sair impunes; as gerações futuras não votam; eles não têm poder político ou financeiro; eles não podem desafiar nossas decisões"[8] (CMMAD, 1987, p. 16, tradução nossa). A sustentabilidade seria, então, uma ferramenta a ser utilizada nos planejamentos para ações de desenvolvimento humano e crescimento econômico. Dessa forma, auxiliaria nesse processo para não correr o risco de extinguir recursos naturais e prejudicar a qualidade de vida dos seres humanos nos anos seguintes, mantendo o viés antropocêntrico.

O processo de politização da temática de desenvolvimento sustentável e proteção da natureza foi impulsionado pelos encontros internacionais que pautaram a questão ambiental, possibilitando a inserção deste debate nas políticas nacionais dos países. Tendo traçado o histórico internacional destas discussões, será analisado o desenvolvimento da implementação do debate ambiental na esfera da América Latina, até sua importância nos tempos atuais. Posteriormente, abordar-se-á a respeito destas questões de maneira mais aprofundada nas dimensões do Brasil, Bolívia e Equador, destacando a atuação da ecopolítica nestes países e como eles interpretam o papel da natureza.

A ECOPOLÍTICA NA AMÉRICA LATINA

No continente americano, a América Latina engloba os países que falam majoritariamente idiomas românicos, tendo em vista que foram colônias portuguesas, espanholas e francesas. A região tornou-se o que é hoje através de uma profunda miscigenação cultural, a qual deu início, durante os primeiros momentos da colonização, por indígenas nativos, europeus e africanos.

---

8   "We act as we do because we can get away with it; future generations do not vote; they have no political or financial power; they cannot challenge our decisions."

Os países europeus, inicialmente Portugal e Espanha, estavam frente a um processo de expansão do capital comercial, o que impulsionou as grandes navegações e a colonização na América (GALEANO, 1999). Por mais que os contextos nacionais que compõem a América Latina sejam singulares, principalmente no que diz respeito à América portuguesa e à América espanhola, estes, em geral, obedecem a uma mesma origem histórica (COMISSÃO ECONÔMICA PARA A AMÉRICA LATINA E O CARIBE [CEPAL], 1990).

O processo de colonização foi marcado pela submissão e exterminação de milhões de indígenas nativos, que eram forçados a cederem suas terras ancestrais aos europeus recém chegados (VEDEND, PREVOST, 2015). Durante essa era, o Exército e a Igreja Católica eram as duas instituições que mais se destacavam, tendo em vista que os oficiais militares eram considerados parte de um grupo social superior, enquanto as Igrejas acumulavam riquezas e diferenciavam-se por sua importância perante a sociedade (PRADO, 1986). Devido a este protagonismo do catolicismo, a América era vista, para os europeus, como um vasto império do Diabo, onde empregaram uma missão fanática contra a heresia dos povos nativos, através de missões evangelizadoras (GALEANO, 1999).

O discurso colonial debruçava-se na premissa que os colonizadores europeus, além de buscarem riquezas nas terras americanas, estavam levando desenvolvimento e o conhecimento aos povos nativos, os quais eram considerados seres primitivos (GALEANO, 1999). O poder dos países colonizadores veio, portanto, através do processo de subjetivização e construção de estereótipos (BHABHA, 1994).

Tendo em vista que crenças e diferenças culturais são produtos criados pelo homem, os discursos sobre a impureza dos povos indígenas vincularam a discriminação às práticas políticas e culturais dos países colonizados. Dessa forma, foi criado um conhecimento geral para justificar a colonização e a violência empregadas na época, através da formação de uma "ordem" racial de poder (BHABHA, 1994).

Ao implementarem a hierarquização dos povos na América, os europeus, colocando a si mesmos como superiores, legitimavam seu "direito" de usurpar as riquezas da região. A colonização posicionou a região latino-americana no sistema econômico mundial de forma abrupta, iniciando um processo de dependência e subordinação, transformando a América Latina em uma fonte "inesgotável" de recursos ambientais (BENJAMIN, 1995). Devido à vastidão destes recursos, a exploração mineral, florestal e agropecuária era incentivada por parte dos europeus. Estes viam a América Latina como "terra de ninguém", devido à posição inferior na qual colocavam os povos nativos (BENJAMIN, 1995).

Esse padrão econômico perpetua até os dias de hoje, tendo em vista que, enquanto dois terços das exportações dos países periféricos são de produtos primários, os países centro contemplam 90% das exportações de bens de capital (CEPAL, 1990). Enquanto isso, nas últimas décadas, a diferença econômica entre os países Norte e Sul aumentou tanto quanto os problemas ambientais enfrentados por eles – e os países periféricos se encontram no lado mais prejudicado, tendo que lidar com sequelas históricas do subdesenvolvimento, além dos impactos no meio ambiente (CEPAL, 1990).

A estrutura dessa relação entre centro e periferia enfatiza o "paradoxo da abundância", pois enquanto as terras do Sul eram cobiçadas por seus recursos naturais, e estes eram vistos como uma benção, essa dependência origina, principalmente, um baixo crescimento econômico a longo prazo (PAMPLONA; CACCIAMALI, 2017).

A América Latina, ao contar com a maior biodiversidade do mundo, acaba carregando um fardo muito maior referente à colonização e exploração dos biomas naturais (UNITED NATIONS ENVIRONMENT PROGRAMME [UNEP], 2016). As terras da Amazônia, por exemplo, sempre foram habitadas por populações nativas e comunidades tradicionais. Entretanto, até 1970, a localidade encarava o desenvolvimento como sinônimo de desmatamento da floresta, desconsiderando aqueles que ali habitavam. Posteriormente, foi cedida à pressão para incorporar as terras ao mercado, devido à demanda internacional de commodities[9].

A bandeira da proteção ambiental vem sendo levantada na região através dos movimentos indígenas e dos seringueiros, do surgimento dos primeiros partidos verdes e dos movimentos ecologistas, assim como o "boom" das organizações não-governamentais (ONGs) em 1990 (MILANI, 2008). Com isso, a renovação da agenda política da região tornou-se uma necessidade, tendo em vista as ameaças que pesam sobre o meio ambiente latino-americano. Estas são colocadas em pauta pelos ambientalistas, como a fragmentação de ecossistemas, a extinção de habitats e a ameaça a identidades indígenas (MILANI, 2008).

No final dos anos 1980, por exemplo, a problemática começou a ser levantada pelos movimentos populares de povos indígenas, como por exemplo a luta do povo Yukpa, da Sierra de Perijá, na Venezuela, pela recuperação de sua terra, ou também, mais recentemente, o conflito envolvendo as populações indígenas da Terra Indígena do Parque Nacional Isiboro Securé (TIPNIS)[10], na Bolívia (PORTO-GONÇALVES, 2012).

No caso do povo Yukpa, sua luta vem desde a época da colonização espanhola, quando tiveram que se deslocar de onde habitavam para dar lugar à exploração dos europeus, sob promessas de segurança às famílias nativas, o que não prosperou. A vida desses nativos foi caracterizada por constantes deslocamentos, tanto temporários quanto definitivos. Atualmente, devido à invasão e expropriação das suas terras pelos fazendeiros locais, somando-se à necessidade de se instalarem em lugares mais próximos das grandes cidades da Venezuela para poderem se beneficiar das Missões Sociais[11], o povo Yukpa está cada vez mais se deslocando para as periferias dos centros urbanos (LUQUE, 2017).

---

9   Commodities é o termo utilizado para denominar mercadorias do setor primário. São produzidos em larga escala e podem ser estocadas por um longo período sem perecer, como grãos, petróleo e minério.

10   O TIPNIS foi declarado o primeiro Parque Nacional em 1965, sendo lar de 4563 habitantes, entre eles os povos Yuracaré, Tsimane e Moxeños (CAUTHIN, 2018).

11   Entre 2003 e 2004, Hugo Chavez criou as Missões Sociais Bolivarianas, constituídas por 13 missões, em parceria com o governo cubano, com o objetivo de reduzir a exclusão social. Foi um sistema assistencialista que acabou espalhando-se posteriormente para as áreas da saúde, educação, alimentação, produção e habitação (LUQUE, 2017).

O ativismo ambiental na América Latina vai além de uma consciência ecológica, envolvendo conflitos distributivos, trazendo a oposição entre a natureza e a economia para as relações sociais (MILANI, 2008). Segundo Martínez-Alier (2007), a distribuição ecológica vai além dos casos naturais, como a topografia, padrões pluviométricos e a quantidade do solo, referindo-se a padrões sociais, culturais, econômicos, políticos e tecnológicos. Dessa forma, incorpora-se a facilidade de acesso aos benefícios que podem ser obtidos dos recursos naturais, assim como o suporte à vida que o meio ambiente pode fornecer.

Logo, é possível notar que no contexto latino-americano os problemas ambientais não afetam todos os cidadãos e grupos sociais de maneira uniforme, enfatizando que a concentração de riqueza resulta também do controle sobre determinados recursos ambientais (MILANI, 2008).

Considerando o histórico da região de dependência de seus recursos naturais para atividades econômicas, é vista a importância de adentrar neste tópico. À luz dos entendimentos acerca da construção política e cultural da América Latina, assim como o desenvolvimento da ecopolítica, será levantado a seguir o histórico do agronegócio na região.

O AGRONEGÓCIO NA AMÉRICA LATINA

O agronegócio surgiu na região como uma etapa de transformação da agricultura familiar e do campo no século XXI, impulsionando esta atividade econômica a um papel de destaque (BEZERRA, 2009). Dessa forma, é desvinculada a concepção de que a agropecuária e a agricultura seriam setores arcaicos e tradicionais, tendo em vista que o agronegócio passa a ser uma das principais atividades econômicas da América Latina (BEZERRA, 2009).

A terminologia "agronegócio" advém da tradução de agribusiness, o qual foi desenvolvido pelos professores Goldberg e Davis (BEZERRA, 2009). Este modelo de desenvolvimento econômico engloba a soma total das operações de produção e distribuição de insumos agrícolas, além de seu processamento e os itens produzidos com eles (ARAÚJO; WEDEKIN; PINAZZA, 1990). Por compreender diferentes etapas no processo de produção, o agronegócio atinge tanto os produtores agrícolas, quanto processadores, distribuidores e os agentes que coordenam o fluxo dos produtos, sendo estes o governo, mercados, entre outros (ARAÚJO; WEDEKIN; PINAZZA, 1990).

É imprescindível diferenciar os pequenos produtores, que geralmente têm uma alta diversificação dos seus produtos e trabalham em um contexto familiar, dos grandes e médios produtores, que se caracterizam majoritariamente pela baixa diversificação na produção e alta especialização, como apontado por Pegorare et al. (2017). Esses últimos, serão o enfoque deste estudo, tendo em vista que os produtores de commodities tradicionais foram os que se beneficiaram de fato do agronegócio nos últimos anos (PEGORARE et al., 2017).

Os grandes e médios produtores, ao se especializarem constantemente nas commodities demandadas pelo exterior, acabam se aliando às grandes empresas transnacionais. Isso dá a abertura necessária a estas empresas para controlarem segmentos importantes, como a indústria alimentícia, indústria de sementes, produção de agroquímicos, entre outros (PEGORARE et al., 2017).

Para Galeano (1999, p. 92), a prática econômica da agricultura e agropecuária, subordinadas ao mercado internacional, é "um dos gargalos de garrafa que estrangulam o desenvolvimento da América Latina e um dos primordiais fatores da marginalização e da pobreza das massas latino-americanas". A prática do açúcar, no início da colonização da região, foi apenas o começo, tendo em vista que as plantações já eram, naquela época, empresas movidas pelo lucro dos proprietários e pelas demandas do mercado externo (GALEANO, 1999).

Por conta disto, é possível notar que a classe social dominante havia transformado a agricultura em uma atividade empresarial em prol de exercer a manutenção da posse de terras (BEZERRA, 2009). Como uma continuação desta tradição, nos tempos atuais, as terras estão ainda mais concentradas nas mãos de cada vez menos produtores, principalmente no que diz respeito à expansão dos monocultivos, como soja, milho e cana-de-açúcar (SANTOS; GLASS, 2018). Além disso, o autor Bezerra (2009) aponta que o agronegócio vem sendo utilizado como uma bandeira pelos empresários para posicionar o setor agrícola como um dos mais significativos para a economia latino-americana.

Desde o final do século XIX, na Grã-Bretanha, o sistema industrial agrícola começou a ser explorado. Devido à mecanização do trabalho, assim como a revolução dos meios de transporte, as novas tecnologias para preservação de alimentos e os agrotóxicos, começaram a surgir as primeiras grandes empresas agrícolas que atuavam em escala global (SANTOS; GLASS, 2018). Entretanto, foi no início do século XX, com o crescimento do protecionismo nos países, e, simultaneamente, a baixa no comércio, que as empresas transnacionais emergiram a partir das grandes companhias da Europa e dos Estados Unidos. Estas passaram a não se limitar mais somente a exportar para os demais, começando a investir principalmente nos países em desenvolvimento, sendo atraídos pela abundância de recursos naturais e mão de obra mais barata (SANTOS; GLASS, 2018).

Isso foi possível por conta da forte globalização, que impulsionou a formação de grandes blocos comerciais e novos atores internacionais, como empresas privadas e ONGs, começando a atrair novos investimentos estrangeiros para a América Latina (PEGORARE et al. 2017). Segundo Pegorare et al. (2017), as privatizações, a abertura comercial e a liberalização financeira alteraram o contexto no qual empresários e trabalhadores latino-americanos operavam.

Por conta disto, grandes corporações empresariais ligadas ao agronegócio, principalmente as de caráter transnacional, começaram a se aproveitar dos recursos naturais e da mão-de-obra pertencentes aos países periféricos, objetivando a obtenção de lucros ainda maiores (XAVIER, 2017). Ademais, na década de 1980, as transnacionais agrícolas começaram a se destacar no cenário internacional, tornando-se global players (SANTOS; GLASS, 2018).

A alta participação dos produtos primários nas exportações dos países latino-americanos, assim como o hábito de basear a economia destes países no agronegócio, acaba impondo uma integração de mercados que reproduz e aprofunda a dependência econômica (XAVIER, 2017). Para ser caracterizado como dependente de sua economia primária, as exportações do país devem ser compostas em mais de 60% por estes produtos (UNITED NATIONS CONFERENCE ON TRADE AND DEVELOPMENT [UNCTAD], 2015).

Este fator comprova a dependência latino-americana, tendo em vista que o Brasil, por exemplo, tem sua exportação composta em 65% por produtos primários, Bolívia com 96% e Equador com 93% (UNCTAD, 2015). Enquanto os países da América Latina exportam produtos como soja, café, minério de ferro, entre outros, aos países desenvolvidos, são importados máquinas, medicamentos e bens tecnológicos.

A tendência de dominação das empresas transnacionais no mercado alimentício somente aumentou com o passar dos anos, considerando que a agricultura está cada vez mais sujeita às decisões de outros agentes que controlam o sistema agroalimentar, ao invés dos próprios agricultores (MANTILLA, 2011).

Isso é comprovado pelo fato de que 90% do comércio mundial de cereais encontram se nas mãos de quatro empresas: Archer Daniels Midland (ADM), Bunge, Cargill e Louis Dreyfus (MURPHY; BURCH; CLAPP, 2012). Além de protagonizarem o sistema agroalimentar, estas empresas são multitarefas, trabalhando não só com as matérias-primas e sua plantação, mas também como todo o processo de processamento dos alimentos, transporte e produção de biocombustíveis (MURPHY; BURCH; CLAPP, 2012).

Apesar do imenso poder que as empresas transnacionais detêm, as maiores da área agroindustrial pouco se atentam aos impactos que causam ao seu redor (SANTOS; GLASS, 2018). Tanto as organizações internacionais, quanto as ONGs e a própria sociedade civil, vêm alertando sobre questões relacionadas à mudança climática, desperdício e sustentabilidade, pressionando as grandes corporações para estas alterarem os modos de produção, devido aos impactos socioambientais (SANTOS; GLASS, 2018). Por conta desta problemática, o próximo tópico abordará casos específicos a respeito dos impactos que o agronegócio causou em alguns países da América Latina, especificamente o seu papel na Bolívia, Brasil e Equador.

O IMPACTO DO AGRONEGÓCIO NA PROTEÇÃO AMBIENTAL NACIONAL

Apesar dos debates e preocupações ambientais terem aumentado na América Latina, principalmente a partir da década de 90, ainda é uma região que, historicamente, sempre dependeu de seus recursos naturais para o próprio desenvolvimento econômico. Em contrapartida, a agricultura comercial em larga escala, com a produção de soja, óleo de palma e outras oleaginosas, assim como a criação de gado, atividades estas que compõe o agronegócio, é a causa de 68% do desmatamento na região (HOSONUMA et al., 2012).

A título de exemplo, é possível analisar o caso da soja, que vem sendo cultivada em larga escala pela agroindústria latino-americana, principalmente na Argentina, Brasil, Bolívia, Paraguai e Uruguai, desde a década de 70 (CAVALETT, 2008). A região é protagonista na produção mundial de soja, um reflexo do papel desempenhado pela América Latina na alimentação da pecuária intensiva nos países desenvolvidos, principalmente na Europa (SERRANO, 2007), tendo em vista que a soja é uma fonte barata de proteínas para sustentar a pecuária daqueles países (CAVALETT, 2008).

Atualmente, um total de 79% de toda a soja produzida mundialmente é transformada em farelo para ração animal, enquanto outros 18% são destinados à produção de óleo (WORLD WIDE FUND FOR NATURE BRASIL [WWF], [s.d.]). O uso da oleaginosa para ração ocorre por conta do seu alto índice proteico e, devido à adoção da pecuária de ciclo curto[12], a soja é incorporada nas rações em prol de suprir os déficits nutricionais das pastagens (THIAGO; SILVA, 2003).

A expansão do cultivo de soja na América Latina também está diretamente ligada aos interesses do agronegócio e empresas transnacionais deste setor, considerando que o cultivo desta oleaginosa requer investimentos em insumos e máquinas específicas, as quais são produzidas pelas mesmas corporações que impulsionam a expansão deste monocultivo na região (SERRANO, 2007).

Entretanto, essa relação aprofunda a dependência dos países Sul aos países Norte, considerando que, enquanto os países em desenvolvimento concentram sua produção e exportação na matéria-prima, os países desenvolvidos, por conta dos direitos de patentes de suas multinacionais, apropriam-se da produção dos países Sul, de sua biodiversidade e conhecimentos tradicionais para produzirem manufaturas (ANDRIOLI, 2009). Não obstante, estas serão ofertadas posteriormente aos países em desenvolvimento como uma nova invenção ou tecnologia, requerendo o pagamento de royalties pelo seu uso (ANDRIOLI, 2009).

Todavia, essa não é a única problemática advinda do cultivo da soja na América Latina, levando em consideração o crescente desmatamento em prol da expansão agropecuária voltada à produção de commodities, em grande parte a soja, para fins de exportação (VOS et al., 2020). Segundo Cavalett (2008), a monocultura da soja é responsável não só pela destruição de ecossistemas e do desmatamento, mas também pelo declínio da fertilidade do solo, pela expulsão de pequenos agricultores de suas terras, pela contaminação do solo e da água e pelas mudanças climáticas relacionadas às queimadas.

No que tange a esfera social, foi divulgado que 60% da população latino-americana vive nas zonas rurais, onde sua renda é insuficiente para cobrir as próprias necessidades básicas, além de que mais da metade destas pessoas não recebem o necessário para obter uma cesta básica (CEPAL, 2003). Segundo o estudo realizado por Vakis, Rigolini e Lucchetti (2015), frequentemente, aqueles que vivem em pobreza crônica trabalham em setores de baixa produtividade, entre eles setores agrícolas. Este dado reflete a precariedade de muitos trabalhadores rurais, quebrando a lógica do agronegócio de relacionar parte de seu sucesso à criação de empregos e de garantir a subsistência de seus empregados (BEZERRA, 2009).

Para traçar uma análise mais efetiva sobre as problemáticas levantadas, será analisado a seguir os casos específicos da Bolívia, Brasil e Equador, expondo o papel da ecopolítica nestes países e sua relação com o agronegócio, assim como vínculo deste com a degradação ambiental enfrentada.

---

12   A pecuária de ciclo curto se refere ao abate animal antes dos 30 meses de vida. Este método exige a suplementação dos animais através de ração, das quais utilizam da soja, tendo em vista que somente com o pasto seria inviável abater o animal antes dos 30 meses por conta de déficits nutricionais (THIAGO et al., 2002)

BOLÍVIA

O Estado Plurinacional da Bolívia conta com metade de seu território coberto por florestas, totalizando aproximadamente 53 milhões de hectares. Enquanto o país possui recursos naturais abundantes, sendo o sexto do mundo com mais recursos de floresta tropical úmida, terceiro no continente americano em termos de florestas e sétimo no mundo em biodiversidade, também é considerado um dos países mais pobres da América do Sul[13] (ESCOBARI; CARO; MALKY, 2004).

Devido ao sufocamento dos povos nativos durante a história da América Latina, a década de 90 no país foi marcada por diversas manifestações em prol dos direitos das populações indígenas, desde seu direito à terra, até por sua participação na política e em prol dos recursos naturais, formando a Confederación de Pueblos Indígenas de Bolivia (SCHAVELZON, 2012). Os movimentos indígenas e dos agricultores, ao liderarem grande parte das pressões populares contra o Estado Neoliberal na década de 90, foram responsáveis por unir pautas sociais como as ecológicas, ambientais e de gênero (MARTÍ I PUIG; BASTIDAS, 2012).

A relação do país e sua população com seus recursos naturais seguia uma ótica antropocêntrica, tendo pouco incentivo às práticas mais sustentáveis de uso da terra. Foi esta coligação de movimentos que impulsionou a preocupação acerca do meio ambiente na Bolívia, assim como a participação do país em conferências internacionais acerca do tema (ESCOBARI; CARO; MALKY, 2004).

Além disso, a questão da propriedade de terra era incerta, tendo em vista que o acesso a terra de nativos e outros campesinos não era oficializada. Esta dinâmica facilitava a dominação da população por grandes senhores de terra e empresários madeireiros, que, com muito menos preocupação com o meio ambiente, buscavam desmatar a região habitada pelos nativos (CONTRERAS-HERMOSILLA; RÍOS, 2002).

A tensão e choque contínuo entre a população foi o que instigou as manifestações populares mencionadas anteriormente. Por conta disto, o governo boliviano começou a organizar uma maneira mais efetiva de governança no setor florestal, introduzindo reformas políticas e institucionais. A primeira tentativa, em 1992, foi o incentivo da Pausa Ecológica Histórica, que proibia novas concessões florestais durante um período de 5 anos, além de exigir a classificação apropriada das regiões florestais de acordo com critérios econômicos e ambientais, visando combater a exploração dos recursos naturais sem planejamento apropriado (CONTRERAS-HERMOSILLA; RÍOS, 2002).

Entretanto, a medida não foi bem-sucedida por falta de ação do próprio governo, que acabou não implementando as novas regras. Já em 1996, o Legislativo aprovou a Ley del Servicio Nacional Reforma Agraria No 1715 (BOLÍVIA, 1996), além de criar o Instituto Nacional de Reforma Agraria (INRA), comprometendo o governo a demarcar as terras, com o auxílio do INRA, que imobilizou mais de 11 milhões de hectares de terras indígenas que não poderiam

---

13   Segundo o Programa das Nações Unidas para o Desenvolvimento (PNUD) (2020), o IDH da Bolívia, em 2019, totalizava 0.718.

ser atribuídas a outras atividades até que os direitos de propriedade estivessem estabelecidos (CONTRERAS-HERMOSILLA; RÍOS, 2002).

Posteriormente, a Constituição boliviana, que entrou em vigência em 2009, passou a reconhecer, em seu artigo 33[14], o direito das presentes e futuras gerações de disporem de um meio ambiente saudável, protegido e equilibrado (BOLÍVIA, 2009). Dessa forma, a questão ambiental assume protagonismo devido a reconfiguração do Estado ao se definir como plurinacional, intercultural e estruturado no Bem Viver[15].

Apesar do reconhecimento constitucional do direito fundamental a um meio ambiente saudável, este ainda é observado através de uma ótica antropocêntrica (GUDYNAS, 2019). Isto pode ser comprovado pelo fato de que os valores próprios da natureza não são reconhecidos, apenas é defendido o uso cuidadoso dos recursos naturais em prol da qualidade de vida humana.

Na prática, as tentativas de defender o meio ambiente boliviano e instigar o desenvolvimento sustentável não funcionaram muito bem. Entre 1990 e 2016, por exemplo, foram desmatados um total de 5,1 milhões de hectares na Bolívia, sendo que a área com maior nível de desmatamento é a de Santa Cruz de la Sierra, região com uma maior concentração de empresas agropecuárias (FRANK et al., 2020).

Os números somente aumentaram em 2019, quando incêndios desmataram 6.435.226 hectares de floresta, tendo um impacto atípico em áreas protegidas, áreas Ramsar[16] e territórios indígenas (RAMSAR CONVENTION SECRETARIAT, 2014). Estes números são apontados por Vos et al. (2020) como resultado do incentivo à ampliação da fronteira agropecuária, especialmente pelo agronegócio voltado à exportação de commodities.

O desmatamento das florestas na Bolívia é o maior vetor da perda de espécies nativas, tanto animal quanto vegetal, dado levantado pela UICN, a qual apontou que a agricultura e a agropecuária representam um total de 52% das ameaças as espécies (INTERNATIONAL UNION FOR CONSERVATION OF NATURE [IUCN], 2020). A agricultura de monocultivos, que é a principal especialidade do agronegócio, é ainda mais severa ao meio ambiente. Quando desmatado, um ecossistema extremamente diverso é esterilizado por completo e substituído por espécies de plantas comuns (VOS et al., 2020).

---

14   Art. 33: Las personas tienen derecho a un medio ambiente saludable, protegido y equilibrado. El ejercicio de este derecho debe permitir a los individuos y colectividades de las presentes y futuras generaciones, además de otros seres vivos, desarrollarse de manera normal y permanente (BOLÍVIA, 2009).

15   Conceito presente nos Estados plurinacionais que deslumbra uma chance de uma construção alternativa e coletiva da forma de vida (CONSTANTE, 2016).

16   As áreas Ramsar são uma modalidade de área de conservação das zonas úmidas, com o objetivo de conservá-las por meio de ações locais, regionais e nacionais, além de somente fazer uso de seus recursos de maneira racional, visando o desenvolvimento sustentável (RAMSAR CONVENTION SECRETARIAT, 2014).

Este modelo de desmatamento segue as mesmas tendências dos demais países da América Latina afetados pela expansão agropecuária, principalmente no que diz respeito a plantação de soja e criação de gado para a exportação, sendo um dos mais nocivos para a biodiversidade (VOS et al., 2020).

A sojicultura é o monocultivo que tem um maior papel de destaque na economia boliviana. Segundo Pérez Luna (2007), o cultivo da soja representa 6% de todo o PIB nacional, gera cerca de 45 mil empregos e totaliza um quarto de todas as exportações bolivianas, além de mais de um terço das áreas agrícolas da Bolívia serem direcionadas ao cultivo da oleaginosa.

Contudo, mesmo com o papel significativo na economia, o modelo de expansão da agropecuária liderado pela produção de commodities, entre elas a soja e o gado, vem sendo questionado no país por conta dos impactos na biodiversidade, na qualidade dos solos e nos recursos hídricos, assim como os impactos socioeconômicos (FRANK et al., 2020; VOS et al., 2020).

Enquanto isso, a Autoridad de Fiscalización y Control Social de Bosques y Tierra (ABT) é apontada como uma das instituições governamentais que, através de suas regulamentações e propostas de desenvolvimento, provocaram os incêndios florestais na Bolívia (VOS et al., 2020). Apesar da ABT ter como sua missão[17] contribuir para o desenvolvimento produtivo, integral e sustentável das florestas e terras, os complexos produtivos sugeridos pela ABT em 2017 estão diretamente relacionados às áreas incendiadas em 2019 (VOS et al., 2020).

Dentre sete complexos produtivos que foram propostos pela ABT, destaca-se principalmente o complexo produtivo para pecuária intensiva Chiquitania – Pantanal, que, enquanto entre 2017 e 2018 a média do desmatamento era cerca de 250 mil hectares por ano, em 2019 o número subiu para mais de 2 milhões de hectares desmatados (VOS et al., 2020).

Outro impacto relevante foi no complexo produtivo para plantação comercial, que subiu de 88 mil hectares desmatados em 2018 para cerca de 755 mil hectares em 2019 (VOS et al., 2020). Ambos os complexos tiveram grandes extensões de suas florestas atingidas pelos incêndios em 2019, afetando a biodiversidade local que ainda era conservada (VOS et al., 2020).

Os incêndios e o volumoso desmatamento nos últimos anos foram altamente denunciados e questionados por ONGs ambientais. Entretanto, apesar da nítida relação da ampliação da fronteira agropecuária com os números de hectares perdidos, os promotores do agronegócio, com o apoio do governo, ignoram, ou até mesmo negam, os impactos diretos e indiretos na biodiversidade boliviana (VOS et al., 2020). As autoridades do país, em 2019, culpavam a oposição pelos incêndios, tendo uma abordagem semelhante ao presidente do Brasil, Bolsonaro, o qual culpou as ONGs de esquerda pelos incêndios que também ocorreram em território brasileiro (VOS et al., 2020).

---

17   "La ABT contribuye al desarrollo productivo integral y sustentable de los bosques y tierra, a través de sus recursos humanos especializados para la promoción, regulación, fiscalización y control, con transparencia e inclusión social para el bienestar de los usuarios forestales, agropecuarios y la sociedad boliviana." (AUTORIDAD DE FISCALIZACIÓN Y CONTROL SOCIAL DE BOSQUES Y TIERRA [ABT], 2021).

BRASIL

A República Federativa do Brasil, além de ser o maior país da América do Sul e o quinto maior do mundo em região territorial, com 8,5 milhões km², também abriga uma variedade de biomas, como a Floresta Amazônica, o Pantanal, o Cerrado, a Caatinga, os Pampas e a Mata Atlântica (MINISTÉRIO DO MEIO AMBIENTE, [s.d.]). Comportando a maior biodiversidade do planeta, o Brasil é o lar de 20% do número total de espécies da Terra (MINISTÉRIO DO MEIO AMBIENTE, [s.d.]).

Por conta da terra ser um meio de produção de riqueza valioso no país, principalmente levando em conta a diversidade de recursos naturais e as inúmeras possibilidades de exploração, tornou-se comum haver conflitos entre os povos que disputam este bem (SILVA, 2018). Desde a época colonial, o país passou por um processo de genocídio de inúmeras etnias indígenas e muito dessa violência perdura até os tempos atuais, visto os conflitos dos povos nativos com a classe burguesa ruralista, que busca dominar a terra (SILVA, 2018).

A origem deste conflito no Brasil, portanto, está enraizada no interesse capitalista de exploração da riqueza natural ainda existente nas áreas ocupadas por indígenas e diferentes trabalhadores do campo, como os seringueiros (SILVA, 2018). Além disso, a classe dominante, que busca explorar os recursos naturais, tem seus interesses representados pela bancada ruralista no Parlamento[18], enquanto os povos nativos seguem sem possuir representatividade política (SILVA, 2018).

A título de exemplo, pode-se observar a situação dos povos Guaranis-Kaiowás, no Mato Grosso do Sul, os quais vêm passando por processos de expropriação de suas terras durante o último século (MONDARDO, 2013). O conflito vivido entre estes e os fazendeiros locais tem origem no avanço territorial de frentes de exploração dos recursos naturais, além da disseminação do agronegócio com o cultivo de monoculturas de soja, milho e cana-de-açúcar (MONDARDO, 2013).

---

18   A Frente Parlamentar da Agricultura, conhecida como Bancada Ruralista, representa uma organização de parlamentares, em uma frente suprapartidária, a qual defende e reproduz os interesses agroindustriais na política brasileira (BRUNO, 2015). Ela reúne grandes proprietários de terra, empresários rurais e parlamentares representantes de regiões de conflitos de terra e de novas fronteiras agrícolas, assim como aqueles que se identificam com uma visão mais conservadora da agroindústria (BRUNO, 2015). No início, parlamentares ruralistas atuavam informalmente, vinculados aos propósitos da antiga União Democrática Ruralista, focando nas ocupações de terras e mobilizando-se a favor de uma nova reforma agrária (BRUNO, 2015). A Bancada Ruralista foi fundada oficialmente em 1995 e, a partir de 2008, já encontravam-se presentes em várias comissões parlamentares em prol da ampliação de sua participação na política (BRUNO, 2015). Além de defender temas ligados à agricultura e aos interesses corporativos, também busca impedir a aprovação de projetos de lei ligados a demandas sociais e melhoria nas relações de trabalho (BRUNO, 2015). Sua inserção no Congresso Nacional abre oportunidades para alianças com outros setores, os quais sustentam o mesmo interesse conservador (BRUNO, 2009).

Isso resultou com que houvesse uma reterritorialização compulsória dos Guaranis-Kaiowás já no início do século XX, com a criação de oito reservas indígenas em prol de confinar a população para o avanço da fronteira do agronegócio (MONDARDO, 2013).

Apesar das relações conflituosas presentes no país devido a terra e o meio ambiente nacional, foi apenas a partir da Conferência de Estocolmo, de 1973, que alguns avanços dentro do campo da ecopolítica foram notados. Entre eles, pode-se observar a criação da Secretaria Especial do Meio Ambiente (SEMA), órgão autônomo especializado de administração direta para tratar dos assuntos de conservação ambiental e uso racional dos recursos naturais (BRASIL, 1973).

Além disso, em 1981, pela Lei 6.938, foi instituída a Política Nacional do Meio Ambiente (PNMA), com objetivo de garantir a preservação, melhoria e recuperação da qualidade ambiental em prol do desenvolvimento socioeconômico do Brasil[19] (BRASIL, 1981). Não obstante, a mesma Lei previu a criação do Sistema Nacional do Meio Ambiente (SISNAMA), composto de órgãos específicos responsáveis pela proteção e melhoria da qualidade ambiental, além da instituição do Cadastro de Defesa Ambiental[20].

Ademais, a Lei 6.938/81 foi abraçada pela Constituição Brasileira de 1988, a qual foi a primeira no mundo a consolidar o princípio do desenvolvimento sustentável abordado no Relatório de Brundtland. Esta articula, em seu artigo 22521, que todos têm direito ao meio ambiente ecologicamente equilibrado, impondo ao Poder Público e a sociedade o dever de preservá-lo às presentes e futuras gerações. Da mesma maneira que ocorre na Constituição boliviana de 2009, a Constituição brasileira segue a ótica antropocêntrica de desenvolvimento sustentável, tendo em vista que a natureza é tida como digna de proteção por conta da sua relação com a qualidade de vida humana.

Partindo agora para perspectiva econômica, é possível evidenciar que, devido à abundância de recursos naturais, o país, desde a colonização, tem sua economia baseada em seus bens primários, refletindo no agronegócio compor cerca de 26,6% do PIB brasileiro (CENTRO DE ESTUDOS AVANÇADOS EM ECONOMIA APLICADA [CEPEA], 2021). Segundo o Atlas do Agronegócio (2018), se os latifúndios do Brasil formassem um país, este contaria com 2,3 milhões de km², uma área maior que a Arábia Saudita. Entretanto, 45% de toda a área produtiva do Brasil é concentrada em propriedades com mais de mil hectares, fazendo com que o país ocupe o 5° lugar no ranking de desigualdade no acesso à terra (SANTOS; GLASS, 2018).

---

19   Art 2°: A Política Nacional do Meio Ambiente tem por objetivo a preservação, melhoria e recuperação da qualidade ambiental propícia à vida, visando assegurar, no País, condições ao desenvolvimento socioeconômico, aos interesses da segurança nacional e à proteção da dignidade da vida humana (BRASIL, 1981).

20   O Cadastro Técnico Federal de Atividades e Instrumentos de Defesa Ambiental (CTF/AINDA) é um dos instrumentos da Política Nacional do Meio Ambiente, representando o registro obrigatório de pessoas físicas e jurídicas que realizam consultoria técnica a respeito de problemas ecológicos e ambientais, assim como sobre a indústria e comércio de equipamentos para controlar atividades potencialmente poluidoras. (INSTITUTO BRASILEIRO DO MEIO AMBIENTE E DOS RECURSOS NATURAIS RENOVÁVEIS [IBAMA], 2020).

Com 453 milhões de hectares sob uso privado, o avanço da fronteira agrícola brasileira ocorre principalmente na região do Cerrado, onde 178 milhões de hectares estão atualmente registrados como propriedade privada (SANTOS; GLASS, 2018). O estado do Mato Grosso do Sul, por exemplo, que tem a maior parte de sua área coberta pelo Cerrado, consta com 92,1% de seu território sob propriedade privada, além de deter o maior índice de imóveis rurais do país, com 83% (SANTOS; GLASS, 2018).

Entretanto, apesar do agronegócio protagonizar o cenário econômico brasileiro, também é responsável por ter um alto impacto nos recursos naturais, tanto no solo, quanto na água e no ar. Estes podem acabar afetando tanto a biodiversidade, a disponibilidade hídrica, a qualidade do ar e do solo, quanto a saúde humana (GOMES, 2019). De acordo com os dados divulgados pelo MapBiomas[21], cerca de 41% da extensão do Cerrado foi atingida pelo fogo entre 1985 e 2019, sendo que 76% do que foi perdido nos incêndios era vegetação nativa (MAPBIOMAS, 2020a). Além disso, cerca de 90% da área que foi perdida durante este período foi ocupada por atividades da agropecuária (MAPBIOMAS, 2020b).

Em comparação, o bioma da Amazônia teve um aumento no desmatamento de 208.248 km²/ano, entre 2001 e 2017, o que totaliza 63.950 km²/ano a menos do que visto no Cerrado (GOMES, 2019). O índice excessivo no desmatamento é apontado por Cunha et al. (2008) como resultado da adoção do modelo de ocupação do espaço e produção desenvolvidos pelo agronegócio, o qual favorece a produção dos monocultivos em larga escala e a adoção de inovações tecnológicas, mas rejeita as preocupações e impactos ambientais.

Assim como na Bolívia, a soja tem um papel de destaque no Brasil, sendo a principal cultura agrícola e protagonista das exportações, contando com 83,59 milhões de toneladas de soja em grãos, 1,41 milhões de toneladas de óleo de soja e 16,86 milhões de toneladas de farelo de soja destinadas à exportação somente no ano de 2018 (APROSOJA, [s.d.]). Além disso, com a alta demanda da oleaginosa, principalmente com a finalidade de produzir ração animal para pecuária, a área plantada do grão tem uma previsão de aumento de 9,7 milhões de hectares entre 2020 e 2030, sendo a lavoura com maior projeção para expansão (MINISTÉRIO DA AGRICULTURA, PECUÁRIA E ABASTECIMENTO [MAPA], 2020).

Apesar do êxito econômico da sojicultura em comparação as demais culturas do agronegócio, esta é a principal responsável pela degradação ambiental do Cerrado, onde 90% de todo desmatamento foi impulsionado pelo cultivo de soja (INSTITUTO HUMANITAS UNISINOS, 2020). Esta realidade pode ser observada principalmente porque dentre os 1,7 milhões de hectares de vegetação nativa que foram desmatados no Cerrado mato grossense entre 2012 e 2017, 95% foi resultado do desmatamento ilegal, e, 27% deste número, cerca de 380 mil hectares, foi desmatado em áreas de fazendas de soja (VASCONCELOS et al., 2020).

Não obstante, a região do Matopiba – Mararanhão, Tocantins, Piauí e Bahia –, onde o Cerrado é predominante, é a que mais vem enfrentando a expansão da fronteira agrícola nos últimos anos, com um aumento de 72,5% somente

---

21   Iniciativa de universidades, ONGs e empresas tecnológicas, que tem como objetivo monitorar as transformações na cobertura e uso de terra no Brasil.

em Formosa do Rio Preto, na Bahia, e de 154% na Lagoa da Confusão, no Tocantins (BONFIM; CORREIA, 2020). Cerca de 62% do desmatamento do Cerrado, entre agosto de 2018 e julho de 2019, foi registrado nesta região em prol da expansão do agronegócio (GREENPEACE BRASIL, 2019).

A expansão agrícola é tida como a maior responsável pela mudança drástica nos ecossistemas naturais, tendo em vista a geração de alterações físicas, químicas e biológicas no solo, principalmente por conta do manejo inadequado e do uso desenfreado de agrotóxicos, muito comum nos monocultivos (GOMES, 2019).

Ademais, a erosão que ocorre devido ao pisoteio do gado na terra é capaz de causar a perda de água do solo e diminuir a sua capacidade produtiva, tendo em vista que remove partículas, intensifica a erosão laminar e compacta a área (GOMES, 2019). Dessa forma, é possível notar como a intensa prática do agronegócio no Brasil percorre o caminho contrário ao desenvolvimento sustentável, o qual é defendido na Constituição.

EQUADOR

A República do Equador, localizada ao extremo norte da América do Sul, detém uma das maiores biodiversidades do mundo, principalmente nas ilhas Galápagos. Com seus 253370 Km², é o país com maior densidade populacional da região, além de ser o segundo da América Latina, com uma população total de 14483999 habitantes, representando 48.63 pessoas por Km² (VALLE, 2014).

A luta dos povos indígenas e camponeses foi marcada inicialmente entre as décadas de 1920 e 1930, quando houve uma maior politização da população por conta da ascensão de teorias socialistas (ALTMANN, 2013). Foi a partir de 1927 que os primeiros sindicatos começaram a ser formados, entre eles El Inca, na comunidade de Pesillo e Tierra Libre, em Moyurco, na província de Pichincha, com o objetivo de lutar contra a violência dos grandes fazendeiros direcionada aos indígenas (CONFEDERACIÓN DE NACIONALIDADES INDÍGENAS DEL ECUADOR [CONAIE], 2014).

Porém, o Estado equatoriano reagiu a estes movimentos expedindo a Lei de Organização e Regime das Comunas de 1937, que alterou a organização tradicional das comunidades, as quais passaram a depender do Ministério do Bem-Estar Social, como uma maneira de tentar controlar os povos indígenas (CONAIE, 1989).

Com o aumento demográfico nas comunidades, os nativos começaram a migrar para as grandes cidades em busca de trabalho, o que acabou incentivando as revoltas pela reivindicação das suas terras (CONAIE, 1989). Esta questão, somada à promoção da industrialização do país por parte do Estado, na década de 50, corroborou para o colapso gradativo do tradicional poder latifundiário equatoriano, resultando na confecção da primeira Lei de Reforma Agrária, em 1964 (CONAIE, 1989). Mesmo no contexto das lutas indígenas, a Reforma Agrária não atendia aos seus interesses, tendo em vista que somente alguns huasipungueros[22] se beneficiaram com a redistribuição de terras (CONAIE, 1989).

Posteriormente, a década de 90 foi marcada no país pelo processo de consolidação de novos atores sociais, os quais pressionavam o governo para implementar uma melhor estruturação política (MARTÍ I PUIG; BASTIDAS, 2012). Foi por conta da pressão exercida pelos movimentos sociais que, em 1986, foi criada a Confederação de Nacionalidades Indígenas do Equador (CONAIE).

Sua formação objetivava consolidar os povos indígenas no país, realizando o primeiro Congresso Nacional de Coordenação das Nacionalidades Indígenas (CONACNIE), em novembro de 1986, além de lutar pela defesa de seus territórios e os direitos do povo perante o governo equatoriano (CONAIE, [s.d.]). Atualmente, a organização busca resistir às formas de dominação, exploração e discriminação contra os povos nativos, que ocorre no país desde a colonização, quando houve o genocídio da população indígena (CONAIE, [s.d.]).

Um fator que diferencia o Equador dos demais países da América Latina é que sua Constituição de 2008 é a única no mundo que efetiva a natureza como um sujeito de direito. O conceito de Pacha Mama[23], original das cosmovisões dos povos indígenas, foi implementado na Constituição ao se referir a natureza[24] (EQUADOR, 2008). Reconhecendo o ser humano como parte do meio ambiente, a Pacha Mama tem ambos na mesma escala hierárquica, o que significa que a natureza deve ser tão protegida quanto a própria humanidade (GUDYNAS, 2019).

Ao equipara-los, o Equador quebra o dualismo europeu, que, seguindo a ótica antropocêntrica, tem o meio ambiente e os seres humanos sendo um externo ao outro, além de entender a natureza como fonte de bens preciosos, alimento e matérias-primas para o comércio (GUDYNAS, 2019).

Em uma perspectiva econômica, é possível observar o quão dependente o Equador é da agricultura e pecuária, considerando que 17% do seu PIB nacional é representado por estes setores (VALLE, 2014). Com a globalização

---

22   Os huasipungueros são figuras da história equatoriana, sendo aqueles que trabalhavam e administravam um huasipungo. Este seria um lote de terreno estéril, localizado na charneca andina, que era doado pelo proprietário fazendeiro ao indígena para que este realizasse trabalhos agrícolas para o benefício do proprietário (PINO, [s.d.]).

23   A Pacha Mama é um conceito comum dentro das crenças dos povos andinos e significa, em aymara e quéchua, Mãe Terra, ou Mãe Mundo, uma divindade suprema para as etnias localizadas no centro da América do Sul (SOTELO, 2014). Este nome é atribuído à natureza em todo o seu conjunto, como um ser vivente, a Pacha Mama representando a mãe divina com que os seres humanos interagem diariamente e que está ao seu redor (SOTELO, 2014). Portanto, ao considerar a Terra como a mãe dos seres humanos, estes são parte do meio ambiente, assim como os demais seres vivos, fazendo com que a natureza tenha um valor intrínseco, não podendo ser subjugada ao homem (SOTELO, 2014).

24   Art. 71: La Naturaleza o Pacha Mama, donde se reproduce y realiza la vida, tiene derecho a que se respete integralmente su existencia y el mantenimiento y regeneración de sus ciclos vitales, estructura, funciones y procesos evolutivos (EQUADOR, 2008).

neoliberal no final da década de 1980, a agricultura do país foi dividida entre a voltada ao mercado externo, produzindo flores, hortaliças, frutas, grãos e óleo de palma para exportação, e a agricultura camponesa, a qual produzia os produtos tradicionais, como banana, cacau, café e leite.

Esta última não conseguiu acompanhar a velocidade das grandes empresas, ficando para trás ao não ser capaz de competir nem no mercado externo, nem no interno (KAY, 2007). Isso resultou na sociedade rural do país ser heterogênea, carregando um alto nível de desigualdade, o qual reflete as estruturas agrárias e o padrão produtivo dos atores locais (VALLE, 2014).

Atualmente, a distribuição de terras no Equador segue um padrão de desigualdade, considerando a tendência de grandes proprietários terem uma maior concentração deste recurso (VALLE, 2014). Tanto a Lei de Reforma Agrária e Colonização de 1964, quanto sua sucessora de 1973, tinham como objetivo modernizar as fazendas e a agricultura nacional. Além disso, a segunda buscava ser mais ampla, buscando solucionar o aprofundamento da pobreza rural através da eliminação dos meios arcaicos de produção, favorecendo o processo de industrialização no Equador (FAUSTO, 2003).

Entretanto, segundo Valle (2014), ambas as reformas agrárias criaram as condições para o surgimento da agricultura voltada ao exterior, principalmente devido à globalização neoliberal, que já impulsionava a separação entre o modelo agroexportador e a agricultura camponesa. Além disso, as reformas não solucionaram de fato o problema de acúmulo de terras que perdura até hoje no Equador, onde pequenos agricultores dependem de pequenas porções de hectares, geralmente marginalizadas e com pouco valor, em razão da baixa qualidade do solo (VALLE, 2019).

Essa discrepância é um reflexo da conjuntura internacional, a qual colaborou com o sistema capitalista modernizador que ingressou na região por conta da globalização, aproveitando da qualidade das terras, do clima e da mão de obra barata para atender a demanda de commodities do mercado externo (VALLE, 2014). Não obstante, a mais-valia dos trabalhadores é explorada em sua relação com as empresas, mostrando um modelo de agronegócio que precisa ser competitivo e opressor para lutar por um espaço no mercado (VALLE, 2014).

Apesar do Equador estar entre os 10 países com maior biodiversidade do mundo, também compõe a lista dos países da América Latina com maior taxa de desmatamento, principalmente devido à expansão da fronteira agrícola (CÓRDOVA et al., 2019). O agronegócio, com seus monocultivos para exportação, é seu maior responsável, tendo em vista que foi observado o contínuo crescimento de seu espaço no país, enquanto os pequenos fazendeiros, que em grande maioria alimentam a população local, mantêm suas fazendas do mesmo tamanho (CÓRDOVA et al., 2019).

Historicamente, na região tropical andina, a prática de atividades agrícolas e agropecuárias para subsistência ou fins comerciais é comum. Porém, o impacto da degradação ambiental nessas áreas é alto, em especial no que diz respeito à erosão dos solos e à lixiviação de nutrientes (BRANDT; TOWNSEND, 2006).

O agronegócio, no Equador, foi condicionado ao desmatamento em prol de avançar com suas atividades agrícolas, principalmente após a Lei de Reforma Agrária, que os protegem (DE ZALDÍVAR, 2008). Portanto, é possível observar que, principalmente entre os anos de 2000 e 2014, houve uma maior perda da cobertura florestal em prol da expansão da fronteira agrícola (JADÁN et al., 2016).

A título de exemplo, no Cantão La Maná, localizado na província de Cotopaxi, cerca de 70% de seu trabalho é dedicado à agricultura, principalmente à produção de tabaco, cacau, banana e milho (MAYORGA, 2011). Entretanto, a intensificação do agronegócio na região, devido à expansão da fronteira agrícola, tem causado desgaste no solo e deterioração na cobertura vegetal nativa.

A alta concentração de terras no agronegócio, um dos maiores problemas atualmente no Equador, só expandiu sua área produtiva de monocultura, tomando o espaço da antiga pequena produção diversificada por parte dos pequenos agricultores (MUSETTI, 2014).

As pequenas unidades de produção também são desencorajadas a permanecerem na área devido à falta de políticas agrárias voltadas a este grupo e a falta de abertura no setor exportador. Esta dinâmica resulta com que grande parte dos trabalhadores sejam contratados por grandes empresas, ou migrem a áreas urbanas (MUSETTI, 2014).

Apesar da Constituição do Equador abraçar o conceito do direito da natureza e se estabelecer dentro do conceito de Bem Viver, a velha dinâmica da dependência com os mercados estrangeiros, devido ao modelo de exportação de matérias primas, segue em vigor no país (MUSETTI, 2014). Segundo Ospina (2011), a relação entre o governo e as organizações camponesas do Equador é muito frágil e, sem uma organização que seja legitimada, não terá redistribuição agrária.

CONCLUSÃO

A proteção ambiental ganhou cada vez mais importância nos debates internacionais ao longo dos anos, refletindo em sua entrada nas políticas nacionais dos países. Entretanto, enquanto o estilo de vida de alta produção e consumo vem sendo questionado desde o início dos debates acerca da ecopolítica – como observado no terceiro Clube de Roma, de 1976, que reconheceu a possibilidade de esgotamento de recursos caso o ritmo de produção continuasse acelerado – constata-se que estas preocupações levantadas não são levadas em consideração na América Latina quando opõem o modelo agroexportador.

A importância do agronegócio para a economia latino-americana é inegável, considerando a grande parcela que preenche do PIB dos países analisados. Além de compreender a maior parte das exportações dos países, também emprega inúmeros trabalhadores – mas a que custo? Os impactos que o setor traz consigo vêm sendo cada vez mais notáveis, desde a esfera social, com a qualidade dos empregos e seu reflexo na população a longo prazo, mas principalmente no que tange ao meio ambiente e o desmatamento irrefreável em prol de novas terras agricultáveis.

Desde o Cerrado brasileiro, até as florestas bolivianas e equatorianas, é possível observar o papel desempenhado pelo agronegócio ao longo dos anos como grande impulsor da degradação ambiental. Enquanto alguns defendem que o agronegócio é sustentável, é inegável que esta é a atividade econômica que mais negligencia a natureza e seu valor próprio, utilizando-a apenas como um meio para seus fins lucrativos.

Apesar da gravidade da crise ambiental, que continua aumentando, os países latino-americanos insistem no mesmo modelo de desenvolvimento que segue incentivando as práticas exploratórias costumeiras. Conforme apontado por Gudynas (1999), enquanto a natureza não for contemplada em seus valores intrínsecos e deixar de ser vista apenas como um conjunto de recursos, não haverá um verdadeiro avanço em termos ambientais.

O agronegócio age independentemente dos impactos socioambientais nos países latino-americanos, tendo como foco apenas a viabilidade econômica da sua expansão. O autor Bezerra (2009) traz um paralelo em seu estudo entre a expressão "terra à vista", a qual é associada, até hoje, com a chegada dos portugueses nas terras brasileiras em 1500, com a expansão da fronteira agropecuária no século XXI.

Ele aponta que a expressão tem um significado perverso e que, tanto os portugueses em 1500, quanto os fazendeiros e empresários que lucram com o agronegócio atualmente, veem a terra apenas como um espaço geográfico lucrativo, desprezando a diversidade socioambiental, a riqueza de culturas e os conhecimentos produzidos através das dinâmicas sociais (BEZERRA, 2009).

Além disso, entre os países analisados, observa-se que, apesar da Bolívia e do Brasil manterem uma abordagem antropocêntrica frente à proteção ambiental, o Equador conseguiu atingir um marco em sua Constituição ao determinar a natureza como detentora de direito. Frente a isso, apesar do Equador também ter sua economia extremamente dependente dos produtos primários e enfrentar problemas referentes a degradação do solo por conta do ritmo intensivo de produção, é possível perceber que a expansão agropecuária ocorre em uma velocidade ainda maior na Bolívia e no Brasil – e com impactos mais desastrosos, tendo em vista as altas taxas de desmatamento que estes países têm enfrentado nos últimos anos.

Não obstante, o setor aumenta a dependência por parte dos países latino-americanos nos países Norte, considerando que estes exportam bens primários, ao par que importam tecnologias desenvolvidas através dos seus produtos exportados. Examina-se que, a longo prazo, essa relação tem um efeito reverso ao esperado – uma vez que os recursos naturais se extinguirem (o que tende a ocorrer) e a maioria das terras tornarem-se impróprias para cultivo, devido à exploração excessiva, o ritmo capitalista do agronegócio não terá como se sustentar, e os países não poderão mais contar com o papel de destaque deste setor.

Entretanto, como evidenciado por Gro Harlem Brundtland, no Relatório de Brundtland, o meio ambiente não existe em uma esfera separada das ações, ambições e necessidades humanas, assim como o desenvolvimento e o meio ambiente estão ligados em um sistema complexo de causa e efeito. O atual modelo de agronegócio empregado nos países da América Latina e apoiado pelos próprios governos, além de ser o principal causador da degradação ambiental, também causa uma falsa noção de desenvolvimento e avanço econômico. Isso pode ser observado devido a alta dependência dos países em suas matérias-primas.

Dessa forma, os países latino-americanos estão insistindo em um setor da economia insustentável a longo prazo, que está caminhando para a destruição dos ecossistemas em prol de um enriquecimento rápido e que perpetua a manutenção do sistema internacional sob o controle dos países desenvolvidos.

Com toda a análise desenvolvida neste estudo, junto ao histórico apresentado, é possível notar que as atividades do agronegócio, em especial em relação à atual expansão da fronteira agrícola para produção da monocultura de soja, estão percorrendo um caminho sem volta. A par que as pautas ambientais se fazem cada vez mais presentes nos debates internacionais, este setor latino-americano segue retrocedendo em termos de proteção da natureza.

Frente ao acelerado ritmo de produção do agronegócio para suprir a demanda de commodities, não há espaço para o meio ambiente se recuperar de maneira natural, evidenciando como este setor coloca em risco a população e negligencia os valores intrínsecos da natureza em prol de seu próprio enriquecimento.

REFERÊNCIAS

ALTMANN, P. Una Breve Historia de las Organizaciones del Movimiento Indígena del Ecuador. Antropología: Cuadernos de Investigación, n. 12, p. 105-121, 2013.

ANDRIOLI, A. I. Transnacionais e Transgênicos. Revista Espaço Acadêmico, n° 99, ano IX, 2009.

ARAÚJO, N. B.; WEDEKIN, I.; PINAZZA, L. Complexo Agroindustrial: O Agribusiness Brasileiro. São Paulo. Agroceres, 1990.

Associação Brasileira de Produtores de Soja – APROSOJA. Exportações. Disponível em: <https://aprosojabrasil. com.br/estatisticas-da-soja/exportacoes/>. Acesso em: 19 de maio de 2021.

Autoridad de Fiscalización y Control Social de Bosques y Tierra. Misión. Disponível em: <http://www.abt.gob. bo/index.php?option=com_content&view=article&id=53:mision&catid =54&Itemid=120&l ang=es>. Acesso em 28 de maio de 2021.

BENJAMIN, A. H. V. A Proteção do Meio Ambiente nos Países Menos Desenvolvidos: O Caso da América Latina. Revista de Direito Ambiental, p. 83-105, 1995.

BEZERRA, J. E. Agronegócio e Ideologia: Contribuições Teóricas. Presidente Prudente. Revista NERA, ano 12, n. 14, p. 112-124, 2009.

BHABHA, H. K. The Location of Culture. Routledge, 1994.

BOLÍVIA. (Constituição [2009]). Constituición Política del Estado (CPE) (7-Febrero 2009). Disponível em: <https://www.oas.org/dil/esp/constitucion_bolivia.pdf>. Acesso em: 16 de abr. de 2021.

BOLÍVIA. Ley N° 1715 del 18 de Octubre de 1996. Disponível em: <http://www.inra.gob.bo/InraPb/upload/ DBL-1-1- 379.pdf>. Acesso em: 26 de Abril de 2021.

BONFIM, J.; CORREIA, M. Grilagem e Desmatamento no Cerrado – Um Olhar sobre a Região Matopiba. 2020. Disponível em: <https://diplomatique.org.br/grilagem-e desmatamento-no-cerrado-um-olhar-sobre-a-regiao-matopiba/>. Acesso em: 22 de maio de 2021.

BRANDT, J. S.; TOWNSEND, P. A. Land Use – Land Cover Conversion, Regeneration and Degradation in the High Elevation Bolivian Andes. Landscape Ecology, 21(4), p. 607- 623.

BRASIL. Decreto n° 73.030, de 30 de Outubro de 1973. Disponível em: <https://www2.camara.leg.br/legin/fed/decret/1970-1979/decreto-73030-30-outubro-1973- 421650-publicacaooriginal-1-pe.html>. Acesso em: 30 de abr. de 2021.

BRASIL. Lei n° 6.938, de 31 de Agosto de 1981. Disponível em: <http://www.planalto.gov.br/ccivil_03/leis/l6938.htm>. Acesso em: 30 de abr. de 2021.

BRUNO, R. Elites Agrárias, Patronato Rural e a Bancada Ruralista. Texto de Conjuntura N° 9, Projeto de Cooperação Técnica UTF/BRA/083/BRA. Rio de Janeiro. Observatório de Políticas Públicas para a Agricultura – OPPA, 2015.

BRUNO, R. Senhores da Terra, Senhores da Guerra: A Nova Face Política das Elites Agroindustriais no Brasil. Rio de Janeiro. Mauad X; Seropédica, EDUR, 2009.

BURHENNE, W. E.; IRWIN, W. A. The World Charter for Nature: A Background Paper. International Union for Conservation of Nature and Natural Resources – IUCN, 1983.

CAVALETT, O. Análise do Ciclo de Vida da Soja. Campinas. Universidade Estadual de Campinas – Unicamp, 2008.

Centro de Estudos Avançados em Economia Aplicada – CEPEA. PIB do Agronegócio Brasileiro. Disponível em: <https://www.cepea.esalq.usp.br/br/pib-do-agronegocio brasileiro.aspx>. Acesso em: 18 de abr. de 2021.

Comissão Mundial Sobre Meio Ambiente e Desenvolvimento – CMMAD. Nosso Futuro Comum. Rio de Janeiro. Editora Fundação Getúlio Vargas – FGV, 2a Edição, 1991. Disponível em: <https://edisciplinas.usp.br/pluginfile.php/4245128/mod_resource/content/3/Nosso%20Futuro%20Comum.pdf>. Acesso em: 06 de nov. de 2020.

Comisión Económica para América Latina y el Caribe – CEPAL. Democracia, concertacion y sustentabilidad ambiental en America Latina. Santiago. CEPAL, 1990. Disponível em: <https://repositorio.cepal.org/handle/11362/29720>. Acesso em: 15 de mar. de 2021.

Comissión Económica para América Latina y el Caribe – CEPAL. La Pobreza Rural en América Latina: Lecciones para una Reorientación de las Políticas. Santiago de Chile: División Desarrollo Productivo y Empresarial Unidad de Desarrollo Agrícola, 2003.

Confederación de Nacionalidades Indígenas del Ecuador – CONAIE. Historia Organizaciones Indigenas en Nuestro País. 2014. Disponível em: <https://conaie.org/2014/07/19/historia-conaie/>. Acesso em: 02 de maio de 2021.

Confederación de Nacionalidades Indígenas del Ecuador – CONAIE. Las Nacionalidades Indígenas em el Ecuador. Nuestro Proceso Organizativo. 1989. Disponível em: <https://ecuador.fes.de/fileadmin/user_upload/pdf/0121%20NACIND1986_0121.pdf>. Acesso em: 02 de maio de 2021.

Confederación de Nacionalidades Indígenas del Ecuador – CONAIE. Quienes Somos. Disponível em: <https://conaie.org/quienes-somos/>. Acesso em: 20 de Abril de 2021.

CONSTANTE, P. S. O Buen Vivir e seus Reflexos na Construção de uma Alternativa Mundo: Olhares desde Bolívia. Anais do II Simpósio Internacional Pensar e Repensar a América Latina, 2016.

CONTRERAS-HERMOSILLA, A.; RÍOS, M. T. V. Las Dimensiones Sociales, Ambientales y Económicas de las Reformas a la Política Florestal de Bolivia. Forest Trends, 2002.

CÓRDOVA, S. A. A., et al. Impactos Ambientales y Económicos de las Plantaciones de Teca Tectona Grandis, en Ecuador. Ciencia Digital, vol. 3, n° 1, p. 118-127, 2019.

CUNHA, N. R. S., et al. A Intensidade da Exploração Agropecuária como Indicador da Degradação Ambiental na Região dos Cerrados, Brasil. Piracicaba. Revista de Economia e Sociologia Rural, v. 46, n. 2, p. 291-323, 2008.

DE ZALDÍVAR, V. From Agrarian Reform to Ethnodevelopment in the Highlands of Ecuador. Journal of Agrarian Change, 8(4), 583-617, 2008.

EQUADOR. (Constituição [2008]). Constituición del Ecuador. Disponível em: <https://www.wipo.int/edocs/lexdocs/laws/es/ec/ec030es.pdf>. Acesso em: 20 de abr. de 2021.

ESCOBARI, J.; CARO, V.; MALKY, A. Problemática Ambiental en Bolivia. La Paz: Unidad de Análisis de Políticas Sociales y Económicas, 2004.

FAUSTO, J. B. Reforma Agraria en el Ecuador. In: DURÁN, A. et al. Proceso Agrario en Bolivia y América Latina. La Paz: CIDES-UMSA, 2003.

FRANK, M. F., et al. Atlas del Agronegocio Transgénico en el Cono Sur. Buenos Aires: Acción por la Biodiversidad, 2020.

GALEANO, E. As Veias Abertas da América Latina. 12 Edição. São Paulo: L&PM. 1999.

GOMES, C. S. Impactos da Expansão do Agronegócio Brasileiro na Conservação dos Recursos Naturais. Belo Horizonte: Cadernos do Leste, Vol. 19, n° 19, 2019.

GREENPEACE BRASIL. Desmatamento no Cerrado se Concentrou no Matopiba. 2019. Disponível em: <https://www.greenpeace.org/brasil/blog/desmatamento-no-cerrado-se concentrou-no-matopiba/>. Acesso em: 23 de maio de 2021.

GUDYNAS, E. Direitos da Natureza: Ética Biocêntrica e Políticas Ambientais. Editora Elefante, 2019.

HOGAN, D. J. Dinâmica Populacional e Mudança Ambiental: Cenários para o Desenvolvimento Brasileiro. 1a Edição. Mundo Digital Gráfica e Editora, 2007.

HOLDEN, E.; LINNERUD, K.; BANISTER, D. Sustainable Development: Our Common Future Revisited. Global Environmental Change, v. 26, 2014.

HOSONUMA, H. et al. An Assessment of Deforestation and Forest Degradation Drivers in Developing Countries. Environmental Research Letters, 7(4): 044009, 2012.

Instituto Brasileiro do Meio Ambiente e dos Recursos Naturais Renováveis – IBAMA. Cadastro Técnico Federal de Atividades e Instrumentos de Defesa Ambiental (CTF/AINDA). Disponível em: <https://www.gov.br/ibama/pt br/assuntos/servicos/cadastros/cadastro-tecnico-federal-ctf/copy_of_cadastro-tecnico-federal de-atividades-e-instrumentos-de-defesa-ambiental-ctf-aida>. Acesso em: 07 de maio de 2021.

Instituto Humanitas Unisinos. Soja de Desmatamento Produzida no Cerrado Chega ao Prato de Britânicos. 2020. Disponível em: <http://www.ihu.unisinos.br/78-noticias/605017- soja-de-desmatamento-produzida-no-cerrado- chega-ao-prato-de-britanicos>. Acesso em: 22 de maio de 2021.

INTERNATIONAL UNION FOR CONSERVATION OF NATURE – IUCN. Threats to Endangered Species in Bolivia. IUCN RedList. 2020. Disponível em: <https://www.iucnredlist.org/search/stats?landRegions=BO&searchType=species>. Acesso em: 18 de abr. de 2021

JADÁN, O. et al. Relación Entre Deforestación y Variables Topográficas en un Contexto Agrícola Ganadero, Cantón Cuenca. Bosques Latitud Cero, v. 6, semestre I, 2016.

KAY, C. Algunas Reflexiones sobre los Estudios Rurales en América Latina. Íconos, n. 29, pag. 31-50, 2007.

LEMOS, H. M. O Homem e o Meio Ambiente. Fundação MUDES, Universidade Federal Fluminense, 1991.

LUQUE, M. S. La Política del Despojo: El Conflicto Territorial del Pueblo Yukpa de la Sierra de Perijá (Venezuela). TraHs n. 01, Poblaciones Vulnerables y Derechos Humanos, 2017.

MANTILLA, M. R. Y. Encadenamiento Agroalimentario: ¿Solución Sustentable de Desarrollo Rural o Consolidación del Poder Agroindustrial? Quito: FLACSO Ecuador, Eutopia, n. 2, p. 115-134, 2011.

MapBiomas. 17,5% do Brasil Já Queimou pelo menos uma vez em 15 Anos. 2020a. Disponível em: <https://mapbiomas.org/175-do-brasil-ja-queimou-pelo-menos-uma-vez-em 20-anos-2>. Acesso em: 19 de abr. de 2021.

MapBiomas. Brasil Perdeu Área de Vegetação Nativa Equivalente a 10% do Território Nacional entre 1985 e 2019. 2020b. Disponível em: <https://mapbiomas.org/noticias>. Acesso em: 19 de abr. de 2021.

MARTÍ I PUIG, S. M.; BASTIDAS, C. ¿ Ha Cambiado la Prostesta? La Coyuntura Actual de Movilizaciones em Bolivia y Ecuador. Quito: Íconos, Revista de Ciencias Sociales, p. 19- 33, 2012.

MARTÍNEZ-ALIER, J. Rumo ao Paraíso: A História do Movimento Ambientalista. Rio de Janeiro: Relume-Dumará, 1992.

MAYORGA, J. Producción, Comercialización y Rentabilidad del Cacao CCN 51 (Theobroma cacao L.) y su Relación con la Economía del Cantón La Maná. Cotopaxi: Ed. Unidad Académica de Ciencias Administrativa y Humanísticas, 2011.

MEADOWS, D. et al., The Limits to Growth. Universe Books, 1972.

MILANI, C. R. S. Ecologia política, movimentos ambientalistas e contestação transnacional na América Latina. Salvador: Caderno CRH, vol. 21, n. 53, 2008.

Ministério da Agricultura, Pecuária e Abastecimento – MAPA. Projeções do Agronegócio. Brasil 2019/20 a 2029/30: Projeções de Longo Prazo. Brasília: 11a edição, 2020.

MINISTÉRIO DO MEIO AMBIENTE. Biodiversidade Brasileira. Disponível em: <https://antigo.mma.gov.br/ biodiversidade/biodiversidade-brasileira.html>. Acesso em: 18 de abr. de 2021.

MONDARDO, M. No Território do Agronegócio à Luta pelo Retorno Ao Tekoha: O Conflito Territorial Envolvendo Guaranis-Kaiowás e Fazendeiros no Mato Grosso do Sul. Revista Geonorte, Edição Especial 3, v. 7, n. 1, p. 767-781, 2013.

MURPHY, S.; BURCH, D.; CLAPP, J. El Lado Oscuro del Comercio Mundial de Cereales: El Impacto de las Cuatro Grandes Comercializadores Sobre la Agricultura Mundial. Informes de Investigación de Oxfam, 2012.

MUSETTI, A. M. B. La Problematica Agraria en la Provincia del Cotopaxi – Ecuador. Foz do Iguaçu: Instituto Latino-Americano de Economia Sociedad y Politica (ILAESP), 2014.

OSPINA, P. El Naufragio de Uma Promesa: La Redistribuición Agraria em la Revolución Cidadana. Quito: SIPAE, Tierra Urgente, 2011.

PAMPLONA, J. B.; CACCIAMALI, M. C. O Paradoxo da Abundância: Recursos Naturais e Desenvolvimento na América Latina. Estudos Avançados vol. 31, n. 89, São Paulo, 2017.

PEGORARE, A. B. et al. Panorama do Agronegócio na América Latina: Uma Análise Exploratória (2000-1015). Revista Brasileira de Agropecuária Sustentável (RBAS), v. 7, n. 1, p. 59-72, 2017.

PÉREZ LUNA, M. No Todo Grano que Brilla es Oro – Una Análisis de La Soya en Bolivia. La Paz: Cedla, 2007.

PINO, E. A. Huasipungo. Disponível em: <http://www.enciclopediadelecuador.com/historia del-ecuador/ huasipungo/>. Acesso em: 02 de maio de 2021.

PORTO-GONÇALVES, C. W. A Ecologia Política na América Latina: Reapropriação Social da Natureza e Reinvenção dos Territórios. Revista Internacional Interdisciplinar INTERthesis, vol. 09, n. 01, 2012.

POTT, C. M.; ESTRELA, C. C. Histórico Ambiental: Desastres Ambientais e o Despertar de um Novo Pensamento. Estudos Avançados, v. 31, no. 89, 2017.

PRADO, M. L. A Formação das Nações Latino-Americanas. 6a Edição. São Paulo: Atual Editora, 1986.

Programa das Nações Unidas para o Desenvolvimento – PNUD. Informe sobre Desarrollo Humano 2020 – La Próxima Frontera: Desarrollo Humano y el Antropoceno – Estado Plurinacional de Bolivia. Disponível em: <http://hdr.undp.org/sites/all/themes/hdr_theme/country-notes/es/BOL.pdf>. Acesso em: 27 de abr. de 2021.

RAMSAR CONVENTION SECRETARIAT. Los Humedales de Importancia Internacional. 2014. Disponível em: <https://redamazonica.org/2020/05/la-repam-llama-a una- accion-urgente-y-unificada/>. Acesso em: 18 de abr. de 2021.

SANTOS, M.; GLASS, V. (org.). Atlas do Agronegócio: Fatos e Números sobre as Corporações que Controlam o que Comemos. Rio de Janeiro. Fundação Heinrich Böll & Fundação Rosa Luxemburgo, 2018.

SCHAVELZON, S. El Nacimiento del Estado Plurinacional de Bolivia: Etnografía de una Asamblea Constituyente. La Paz: Plural Editores, 2012.

SILVA, E. C. A. Povos Indígenas e o Direito à Terra na Realidade Brasileira. São Paulo: Serviço Social & Sociedade, n. 133, 2018.

SIMMONS, M. R. Revisiting The Limits to Growth: Could the Club of Rome Have been Correct, After All? An Energy White Paper, 2000.

SOTELO, D. O. Aproximaciones a la Pachamama, al Sumak Kawsay y al Jopói: Hacia uma Ética Ambiental de Inspiración Indoamericana. Ludus Vitalis, vol. XXII, n. 41, p. 227- 253, 2014.

STRONG, M. "Stockholm Plus 30, Rio Plus 10: Creating a New Paradigm of Global Governance". In: SPETH, J. G. Worlds Apart: Globalization and the Environment. 2nd ed. Island Press, 2003.

THIAGO, L. R. L. S. et al. Pecuária de Ciclo Curto – Conceito de Boi Verde/Amarelo. Campo Grande: Embrapa Gado de Corte, 2002. Disponível em: <https://www.beefpoint.com.br/pecuaria-de-ciclo-curto-conceito-do-boi-verdeamarelo 5189/>. Acesso em 29 de maio de 2021.

THIAGO, L. R. L. S.; SILVA, J. M. Soja na Alimentação de Bovinos. Campo Grande: Embrapa Gado de Corte, Circular Técnica, 31, 2003. Disponível em: <https://ainfo.cnptia.embrapa.br/digital/bitstream/item/104635/1/Soja-na-alimentacao-de bovinos.pdf>. Acesso em: 29 de maio de 2021.

United Nations Conference on Trade and Development – UNCTAD. State of Commodity Dependence 2014. Geneva: United Nations, 2015. Disponível em: <https://unctad.org/system/files/official- document/suc2014d7_en.pdf>. Acesso em: 19 de mar. de 2021.

United Nations Environment Programme – UNEP. The State of Biodiversity in Latin America and the Caribbean: A Mid-Term Review of Progress Towards the Aichi

Biodiversity Targets. 2016. Disponível em: <https://www.cbd.int/gbo/gbo4/outlook-grulac en.pdf>. Acesso em: 28 de abr. de 2021

UNITED NATIONS GENERAL ASSEMBLY (37th sess.: 1982-1983). World Charter for Nature. Nova York: United Nations, 1982. Disponível em: <https://digitallibrary.un.org/record/39295?ln=en>. Acesso em: 03 de nov. de 2020.

VAKIS, R.; RIGOLINI, J.; LUCCHETTI, L. Los Olvidados: Pobreza Cronica en América Latina y el Caribe – Resumen Ejecutivo. Washington: Banco Mundial, Licencia: Creative Commons de Reconocimiento CC By 3.0, 2015 Disponível em: <https://openknowledge.worldbank.org/handle/10986/21552?locale-attribute=es>. Acesso em: 30 de maio de 2021.

VALLE, L. M. De la Hacienda al Agronegocio: Agricultura y Capitalismo en Ecuador. In: Capitalismo: Tierra y Poder em América Latina (1982-2012): Bolivia, Colombia, Ecuador, Perú, Venezuela. CLACSO, v. 2, p. 123-258, 2014.

VALLE, L. M. Clientelismo en los Agronegocios de Ecuador: Empresarios y Trabajadores Rurales. Revista Europea de Estudios Latinoamericanos y del Caribe, n. 107, pag. 75-94, 2019.

VASCONCELOS, A. et al. Illegal Deforestation and Brazilian Soy Exports: The Case of Mato Grosso. Trase – Transparency for Sustainable Economies, ICV – Instituto Centro de Vida, Imaflora, Issue Brief, n° 4, 2020.

VEDEND, H.; PREVOST, G. Politics of Latin America. The Power Game. Nova York: Oxford University Press, 2015.

VOS, V. A. et al. Biodiversidad en Bolivia: Impactos e Implicaciones de La Apuesta por el Agronegocio. La Paz: Mundos Rurales, n° 15, pag. 25-48, 2020.

WOOD, H. W. Jr., 1985. The United Nations World Charter for Nature: The Developing Nations' Initiative to Establish Protections for the Environment. Berkeley: Ecology Law Quarterly, v. 12, n. 4, p. 977-996, 1985.

World Commission on Environment and Development – WCED. Report on the World Comission on Environment and Development: Our Common Future. 1987. Disponível em: <https://sustainabledevelopment.un.org/content/documents/5987our-common future.pdf>. Acesso em: 06 de nov. de 2020.

WWF Brasil. Soja. Disponível em: <https://www.wwf.org.br/natureza_brasileira/reducao_de_impactos2/agricultura/agr_soja/>. Acesso em: 29 de maio de 2021.

XAVIER, G. L. Agronegócio e Capitalismo Dependente na América Latina: O Caso Brasileiro. Vitória: Argumentum Artigo, v. 9, n. 2, p. 147-160, 2017.

ANÁLISE COMPARATIVA ENTRE OS SISTEMAS AFRICANO E EUROPEU DE PROTEÇÃO DOS DIREITOS HUMANOS

Autora:

Arinéia Barbosa de Macedo[1]

RESUMO

O tema proposto em tela apresenta uma análise comparativa entre os sistemas africano e europeu de proteção dos direitos humanos. O estudo sobre os sistemas africano e europeu de proteção de direitos humanos, não tem o objetivo de esgotar todo o assunto, mas entender o funcionamento de ambos os sistemas. Os sistemas regionais de proteção de direitos humanos têm como fundamento a Declaração Universal de Direitos Humanos de 1948 e o que é interessante entre eles é a finalidade em comum: a proteção dos direitos humanos em seus respectivos continentes em atenção às culturas e tradições. O objetivo do capítulo é acarear os sistemas regionais com as convergências e divergências de como cada um trabalham para garantir e proteger o mínimo dos direitos humanos. Por fim, a finalidade é comparar os sistemas regionais africano e europeu de proteção de direitos humanos.

Palavras-chave: sistema africano, sistema europeu, direitos humanos.

ABSTRACT

The proposed theme on screen presents a comparative analysis between the African and European systems of human rights protection. The study on the African and European systems for the protection of human rights does not aim to exhaust the entire subject, but to understand the functioning of both systems. Regional human rights protection systems are based on the 1948 Universal Declaration of Human Rights, and what is interesting

---

[1]   Mestranda em Ciências Jurídicas pela Ambra University – EUA. Especialista em Processo Judiciário Penal pela ESA/OAB-AM. Bacharel em Direito pelo Uninorte/AM. Escrivã de Polícia Civil do Estado do Amazonas.

among them is their common purpose: the protection of human rights on their respective continents with regard to cultures and traditions. The objective of the chapter is to confront regional systems with the convergences and divergences of how each one works to guarantee and protect the minimum of human rights. Finally, the purpose is to compare the African and European regional human rights protection systems.

Keywords: African system, European system, human rights.

INTRODUÇÃO

É fundamental para aquele que estuda o direito aprender, além do sistema interamericano, outros sistemas regionais de proteção de direitos humanos, quais sejam: o africano e europeu. Todos os sistemas regionais de proteção de direitos humanos têm como base a Declaração Universal de Direitos Humanos, constituída pela Assembléia Geral da Organização das Nações Unidas – ONU em 1948.

O tema análise comparativa entre os sistemas regionais africano e europeu de proteção de direitos humanos tem sua relevância porque há pouco estudo comparativo entre esses sistemas envolvendo esses continentes, o que pode ser interessante para servir de apoio para outros pesquisadores que queiram estudar mais sobre o assunto e leitores que queiram adquirir conhecimento sobre o assunto.

No caso em questão, quando se trata sobre direitos humanos, os países envolvidos nesse assunto, procuram garantir o mínimo de proteção e fazer valer o cumprimento do que foi estabelecido em Carta ou Convenção. Para melhor compreensão da pesquisa, adotar-se-á o método comparativo e a metodologia qualitativa, onde serão destacados os principais pontos convergentes e divergentes de ambos os sistemas de proteção de direitos humanos.

Assim, com a utilização da pesquisa qualitativa e método comparativo, o prosseguimento do presente capítulo iniciará com um breve estudo sobre os aspectos gerais sobre direitos humanos, que é suma importância, devido à duplicidade de proteção que possui: interna e internacional. Dentro desse contexto, será explanado sobre o sistema regional africano de proteção de direitos humanos, que teve início com a Carta de Banjul, sendo fundamental no que se refere aos direitos humanos no continente africano.

Também, será exposto sobre o sistema europeu de proteção de direitos humanos que de todos os sistemas de proteção conhecidos, o sistema europeu é considerado, segundo a doutrina, o mais avançado e moderno, o qual foi de fato inserido em 1950 com o surgimento da Convenção Europeia de Direitos Humanos.

Por fim, será realizado um esboço sobre os principais e importantes pontos convergentes e divergentes dos sistemas regionais africano e europeu de proteção de direitos humanos, sendo que o principal objetivo de ambos é a proteção dos direitos do ser humano, não importando a nacionalidade ou condição, pois é suficiente a condição de pessoa humana para reclamar a ofensa aos direitos garantidos em tratados, convenções e cartas depois da Segunda Guerra Mundial.

ASPECTOS GERAIS SOBRE DIREITOS HUMANOS

Em reação às barbaridades praticadas pelo nazismo sob comando de Adolf Hitler e a pavorosa violação de direitos humanos, surgiu o direito internacional dos direitos humanos em meados do século XX, no Pós Segunda Guerra Mundial. Assim, foi necessária uma reparação sobre a importância dos direitos humanos, pois com a Segunda Guerra Mundial os direitos humanos foram rompidos e o valor da pessoa humana negados.

Ao ensinar sobre o direito internacional dos direitos humanos, Bilder citado por Piovesan (2008, p.2) afirma que:

> *"(...) O Direito Internacional dos Direitos Humanos consiste em um sistema de normas internacionais, procedimentos e instituições desenvolvidas para implementar esta concepção e promover o respeito dos direitos humanos em todos os países, no âmbito mundial. (...) Embora a idéia de que os seres humanos têm direitos e liberdades fundamentais que lhe são inerentes tenha há muito tempo surgido no pensamento humano, a concepção de que os direitos humanos são objeto próprio de uma regulação internacional, por sua vez, é bastante recente. (...) Muitos dos direitos que hoje constam do "Direito Internacional dos Direitos Humanos" surgiram apenas em 1945, quando, com as implicações do holocausto e de outras violações de direitos humanos cometidas pelo nazismo, as nações do mundo decidiram que a promoção de direitos humanos e liberdades fundamentais deve ser um dos principais propósitos da Organizações das Nações Unidas".*

Pode-se dizer que o direito internacional dos direitos humanos evoluiu com a admissão de instrumentos de proteção a partir da declaração de 1948, proporcionando a universalização desses direitos. O sistema internacional de proteção dos direitos humanos é composto pelos tratados internacionais de proteção que demonstram a percepção ética compartilhado pelos Estados.

A constituição atual e moderna de direitos humanos foi implementada em 1948 com a Declaração Universal de Direitos Humanos, acompanhada de um conceito atual e caracterizada pela universalidade e indivisibilidade. A universalidade reside no fato de que os direitos humanos são extensíveis a todas as pessoas, tendo como principal condição para tomar posse desses direitos é ser humano. No que tange a indivisibilidade significa que todos os direitos previstos sejam eles civis, econômicos, culturais, sociais e políticos, não se dividem e são interligadas, ou seja, quando esses direitos são transgredidos, os outros também o são.

Além do conjunto normativo geral de proteção dos direitos humanos, nasce também o conjunto normativo de proteção no campo regional em especial na América, África e Europa. Esses sistemas regionais relacionam-se com o sistema global de proteção dos direitos humanos, visando garantir o exercício dos direitos fundamentais.

SISTEMA AFRICANO DE PROTEÇÃO DOS DIREITOS HUMANOS

O sistema de proteção dos direitos humanos na África deu início com a aprovação da Carta Africana em 1981 pela Conferência dos Chefes de Estado e de Governo da Organização de Unidade Africana, em Banjul, Gâmbia, conhecida também como a Carta de Banjul, mas somente entrou em vigência no ano de 1986.

É considerado o sistema mais novel que propõe resultados excelentes, pois é o único sistema que inseriu na mesma Carta os direitos civis, sociais, culturais, políticos e econômicos. Percebe-se que no sistema africano de proteção dos direitos humanos não há diferença entre esses direitos, mas há igualmente a atribuição de direitos e deveres para todos sob jurisdição da Comissão Africana de Direitos Humanos.

O sistema africano de proteção dos direitos humanos abrange dois órgãos de mecanismos de proteção que são: a Comissão africana de direitos humanos e a Corte africana de direitos humanos e dos povos.

Cumpre ressaltar que o artigo 2º do Protocolo adicional à Carta de Banjul estabelece que a Corte Africana e a Comissão deverão trabalhar em conjunto na incumbência de garantir e proteger os direitos humanos fundamentais do povo africano.

COMISSÃO AFRICANA DE DIREITOS HUMANOS E DOS POVOS

A Carta de Banjul prevê a partir do artigo 30 à 63 as medidas de salvaguarda, que tratam da composição, organização e competência da Comissão Africana de Direitos Humanos que tem a finalidade em proporcionar e garantir os direitos do homem e dos povos no continente africano.

A comissão africana com sede na Gâmbia e em funcionamento desde 1987 é composta por onze membros com mandato de seis anos, são escolhidos dentre as personalidades africanas de alta moralidade, imparcialidade e competentes para apreciar a matéria de direitos humanos.

É importante destacar a competência da comissão africana de direitos humanos no sentido de promover e proteger os direitos humanos e dos povos na realização de tarefas na elaboração princípios, pareceres, estudos, regras e relatórios decorrentes de violação dos direitos fundamentais previstos na Carta Africana.

CORTE AFRICANA DE DIREITOS HUMANOS

Com o propósito de aprimorar os mecanismos de proteção dos direitos humanos foi aprovada a Resolution On The African Commission On Human And Peoples' Rights (AHG/Res.230) realizada na Tunísia em 1994 onde iniciou-se a criação da Corte Africana de direitos humanos. Foi solicitado ao Secretário Geral da União Africana a convocação de uma reunião para aumentar a eficiência da Comissão Africana no sentido de estabelecer um Tribunal Africano de Direitos Humanos e dos Povos.

A partir de então, com a reunião de peritos governamentais em 1997, foi dada a abertura dos trabalhos para formular o protocolo adicional à Carta de Banjul sobre a criação de uma Corte Africana dos Direitos do Homem e dos Povos.

Assim, para que atingissem o objetivo da Carta Africana, que é promover e proteger os direitos garantidos na referida Carta, foi instituída a Corte Africana de Direitos Humanos e dos Povos cuja organização, competência e funcionamento são dirigidos pelo Protocolo adicional.

Em relação à criação da Corte Africana de direitos humanos, é interessante mencionar que haviam duas correntes, como explica Mutua citado por Nascimento (2012, p. 111):

> "(...) Uma corrente sustentava que a Corte deveria ser estabelecida o mais rapidamente possível para salvar o sistema de sua irrelevância quase total e obscuridade. As deficiências normativas e institucionais do Sistema Africano seriam tão incapacitantes que somente a criação de uma Corte efetiva de Direitos Humanos poderia iniciar seu processo de redenção.
>
> Por outro lado, a outra corrente vislumbrava o trabalho do Sistema Africano principalmente como de promoção e não judicante. Segundo esta visão, o maior problema na África seria a falta de conscientização da população em geral dos seus direitos e dos processos para reivindicar esses direitos. Os defensores dessa corrente argumentavam que o sistema regional deveria primeiramente educar o público com a promoção dos direitos humanos, sendo a tarefa de proteção, que incluiria a criação de uma Corte de direitos humanos, menos urgente (...)".

A Corte Africana é composta de onze juízes de conduta íntegra, experiência jurídica e acadêmica, não podendo ser da mesma nacionalidade. Esses juízes são eleitos para um mandato de seis anos e podendo ser reelegíveis mais uma vez.

As competências da Corte Africana estão definidas nos artigos 3º e 4º do Protocolo adicional à Carta de Banjul, que estabelecem a competência contenciosa e consultiva. A competência contenciosa diz respeito a competência em razão da matéria e pessoa, onde a legitimidade recai sobre a Comissão Africana em demandar perante à Corte. Já a competência consultiva refere-se na questão da interpretação o qual a Corte Africana é competente para interpretar e elaborar parecer sobre assuntos de direitos humanos e os que estão previstos na Carta Africana.

É importante mencionar que assim como no sistema europeu de proteção dos direitos humanos, em que os indivíduos tem amplo acesso à Corte Europeia, também no sistema africano os indivíduos têm acesso à Corte Africana. No entanto, em relação ao acesso à Corte Africana, é necessário cumprir requisitos de admissibilidade previstos no artigo 56 da Carta Africana.

CARTA AFRICANA DOS DIREITOS HUMANOS E DOS POVOS

A Carta de Banjul veio promover a liberdade e proteção dos direitos humanos na esfera do continente africano, contribuindo para além da promoção regional africano e completar a questão dos direitos humanos, como explica Bacião (2020, p. 68):

> "A Carta de Banjul veio preencher uma grande lacuna em matéria de proteção de direitos humanos na África. Só para ter uma ideia, antes da entrada em vigor da Carta Africana, havia na África graves violações de direitos humanos. Os Estados africanos davam mais importância aos princípios da Soberania e da não interferência nos assuntos internos dos paises do que na dignidade da pessoa humana. Como corolário a OUA manteve-se indiferente a graves violações dos direitos humanos. Com a entrada em vigor da Carta de Banjul, buscou-se reduzir o nível de violação de direitos humanos. A Carta Africana constitui, sem lugar a duvidas, um contributo sobremaneira importante para a proteção, promoção e o respeito de direitos humanos na África".

Sendo o principal instrumento do sistema africano de proteção de direitos humanos, a Carta de Banjul, além do preâmbulo, está divida em: parte I – Direitos e Deveres; parte II – Das medidas de salvaguarda; e parte III – Disposições Diversas.

No teor preambular da Carta Africana de Direitos Humanos destaca-se que os objetivos essenciais são: a liberdade, igualdade, justiça e dignidade. É uma espécie de guia para os assuntos apresentados na Carta. Destarte, que apesar de ser um norte para as questões relacionadas aos direitos humanos no continente africano, pode ser uma barreira a direitos recentes. Nesse sentido, Andrade (1994, p. 35) ensina que:

> "(...) Exemplo pertinente é o que respeita à democracia. O então Secretário-Geral da OUA quando da criação da Carta Africana, afirmava que esta rejeitava o argumento de que a experiência democrática fosse incompatível com a história dos povos africanos, uma vez que o seu

preâmbulo reconhecia a dimensão universal dos direitos humanos, tanto os civis e políticos, quanto os econômicos, sociais e culturais".

Percebe-se que na Carta de Banjul não há menção à democracia. Ainda, Andrade (1994, p.36) cita que: "Assim sendo, há de ser certa precaução quando da leitura do preâmbulo da Carta de Banjul devendo-se sempre tentar precisar a extensão jurídico-política do que nele está disposto, assim como compreender o contexto no qual ele foi escrito".

A primeira parte da Carta Africana é dividida em dois capítulos: I – dos direitos humanos e dos povos, composto por 26 artigos; e II – dos deveres, composto por três artigos (27° a 29°). Como se pode verificar, o primeiro dever citado na Carta Africana é em relação à família, o que não é inovador. No entanto, os deveres em relação ao próximo, pode-se dizer ser arriscado porque poderá ocorrer restrição de direitos, é que afirma Andrade (1994, p.44):

"Ao analisar os reais propósitos dos deveres enunciados na Carta Africana, duas amplas categorias são estabelecidas quais sejam: uma que engloba os deveres que podem ser considerados como correlativos de direitos; e outra que restringe o gozo de alguns direitos. i.e., dispositivos limitadores disfarçados de deveres".

Dessa forma, nem todos os deveres dispostos na Carta de Banjul conseguem ser implantados, pois, além de limitarem direitos, podem trazer uma ameaça por parte dos Estados participantes, como, por exemplo, o dever do indivíduo em servir a comunidade, pode abrir espaço para o trabalho forçado.

No capítulo I há o comprometimento dos Estados Membros da Organização da Unidade Africana (OUE) em reconhecerem os direitos, deveres e liberdades dispostos na Carta.

Os deveres mencionados na Carta de Banjul tratam-se de uma novidade importante porque de acordo com Pires (1999, p.345) "são descritos, ao arrepio da pura ortodoxia da doutrina dos direitos do homem, que visa proteger os direitos e liberdades do indivíduo face ao Estado, sem impor deveres".

A Carta Africana, a partir do artigo 64 a 68 tratam das disposições diversas, que é ponto final da Carta. O que se pode destacar da parte final da Carta é o procedimento previsto no artigo 68 onde a Carta pode ser emendada ou revista através de solicitação escrita ao Secretário-Geral da Organização da Unidade Africana caso um Estado parte solicite.

Destaca-se que a Carta de Banjul apresenta no corpo do texto um conjunto de proteção de direitos humanos de forma coletiva, ou seja, os indivíduos têm deveres perante a família e sociedade, sempre respeitando os direitos de outras pessoas, visando o bem-estar comum.

SISTEMA EUROPEU DE PROTEÇÃO DOS DIREITOS HUMANOS

Devido várias monstruosidades e barbaridades, que aconteceram durante a Segunda Guerra Mundial, além do desprezo aos direitos do ser humano, foi necessária a criação de um sistema que protegesse os direitos mínimos da pessoa humana. Assim, o sistema regional europeu de proteção de direitos humanos nasceu ao final da Segunda Guerra Mundial com a reunião de diversos países europeu em Londres, com a expectativa de estabelecer no continente europeu um modelo de proteção de direitos humanos a todos os países europeus.

Consequentemente, em 1949, nasce o Conselho da Europa onde a primeira tarefa foi a formação do documento de proteção de direitos humanos, mas para que essa proteção se tornasse efetiva, foi criada a Convenção Europeia de Direitos Humanos que entrou em vigência no ano de 1953 que hoje é o principal instrumento e principal tratado que governa o sistema regional europeu.

O principal objetivo da Convenção Europeia é fixar a proteção máxima dos direitos humanos no continente europeu, que segundo Trindade e Piovesan citados por Mazzuoli (2010, p.33): "(...) sistema europeu de direitos humanos aparece como a esperança de se implantar naquele Continente um standard mínimo de proteção afeto a todos os países do bloco".

Assim, dentre todos os sistemas regionais conhecidos, o sistema europeu de proteção dos direitos humanos é o mais avançado, moderno e consistente, desempenhando uma importância entre os outros sistemas regionais.

CONVENÇÃO EUROPEIA DE DIREITOS HUMANOS

Como já citado no trabalho, a Convenção Europeia de Direitos Humanos é osurgiu para dar uma real e efetiva proteção aos direitos humanos, devido falta de detalhes no primeiro documento de proteção de direitos humanos do Conselho da Europa. A Convenção Europeia, aprovada em 1950 e ratificada em 1953, é considerada o principal modelo de proteção de direitos humanos e é organizada em três partes: Título I – Direitos e liberdades (artigo 2º ao artigo 18); Título II – Tribunal europeu dos direitos do homem (artigo 19 ao artigo 51); e Título III – disposições diversas (artigo 52 ao artigo 59).

No sistema regional europeu a Convenção Europeia foi finalizada com diversos protocolos dispondo sobre direitos materiais, tais como: proteção dos direitos do homem e das liberdades fundamentais em relação a proteção da propriedade; proibição da prisão por dívidas; proibição da expulsão de nacionais; proibição de expulsão coletiva de estrangeiros; abolição da pena de morte; pena de morte em tempo de guerra; direito a duplo grau de jurisdição em matéria penal; indenização em caso de erro judiciário; não ser julgado ou punido mais de uma vez (princípio do non bis in idem) e igualdade conjugal.

Esses protocolos têm a função de manter ativa e moderna a Convenção, pois estão fundamentados nos direitos conquistados e protegidos na Declaração dos Direitos Humanos de 1948. Por isso, que a Convenção Europeia é considerada como arrojada no campo internacional dos direitos humanos.

CORTE EUROPEIA DE DIREITOS HUMANOS

No sistema europeu de proteção dos direitos humanos havia a Comissão Europeia de direitos humanos que era independente, composta por especialistas e sua atribuição era selecionar e analisar a admissibilidade das petições e encaminhá-las à Corte Europeia.

A partir do advento do protocolo número 11 em 1998, o regulamento do sistema europeu de proteção dos direitos humanos passou por uma renovação em que, de forma definitiva, a Corte Europeia tornou-se competente para analisar e admitir as petições não somente dos Estados-partes, mas também das Organizações Não Governamentais e de indivíduos de qualquer nacionalidade submetido à jurisdição do Estado que compõe o sistema europeu. Nesse sentido, Mazzuoli (2010, p.42 e 43) explica que:

> *"Esse direito de petição direta perante a Corte Europeia tem dimensão estritamente "internacional", posto que os indivíduos passam a ter a titularidade desse direito a prescindir de qualquer reconhecimento por parte do Estado no âmbito do seu direito interno. (...) Para a Corte Europeia tal direito, mais que um direito de cunho internacional, é um direito que (a partir do Protocolo nº 11) opera em nível supranacional, pois permite aos indivíduos fazerem valer ante a Corte os direitos garantidos pela Convenção, sem qualquer necessidade de declaração ou disposição normativa interna nesse sentido".*

Ressalte-se que, com essa evolução do sistema regional europeu de permitir o acesso de indivíduos na Corte Europeia para requerer seus direitos previstos na Convenção, o número de litígios teve um aumento elevado, isso é considerado um problema em decorrência desse progresso. É como explicam Gasparoto e Sala (2015, p.29):

> *"Todavia, apesar da alegação de que uma reforma no sistema europeu daria maior agilidade na execução dos trabalhos – devido à demora na resolução dos casos deste sistema – ao longo do tempo o que se observa é um revés na situação. Justamente com o aumento de Estados que aceitaram a competência do Tribunal Europeu de Direitos Humanos, e a possibilidade de a pessoa demandar diretamente perante este tribunal, há um aumento significativo no número de demandas".*

O acesso do indivíduo perante a Corte Europeia, com certeza, é um êxito, um progresso, como afirma Trindade (1997, p.170): "Uma das grandes conquistas da proteção internacional dos direitos humanos, em perspectiva histórica, é sem dúvida o acesso dos indivíduos às instâncias internacionais de proteção e o reconhecimento de sua capacidade processual internacional em casos de violações dos direitos humanos".

É importante citar também que na Corte Europeia os números de juízes é igual ao número dos Estados-partes e todas as decisões são fundamentadas e encaminhadas ao Comitê de Ministros, conforme prevê o artigo 49 da Convenção. E não se pode deixar de informar, ainda, que a Corte Europeia têm competências de caráter contenciosa e consultiva.

Entende-se que na competência contenciosa as decisões são vinculantes e declaratórias, ou seja, os Estados-partes da Convenção estão sujeitos às decisões da Corte. Sobre isso, Dupuy e Matscher citados por Mazzuoli (2010, p. 47) ensinam que:

> As sentenças da Corte Europeia (já se disse) são juridicamente vinculantes, devendo os Estados, nos casos em que forem partes, dar seguimento (no seu direito interno) ao conteúdo da decisão (art. 46, § 1º). Tal significa que as sentenças da Corte têm autoridade de coisa julgada (antigo art. 53 da Convenção e art. 46 do Protocolo nº 11). À evidência, devem as mesmas ser também fundamentadas. Uma vez emitida, a sentença definitiva é transmitida ao Comitê de Ministros, que é o órgão executivo do Conselho de Europa responsável pela supervisão de sua execução (art. 46, § 2º). O Comitê irá verificar, na prática, se as medidas adotadas pelo Estado réu refletem corretamente as obrigações impostas na sentença.

Já em relação à natureza declaratória, significa que quando há uma demanda perante a Corte Europeia, esta declara se o ato descrito no requerimento descumpriu ou não as normas da Convenção Europeia.

No desempenho da competência consultiva, prevista no artigo 48 e definida no artigo 47 da Convenção, a Corte emite pareceres referentes a assuntos jurídicos em relação à interpretação Convenção e dos protocolos. No entanto, essas emissões de opinião são limitadas e não podem recair sobre matéria ou à dimensão dos direitos e liberdades previstas na Convenção e protocolos, tampouco sobre temas que podem ser sujeitas ao Comitê de Ministros. Essas restrições foram criticadas pela doutrina, pois entenderam que a competência consultiva da Corte Europeia foi excessivamente limitada.

PONTOS CONVERGENTES E DIVERGENTES DOS SISTEMAS AFRICANO E EUROPEU DE DIREITOS HUMANOS

Atualmente, há três sistemas regionais de direitos humanos: africano, europeu, americano, sendo estes os principais sistemas que têm a mesma finalidade e com várias formalidades. Há ainda outros dois sistemas como bem pontua Oliveira citado por Piovesan et al (2018, pág. 93): "Embora estes sejam os principais sistemas regionais, ainda existem o sistema Árabe e o sistema Asiático, um proveniente da adoção da Carta Árabe de direitos humanos em 1994 e outro da Carta Asiática de Direitos Humanos em 1997, respectivamente (...)".

Assim, os sistemas regionais de proteção de direitos humanos foram estabelecidos quando os Estados dos continentes africano e europeu admitiram a importância dos direitos fundamentais que é primordial para a instituição do Estado democrático de direito.

O presente estudo não tem a finalidade de exaurir todas as diferenças e semelhanças, pois são diversos e já foram apresentados no referido capítulo, mas serão apresentados os pontos mais relevantes do que é convergente e divergente entre os sistemas africano e europeu de proteção dos direitos humanos.

Pontos convergentes

a) A finalidade tanto do sistema regional africano quanto do sistema regional europeu é proteger os direitos humanos;

b) Encaram barreiras e empecilhos, pois o sistema africano terá que no decorrer do tempo comprovar sua eficiência, por ser sistema novo e devido o histórico de desrespeito dos direitos humanos. No caso do sistema europeu o maior problema é a quantidade exorbitante de solicitações perante a Corte Europeia, devido o acesso de indivíduos perante a Corte com a finalidade de fazer valer o direito violado;

c) Tanto a Carta Africana e quanto a Convenção Europeia de direitos humanos possuem protocolos adicionais que incluem outros direitos substanciais;

d) Ambos os sistemas procuram preservar as características, culturas dos respectivos continentes e lutam pelo progresso e implementação de proteção dos direitos fundamentais e do bem-estar;

e) Os sistemas africano e europeu as jurisdições são de natureza consultiva e contenciosa;

a) O sistema africano foi o único que incluiu os direitos econômicos, sociais, civis e políticos num mesmo documento que foi a Carta Africana. No sistema europeu preferencialmente protegem apenas os direitos individuais e políticos, já os direitos sociais foram incluídos por meio de protocolos adicionais;

b) A composição de membros na Corte Europeia é igual ao dos Estados-partes da Convenção. Já na Comissão Africana, o número de membros é definido na Carta e é composto por onze membros;

c) A Carta de Banjul apresenta uma proteção de direitos humanos de forma coletiva, enquanto que a Convenção Europeia apresenta um formato mais individualista e liberal;

d) Nos sistemas africano e europeu de proteção de direitos humanos apesar dos indivíduos terem acesso à respectiva Corte, em relação ao sistema africano, os indivíduos têm acesso aos casos desde percorram todos os requisitos de admissibilidade prevista no artigo 56 da Carta Africana.

CONCLUSÃO

Pelo exposto, como já citado no trabalho, os sistemas regionais de proteção de direitos humanos são fundamentados na Declaração Universal de Direitos Humanos, constituída pela Assembléia Geral da Organização das Nações Unidas – ONU em 1948.

Especificamente, quando se analisa sobre direitos humanos, os países envolvidos nesse contexto procuram garantir o mínimo de proteção e fazer valer o direito do que foi acordado em Carta ou Convenção, lutam para a promoção e efetivação do bem-estar das pessoas dos respectivos continentes. Assim, o estudo sobre direitos humanos é suma importância, tendo em vista que fornece uma dupla proteção de cunho interno e internacional.

O sistema regional africano de proteção de direitos humanos, iniciado com a Carta de Banjul, trouxe um avanço em relação aos direitos humanos e dos povos na África, que de forma única e respeitando as tradições africanas, inseriu todos os direitos possíveis num só documento: direitos civis, políticos, econômicos, sociais, culturais, ou seja, permanecendo de forma fiel o que está mencionado na Declaração Universal dos Direitos Humanos.

Também, o sistema europeu de proteção de direitos humanos é considerado, segundo a doutrina, o mais avançado e moderno, com o nascimento da Convenção Europeia de Direitos Humanos, que é um instrumento eficaz e de abrangente aceitação no sistema europeu de proteção de direitos humanos.

Por fim, tendo em vista que os sistemas de proteção de direitos humanos têm suas próprias características, dentre os pontos mais importantes de convergência e divergência, o principal e o mais importante propósito de ambos é a proteção dos direitos do ser humano, não atentando para situação da pessoa ou país de origem, pois devido o princípio da universalidade previsto na Declaração Universal de Direitos Humanos, basta a condição de ser humano para reclamar a violação aos direitos fundamentais.

REFERÊNCIAS BIBLIOGRÁFICAS

Andrade, J. H. F. (1994). O sistema africano de proteção dos direitos humanos e dos povos. África, (16-17), 23-57. Disponível em: https://www.revistas.usp.br/africa/article/view/96035/95278. Acesso em: 6 out. 2021

Angola. Ministério da Justiça e dos Direitos Humanos. Carta africana dos direitos humanos e dos povos. Disponível em: http://www.servicos.minjusdh.gov.ao/files/publicacoes/brochuras/cartaafricana.pdf. Acesso em: 12 out.2021

Bacião, D.N.H. (2020). O sistema africano de proteção de direitos humanos: análise crítica. Consultado em: http://periodicos.unesc.net/dirhumanos/article/view/5687/5364. Acesso em: 6 out. 2021

França, Estrasburgo. (1950). Convenção Europeia dos Direitos do Homem. Disponível em: https://www.echr.coe.int/documents/convention_por.pdf. Acesso em: 14 out.2021

Gasparoto, A.L; Sala, J. B. (2015). O sistema europeu de proteção dos direitos humanos. Revista do Instituto Brasileiro de Direitos Humanos, (15), 17-36. Disponível em: http://revista.ibdh.org.br/index.php/ibdh/article/view/301. Acesso em: 06 nov. 2021

Mazzuoli, V.O. (2010). O sistema regional europeu de proteção dos direitos humanos. Disponível em: https://portaldeperiodicos.unibrasil.com.br/index.php/cadernosdireito/article/view/2684/2255. Acesso em: 14 out. 2021

Nascimento, M.A.R.(2012). O acesso do indivíduo às instâncias de proteção do sistema africano de proteção dos direitos do homem e dos povos. Consultado em: https://www.uhumanas.uniceub.br/rdi/article/view/1560/1571. Acesso em: 6 out. 2021

Piovesan, F. (2018). Declaração Universal dos Direitos Humanos: desafios contemporâneos. Revista de Direito Internacional e Direitos Humanos da UFRJ. V.1, n. 1, 2018. Disponível em: https://revistas.ufrj.br/index.php/inter/article/viewFile/24600/13664. Acesso em: 15 out. 2021.

Piovesan, F. C.; Quetes, R.B.; Ferraz, M.O.K. (2018). Violação aos direitos humanos dos trabalhadores e os sistemas regionais de proteção. Revista espaço jurídico, Joaçaba, v. 19, n. 1, p. 87-112, jan./abr. 2018. Disponível em: https://portalperiodicos.unoesc.edu.br/espacojuridico/article/view/12848/. Acesso em 16 nov. 2021

Piovesan, F. (2008). Tratados Internacionais de Proteção aos Direitos Humanos: jurisprudência do STF. 2008. Disponível em: www.oas.org/es/sadye/inclusion-social/protocolo-ssv/docs/piovesan-tratados.pdf. Acesso em: 11 out. 2021.

Pires, M.J.M. (1999). Carta africana dos direitos humanos e dos povos. Documentação e direito comparado nº 79/80. Disponível em: http://www.dhnet.org.br/direitos/sip/africa/ua_pires_carta_africana_direitos_povos.pdf. Acesso em: 6 out. 2021

Trindade, A.A.C. (1997). Dilemas e desafios da proteção internacional dos direitos humanos no limiar do século XXI. Disponível em: https://www.scielo.br/j/rbpi/a/nKZwK7WVq9Khfhn7K8WTnBR/?format=pdf&lang=pt. Acesso em: 16 out. 2021

OPINIO JURIS E JUS COGENS: UMA ANÁLISE DAS DECISÕES DAS CORTES INTERNACIONAIS DE DIREITOS HUMANOS NA CONSOLIDAÇÃO DAS NORMAS IMPERATIVAS DO DIREITO INTERNACIONAL

Autora:

Kimberly Coelho de Oliveira[1]

RESUMO

A formação do costume internacional a partir do opinio juris se apresenta como uma importante oportunidade para o desenvolvimento do conceito das normas imperativas de direito internacional, também chamadas de jus cogens. Ante a ausência de um rol taxativo de normas a serem consideradas imperativas na Convenção de Viena do Direito dos Tratados de 1969, a jurisprudência internacional tem-se valido dos elementos formadores do costume para a elevação de normas ao status de jus cogens: a prática estatal e o opinio juris. Embora não haja muito debate acerca do papel da prática estatal na formação do direito consuetudinário, o opinio juris tem sido objeto de controvérsias na doutrina. As decisões de tribunais internacionais, portanto, servem o importante papel de consolidação de práticas estatais acompanhadas do senso de obrigação legal como normas imperativas de direito internacional, das quais não se permite derrogação.

PALAVRAS CHAVE: Direito consuetudinário. Opinio Juris. Tribunais Internacionais. Jus Cogens.

---

1   Pós-graduanda em Ética e Direitos Humanos pela Faculdade Vicentina. Bacharel em Relações Internacionais pelo Centro Universitário Curitiba. Graduanda em Direito pelo Centro Universitário Curitiba. Integrante da Clínica de Direito Internacional do UNICURITIBA. Pesquisadora. Email: oliveirakim@outlook.com

ABSTRACT

The formation of international custom based on opinio juris presents itself as an important opportunity for the development of the concept of imperative norms of international law, also called jus cogens. Given the absence of an exhaustive list of norms to be considered imperative in the 1969 Vienna Convention on the Law of Treaties, international jurisprudence has used the elements that form the custom to elevate norms to the status of jus cogens: state practice and opinio juris. Although there is not much debate about the role of state practice in the formation of customary law, opinio juris has been the subject of controversy in the doctrine. The decisions of international courts, therefore, serve the important role of consolidating state practices accompanied by a sense of legal obligation as imperative norms of international law, from which no derogation is allowed.

KEY-WORDS: Customary law. Opinio Juris. International Courts. Jus Cogens.

INTRODUÇÃO

A construção das normas internacionais tem se baseado comumente a partir das fontes formais enquanto evidências da vontade dos Estados, e o costume. Este, por sua vez, tem origem na prática estatal ou pelo opinio juris.

As normas imperativas do direito internacional, ou normas jus cogens, são o objeto de longa discussão doutrinária. A ausência de previsão expressa em documentos internacionais quanto à delimitação do conceito se apresenta como uma oportunidade para a expansão do direito internacional consuetudinário. Nesse sentido, o presente trabalho tem como objetivo relacionar as posições doutrinárias com os entendimentos jurisprudenciais a partir do método indutivo.

A impossibilidade de derrogação é a grande característica das normas peremptórias, e tal característica se apresenta como elemento fundamental para a sua diferenciação em relação às demais normas internacionais.

Vê-se um crescente interesse da comunidade internacional em estabelecer critérios para a classificação das normas internacionais, a exemplo dos trabalhos liderados pela Comissão de Direito Internacional das Nações Unidas com o special rapporteur Dire Tladi na busca por critérios objetivos já estabelecidos nos ordenamentos jurídicos nacionais dos Estados.

Ainda, tem-se apresentado cada vez mais relevantes as interpretações oferecidas pelos tribunais internacionais acerca dos conceitos abstratos do direito internacional, visando aumentar a proteção de direitos humanos com perspectiva universalista.

Nessa toada, o crescente diálogo entre cortes internacionais também se mostra como elemento fundamental na consolidação do conceito, vez que as cortes regionais de direitos humanos buscam aplicar conceitos definidos pela CIJ e por outras cortes regionais, com vistas à uniformização.

O presente estudo é embasado na pesquisa quantitativa e exploratória, tendo como base as decisões das cortes europeia e interamericana de direitos humanos em relação à matéria. Para tanto, parte-se também de um delineamento bibliográfico doutrinário a fim de expor as discussões e questionamentos levantados a partir do método indutivo.

O presente artigo abster-se de incluir as decisões proferidas pela Corte Internacional de Justiça, apenas referenciando trechos de julgamentos para abordar com maior profundidade as instâncias regionais.

Para melhor compreensão, o trabalho parte da explanação dos conceitos de opinio juris e jus cogens, para em um segundo momento apresentar as interpretações oferecidas pelas cortes quanto às obrigações assumidas pelos Estados a partir da afirmação de determinadas normas como comumente aceitas através da prática geral no âmbito da comunidade internacional.

OPINIO JURIS

Opinio juris é a curta versão da frase em Latim ''opinio juris sive necessitati'' (Cornell, 2021), ou ''uma opinião da lei ou necessidade'' em português. A opinião da lei, portanto, garante que os atos estatais com base em suas crenças estejam em conformidade com as suas obrigações (Fard, 2017).

Matignon explica que o direito internacional consuetudinário refere-se às obrigações internacionais decorrentes de práticas internacionais estabelecidas, em contraposição às obrigações decorrentes de convenções e tratados formais; o costume, portanto, é resultante da prática geral e consistente dos Estados que seguem um senso de obrigação legal (Matignon, 2019).

O artigo 38 (1) (b) do Estatuto da Corte Internacional de Justiça colocou como fonte de Direito o ''costume internacional, como evidência de uma prática geral aceita como lei''. O costume internacional é entendido pela doutrina como constituído por dois elementos distintos: um elemento objetivo, qual seja a prática internacional, e um elemento subjetivo, descrito como ''a convicção de que tal prática é de direito e aceita como tal'' (Trindade, 2002, pág. 8).

Em diversos casos da Corte Internacional de Justiça vê-se a aplicação do entendimento da prática estatal e o opinio juris como sendo os dois elementos que compõem o costume internacional (CIJ, 1985; CIJ, 1969).

A concepção de fonte de direito advinda da vontade comum dos Estados foi duramente criticada pela Escola da Teoria Pura do Direito de Hans Kelsen e seus seguidores como Paul Guggenheim (Kelsen, 1939; Guggenheim, 1953) - que defendiam que apenas o elemento objetivo seria suficiente para criar o costume uma vez que este era facilmente comprovado (Schreuer, 1977, pag.113). Alegavam também que não se poderia provar objetivamente que a prática adotada pelo Estado seria baseada em uma crença subjetiva de existência de obrigação legal para a adoção da medida (Fard, 2017).

Ainda que que não seja um consenso quanto à noção de opinio juris (Cornell, 2021), o entendimento do elemento subjetivo como fonte do Direito Internacional ainda é predominantemente aceito (Trindade, 2002).

Shahrad defende que a opinião de lei cumpre uma importante e necessária função na formação e aceitação do direito consuetudinário, e ainda, que na ausência do opinio juris, a formação do costume internacional poderia ser considerada incompleta (Fard, 2017).

Ressalta-se que a prática estatal deve ser uniformemente adotada pelos Estados não por mera conveniência, coincidência ou interesse político, mas sim por um sentimento genuíno de obrigação legal (Matignon, 2019).

Dahlman (2012) afirma que o requisito da prática estatal estabelecida ser comumente aceita entre os Estados é justificado pelo importante papel de prevenção de práticas gerais indesejadas se tornarem costume.

Ainda que a prática estatal seja generalizada e comumente aceita, ela por si só não é suficiente para a formação do costume, sendo indispensável a presença do opinio juris em conjunto (CIJ, 1969)

O comportamento adotado por um Estado pode ser entendido como um componente psicológico, porquanto refere-se à escolha da atitude estatal em relação a uma regularidade comportamental de outros Estados (Goldsmith; Posner, 2005)

No caso Nicaragua v. Estados Unidos da Corte Internacional de Justiça, esclareceu-se que

> [...] for a new customary rule to be formed, not only must the acts concerned 'amount to a settled practice', but they must be accompanied by opinio juris sive neccessitatis. Either the States taking such action or other States in a position to react to it, must have behaved so that their conduct is evidence of a belief that the practice is rendered obligatory by the existence of a rule of law requiring it. The need for such belief..the subjective element, is implicit in the very notion of opinio juris sive neccessitatis. (CIJ,1986)

Matignon expõe que o caráter psicológico do Estado quanto à existência do sentimento de obrigação é dificilmente identificado e provado, no entanto, apresenta uma variedade de fontes que podem ser usadas para demonstrar a existência de opinio juris, como a correspondência diplomática, comunicados de imprensa e outras declarações de política governamental, manuais oficiais sobre questões jurídicas, legislação nacional e decisões judiciais internacionais, documentos legais endossados pelo Estado, resoluções e declarações das Nações Unidas, entre outras (Matignon, 2019).

No entanto, os documentos elaborados por entidades não-estatais - a exemplo de comunicados de imprensa e manuais jurídicos - não devem ser automaticamente retratados como prática estabelecida. Alcala ressalta a importância de diferenciar as opiniões de atores não-estatais com o que os Estados consideram suas obrigações legais de acordo decorrentes do direito consuetudinário (Alcala, 2021).

Alcala (2021) também alerta para o risco que a assunção da avaliação não-estatal como posicionamento do Estado, que além de ser juridicamente incorreto, pode acarretar na interrupção do processo de formação do direito consuetudinário de tal maneira que mine a lei.

Casella (2013) aponta que a emergência e consolidação de conceitos como opinio juris e jus cogens (Riedmatten, 1976) são evidências materiais da busca por valores comunitários, ou princípios universais, que possam orientar instituições internacionais e sistemas legais. Ainda, segundo o autor, não seria por acaso que tais conceitos levantam polêmicas e desencadeiam discussões doutrinárias sobre o próprio conteúdo do conceito, bem como os possíveis níveis de implementação e os efeitos que podem trazer sobre o cenário jurídico internacional.

JUS COGENS

A Convenção de Viena sobre o Direito dos Tratados de 1969 trouxe em seu artigo 53 a definição de uma norma jus cogens como sendo uma norma aceita e reconhecida pela comunidade internacional dos Estados como um todo, da qual nenhuma derrogação é permitida e que só pode ser modificada por uma norma posterior de direito internacional geral com o mesmo caráter.

A referida convenção, no entanto, não apresentou um rol de normas a serem consideradas como imperativas, de modo que ficou à cargo do direito internacional consuetudinário e da doutrina a construção do conceito.

Para Thirlway (2019, pag. 1963), o jus cogens pode ser entendido como as normas que independem de qualquer acordo, presentes nas ordens jurídicas nacionais, antecedendo até mesmo a comunidade internacional.

Hossain (2005, pag. 73) esclarece que as normas imperativas seriam correspondentes a uma norma fundamental de política internacional da qual não se pode derrogar, só podendo ser substituída por uma norma posterior de igual status. Para o autor, isso significa dizer que a posição das normas jus cogens são hierarquicamente superiores às demais normas do direito internacional.

Bianchi (2008, pag. 494) ressalta que as normas jus cogens transformaram o entendimento da hierarquia das normas a partir de seu conteúdo e valores, e não mais a partir de sua fonte, tendo sido uma mudança fundamental na compreensão e valoração das normas internacionais.

A importância da construção jurisprudencial do conceito ante o vácuo deixado pelas convenções é esclarecido por Tams (2005, pag. 144), que apresenta o papel das cortes como não somente capazes de atestar a existência de normas peremptórias, mas também de definir e estabelecer critérios para a conceituação.

Ainda que não haja consenso sobre um rol exaustivo de normas peremptórias, Bartsch e Elberling (2003, p. 484) colocam a proibição de determinados crimes de guerra, incluindo a proibição de assassinado de civis como prevalente sobre qualquer outra norma, a partir do entendimento de que tal proibição limita o instituto da imunidade dos Estados. É esse também o posicionamento adotado por Doyle (2018, pag. 228) que coloca a proibição do genocídio como uma forma de proteção dos valores básicos universais como o reflexo dos compromissos da sociedade internacional em proteger e punir as piores atrocidades humanas.

No mesmo sentido, Bassiouni (1996, pag. 64) entende que a aplicação decorrente do jus cogens se atrela às obrigações, e não direitos opcionais dos Estados, que mesmo em tempos de guerra não se podem derrogar. Destarte, certos crimes internacionais são considerados como violações ao jus cogens, ou ainda, obrigações erga omnes aos Estados na garantia de jurisdição universal.

Kai (2018, p. 2635) vai além e elenca sete normas de direitos humanos que teriam alcançado o status de jus cogens: a proibição do genocídio; da escravidão; assassinato ou desaparecimento forçado; tortura e outros tratamentos cruéis e degradantes; detenção arbitrária prolongada; discriminação racial; ou um padrão reiterado de violação de direitos humanos internacionalmente reconhecidos.

Interessante ressaltar o posicionamento de Mik (2013, pag. 34-35), que entende as normas internacionais imperativas como aquelas atinentes às condutas, regulando direitos e obrigações substantivas dos sujeitos de Direito Internacional, sem no entanto, implementar a responsabilidade internacional.

Zenovic (2011, pag. 15-17) se posiciona como crítico, entendendo que o jus cogens apenas evidencia o status quo político e legal da comunidade internacional, enquanto Weatherall (2015, pag. 121-122) defende que o conceito de jus cogens é composto por valores e interesses comuns na sociedade internacional, repousando nos elementos da moralidade e universalidade.

Para evidenciar as diferenças entre o costume internacional e as normas de jus cogens, Ohlin (2018, pag. 13) classifica as normas peremptórias como superprincípios, de modo que apenas após o costume internacional alcançar o consenso universal, as práticas estatais e estivesse consolidado nas opinio juris, só então poderia ser elencado na classe das normas jus cogens.

Desse modo, evidencia-se o papel fundamental dos tribunais internacionais para a construção e consolidação do conceito, como se verá adiante.

CORTE EUROPÉIA DE DIREITOS HUMANOS

O sistema regional com o maior número de decisões judiciais é o sistema europeu de proteção de direitos humanos, com uma base de dados com mais de 60 mil casos. Cinco key cases são fundamentais para entender o posicionamento da Corte em relação ao jus cogens: Al-Adsani v. Reino Unido, Jones e Outros v. Reino Unido, Al-Dulimi and Montana Management Inc v. Suíça, Baka v. Hungria, e Nait-Liman v. Suíça.

AL-ADSANI V. REINO UNIDO

Em 2001, o autor Sulaiman Al-Adsani, um britânico-kuwaitiano, alegou perante à Corte Europeia que a decisão do governo britânico de conceder imunidade ao Estado do Kuwait em um procedimento legal doméstico violava o seu direito de não ser torturado e negava ao autor o acesso a um tribunal.

Segundo os fatos apresentados pelo autor (CEDH, 2001, parag.9) perante a corte doméstica inglesa, ele teria ido ao Kuwait em 1991 para auxiliar na defesa contra o Iraque. Depois da expulsão das tropas iraquianas do solo kuwaitiano, ele teria sido sequestrado sob a mira de armas de fogo pelo Sheik Jaber Al-Sabah Al-Saud Al-Sabah e levado até a residência do Emir.

O autor afirma ter sido vítima de torturas como espancamento, queimaduras e a simulação de afogamento. Ao retornar ao Reino Unido em 1992, o autor instaurou um processo na Inglaterra por indenização contra o Sheikh e o Estado do Kuwait por lesões à sua saúde física e mental causadas pela tortura sofrida no Kuwait em maio de 1991 e ameaças contra sua vida e bem-estar feitas após o seu regresso ao Reino Unido em 17 de Maio de 1991 (CEDH, 2001, parag.11-13).

Em 1994, a Corte de Apelação inglesa decidiu que com base nas alegações de Al-Adsani, existiriam elementos convincentes para a responsabilização estatal do Kuwait, de modo a afastar a imunidade prevista na seção (1) do Ato de Imunidade Estatal de 1978 (CEDH, 2001, parag.16).

A Alta Corte, no entanto, reverteu a decisão e em 1995 decidiu que os procedimentos domésticos contra o Kuwait deveriam ser anulados. O tribunal considerou que o requerente não tinha estabelecido em equilíbrio das probabilidades que o Estado do Kuwait era responsável pelas ameaças feitas quando o autor já se encontrava no Reino Unido. A questão, então, era, se a imunidade do Estado poderia ser aplicada em relação aos alegados eventos ocorridos no Kuwait (CEDH, 2001, parag.17).

Não foi a primeira vez que a Câmara dos Lordes foi confrontada sobre o assunto, tendo decidido em ex parte Pinochet (House of Lords, 1999) que a proibição da tortura teria adquirido o estatuto de norma jus cogens:

> *A natureza de jus cogens do crime internacional de tortura justifica is Estados assumirem jurisdição universal sobre a tortura, onde quer que ela tenha sido cometida. O Direito Internacional prevê que crimes jus cogens podem ser punidos por qualquer Estado porque os infratores são "inimigos comuns de toda a humanidade e todas as nações têm igual interesse em sua apreensão e julgamento."(House of Lords, 1999)*

Após a recusa ao recorrente de recorrer pela Câmara dos Lordes, e as negativas de obter compensação do Kuwait através dos canais diplomáticos, o autor peticionou à Corte Europeia (CEDH, 2001, parag.19).

A Corte, em sua decisão, relembrou que apesar do desenvolvimento da prática Estatal e legislações internas em matéria de imunidades dos Estados, de que a imunidade deveria ser negada no caso de morte ou lesão corporal resultante de atos de um Estado em violação de direitos humanos caráter de jus cogens, em particular a proibição na tortura, ainda era prevalente a práticas das cortes nacionais:

> *[...] como o próprio grupo de trabalho reconheceu, embora os tribunais nacionais tenham, em alguns casos, mostrado alguma simpatia pelo argumento de que os Estados não tinham o direito de pleitear imunidade quando houvesse uma violação das normas de direitos humanos com o caráter de jus cogens, na maioria dos casos (incluindo os citados pelo requerente nos processos internos e perante o Tribunal), a alegação de imunidade soberana teve êxito (CEDH, 2001, parag.62).*

Apesar de reconhecer a proibição da tortura como norma peremptória, a Corte se absteve de determinar a hierarquia de normas no caso de um procedimento civil, entendendo que a prevalência de normas de jus cogens só era aceita em processos criminais. A concessão de imunidade ao Estado do Kuwait, portanto, não foi considerada uma restrição ao acesso do autor a um tribunal (CEDH, 2001, parag.61).

JONES E OUTROS V. REINO UNIDO

Somente 22 anos depois, em 2014, outro caso seria julgado pela Corte e considerado um key case na matéria de jus cogens.

O caso de Jones e Outros v. Reino Unido teve origem em duas petições separadas, ambas apresentadas em 2006: a primeira de Ronald Grant Jones, e a segunda de Alexander Hutton Johnston Mitchell, William James Sampson e Leslie Walker.

Segundo os fatos apresentados pelo autor Jones (CEDH, 2014, parag.7-10) nas cortes domésticas, enquanto trabalhava na Arábia Saudita no ano de 2001, ele ficou ferido em decorrência da explosão de uma bomba na cidade de Riyadh. Ele alegava que havia sido levado do hospital por agentes estatais sauditas que o mantiveram em cativeiro por sessenta e sete dias, e que durante esse período teria sido vítima de tortura, ainda, indicou o torturador como sendo o Coronel Abdul Aziz. Ao retornar para o Reino Unido, o autor teria sido submetido a um exame médico que constatou que ele tinha ferimentos compatíveis com seu relato e onde foi diagnosticado com transtorno de estresse pós-traumático grave.

Em 2002 Ronald Grant Jones iniciou um procedimento cível na Inglaterra contra o Ministério do Interior do Reino da Arábia Saudita e o indivíduo que ele identificava como seu torturador. A Alta Corte doméstica entendeu que a Arábia Saudita tinha direito à imunidade prevista na seção (1) do Ato de Imunidade Estatal de 1978, ainda, restou decidido que Abdul Aziz, enquanto agente estatal, também tinha o mesmo direito à imunidade (CEDH, 2014, parag.9-10).

A segunda aplicação (CEDH, 2014, parag.11-13) relatava que os três autores teriam sido presos na cidade de Riyadh entre os meses de dezembro de 2000 e fevereiro de 2001. Eles alegavam terem sido vítimas de tortura contínua e sistemática durante o tempo que estiveram em custódia.

Ao retornarem ao Reino Unido em 2003, os três autores obtiveram laudos médicos que concluíram que seus ferimentos eram compatíveis com seus relatos. Os requerentes decidiram instaurar um processo na Alta Corte contra os quatro indivíduos que consideraram responsáveis: dois polícias, o vice-governador da prisão onde foram detidos e o Ministro do Interior que teria sancionado a tortura.

O Ministro da corte doméstica decidiu recusar o pedido dos autores com base em sua decisão anterior em relação ao Sr. Jones. Os casos de Ronald Grant Jones, Alexander Hutton Johnston Mitchell, William James Sampson e Leslie Walker foram reunidos na Corte de Apelação inglesa, que decidiu indeferir a apelação contra a decisão de permitir o procedimento contra o Reino Saudita, permitindo, no entanto, a apelação quanto à recusa de permissão em cada caso para demandar os réus individuais (CEDH, 2014, parag.12).

Segundo o argumento apresentado pelo Lorde Hoffmann:

> *"não havia conflito automático entre a proibição de jus cogens sobre a tortura e a lei da imunidade do Estado: a imunidade do Estado era uma regra processual e a Arábia Saudita, ao reivindicar imunidade, não justificava a tortura, mas apenas contestava a jurisdição dos tribunais ingleses para decidir se ele usou tortura ou não. [...] Para Lord Hoffmann, um conflito só poderia surgir se a proibição da tortura tivesse gerado uma norma processual acessória que, a título de exceção à imunidade do Estado, autorizava um Estado a assumir jurisdição civil sobre outros Estados. Como Lord Bingham, ele descobriu que as autoridades citadas não mostravam nenhum apoio no direito internacional para tal regra." (CEDH, 2014, parag.35)*

Os autores alegavam que a concessão de imunidade em processos cíveis ao Reino da Arábia Saudita constituía uma interferência desproporcional no seu direito de acesso a um tribunal (CEDH, 2014, parag.166).

A Corte Europeia decidiu manter sua abordagem anterior do caso de Al-Adsani, decidindo que a concessão de imunidade à Arábia Saudita buscava o objetivo legítimo de cumprir o direito internacional para promover boas relações entre Estados através do respeito à soberania de outro Estado (CEDH, 2014, parag.195).

Observou-se também que, embora não tenha sido constatada a violação do direito dos requerentes, os desenvolvimentos nas normas de jus cogens significavam que a da imunidade do Estado em processos civis precisava ser mantida sob revisão pelos Estados (CEDH, 2014, parag. 210).

AL-DULIMI AND MONTANA MANAGEMENT INC V. SUÍÇA

O caso Al-Dulimi trouxe à Corte novamente a discussão sobre jus cogens, afastando, no entanto, a discussão em torno da tortura e trazendo o confisco de ativos financeiros ao centro da discussão.

A aplicação foi feita em nome de Khalaf M. Al-Dulimi, um cidadão iraquiano, e a empresa Montana Management Inc, uma empresa com sede no Panamá da qual Khalaf era diretor (CEDH, 2016, parag. 1).

Segundo a narrativa apresentada na corte doméstica, Khalaf M. Al-Dulimi era o diretor de finanças para o serviço secreto iraquiano durante o regime de Saddam Hussein, e que também atuava como diretor da Montana Management Inc (CEDH, 2016, parag. 10).

Que após a invasão do Kuwait pelo Iraque e a adoção da Resolução 661 e 670 do Conselho de Segurança que solicitava que os Estados-membros e não membros das Nações Unidas aplicassem embargos contra o Estado iraquiano e qualquer recurso kuwaitiano confiscado pelo Iraque. Afirmam os autores que o Conselho Federal Suíço, país que à época ainda não era membro das Nações Unidas, adotou um regulamento prevendo medidas econômicas contra a República do Iraque, e que tal determinação teria resultado no congelamento dos ativos dos requerentes desde então (CEDH, 2016, parag. 11-14).

Os autores alegaram que o confisco de seus ativos financeiros pelas autoridades suíças decorrentes da resolução do Conselho de Segurança das Nações Unidas teria sido ordenado sem qualquer procedimento que obedecesse às previsões do artigo 6 da Convenção Europeia de Direitos Humanos (CEDH, 2016, parag. 26).

O argumento apresentado pelos autores era de que:

> *Em caso de conflito entre as obrigações da Suíça ao abrigo da Carta e as decorrentes da Convenção Europeia dos Direitos do Homem ou do Pacto Internacional sobre os Direitos Civis e Políticos, as obrigações da Carta prevalecem, em princípio, sobre esta última, uma vez que o recorrente de facto não negou . Ele considera, entretanto, que este princípio não é absoluto. Em sua opinião, as obrigações decorrentes da Carta, em particular as impostas pela Resolução 1483 (2003), perdem o seu caráter vinculativo se violarem as regras de jus cogens. O recorrente argumenta que as garantias processuais ao abrigo do artigo 14.º do PIDCP e do artigo 6.º da CEDH constituem normas de jus cogens. Ele sustenta que, ao violar essas salvaguardas, a Resolução 1483 (2003) deve perder o seu efeito vinculativo (CEDH, 2016, parag. 7.3-8).*

A Corte, no entanto, entendeu que apesar do papel central que as garantias de um julgamento justo e o direito de acesso a um tribunal para os fins do Artigo 6 § 1º ocupam, tais garantias não possuem o caráter de normas jus cogens (CEDH, 2016, parag. 81).

Ao negar a discussão de mérito no âmbito nacional sobre a validade da Resolução do Conselho de Segurança, a Suíça alega (CEDH, 2016, parag. 85) que tal medida era essencial para garantir a eficiente implementação dos embargos determinados pela Resolução. O tribunal doméstico ainda apresentou a defesa de que as decisões nacionais devem ser de acordo com a Carta das Nações Unidas e decisões tomadas pelo Conselho de Segurança da ONU, em respeito à primazia absoluta de obrigações decorrentes destes sobre qualquer outra norma de direito internacional, exceto aquelas com o caráter de jus cogens.

Ainda, a Corte decidiu que a recusa das cortes nacionais suíças de discutirem a legalidade do confisco perseguia um objetivo legítimo, no caso manter paz e segurança. E que à luz das circunstâncias do caso, havia uma relação razoável da proporcionalidade entre o fim almejado e os meios empregados para o atingir (CEDH, 2016, parag. 129).

BAKA V. HUNGRIA

Em 2016 à Corte foi apresentado o caso do Sr. András Baka, no qual alegava a violação do direito de acesso a um tribunal para contestar a rescisão prematura de seu mandato como Presidente da Suprema Corte húngara. Ele também alegava que seu mandato tinha sido encerrado como resultado das opiniões e posições que ele expressou publicamente na posição de Presidente da Suprema Corte, em relação às reformas legislativas que afetavam o judiciário (CEDH, 2016, parag.3).

Segundo os fatos narrados, em 22 de junho de 2009 o Sr. Baka foi eleito Presidente da Suprema Corte para um mandato de seis anos. Que entre as suas atribuições estava a obrigação estatutária de expressar opiniões sobre as propostas parlamentares que afetassem o sistema judiciário (CEDH, 2016, parag.12-13).

Ainda segundo a narrativa do peticionante, no ano de 2011, durante discursos proferidos no Parlamento húngaro, o autor manifestou a sua opinião em relação a diversos projetos de lei apresentados, tendo se colocado firmemente contrário em especial em relação a uma proposta de diminuição da idade de aposentadoria compulsória para magistrados (CEDH, 2016, parag.18-19).

Que ainda no ano de 2011 foi aprovada pelo Parlamento a proposta que alterava a nomenclatura da Suprema Corte, e que posteriormente emendas constitucionais foram aprovadas com a intenção de retirá-lo do seu cargo três anos e meio antes do marco final (CEDH, 2016, parag.24 e 33).

Ele argumentou que sua demissão foi o resultado de legislação em nível constitucional, privando-o de qualquer possibilidade de revisão judicial, inclusive pela Corte Constitucional, resultando numa violação do art. 6º da Convenção Européia (CEDH, 2016, parag. 88).

Especial destaque se dá ao entendimento adotado

Equally irrelevant for the Court is the classification of the principles of independence of the judiciary, the irremovability of judges and access to a court for the protection of such irremovability as a matter of customary international law or even jus cogens. For the Court, it suffices to affirm the existence of such principles in general international law, in Council of Europe law and, in particular, in the Convention. The Court does not go so far as to state explicitly that the above-mentioned principles are general principles of law recognised by civilised nations, but implicitly acknowledges it. (CEDH, 2016, parag.19)

Neste sentido, o direito contido no artigo 6º da Convenção foi considerado de tal importância, ainda que a Corte tenha se abstido de declarar-lá jus cogens, que determinou-se a uma '' revisão judicial da legislação nacional, incluindo a legislação constitucional, em prol da proteção efetiva e não ilusória dos direitos humanos na Europa" (CEDH, 2016, parag. 21).

NAIT-LIMAN V. SUÍÇA

Em 2018 o caso de Abdennacer Naït-Liman novamente trouxe à Corte o debate acerca da prática de torura e imunidade estatal. Segundo o autor, em abril de 1992 ele teria sido preso pela polícia italiana na cidade de Gênova e levado até o consulado da Tunísia, onde oficiais do governo tuniasiano o teriam recebido e levado até a Tunísia. Lá, teria sido torturado e arbitrariamente detido sob supervisão do então Ministro do Interior (CEDH, 2018, parag. 14-15).

Após ter sido submetido à prática de tortura na Tunísia durante o período de 24 de abril a 1 de junho de 1992, no ano seguinte o autor fugiu para a Suíça, onde requisitou asilo. (CEDH, 2018, parag.17). Ao tomar conhecimento que o Ministro do Interior estava recebendo tratamento médico na Suíça, o autor apresentou uma queixa criminal contra ele com o Promotor Público Principal da República e do Cantão de Genebra, por lesões corporais graves, detenção ilegal, insultos, perigo à saúde, coerção e abuso de autoridade. O requerente solicitou a adesão a este processo como parte civil buscando indenização. (CEDH, 2018, parag. 19).

O autor recorreu ao Supremo Tribunal Federal, na qual solicitou que se pronunciasse que os tribunais da República e o Cantão de Genebra tinham jurisdição territorial e para encontrar que os réus não gozavam de imunidade de jurisdição (CEDH, 2018, parag.29).

O governo suíço apresentou propostas descrevendo a ação da República da Tunísia após a queda do regime em janeiro de 2011, a fim de estabelecer uma nova democracia e um sistema político baseado no respeito pelos direitos humanos e pelo Estado de Direito. Foi considerada a possibilidade de apresentar reclamações aos novos tribunais estabelecidos era o meio mais direto e "natural" de promover reconciliação, restabelecimento da paz social e melhoria da prevenção, enquanto respeitando também as medidas tomadas para reparar os danos causados às vítimas. (CEDH, 2018, parag. 31)

Seguindo os casos de Al-Adsani e Jones e Outros, a Corte a restrição ao pedido de indenização em uma ação civil por atos de violência ocorridos na Tunísia não tinha sido desproporcional. Explicando ainda que "o Estado réu não era obrigado a aceitar a jurisdição civil universal sob outras normas do direito internacional, apesar da natureza indiscutível de jus cogens da proibição da tortura no direito internacional". (CEDH, 2018, parag. 129).

CORTE INTERAMERICANA DE DIREITOS HUMANOS

Tanto a Comissão como a Corte Interamericana já tiveram a oportunidade de se manifestarem quanto à caracterização de determinadas normas como jus cogens.

Em 2009, a Comissão emitiu um informe sobre a situação dos povos indígenas guaranis e as formas contemporâneas de escravidão na região do Chaco boliviano (CIDH, 2009).

No informativo, ipisi litteris:

> *La prohibición de la esclavitud y prácticas similares forman parte del derecho internacional consuetudinario y del jus cogens. La protección contra la esclavitud es una obligación erga omnes y de obligado cumplimiento por parte de los Estados, que emana de las normativas internacionales de derechos humanos. Asimismo, la esclavitud y el trabajo forzoso, practicados, por funcionarios públicos o particulares, en contra de cualquier persona, constituyen no solo una violación de los derechos humanos, sino también representan un delito penal internacional independientemente de que un Estado haya ratificado o no las convenciones internacionales que prohíben estas prácticas*

A indicação expressa da proibição da escravidão e práticas similares estabelece um importante precedente no Sistema Interamericano. Importante também é a ênfase dada a caracterização do trabalho forçado como um delito penal internacional, passível de apuração pela comunidade internacional.

Já a Corte abordou a temática em 2016, no julgamento do Caso Trabalhadores Da Fazenda Brasil Verde Vs. Brasil. No Relatório de mérito elaborado pela Comissão (CIDH, 2011),

> *A Comissão afirmou que o Direito Internacional proíbe a escravidão, a servidão, o trabalho forçado e outras práticas análogas à escravidão. A proibição da escravidão e de práticas similares forma parte do Direito Internacional consuetudinário e do jus cogens. A proteção contra a*

escravidão é uma obrigação erga omnes e de cumprimento obrigatório por parte dos Estados, a qual emana das normas internacionais de direitos humanos. A proibição absoluta e inderrogável de submissão de pessoas a escravidão, servidão ou trabalho forçado está também estabelecida na Convenção Americana e em outros instrumentos internacionais dos quais o Brasil é parte (CIDH, 2016, parag. 209)

Ainda que extremamente relevantes, as manifestações da Comissão são, por natureza, soft law, incapazes, por si só, de gerar obrigatoriedade. A reafirmação inderrogabilidade da proibição da escravidão pela Corte se mostra essencial para a formação de uma jurisprudência sólida no Sistema Interamericano, capaz de gerar precedentes vinculantes aos demais Estados americanos.

No caso em questão, a argumentação da Corte se valeu de convenções internacionais ratificadas pelo Brasil e do entendimento da Corte Internacional de Justiça, fortalecendo o diálogo entre cortes internacionais.

A partir de então, vários tratados internacionais tem reiterado a proibição da escravidão, a qual é considerada uma norma imperativa do Direito Internacional (jus cogens), e implica em obrigações erga omnes de acordo com a Corte Internacional de Justiça. No presente caso, todas as partes reconheceram expressamente esse status jurídico internacional da proibição da escravidão. Além disso, tanto o Brasil como a maioria dos estados da região são parte da Convenção sobre a Escravatura de 1926 e da Convenção Suplementar sobre a Abolição da Escravatura de 1956 (CIDH, 2016, parag. 249)

Também no caso Herzog e Outros v. Brasil, em 2018 a Corte Interamericana entendeu que a proibição de crimes de direito internacional e crimes contra a humanidade já havia alcançado o status de norma imperativa de direito internacional, o que impunha ao Estado do Brasil a obrigação de investigar, julgar e punir os responsáveis. Ainda que a Corte faça referências pontuais às normas de jus cogens (à exemplos dos casos Almonacid Arellano v. Chile e Herzog e Outros v. Brasil), as decisões da Corte que tenham como fundamento principal as normas peremptórias são escassas. Apesar disso, a jurisprudência da Corte merece atenção pelo posicionamento adotado frente a possibilidade de aplicação do conceito de normas peremptórias para outras questões do direito internacional.

CORTE AFRICANA DE DIREITOS HUMANOS E DOS POVOS

O Tribunal Africano dos Direitos Humanos e dos Povos foi criado a partir da Carta Africana dos Direitos Humanos e dos Povos, também conhecida como Carta de Banjul, Aprovada pela Conferência Ministerial da Organização da Unidade Africana em Banjul, Gâmbia, em janeiro de 1981, e adotada pela XVIII Assembléia dos Chefes de Estado e Governo da Organização da Unidade Africana em Nairóbi, Quênia, em 27 de julho de 1981.

Enquanto a Convenção Europeia data de 1950, e a Convenção Interamericana de 1969, o Sistema Africano de Proteção é o mais recente na história global (Leão; Prata, 2020).

Ainda que seja recente, e não tenha tido a oportunidade de se manifestar acerca das normas imperativas do direito internacional, o diferencial deste sistema é o reconhecimento e a possibilidade de aplicação de normas jus cogens, aumentando o escopo de proteção aos direitos humanos no contexto do continente (Zimmerman; Baumler, 2010, pag. 45).

CONCLUSÃO

Ainda que as Cortes internacionais tenham se apresentado como uma solução para o vácuo deixado pela Convenção de Viena de 1969 quanto ao rol de normas jus cogens, percebe-se certa apreensão para a classificação de normas internacionais como peremptórias.

Nesse sentido, há que se ressaltar que a doutrina há muito discute as implicações das classificações de normas que não permitem derrogação, enquanto as cortes regionais internacionais são consideravelmente mais recentes, sendo todas da segunda metade do século XX.

De modo que ainda que se justifique o considerável avanço doutrinário em relação aos posicionamentos jurisprudenciais, o opinio juris se apresenta como um importante elemento para a consolidação da prática como costume, e posteriormente na classificação da norma como imperativa.

As decisões de tribunais internacionais, portanto, servem o importante papel de consolidação de práticas estatais acompanhadas do senso de obrigação legal como normas imperativas de direito internacional, das quais não se permite derrogação.

O senso de obrigação por ser uma característica subjetiva de difícil comprovação, o costume internacional caminha a passos lentos em direção à expansão do rol de normas já aceitas como jus cogens.

REFERÊNCIAS

Alcala, Ronald. Opinio Juris And The Essential Role Of States. Lieber Institute West Point, 2021. Disponível em < https://lieber.westpoint.edu/opinio-juris-essential-role-states/>

Bartsch, K., & Elberling, B. (2003). Jus Cogens Vs. State Immunity, Round Two: The Decision Of The European Court Of Human Rights In The Kalogeropoulou Et Al. V. Greece And Germany Decision. German Law Journal, 4(5), 477-491. Doi:10.1017/S207183220001614x

Bassioni, M. Cherif. International Crimes: Jus Cogens And Obligatio Erga Omnes, Law And Contemporary Problems, Vol. 59, Issue 4 (Autumn 1996)

Bianchi, Andrea. Human Rights And The Magic Of Jus Cogens, European Journal Of International Law, Volume 19, Issue 3, June 2008

Casella, Paulo Borba. Contemporary trends on opinio juris and the material evidence of international customary law. International Law Comission Session 65th, 2013. Disponível em: < https://legal.un.org/ilc/sessions/65/pdfs/2013_amado_lecture_casella.pdf>

Corte Internacional de Justiça. Caso Continental Shelf (Libyan Arab Jamahiriya v Malta) 1985.

Corte Internacional de Justiça. Caso North Sea Continental Shelf (Federal Republic of Germany v Denmark; Federal Republic of Germany v Netherlands). 1969.

Caso Regina v. Bartle and the Commissioner of Police for the Metropolis and Others Ex Parte Pinochet; Regina v. Evans and Another and the Commissioner of Police for the Metropolis and Others Ex Parte Pinochet (On Appeal from a Divisional Court of the Queen's Bench Division). House of Lords. United Kingdom Parliament, 1999.

Comissão Interamericana de Direitos Humanos.. Comunidades cautivas: situación del pueblo indígena guaraní y formas contemporáneas de esclavitud en el Chaco de Bolivia. OEA/Ser.L/V/II. Doc. 58 24 dezembro 2009.

Comissão Interamericana de Direitos Humanos. Trabajadores de la Hacienda Brasil Verde vs. Brasil. Caso 12.066. Relatório de Mérito n. 169/11 de 03 de noviembre de 2011. Washington-D.C., U.S.A.: Comisión Interamericana de Derechos Humanos, 2011

Corte Interamericana de Direitos Humanos. Trabalhadores Da Fazenda Brasil Verde Vs. Brasil. Sentença de 20 de outubro de 2016.

Corte Européia de Direitos Humanos. Al-Adsani v. The United Kingdom. Application no. 35763/97. Judgment 21 November 2001.

Corte Européia de Direitos Humanos. Al-Dulimi and Montana Management v. Switzerland. Application no. 5809/08; Judgement 21 June 2016.

Corte Européia de Direitos Humanos. Baka v. Hungary. Application no. 20261/12. Judgment 26 June 2016.

Corte Européia de Direitos Humanos. Jones and Others v. The United Kingdom. Applications nos. 34356/06 and 40528/06. Judgment 14 January 2014.

Corte Européia de Direitos Humanos. Nait-Liman v. Switzerland. Application no. 51357/07. Judgment 15 March 2018.

Dahlman. Christian. The Function of Opinio Juris in Customary International Law. Nordic Journal of International Law. 81(3), 327-339. doi: https://doi.org/10.1163/15718107-08103002

Doyle, Ursula Tracy. The Cost Of Territoriality: Jus Cogens Claims Against Corporations, 50 Case W. Res. J. Int'l L. 225 (2018).

Fard, Shahrad Nasrolahi. How does opinio juris manifest itself in international law? And how does it signify itself in this context?. Journal on Contemporary Issues of Law. Volume 3, Issue 3, 2017. Disponível em: <https://jcil. lsyndicate.com/wp-content/uploads/2017/04/Article-Opinio-Juris-Shahrad.pdf>

Goldsmith, Jack L. and Posner, Eric A., The Limits of International Law (2005)

Guggenheim, Paul. Traité de droit international public (Librairie de l'Université, Georg & Cie, 1953)

Hossain, K. "The concept of jus cogens and the obligation under the U.N.", en Santa Clara Journal of Internacional Law, Santa Clara University, n. 1, t. 3, 2005.

Kai, Lauri. Embracing The Chinese Exclusion Case: An International Law Approah To Racial Exclusions.

Kelsen, Hans. Théorie du droit international coutumier. 1 Revue internationale de la théorie du droit, 1939.

Leão, Hannah de Gregório; Prata, Lucimar. O Tribunal Africano dos Direitos Humanos e dos Povos em 5 reflexões. Cosmopolita, 2020. Disponóvel em <https://www.cosmopolita.org/post/o-tribunal-africano-dos-direitos-humanos-e-dos-povos-em-5-reflex%C3%B5es>

Legal Information Institute. Cornell Law School. Opinio Juris (International Law). Disponível em <law.cornell.edu/wex/opinio_juris_(international_law)>

Matignon, Louis de Gouyon. Opinio Juris Sive Necessitatis. Space Legal Issues, 2019. Disponível em <https://www.spacelegalissues.com/opinio-juris-sive-necessitatis/>

Mik, Cezary. Jus Cogens In Contemporany International Law. Poland: Polish Academy Of Sciences Institute Of Law Studies And The Committee On Legal Sciences, 2014.

Ohlin, Jens David, In Praise Of Jus Cogens' Conceptual Incoherence (September 8, 2018). Mcgill Law Journal, Forthcoming, Cornell Legal Studies Research Paper No. 18-46

Riedmatten, Henri de. Le catholicisme et le développement du droit international .RCADI, 1976.

Schreuer, Cristoph. Recommendations and the Traditional Sources of International Law, 20 German Yearbook of International Law (1977)

Tams, C. J. Enforcing Obligations Erga Omnes In International Law. New York: Cambridge University Press, 2005.

Trindade, Antônio Augusto Cançado. A Formação do Direitos Internacional contemporâneo: reavaliação crítica da teoria clássica e suas "fontes". XXIX Curso de Direito Internacional Organizado pela Comissão Jurídica Interamericana da O.E.A., no Rio de Janeiro, Brasil, 2002. Disponível em <https://www.oas.org/es/sla/ddi/docs/publicaciones_digital_XXIX_curso_derecho_internacional_2002_Antonio_Augusto_Cancado_Trindade.pdf>

Thirlway, Hugh. The Sources Of International Law. 2o Edition. Oxford: Oxford University Press, 2019.

Weatherall, Thomas. Jus Cogens: International Law And Social Contract. Cambridge: Cambridge University Press, 2015.

Zenovic, Predrag (2011). Human Rights Enforcement Via Peremptory Norms – A Challenge To State Sovereignty. Riga: Rgsl Research Papers, 2011.

Zimmermann, Andreas; Baumler, Jelena. Current Challenges Facing The African Court Of Human And Peoples Rights. Kas International Reports, Volume 7. 2010

O TRIBUNAL PENAL INTERNACIONAL E SUA ABORDAGEM EM RELAÇÃO ÀS VÍTIMAS

Autora:

Valentina Vaz Boni[1]

INTRODUÇÃO

Com a emergência da proteção aos direitos humanos após o fim da Segunda Guerra Mundial, consolidou-se o Direito Penal Internacional e a busca pela responsabilização dos perpetradores dos crimes que mais chocaram a humanidade. Neste contexto, surgiu um novo paradigma fundado na responsabilidade penal internacional de indivíduos por graves e sistemáticas violações de direitos humanos.

O Tribunal Penal Internacional (TPI) se destaca como a resposta contemporânea aos anseios da comunidade internacional no que tange à manutenção da paz e segurança internacionais. Sob este prisma, a abordagem deste Tribunal em relação às vítimas é inovadora e as coloca no centro dos procedimentos, já que o Estatuto de Roma prevê sua efetiva participação, proteção e reparação. Isto se mostra especialmente relevante em razão da gravidade e relevância dos crimes julgados pelo TPI, inseridos em conflitos de enormes proporções e implicações concretas na realidade internacional.

De modo a esclarecer as peculiaridades da atuação prática deste Tribunal, há que se resgatar suas raízes históricas e apresentar as definições do Direito Internacional dos Direitos Humanos (DIDH) e Direito Penal Internacional (DPI). A partir disto, igualmente cabe pontuar a importância dos tribunais ad hoc que antecederam o TPI e suas contribuições valiosas ao desenvolvimento normativo do Estatuto de Roma. Aliado a isto, a análise minuciosa do

---

1   Mestranda em Direito Internacional pelo Geneva Graduate Institute of International and Development Studies (IHEID). Especialista em Direito e Processo Penal pela Academia Brasileira de Direito Constitucional (ABDConst). Bacharel em Direito pelo Centro Universitário Curitiba (UniCuritiba). Integrante da Clínica de Direito Internacional do UniCuritiba. E-mail: valentinavazboni@hotmail.com.

referido tratado e dos crimes julgados pelo Tribunal permite elucidar os princípios norteadores e a abordagem do TPI em relação às vítimas.

O principal objetivo almejado por esta breve pesquisa é analisar dois casos emblemáticos do Tribunal: Prosecutor v. Thomas Lubanga Dyilo e Prosecutor v. Germain Katanga e Mathieu Ngudjolo Chui, com especial enfoque no contexto fático e nas medidas reparatórias conferidas às vítimas.

A metodologia empregada para a elaboração deste estudo consiste em pesquisa bibliográfica e documental, por meio do método dedutivo, tendo como ponto de partida a análise do Estatuto de Roma para posteriormente constatar a concreta aplicação das disposições relativas às vítimas em casos julgados pelo Tribunal Penal Internacional.

Com esta estrutura, pretende-se enfatizar o verdadeiro diferencial deste Tribunal em relação à justiça penal tradicional: o tratamento inovador dispensado às vítimas dos crimes sob jurisdição do tribunal, que visa consolidar seu direito de acesso à justiça.

A HUMANIZAÇÃO DO DIREITO INTERNACIONAL

Direito Internacional dos Direitos Humanos e Direito Penal Internacional

O berço histórico do Direito Internacional dos Direitos Humanos está intimamente atrelado ao desfecho das atrocidades decorrentes da Segunda Guerra Mundial. Apesar de haver um movimento de internacionalização da proteção do indivíduo no período anterior à guerra, que culminou no Direito Internacional Humanitário, é somente no período pós 1945 que a proteção internacional dos direitos humanos se concretiza em sua plenitude (MARTINS, 2016).

É prudente destacar que o conceito de direitos humanos não é incontroverso e uno, pois se correlaciona e se transforma de acordo com os interesses sociais de cada período histórico. Entretanto, pode-se afirmar com segurança que estes direitos são "reconhecidos e exigíveis em plano internacional", usualmente positivados em tratados e que o papel do Estado é central em seu processo de consolidação (ANJOS, 2019, p. 112).

O processo de internacionalização dos direitos humanos se divide em duas fases: a primeira surge com o Direito Humanitário e se estende até a Segunda Guerra Mundial, marcada pela atuação do Comitê Internacional da Cruz Vermelha (1863), da Organização Internacional do Trabalho (1919) e da Liga das Nações (1920). A segunda fase se consolida a partir da Segunda Guerra, com a criação das Cortes Internacionais.

No plano normativo, os impulsos iniciais se deram com a Carta das Nações Unidas (1945) e com a Declaração Universal dos Direitos Humanos (1948). Igualmente cabe salientar a adoção do Pacto Internacional dos Direitos Civis e Políticos (PIDCP) e Pacto Internacional dos Direitos Econômicos, Sociais e Culturais (PIDESC) em 1966, instrumentos que continuam a formar a base da proteção dos direitos humanos no plano universal.

É crucial destacar que este processo de internacionalização andou lado a lado com a própria humanização do Direito Internacional. Os direitos humanos passaram de ramo do Direito Internacional Público a ramo autônomo, com suas próprias e indispensáveis peculiaridades (ANJOS, 2019).

O conceito de humanização do Direito Internacional esclarece que o Direito Internacional dos Direitos Humanos busca salvaguardar os direitos do ser humano e não do Estado, tendo como base o interesse público comum (TRINDADE, 2003).

Nesta perspectiva, o desenvolvimento da Justiça Penal Internacional igualmente é pautado na centralidade do indivíduo como sujeito de direitos, superando-se, assim, o paradigma de Hugo Grotius que era alicerçado na soberania estatal (ZOLO, 2006).

Por conseguinte, o Direito Penal Internacional é definido como "o conjunto de todas as normas de direito internacional que estabelecem consequências jurídico penais." (AMBOS, 2008, p. 42). Neste sentido, também se aplica aos âmbitos acessórios do direito penal: direito sancionador, execução penal, cooperação internacional e assistência judicial. Suas fontes provêm de tratados multilaterais celebrados pelos Estados, do direito consuetudinário e dos princípios gerais do direito. O DPI é notavelmente influenciado pelo common law anglo-americano, que determina tanto sua jurisprudência tanto sua codificação e torna possível a extração e sistematização de regras advindas da jurisprudência dos Tribunais Penais Internacionais (AMBOS, 2008).

A interpretação dos tratados relativos ao Direito (Penal) Internacional é regida pelo artigo 31 da Convenção de Viena sobre o Direito dos Tratados (1969) que preconiza que tal interpretação deve ser feita de boa fé e em consonância com o sentido comum atribuído aos termos do tratado no seu contexto e seu objeto e finalidade.

A relação entre o DPI e os Direitos Humanos se constrói através da impunidade universal das graves violações de direitos humanos, que conduz a um vazio de punibilidade fática, cuja diminuição é a função mais importante do DPI e do Estatuto de Roma (GUERRA, 2017).

Os precursores do TPI: tribunais ad hoc

Precursor original do TPI, o Tribunal Militar Internacional de Nuremberg (instituído pelo Acordo de Londres de 1945), recebeu a incumbência de julgar diversos integrantes do regime nazista. Foi duramente criticado por violar o postulado nullum crimen nulla poena sine lege (não há crime nem pena sem lei) e por ser, em essência, um tribunal de exceção constituído pelos vencedores da Guerra (GUERRA, 2017). Com ele surgiram os crimes de lesa-humanidade, crimes de guerra e o crime de agressão em suas fases embrionárias.

Outro tribunal internacional relevante para o desenvolvimento do TPI foi o Tribunal Militar Internacional para o Extremo Oriente, criado em 1946, que julgou autoridades japonesas por crimes de guerra e crimes contra a humanidade (RAMOS, 2017).

Logo após, em 1950, a Comissão de Direito Internacional da ONU foi encarregada de formular os princípios de Direito Internacional provenientes do Tribunal de Nuremberg, dentre os quais cabe apontar: a punição dos perpetradores de crimes internacionais; a irrelevância de imunidades locais e a observância ao devido processo legal (RAMOS, 2017).

Referidos tribunais marcam a ruptura com a tradição jurídica e irrompem um novo paradigma, o qual se funda na responsabilidade penal internacional dos indivíduos pelas graves violações dos direitos humanos, universalmente reconhecidos. Neste contexto, os massacres estatais e mesmo os praticados por entes não estatais passam a ser tipificados como crimes internacionais, objeto de sanção pelo Direito Penal Internacional (PORTELLA JUNIOR, 2017).

O término da Guerra Fria e o advento de uma ordem mundial globalizada são o pano de fundo histórico que possibilitou a efetivação da tutela dos direitos humanos, com a ONU ganhando papel de destaque e possibilidade de atuação efetiva (GUERRA, 2017).

Neste sentido, o Conselho de Segurança da ONU criou dois importantes tribunais ad hoc (que possuíam jurisdição retroativa): o Tribunal Internacional para a Ex-Iugoslávia em 1993, encarregado de julgar as atrocidades cometidas em razão dos conflitos no território da antiga Iugoslávia desde 1991 (RAMOS, 2017), e o Tribunal Internacional para Ruanda em 1994, que tratou de responsabilizar os principais perpetradores do genocídio sem precedentes ocorrido no país.

Deste modo, foi justamente com a instituição destes tribunais que se iniciou a efetiva codificação dos crimes internacionais (genocídio, crime contra a humanidade e crime de guerra). Entretanto, prudente mencionar que ambos os tribunais ad hoc eram regidos pelo princípio da primazia da jurisdição internacional, em razão da desconfiança nas instituições nacionais à época, o que é diametralmente oposto ao princípio da complementariedade que norteia o TPI (RAMOS, 2017).

TRIBUNAL PENAL INTERNACIONAL

O Estatuto de Roma e os crimes abarcados pela jurisdição do Tribunal

Prosseguindo com seu protagonismo atinente à matéria, a Assembleia Geral da ONU instituiu um Comitê Preparatório do Anteprojeto do Estatuto para um Tribunal Penal Internacional Permanente, adotado pela Comissão de Direito Internacional em 1994 (GUERRA, 2017), iniciativa que culminaria com a adoção (1998) e entrada em vigor (2002) do Estatuto de Roma, fundador do primeiro (e único) tribunal penal internacional permanente.

Em seu preâmbulo, o referido tratado determina que o Tribunal Penal Internacional se encarregará do processamento e julgamento dos crimes internacionais tidos como mais graves pela comunidade internacional, isto é, aqueles com capacidade de ameaçar a paz, segurança e bem-estar da humanidade: genocídio, crimes contra a humanidade, crimes de guerra e o crime de agressão.

O crime de Genocídio está descrito no Artigo 6º e se caracteriza por qualquer um dos seguintes atos, quando cometidos com a intenção de destruir, no todo ou em parte, um grupo nacional, étnico, racial ou religioso: homicídio dos membros do grupo; graves ofensas à integridade física ou mental dos membros do grupo; sujeitar intencionalmente o grupo a condições de vida que visam provocar sua destruição física, total ou parcial; imposição de medidas destinadas a impedir nascimentos dentro do grupo; transferência forçada de crianças pertencentes ao grupo para outro. Ressalta-se que a referida redação foi inspirada nas disposições da Convenção para a Prevenção e a Repressão do Crime de Genocídio (1948).

Por sua vez, os Crimes contra a Humanidade estão tipificados no Artigo 7º como qualquer um dos seguintes atos, quando cometidos em um contexto de ataque generalizado ou sistemático contra a população civil, com conhecimento do ataque pelo autor: homicídio; extermínio; escravidão; deportação ou transferência forçada da população; encarceramento ou outra forma grave de privação de liberdade; tortura; estupro, escravidão sexual, prostituição forçada, gravidez forçada, esterilização compulsória ou outro ato grave de violência sexual; perseguição de um grupo por motivo político, racial, nacional, étnico, cultural, religioso ou de gênero; desaparecimento forçado de pessoas; crime de apartheid; outros atos desumanos, de caráter similar aos já enumerados, que causem intencionalmente grande sofrimento ou grave dano à integridade física ou mental.

Por conseguinte, as disposições do Artigo 8º acerca dos Crimes de Guerra são significativamente extensas e estes podem definidos, em suma, como condutas cometidas como parte de um plano ou política ou parte de uma prática em larga escala desse tipo de crime: graves violações às Convenções de Genebra (1949), nomeadamente atos praticados contra pessoas ou propriedades protegidas pelas referidas Convenções, a exemplo de homicídio doloso, tortura, tratamento desumano, destruição de propriedade, privação intencional de um julgamento justo aos prisioneiros de guerra. Também são criminalizadas outras graves violações das leis e costumes aplicáveis aos conflitos armados internacionais; em conflitos armados de caráter não internacional, graves violações do artigo 3º comum às quatro Convenções de Genebra, cometidos contra pessoas que não participem ativamente das hostilidades; a disposição anterior não se aplica a situações de distúrbio interno, a exemplo de atos isolados e esporádicos de violência; outras graves violações das leis e costumes aplicáveis aos conflitos armados de caráter não internacional.

Finalmente, o crime de Agressão previsto no Artigo 8 bis é caracterizado pelo planejamento, preparação, iniciação ou execução de um ato de agressão, que por sua natureza, gravidade e escala constitui uma violação manifesta da Carta da ONU, cometido por indivíduo em posição de controle efetivo sobre a ação política ou militar de um Estado. Ato de agressão é definido como o uso de força armada por um Estado contra a soberania, integridade territorial ou independência política de outro Estado.

É prudente destacar que o TPI é instituição jurídica permanente e independente, ou seja, não está subordinada à Organização das Nações Unidas, mas estes possuem entre si um acordo de cooperação mútua (INTERNATIONAL CRIMINAL COURT, 2004). Sem embargo, não se pode deixar de mencionar a prerrogativa do Conselho de Segurança da ONU de informar à Promotoria do TPI uma situação de suspeita de cometimento de crimes sob jurisdição do Tribunal, conforme Artigo 13 (b) do Estatuto de Roma, em consonância ao exposto no Capítulo VII da Carta das Nações Unidas.

Ao se analisar a disposição legal supramencionada, vislumbra-se que o órgão jurisdicional não é livre de interferências externas e, principalmente, políticas das principais potências mundiais, as quais podem vir a exercer sua influência através do Conselho de Segurança. Sob este prisma, o CSNU reconhece desde a década de 1960 que as violações sistemáticas de direitos humanos e liberdades fundamentais, aliadas a ausência de um Estado de direito, podem constituir uma ameaça à paz e segurança internacionais (GENSER; UGARTE, 2014).

Outro fator chave para compreender o funcionamento da instituição é a jurisdição temporal do Tribunal que, ao contrário dos tribunais ad hoc que o precederam, só pode julgar crimes cometidos após a entrada em vigor do Estatuto de Roma, ocorrida em 1º de julho de 2002. Por conseguinte, a competência territorial do TPI se limita ao território e indivíduos nacionais dos Estados-partes do Estatuto.

Em termos procedimentais, o Artigo 13 prevê que existem 3 maneiras de situações serem remetidas à apreciação do Tribunal: através de denúncia realizada por Estado parte, denúncia realizada pelo Conselho de Segurança e instauração de investigação de ofício pela Promotoria.

No que diz respeito à composição do Tribunal, este se divide nos seguintes órgãos: Presidência, Divisão de Apelação, Divisão de Julgamento, Divisão de Julgamento Preliminar, Promotoria e Secretaria. De acordo com o Artigo 36 do Estatuto, os juízes são eleitos para um mandato de nove anos e devem ter reconhecida competência em direito penal e processual penal e/ou direito internacional e direitos humanos além de experiência jurídica relevante para a função e fluência em, no mínimo, um dos idiomas de trabalho do Tribunal (inglês e francês). A brasileira Sylvia Steiner integrou a Delegação Brasileira na Comissão Preparatória do TPI e, posteriormente, foi eleita juíza do Tribunal, com mandato que perdurou até o ano de 2016.

Ressalta-se, ainda, que há previsão expressa no Artigo 63 do Estatuto no sentido de que o acusado deve estar presente durante seu julgamento.

Os princípios norteadores do TPI

Em questões principiológicas, o Estatuto de Roma resgata os princípios basilares do direito penal tradicional: ne bis in idem (Artigo 20), legalidade (Artigo 22), proibição da retroatividade (Artigo 24) e maioridade penal aos 18 anos (Artigo 26).

Um aspecto fundamental a ser mencionado é que o Tribunal não julga Estados e sim indivíduos, no que se denomina responsabilidade criminal individual (Artigo 25), correlacionada ao princípio da culpabilidade, em oposição às cortes regionais de direitos humanos (como a Corte Interamericana de Direitos Humanos e a Corte Europeia de Direitos Humanos). Outra peculiaridade, não isenta das mais variadas críticas, é que os crimes de competência da corte são imprescritíveis, conforme previsão do Artigo 29 do Estatuto.

Malgrado o peso da responsabilidade de punir os perpetradores dos crimes que mais chocaram a humanidade, cabe apontar que o Tribunal é regido pelo princípio da complementariedade (Artigo 1º). Em outros termos, os sistemas nacionais de justiça criminal dos Estados Parte têm primazia jurisdicional perante os conflitos que possam caracterizar os crimes de competência da Corte, sob a condição de que estes sistemas tenham a capacidade de conduzir investigações e julgamentos genuínos. Deste modo, ocorre o que se denomina responsabilidade primária do Estado para tomar providencias quanto ao julgamento de indivíduos que cometam as transgressões tipificadas no Estatuto de Roma.

A ABORDAGEM INOVADORA DO TRIBUNAL EM RELAÇÃO ÀS VÍTIMAS

No tocante ao direito de acesso à justiça, o Tribunal Penal Internacional tratou de assegurar que as vítimas fossem efetivamente sujeitos de direito, assegurando-lhes o direito de participar dos procedimentos em suas mais variadas etapas. Deste modo, buscou-se concretizar o direito das vítimas de serem ouvidas por um Tribunal competente, independente e imparcial, estabelecido por lei, conforme disposição expressa do artigo 14 do PIDCP. A situação assume contornos extremamente relevantes por se relacionar à indivíduos que sofreram graves e sistemáticas violações de direitos humanos, a quem deve ser dada resposta justa e efetiva em âmbito judicial.

Não obstante sua concepção derivada de elementos característicos de um tribunal criminal tradicional, a abordagem do Tribunal em relação às vítimas foi revolucionária, dado que possibilita sua inserção no cerne dos procedimentos, objetivando sua plena participação, proteção e reparação, divergindo da estratégia rotineiramente adotada pelo sistema de justiça criminal tradicional.

Além disto, o Estatuto de Roma determina em seu Artigo 68 (3) a nomeação de um ou mais representantes legais das vítimas na fase processual, com o intuito de dar voz aos seus pontos de vista, opiniões e preocupações, já que estas figuras são corriqueiramente silenciadas pelo procedimento penal tradicional. Da mesma maneira, no Artigo 75 se estabeleceu normativa acerca de reparações, dentre as quais se incluem restituição, compensação e reabilitação, por meio do Fundo Fiduciário em Favor das Vítimas, previsto no Artigo 79.

Isto posto, ao prever este tratamento específico, o Estatuto pretendeu que os juízes levassem em consideração as reivindicações das vítimas nas mais variadas fases do procedimento persecutório, a fim de que a decisão final refletisse os interesses dos maiores prejudicados pelo crime. Concretamente, este aspecto será analisado em dois casos emblemáticos do Tribunal no tópico a seguir.

ANÁLISE DE CASOS EMBLEMÁTICOS

Apesar do cenário pandêmico, o TPI fez questão de ressaltar em seu Relatório anual que houve notável progresso nas suas atividades no período 2019/2020, no qual reporta a participação de mais de 11 mil vítimas nos casos julgados pelo Tribunal. Neste sentido, destaca-se a condenação de Bosco Ntaganda a 30 anos de prisão, pelo cometimento de crimes contra a humanidade e crimes de guerra na República Democrática do Congo em 2002 e 2003. Também se encerrou a fase instrutória do caso Dominic Ongwen, acusado de cometer crimes de guerra e crimes contra a humanidade em Uganda entre 2002 e 2005 e seu julgamento está em fase de deliberação pela respectiva Câmara de Julgamento (INTERNATIONAL CRIMINAL COURT, 2020).

Desde seu estabelecimento, o Tribunal se ocupou de 27 casos que envolvem 45 suspeitos e houve abertura de investigações em 17 situações: Afeganistão, Bangladesh/Myanmar, Burundi, República Centro Africana I e II, Costa do Marfim, Sudão, República Democrática do Congo, Georgia, Quênia, Líbia, Mali, Uganda, Filipinas, Palestina, Venezuela e Ucrânia. Duas destas situações foram denunciadas pelo Conselho de Segurança da ONU: Sudão e Líbia. Contudo, existem 11 acusados que ainda estão foragidos, entre eles Al Bashir, ex-presidente do Sudão. Enquanto os respectivos mandados de prisão não forem cumpridos, os casos ficarão estagnados na fase em que se encontram, já que o TPI não julga indivíduos em sua ausência, conforme disposição do Artigo 63 (1) do Estatuto de Roma.

Atualmente, existem 8 casos em trâmite no TPI: na fase de Julgamento Preliminar está o caso de Mokom; nas Câmaras de Julgamento estão os casos de (i) Abd-Al-Rahman, (ii) Al Hassan, (iii) Gicheru, (iv) Said e (v) Yekatom/Ngaissona; nas Fase de Apelação está o caso de Dominic Ongwen e na Fase de Reparação e Compensação está o caso de Ntaganda.

Para melhor ilustrar a atuação inicial do TPI, passa-se à análise de dois casos emblemáticos, os primeiros a terem suas sentenças emitidas pelo Tribunal, ambos ocorridos no mesmo contexto: a guerra civil ocorrida no Congo, fruto de tensões geradas pela independência do país do domínio colonial belga e insatisfação com a nova elite política africana (PORTELLA JUNIOR, 2017).

Caso Lubanga

O primeiro veredito dado pelo Tribunal foi no caso denominado The Prosecutor v. Thomas Lubanga Dyilo, em março de 2012. Na época, Lubanga era presidente da Union des Patriotes Congolais (UPC), cuja ala militar se chamava Force Patriotique pour la Libération du Congo (FPLC). O Tribunal concluiu que a UPC esteve envolvida em um conflito armado interno (ou seja, de caráter não internacional) contra outros grupos armados e milícias no Congo e que foi responsável pelo amplo recrutamento de jovens, geralmente de maneira forçada, que eram sujeitos a treinamentos rigorosos e a punições severas em campos militares, no período entre setembro de 2002 e agosto de 2003. Determinou-se, além da dúvida razoável, que o acusado e demais autores tinham um plano comum de construir um exército com a finalidade de estabelecer e manter controle político e militar sobre Ituri, província do país (INTERNATIONAL CRIMINAL COURT, 2012a).

Não se pode deixar de destacar que o procedimento de instrução teve 204 dias de audiências, nas quais foram ouvidas 67 testemunhas e submetidos mais de mil documentos contendo evidências pela Acusação, Defesa e Vítimas. Ressalta-se que 129 vítimas tiveram o direito de participar do julgamento, assistidas por dois times de Representantes Legais.

Isto posto, Lubanga foi condenado pela prática de crime de guerra, que consistiu no alistamento e recrutamento de crianças menores de 15 anos para que participassem ativamente em conflitos armados (crianças-soldado). O Tribunal considerou que as condutas perpetradas se enquadravam na tipificação do artigo 8(2)(e)(vii) do Estatuto de Roma e o acusado foi responsabilizado penalmente como coautor, na forma do artigo 25(3)(a) do Estatuto.

Thomas Lubanga foi condenado a um total de 14 anos de prisão. O período que o acusado passou detido no Centro de Detenção do TPI em Haia – de março de 2006 a julho de 2012 – foi deduzido desta pena (INTERNATIONAL CRIMINAL COURT, 2012b). O veredito e a sentença foram confirmados pela Câmara de Apelação em dezembro de 2014. Um ano depois, Lubanga foi transferido para um estabelecimento prisional no Congo para cumprir sua pena. Após cumprir toda sua pena, foi solto em março de 2020.

Em relação às reparações para as vítimas, a Câmara de Julgamento iniciou o procedimento em agosto de 2012, logo após a sentença, sendo que a Câmara de Apelação complementou a ordem de reparação em março de 2015. O plano de reparações simbólicas e coletivas, aprovado em outubro de 2016, teve o intuito de pavimentar o caminho para a aceitação social de reparações destinadas às comunidades afetadas pelo conflito. Em dezembro de 2017, referidas reparações foram fixadas em 10 milhões de dólares (INTERNATIONAL CRIMINAL COURT, 2017a).

Caso Katanga

Por sua vez, o caso denominado The Prosecutor v. Germain Katanga and Mathieu Ngudjolo Chui foi igualmente emblemático para o Tribunal, no bojo do qual proferiu sua segunda condenação e se discutiu, pela primeira vez, crimes contra a humanidade e crimes sexuais e de gênero. Germain Katanga era o suposto comandante da Force de Résistance Patriotique em Ituri (FRPI) também conhecida como milícia Ngiti – grupo armado rival do UPC/FPLC, de Lubanga – e Mathieu Ngudjolo era, em tese, um dos três líderes da Front des nationalistes et intégrationnistes (FNI), grupo aliado da FRPI. Os grupos armados lutavam pelo controle militar e político sobre Ituri, na República Democrática do Congo.

O contexto fático do caso se refere ao massacre cometido pela milícia Ngiti na aldeia de Bogoro (Congo) em fevereiro de 2003. Referido ataque começou ao amanhecer e testemunhas afirmam que os responsáveis portavam armas de fogo, flechas, lanças e machetes, sendo que alguns estavam com indumentária militar, outros vestidos como civis e havia mulheres e crianças entre os combatentes.

O procedimento instrutório perante o TPI teve 265 dias de audiências, durante as quais foram ouvidas 57 testemunhas, incluindo especialistas. Os juízes concederam à 366 vítimas o direito de participação nos procedimentos, que tiveram assistência de seus Representantes Legais. Entretanto, os casos de Katanga e Chui foram separados em novembro de 2012.

Em dezembro do mesmo ano, Mathieu Ngudjolo Chui foi absolvido das imputações de crimes de guerra e crimes contra a humanidade, por insuficiência de provas aptas a comprovaram, por exemplo, que o acusado ordenou o treinamento militar de crianças-soldado, que ele as usou como guardas pessoais ou com qualquer outro propósito, antes, durante ou depois do ataque analisado. Assim, o Tribunal não conseguiu estabelecer, além de dúvida razoável, ligação entre o acusado e as crianças que participaram do massacre em Bogoro (INTERNATIONAL CRIMINAL COURT, 2012c). Apesar da Promotoria ter recorrido da decisão, a absolvição foi mantida pela Câmara de Apelação.

Em relação ao julgamento de Katanga, o Tribunal determinou que o acusado, ao ajudar no planejamento da operação, contribuiu significativamente para os crimes cometidos pela referida milícia, que agia com um propósito comum e tinha como alvo a população de etnia Hema. Considerou-se que Katanga era o intermediário entre os fornecedores de armamento e munição e os autores diretos dos crimes cometidos, que se utilizaram dos referidos instrumentos no ataque. Deste modo, concluiu-se que o acusado contribuiu para reforçar a capacidade de ataque da milícia. O Tribunal considerou que a lei de conflito armado não internacional se aplicava às hostilidades ocorridas no território (INTERNATIONAL CRIMINAL COURT, 2014a).

Pelo massacre ocorrido na aldeia de Bogoro, Germain Katanga foi condenado por uma acusação de crime contra a humanidade (homicídio), conforme tipificado no artigo 7(1)(a) do Estatuto de Roma, e quatro acusações de crimes de guerra (homicídio, ataque à população civil, destruição de propriedade e pilhagem), em consonância às disposições do artigo 8(2)(c)(i), 8(2)(e)(i), 8(2)(e)(xii) e 8(2)(e)(v) do Estatuto. Apesar de Katanga ter sido inicialmente denunciado como autor principal dos crimes, o Tribunal esclareceu que não havia provas suficientes para condená-lo por tal imputação de responsabilidade, já que não se comprovou que ele tinha a autoridade efetiva para dar ordens ou assegurar sua implementação, ou, ainda, que ele possuía autoridade para punir outros comandantes. Assim, a imputação foi alterada para considerá-lo cúmplice, na forma descrita pelo artigo 25(3)(d) do Estatuto. Por outro lado, Katanga foi absolvido das imputações de estupro e escravidão sexual como crimes contra a humanidade e crimes de guerra e de recrutamento de menores de 15 anos para envolvimento em conflitos (crianças-soldado).

Deste modo, Germain Katanga foi sentenciado a 12 anos de prisão pela Câmara de Julgamento, pena que foi posteriormente reduzida pela Câmara de Apelação. O tempo que o sentenciado passou encarcerado no Centro de Detenção em Haia – de setembro de 2007 a maio de 2014 – foi descontado desta pena (INTERNATIONAL CRIMINAL COURT, 2014b). Em dezembro de 2015, Katanga foi transferido para um estabelecimento prisional no Congo para cumprir sua pena.

Este caso foi o primeiro no âmbito do Tribunal em que os magistrados concederam reparações individuais pecuniárias (MAZZUOLI, 2019) à 297 vítimas, no valor simbólico de 250 dólares. Também foram ordenadas reparações coletivas, na forma de suporte financeiro para moradia, atividades geradoras de renda, educação e apoio psicológico, em consonância ao proposto pelo Representante Legal das Vítimas. Neste caso em específico, as vítimas foram consultadas e rejeitaram expressamente certas modalidades de reparação, entre elas eventos comemorativos, transmissões do julgamento e construção de monumentos, em razão do contexto sociocultural da época e da percepção de que algumas das medidas sugeridas não eram pertinentes e poderiam inclusive exacerbar a instabilidade social (INTERNATIONAL CRIMINAL COURT, 2017b). Posteriormente, o Conselho do Fundo Fiduciário em Favor das Vítimas decidiu fornecer 1 milhão de dólares para concretizar as reparações, além de aceitar a doação voluntária de 200 mil euros do Governo da Holanda (INTERNATIONAL CRIMINAL COURT, 2018).

CONCLUSÃO

O presente trabalho pretendeu analisar o funcionamento concreto do Tribunal Penal Internacional e destacar sua atuação em relação às vítimas, dado que seu enfoque diverge do adotado pela justiça criminal tradicional e visa efetivamente dar voz às preocupações destes indivíduos e resguardar seus direitos, rotineiramente silenciados e esquecidos ao longo de procedimentos criminais.

Sob este prisma, buscou-se elucidar os diversos fatores que contribuíram para o surgimento do Tribunal, notadamente a evolução do conceito de Direito Penal Internacional e os tribunais ad hoc. Por sua vez, a análise do Estatuto de Roma proporcionou um entendimento global sobre os princípios norteadores do Tribunal, vislumbrando-se que o princípio da complementariedade e a responsabilidade criminal individual são dois dos mais importantes fios condutores da atuação do TPI.

No tocante às previsões legais concretamente direcionadas às vítimas, a presença de um representante legal nomeado para resguardar seus interesses assume primordial relevância, visto que é a materialização do direito de acesso à justiça e permite sua participação ativa nas diversas fases do procedimento criminal.

Assim, verificou-se que as disposições atinentes às vítimas se fazem presentes na jurisprudência do Tribunal, sobretudo nos casos Katanga e Lubanga. Além da extensa e riquíssima argumentação jurídica emanada nas decisões mencionadas, o que torna ambos os casos emblemáticos é justamente a inédita concessão de reparações para as vítimas, tanto individuais e simbólicas quanto coletivas. Cabe ressaltar que as modalidades de reparação determinadas no caso Katanga foram provenientes de escolha ativa das vítimas, que inclusive rejeitaram certos tipos de medidas, como por exemplo eventos comemorativos e construção de monumentos.

A partir disto, nota-se o grande diferencial do TPI nesta temática: a preocupação com a consolidação dos direitos das vítimas à participação e à reparação, cruciais em um contexto de garantia do direito de acesso à justiça.

Em conclusão, não se pode olvidar o papel cada vez mais exponencial do Tribunal e sua influência tangível na jurisdição nacional e internacional, o que pavimenta o caminho rumo à gradativa solidificação dos direitos das pessoas vitimadas por graves e sistemáticas violações de direitos humanos na atualidade. É incontestável a magnitude da contribuição do Estatuto de Roma e da jurisprudência do Tribunal Penal Internacional para a efetivação dos direitos das vítimas à participação nos procedimentos e à palpável reparação em suas diversas formas.

REFERÊNCIAS BIBLIOGRÁFICAS

AMBOS, Kai. A parte geral do direito penal internacional: bases para uma elaboração dogmática. Ed. brasileira. São Paulo: Editora Revista dos Tribunais, 2008.

ANJOS, Priscila Caneparo dos. Uma nova leitura do Estado a partir dos Direitos Humanos: O Estado Constitucional Cooperativo. Curitiba: Revista eletrônica [do] Tribunal Regional do Trabalho da 9ª Região, v. 8, n. 78, maio de 2019. p. 110-127. Disponível em: <https://juslaboris.tst.jus.br/handle/20.500.12178/159632> Acesso em 12/11/2021.

Estatuto de Roma do Tribunal Penal Internacional. Adotado em 17 de julho de 1998. Disponível em: <https://www.icc-cpi.int/resource-library/documents/rs-eng.pdf> e <http://pfdc.pgr.mpf.mp.br/atuacao-e-conteudos-de-apoio/legislacao/segurancapublica/estatuto_roma_tribunal_penal_internacional.pdf>. Acesso em 08/11/2021.

GENSER, Jared; UGARTE, Bruno Stagno. The United Nations Security Council in the Age of Human Rights. Cambridge University Press, 2014.

GUERRA, Sidney. Curso de Direito Internacional Público. 11 ed. São Paulo: Saraiva, 2017.

INTERNATIONAL CRIMINAL COURT. Negotiated Relationship Agreement between the International Criminal Court and the United Nations. ICC-ASP/3/Res.1. Entrada em vigor em 04/10/2004. Disponível em: <https://www.icc-cpi.int/NR/rdonlyres/916FC6A2-7846-4177-A5EA-5AA9B6D1E96C/0/ICCASP3Res1_English.pdf>. Acesso em 23/11/2021.

_____. Situation in the Democratic Republic of the Congo. The Prosecutor v. Thomas Lubanga Dyilo. ICC-01/04-01/06. Trial Chamber I. Judgment pursuant to Article 74 of the Statute. 14 March 2012a. Disponível em: <https://www.icc-cpi.int/CourtRecords/CR2012_03942.PDF>. Acesso em 05/11/2021.

_____. Situation in the Democratic Republic of the Congo. The Prosecutor v. Thomas Lubanga Dyilo. ICC-01/04-01/06. Trial Chamber I. Decision on Sentence pursuant to Article 76 of the Statute. 10 July 2012b. Disponível em: <https://www.icc-cpi.int/CourtRecords/CR2012_07409.PDF>. Acesso em 05/11/2021.

_____. Situation in the Democratic Republic of the Congo. The Prosecutor v. Thomas Lubanga Dyilo. ICC-01/04-01/06. Trial Chamber II. Corrected version of the "Decision Setting the Size of the Reparations Award for which Thomas Lubanga Dyilo is Liable". 21 December 2017a. Disponível em: <https://www.icc-cpi.int/CourtRecords/CR2018_03560.PDF>. Acesso em 05/11/2021.

_____. Situation in the Democratic Republic of the Congo. The Prosecutor v. Mathieu Ngudjolo. ICC-01/04-02/12. Trial Chamber II. Judgment pursuant to article 74 of the Statute. 18 December 2012c. Disponível em: <https://www.icc-cpi.int/CourtRecords/CR2013_02993.PDF>. Acesso em 12/11/2021.

_____. Situation in the Democratic Republic of the Congo. The Prosecutor v. Germain Katanga. ICC-01/04-01/07. Trial Chamber II. Judgment pursuant to article 74 of the Statute. 7 March 2014a. Disponível em: <https://www.icc-cpi.int/CourtRecords/CR2015_04025.PDF>. Acesso em 07/11/2021.

_____. Situation in the Democratic Republic of the Congo. The Prosecutor v. Germain Katanga. ICC-01/04-01/07. Trial Chamber II. Decision on Sentence pursuant to article 76 of the Statute. 23 May 2014b. Disponível em: <https://www.icc-cpi.int/CourtRecords/CR2015_19319.PDF>. Acesso em 07/11/2021.

_____. Situation in the Democratic Republic of the Congo. The Prosecutor v. Germain Katanga. ICC-01/04-01/07. Trial Chamber II. Order for Reparations pursuant to article 75 of the Statute. 24 March 2017b. Disponível em: <https://www.icc-cpi.int/CourtRecords/CR2017_05121.PDF>. Acesso em 07/11/2021.

_____. Press Release. Katanga case: Reparations Order largely confirmed. 8 March 2018. Disponível em: <https://www.icc-cpi.int/Pages/item.aspx?name=pr1364>. Acesso em 07/11/2021.

_____. Annual report of the International Criminal Court to the United Nations on its activities in 2019/20. A/75/324. 24 August 2020. Disponível em: <https://www.icc-cpi.int/itemsDocuments/A_75_324/A_75_324_E.pdf>. Acesso em 25/11/2021.

MARTINS, Ana Maria Guerra. Direito Internacional dos Direitos Humanos. Coimbra: Edições Almedina, 2016.

MAZZUOLI, Valério de Oliveira. Direitos Humanos na Jurisprudência Internacional: sentenças, opiniões consultivas, decisões e relatórios internacionais. Rio de Janeiro: Editora Forense, 2019.

PORTELLA JUNIOR, José Carlos. Crimes contra a humanidade e crimes de guerra. In: FRANÇA, Leandro Ayres; CARLEN, Pat (Orgs.). Criminologias alternativas. Porto Alegre: Canal Ciências Criminais, 2017. p. 433-450

RAMOS, André de Carvalho. Curso de Direitos Humanos. 4ª edição. São Paulo: Saraiva, 2017.

TRINDADE, Antônio Augusto Cançado. Tratado de Direito Internacional dos Direitos Humanos. 2ª Ed. Porto Alegre: Sergio Antonio Fabris Editor, 2003.

ZOLO, Danilo. La justicia de los vencedores: De Nuremberg a Bagdad. Madrid: Editorial Trotta, 2006.

QUANTO CUSTA PARA OS DIREITOS DA PESSOA HUMANA O DESENVOLVIMENTO DA INTELIGÊNCIA ARTIFICIAL?

Autora:

Nicole Sanábio Einsfeld[1]

INTRODUÇÃO

Big Brother is watching you.[2]

O mundo vive tempos de mudanças e, principalmente, de desenvolvimento tecnológico. Por esta razão, a presente pesquisa versa sobre os desafios enfrentados pelos Direitos Humanos em contraste com o desenvolvimento da inteligência artificial, principalmente no que tange os reconhecimentos faciais e biométricos.

Justifica-se, ainda, através da perspectiva civil-constitucional, como as noções de Direito Público vêm sendo influenciadas pelo domínio das novas tecnologias, com especial enfoque para a inteligência artificial.

O estudo realizado pode ser caracterizado como um estudo de caráter qualitativo com embasamento teórico e bibliográfico, visto que este dará suporte à pesquisa quantitativa realizada, baseada principalmente na prática e na

---

1   Mestranda em Ciências Jurídicas pela Ambra University. Pós-graduanda em Direito Digital pela Universidade do Estado do Rio de Janeiro. Pós-graduada em Advocacia Contratual e Responsabilidade Civil pela Escola Brasileira de Direito. Advogada.

2   ORWELL, George. 1984. 7ª ed. São Paulo: Companhia das Letras, 1986.

doutrina relacionada aos Direitos Humanos, por existirem poucos autores que tratam especificamente do tema em comento.

Ademais, o trabalho em questão busca examinar como a vida humana vem sendo impactada com o desenvolvimento da inteligência artificial, principalmente no que tange os direitos basilares constitucionais, como a dignidade da pessoa humana e a privacidade. Por fim, pretende-se fornecer parâmetros para possibilitar a análise de usos de reconhecimento facial e outros reconhecimentos biométricos utilizados para ser realizada vigilância em massa da sociedade.

IMPACTOS DO DESENVOLVIMENTO TECNOLÓGICO NA SOCIEDADE

O Século XXI é caracterizado como "Era Digital". O desenvolvimento da ciência e os avanços tecnológicos vêm ocorrendo em um ritmo cada vez mais acelerado, trazendo grandes questionamentos sobre as consequências sociais. Assim, "a ciência se isolou das reflexões sobre o ser humano, sobre os valores éticos e mesmo sobre seus próprios fins" (FOUREZ, 1995).

Na conjuntura da sociedade contemporânea, a tecnologia faz parte da vida de grande parte da população.[3] Isto porque, após a Revolução Industrial e o surgimento do capitalismo, surgiu a sociedade da tecnologia. Todavia, apesar do desenvolvimento tecnológico trazer impactos positivos para a sociedade, ele também traz impactos negativos, além de causar uma extrema dependência - motivo de grande preocupação nos cenários social, ético, político e econômico.

O desenvolvimento científico e tecnológico das últimas décadas não só transformou a vida social, como causou profundas alterações no processo produtivo que se intelectualizou, tecnologizou, e passa a exigir um novo profissional, diferente do requerido pelos modelos taylorista e fordista de divisão social do trabalho. A sociedade contemporânea aponta para a exigência de uma educação diferenciada, uma vez que a tecnologia está impregnada nas diferentes esferas da vida social (DOMINGUES, 2000).

---

3 "Pouco mais de metade da população mundial tem acesso integral à internet — 51,7%, segundo dados do Internet World Stats. No Brasil, esse índice chega a 54,2%, com dados atualizados em 30 de junho de 2017. Mas existem países onde a internet quase não tem quase alcance. Dos 10 países menos conectados do mundo, oito estão na África, o continente onde a população tem menos acesso à rede mundial de computadores, com 16,6% da população". Link: <https://noticias.r7.com/tecnologia-e-ciencia/fotos/esses-sao-os-10-paises-com-menos-acesso-a-internet-do-mundo-17112017> Acesso em: 25 set. 2021.

A tecnologia evoluiu. Desta maneira, surgiu a iminente necessidade de evolução. Não só evolução social ou cultural, mas também a evolução das normas jurídicas, para que estas se tornassem compatíveis com o mundo digital, até porque há um exponencial "movimento internacional de jovens ávidos para experimentar, coletivamente, formas de comunicação diferentes daquelas que as mídias clássicas nos propõem" (SCHREIBER, 2020).

Contudo, em que pese a evolução tecnológica ter trazido várias benesses e facilidades, o êxtase em demasia tem dado espaço ao ceticismo, seja através de disseminação de práticas lesivas seja através de omissões que também acarretam lesões à pessoa humana e seus direitos basilares constitucionais, já que "por mais poderoso que você seja, tampouco pode impedir as pessoas de pensar"(WONG, 2020).

Não obstante, defronte aos fatores que o cenário atual adicionou às nossas rotinas, o acesso à tecnologia, de forma segura e estável, torna-se necessidade, haja vista afetar diversos outros direitos humanos e fundamentais garantidos, como, por exemplo, o direito à proteção da saúde, já que a telemedicina virou realidade, da mesma forma em que implica no direito à educação, especialmente no que diz respeito ao ensino básico nas escolas públicas. "Segue-se uma divisão fundamental entre o instrumentalismo universal abstrato e as identidades particulares historicamente enraizadas. Nossas sociedades estão cada vez mais estruturadas em uma oposição bipolar entre a Rede e o Ser"(LEITE, 2016).

> O desenvolvimento da sociedade sempre esteve adstrito à transformação dos meios técnicos e científicos, passando da manufatura para a fabricação industrial, dos implementos agrícolas simplificados para as máquinas, dos meios tecnológicos para os informacionais. Nesse sentido, o conhecimento sempre pautou o desenvolvimento da sociedade em diversos âmbitos, potencializando a mudança e o engajamento dos indivíduos para determinadas causas, interesses e objetivos comuns (BARROS, 2016).

Inúmeras vezes a ideia de desenvolvimento tecnológico traz à memória o direito à liberdade de expressão. Necessário trazer à baila o fato de que, os Estados democráticos de Direito preconizam o oposto, ou seja, que o ambiente digital não seja usado como um mecanismo de cerceamento da liberdade de expressão e, não só a liberdade de expressão, mas todos os direitos provenientes da pessoa humana, dispostos na Declaração Universal de Direitos Humanos, nas demais Convenções e Tratados Internacionais, bem como na própria Constituição da República Federativa do Brasil.

A Declaração Universal de Direitos Humanos traz já no preâmbulo a disposição de que o reconhecimento da dignidade e dos direitos de todo cidadão é o fundamento da liberdade, da justiça e da paz no mundo.[4] Assim sendo, por serem inerentes da pessoa humana, eles não podem ser restringidos e muito menos retirados.

> *Não está em saber quais, quantos são esses direitos, qual a sua natureza e o seu fundamento, se são direitos naturais ou históricos, absolutos ou relativos; mas sim qual é o modo mais seguro para garanti-los, para impedir que, apesar das solenes declarações, eles sejam continuamente violados (BOBBIO, 1992).*

Com relação à Era Digital, por sua vez, a Organização das Nações Unidas (ONU) se posicionou no sentido de proteger de forma igualitária os direitos humanos off-line e on-line, independentemente de fronteiras, levando em consideração suas especificidades. Tal posicionamento se demonstrou positivo à cooperação internacional, através do desenvolvimento mundial pelos serviços de informação e tecnologias, conforme pode ser verificado através das disposições preambulares:

> *Observando também a importância de reforçar a confiança na Internet, não menos importante no que diz respeito à liberdade de expressão, privacidade e outros direitos humanos, de modo que o potencial da Internet como um facilitador para o desenvolvimento e a inovação pode ser realizado, com a plena cooperação entre os governos, a sociedade civil, o setor privado, a técnica comunidade e academia, Reconhecendo que a privacidade on-line é importante para a realização do direito à liberdade de expressão e de ter opiniões sem interferência e o direito à liberdade de reunião pacífica e de associação,*
>
> *Enfatizando que o acesso à informação na Internet facilita vastas oportunidades para a educação acessível e inclusive a nível mundial, sendo assim uma ferramenta importante para facilitar a promoção do direito à educação, sublinhando ao mesmo tempo a necessidade de abordar digitais alfabetização e a exclusão digital, pois afeta o gozo do direito à educação,*

---

4   Organização das Nações Unidas (ONU). Declaração Universal dos Direitos Humanos. Adotada e proclamada pela Assembleia Geral das Nações Unidas (resolução 217 A III), em 10 de dezembro de 1948. Link <https://brasil.un.org/index.php/pt-br/130568-especialistas-da-onu-apontam-direitos-digitais-como-chave-para-recuperacao-inclusiva-no-pos> Acesso em: 29 set. 2021.

Expressando preocupação de que muitas formas de fracturas digitais permanecem entre e dentro de países e entre homens e mulheres, meninos e meninas, e reconhecendo a necessidade de fechar eles (...)[5]

Por se tratar de um tema de demasiada importância, para que seja possível fazer uma análise a respeito da defesa dos direitos humanos na Era Digital - principalmente no que tange à inteligência artificial -, é necessária compreensão dos direitos da pessoa humana.

COMPREENSÃO DOS DIREITOS DA PESSOA HUMANA

No entendimento de Norberto Bobbio (1992), "os direitos humanos não nascem todos de uma vez e nem de uma vez por todas". Considera-se um enorme desafio a compreensão da concepção contemporânea dos direitos humanos, pois "tão importante quanto a liberdade de expressão é o acesso à saúde, à educação e ao trabalho. Tão grave quanto morrer sob tortura é morrer de fome. Há uma paridade com relação ao eixo liberdade e ao eixo igualdade" (PIOVESAN, 2019).

De acordo com Immanuel Kant, tudo tem um preço ou uma dignidade. Coisas podem ser substituídas por outras equivalentes e por isso há um preço a se pagar, à medida que pessoas, sujeitos de direitos, não podem ser mudados, alterados. Cada ser humano é único e, justamente por isso, as pessoas têm dignidade (KANT, 2007).

É inegável o fato de que o objetivo basilar deste direito é a proteção da dignidade da pessoa humana e, sob esta ótica, foi adotada pela Assembleia Geral da ONU, em 1948, a Declaração Universal dos Direitos Humanos.

A Declaração Universal de 1948 objetiva delinear uma ordem pública mundial fundada no respeito à dignidade humana, ao consagrar valores básicos universais. Desde seu preâmbulo, é afirmada a dignidade inerente a toda pessoa humana, titular de direitos iguais e inalienáveis. Vale dizer, para a Declaração Universal a condição de pessoas é o requisito único e exclusivo para a titularidade de direitos. A universalidade dos direitos humanos traduz a absoluta ruptura com o legado nazista, que condicionava a titularidade de direitos à pertinência a determinada raça (raça pura ariana). A dignidade humana como fundamento dos direitos humanos e valor intrínseco à condição humana é concepção que, posteriormente, viria a ser incorporada por todos os tratados

---

5   Organização das Nações Unidas (ONU). Resolução (A / HRC / C / L.20). Adotada e proclamada pela Assembleia Geral das Nações Unidas, em 27 de junho de 2016. Link <https://forense.digital/internet-direitos-humanos/> Acesso em: 29 set. 2021.

e declarações de direitos humanos, que passaram a integrar o chamado Direito Internacional dos Direitos Humanos (PIOVESAN, 2012).

Assim, pode-se concluir que todos os direitos humanos derivam da dignidade da pessoa humana e possuem valores de cunho universal, sendo eles direitos econômicos, políticos e sociais. "O ser humano é um ser essencialmente moral, dotado de unicidade existencial e dignidade como um valor intrínseco à condição humana" (PIOVESAN, 2009). Consoante preceitua Joaquin Ferrer Arellano:

> *O homem é a pessoa em função de toda a comunidade, e conquista a sua personalidade, isto é, o mérito e o valor da sua pessoa plenamente desenvolvida, na comunidade e pela comunidade. [...] Só neste tecido de relações intersubjetivas chega o homem a ser pessoa e conquista uma personalidade (no sentido de perfeição pessoal) (ARELLANO, 2008).*

Apesar da discussão e curiosidade sobre os Direitos Humanos, este tema é atualmente estudado em demasia, principalmente no que tange a adequação das "novas gerações" de direitos e da evolução histórica. Causa preocupação e, às vezes, estranheza pensar em como direitos concernentes ao ser humano, advindo do Direito Natural,[6] têm a capacidade de acompanhar os aspectos civis, sociais, econômicos e políticos da sociedade, tendo em vista que, de acordo com o pensamento de Norberto Bobbio (1992):

> *Não está em saber quais, quantos são esses direitos, qual a sua natureza e o seu fundamento, se são direitos naturais ou históricos, absolutos ou relativos; mas sim qual é o modo mais seguro para garanti-los, para impedir que, apesar das solenes declarações, eles sejam continuamente violados..*

Assim sendo, o Conselho de Direitos Humanos da ONU aprovou, em 27 de junho de 2016, a Resolução (A/HRC/C/L.20),[7] que tem por objetivo a regulamentação da promoção, proteção e gozo dos direitos humanos na internet. Noutras palavras, o acesso à internet passou a ser considerado Direito Humano pela ONU.

---

6   Levando-se em consideração a dimensão jusnaturalista-universalista, segundo a qual os direitos são concernentes à própria natureza humana.

7   Organização das Nações Unidas (ONU). Resolução (A / HRC / C / L.20). Adotada e proclamada pela Assembleia Geral das Nações Unidas, em 27 de junho de 2016. Link <https://forense.digital/internet-direitos-humanos/> Acesso em: 29 set. 2021.

Se por um lado, redes sociais relacionam-se a pessoas conectadas em função de um interesse comum, mídias sociais associam-se a conteúdos (textos, imagem, vídeo etc) gerados e compartilhados pelas pessoas nas redes sociais. Dessa forma, tanto redes sociais como mídias sociais, em sua essência, não têm nada a ver com tecnologia, mas com pessoas e conexões humanas. A tecnologia apenas facilita e favorece a interação das pessoas e a criação e compartilhamento de conteúdos por elas. Assim, as redes sociais, como o Facebook, por exemplo, são plataformas que possibilitam, facilitam e potencializam a conexão de pessoas com outras pessoas, ampliando o alcance das redes sociais pessoais, e ferramentas de armazenamento e compartilhamento que alavancam o volume de mídias sociais criadas pelas pessoas. Assim, um site de redes sociais on-line é apenas uma plataforma tecnológica que favorece a atuação das pessoas para interagir e compartilhar conteúdos em suas redes sociais (GABRIEL, 2010).

A principal motivação da aprovação desta Resolução é fazer com que os Estados estabeleçam políticas mais sólidas, resistentes, a fim de que as pessoas tenham os mesmos direitos, tanto off-line, quanto on-line, e, em especial, o direito à liberdade de expressão.

De fato, apesar de todos os direitos serem priorizados e levados em consideração, é inegável que o principal direito assegurado é o da liberdade de expressão, que deve ser aplicado de forma universal e sem fronteiras, objetivando a cooperação internacional e o crescimento da informação.[8] Assim sendo, em plena era de desenvolvimento social, informacional e tecnológico, é possível conciliar os direitos da pessoa humana com os demais direitos surgentes? E, mais especificamente, como ficam os direitos da pessoa humana frente ao desenvolvimento da inteligência artificial?

OS DIREITOS DA PESSOA HUMANA FRENTE À INTELIGÊNCIA ARTIFICIAL

Para melhor compreensão da possibilidade de amparo concomitante dos direitos da pessoa humana e da inteligência artificial, é necessário entender o que é inteligência artificial. Sendo assim, a inteligência artificial "pode ser definida como o ramo da ciência da computação que se ocupa da automação do comportamento inteligente" (LUGER, 2013) e, ainda, como "um software diferente dos demais, pois é inteligente e visa fazer os computadores realizarem funções que eram exclusivas de seres humanos, por exemplo, praticar a linguagem escrita ou falada, aprender, reconhecer expressões faciais, etc" (SILVA, 2019).

Apesar de muitos pesquisadores afirmarem não existir um conceito, o fato de haver a possibilidade de algo possuir capacidade além da humana é de causar grande intriga. Diversas perguntas surgem em pensamentos. "Como uma máquina aprendeu?", "Será que a máquina pensa?", "Como ela foi capaz de produzir tal resultado?", "Qual foi o processo utilizado no processo criativo?", "Será que os robôs irão substituir os humanos no futuro?". A

---

8   "The promotion, protection and enjoyment of human rights on the Internet."

explicação dada é que "a inteligência artificial sempre esteve mais preocupada com a expansão das capacidades da ciência da computação do que com a definição de seus limites." (LUGER, 2013).

A elevada propagação de mudanças trazidas pelas tecnologias digitais, incluindo a inteligência artificial, traz muitos desafios ao mundo jurídico e, principalmente, aos Direitos Humanos, tendo em vista a necessidade de adequação da norma jurídica ao contexto atual e aos valores sociais. Porém, nada muda o fato de que os seres humanos possuem direitos e deveres concernentes à cidadania física - e, atualmente, digital.

> *A continência informacional impulsionada pelas TIC causa impacto, especialmente nas esferas econômica e social, promovendo o desenvolvimento, mas também, pode ferir direitos, os quais devem ser resguardados por estruturas jurídicas e legislativas capazes de dar respostas correlatas frente ao desenvolvimento tecnológico e as questões surgidas a partir de então (BARROS, 2016).*

É fato notório que a tecnologia desempenha papel fundamental na sociedade do Século XXI, sendo certo a necessidade de regulamentação com o finco de garantir a efetividade do processo de criação, evolução e aplicação. Esse fato não é diferente quando pensado na inteligência artificial, principalmente quando se leva em consideração que o uso da inteligência artificial torna os atendimentos eletrônicos mais acessíveis, facilita o aproveitamento de dados e, até mesmo, traz maior segurança através do reconhecimento facial ou biométrico.

Merece destaque o fato de que os próprios especialistas em inteligência artificial publicaram uma carta aberta demonstrando receio da inteligência artificial "alimentar" a violação dos direitos humanos, dividindo a sociedade com base em etnia ou em gênero ou, até mesmo, causar uma Terceira Guerra Mundial:

> *As companies building the technologies in Artificial Intelligence and Robotics that may be repurposed to develop autonomous weapons, we feel especially responsible in raising this alarm. (...) Lethal autonomous weapons threaten to become the third revolution in warfare. Once developed, they will permit armed conflict to be fought at a scale greater than ever, and at timescales faster than humans can comprehend. These can be weapons of terror, weapons that despots and terrorists use against innocent populations, and weapons hacked to behave in undesirable ways. We do not have*

long to act. Once this Pandora's box is opened, it will be hard to close. We therefore implore the High Contracting Parties to find a way to protect us all from these dangers.[910]

Neste toar, do mesmo modo que a evolução e uso constante da inteligência artificial é considerado extremamente benéfico à sociedade, existem situações maléficas e que podem conflitar com os Direitos Humanos - como direito à honra, à privacidade, etc. Assim, em abril de 2021, surgiu a primeira proposta de regulamentação na União Européia, que dispôs:

A conjunção do primeiro quadro jurídico em matéria de inteligência artificial e de um novo Plano Coordenado com os Estados-Membros garantirá a segurança e a defesa dos direitos fundamentais das pessoas e das empresas, reforçando simultaneamente o investimento, a inovação e a utilização da inteligência artificial, em toda a UE. As novas regras aplicáveis às máquinas complementarão esta abordagem, adaptando as regras de segurança, a fim de aumentar a confiança dos utilizadores na nova e versátil geração de produtos.[11]

Verifica-se que o projeto supramencionado visa a proteção dos Direitos Humanos quando em conflito com o uso inadequado da inteligência artificial. Porém, deve-se ter em mente que muitos impactos na sociedade ainda não são conhecidos, o que torna o desafio de regulamentação ainda maior.

---

9   An open letter to the united nations convention on certain conventional weapons. Disponível em: <https://futureoflife.org/autonomous-weapons-open-letter-2017/> Acesso em: 30 nov. 2021.

10   Tradução livre: "Como empresas que estão desenvolvendo tecnologias em Inteligência Artificial e Robótica que podem ser reaproveitadas para desenvolver armas autônomas, nos sentimos especialmente responsáveis por dar esse alarme. (...) As armas autônomas letais ameaçam se tornar a terceira revolução na guerra. Uma vez desenvolvidos, eles permitirão que o conflito armado seja travado em uma escala maior do que nunca e em escalas de tempo mais rápidas do que os humanos podem compreender. Podem ser armas de terror, armas que déspotas e terroristas usam contra populações inocentes e armas hackeadas para se comportar de maneiras indesejáveis. Não temos muito tempo para agir. Depois que esta caixa de Pandora for aberta, será difícil fechar. Portanto, imploramos às Altas Partes Contratantes que encontrem uma maneira de nos proteger a todos desses perigos."

11   Disponível em: <https://ec.europa.eu/commission/presscorner/detail/pt/ip_21_1682> Acesso em: 07 nov. 2021.

USO DE RECONHECIMENTO FACIAL E DEMAIS RECONHECIMENTOS BIOMÉTRICOS

Um rosto ou uma digital podem revelar uma identidade? Como o Direito intervêm quando a inteligência artificial é usada para realização de reconhecimento facial e/ou biométrico? Há imparcialidade nestas modalidades de reconhecimento? Quais são os impactos, diretos e indiretos, que uma sociedade têm quando inserida em um contexto cada vez mais conectado com a inteligência artificial?

O reconhecimento facial e os demais reconhecimentos biométricos são realizados através de um algoritmo capaz de capturar vários pontos do rosto humano ou de digitais. As características registradas são armazenadas em bancos de dados, possibilitando a realização de comparações. Levando em consideração que a inteligência artificial é criada por seres humanos e estes seres não são considerados imparciais, pode-se concluir, também, que a tecnologia e a inteligência artificial também possuem um viés, mesmo que seja de forma inconsciente e involuntária.

A título exemplificativo, pode ser citada a utilização do reconhecimento facial pela polícia do Reino Unido, na qual o rosto de uma pessoa é capturado, escaneado e é feito um cruzamento com as informações constantes nos bancos de dados do país, até ser realizado um match. No entanto, a grande crítica é que 96% das correspondências são identificadas erroneamente,[12] além do fato da maioria da população sequer saber que sua imagem e seus dados pessoais estão sendo analisados.[13]

Também merece destaque a utilização do reconhecimento facial em Hong Kong para rastreamento de manifestantes. Houve a realização de protestos e os manifestantes utilizaram laser e tinta para não ser possível a utilização das câmeras e, consequentemente, o reconhecimento facial.

---

12 Disponível em: <https://www.diariodedados.com.br/Blog/reconhecimento-facial-reino-unido/> Acesso em: 23 nov. 2021.

13 "The European Union is considering banning facial recognition technology in public areas for up to five years, to give it time to work out how to prevent abuses, according to proposals seen by Reuters." Disponível em: <https://www.reuters.com/article/us-eu-ai-idUSKBN1ZF2QL> Acesso em: 23 nov. 2021.

Ato contínuo, em São Paulo, a empresa ViaQuatro - que possui a concessão da linha 4-amarela do metrô da cidade -, foi condenada a pagar uma indenização por realizar reconhecimento facial nos metrôs da cidade,[14] sem consentimento, enquanto passageiros visualizaram anúncio publicitário.[15]

Analisando essas situações à luz dos Direitos Humanos, verifica-se uma grande problemática ética nessa atuação. Além da ausência de imparcialidade e utilização de imagem e dados pessoais de maneira impositiva, há uma quebra do direito à liberdade de expressão se for levado em consideração o fato de que um indivíduo não pode não se sujeitar a essa modalidade de identificação.

Será que, quem não está disposto a se sujeitar ao reconhecimento facial e aos demais reconhecimentos biométricos, está indo contra à Democracia? Salienta-se que o reconhecimento facial ou biométrico pode ser capturado a qualquer tempo e pode ser armazenado sem autorização. Porém, não existe lei específica que ampare a proteção destes dados. Será que a inteligência artificial apenas está sendo desenvolvida com tamanha rapidez para atender fins lucrativos?

VIGILÂNCIA EM MASSA DA SOCIEDADE

Resta cristalino tamanho impacto da inteligência artificial na vida de toda a população. Quando se pensa em inteligência artificial, vem automaticamente à cabeça a sensação de sedução pela magnitude que essa tecnologia é capaz de alcançar. Às vezes, pode até parecer ser um desenvolvimento infinito.

> *É possível pensar em cenários mais otimistas, e inclusive há vários exemplos de como a tecnologia pode propiciar uma Internet mais livre e mais democrática, de maior convergência de ideias e interesses entre governantes e governados. A questão central é sempre a mesma: a tecnologia possibilita, mas requer-se vontade e atitude, tanto dos governantes, como dos governados (CELANT, 2014).*

Porém, ainda existem diversas dúvidas e dilemas com relação à sua aplicação, que só com o tempo haverá possíveis respostas. A grande questão é que a progressão social está vinculada ao que era para ser a neutralidade e

---

14   O então governador do Estado de São Paulo, João Doria, confirmou expressamente o veto ao PL 865/2019, que permitia o uso de câmeras com a finalidade de reconhecimento facial em metrô e trens.

15   Disponível em: <https://olhardigital.com.br/2021/05/11/pro/viaquatro-e-condenada-por-coleta-irregular-de-dados-multa-e-de-r-100-mil/> Acesso em: 23 nov. 2021.

imparcialidade da machine learning -[16] que facilita a aplicação do reconhecimento facial e biométrico. Será possível evitar um abuso na utilização destas tecnologias? Neste sentido, Debora Pio (2021) explica:

> *As tecnologias de reconhecimento facial têm sido amplamente utilizadas mundo afora, com diferentes finalidades. Desenvolvidas por gigantes da tecnologia, como Microsoft, Huawei, Amazon e Apple, seus usos têm sido primordialmente para fins de vigilância e controle de massas. No Brasil, este tipo de aparato tem se difundido sobretudo no setor privado, em lojas, shoppings e aeroportos. No entanto, uma dimensão preocupante é sua utilização com fins de segurança pública.*

Entretanto, deve-se ter em mente que algumas práticas discriminatórias podem ser cometidas através da inteligência artificial e da machine learning, disseminando ainda mais as desigualdades sociais. Um exemplo fático é a inteligência artificial "Tay",[17] criada pela Microsoft, a princípio, para disponibilizar bate-papos e conversas. Mas, em menos de vinte e quatro horas, os usuários desta rede social conseguiram corrompê-la, disseminando racismo e misoginia. Conclui-se, portanto, que os vieses preconceituosos podem ser disseminados em larga escala, havendo grande periculosidade para toda a população.

Nessa perspectiva, a tecnologia potencializa de forma grandiosa o acesso à informação e aos demais meios de comunicação, porém protege, ainda, de forma sublime os direitos e garantias dos indivíduos considerados usuários dela. Assim, traz à tona o seguinte questionamento: será que a inteligência artificial consegue deixar de lado decisões simplesmente matemáticas e consegue tomar decisões éticas?

> *Neste meio século não parece que os governos tenham feito pelos direitos humanos tudo aquilo a que moralmente estavam obrigados. As injustiças multiplicam-se, as desigualdades agravam-se, a ignorância cresce, a miséria alastra. A mesma esquizofrénica humanidade capaz de enviar instrumentos a um planeta para estudar a composição das suas rochas, assiste indiferente à morte de milhões de pessoas pela fome. Chega-se mais facilmente a Marte do que ao nosso próprio semelhante (SARAMAGO, 2020).*

---

16   "Apesar de existir há décadas, a machine learning ganhou enorme relevância na última década em razão da explosão na disponibilidade de dados, que servem como combustível para a aprendizagem de máquinas" (FERRARI, 2021).

17   Disponível em: <https://veja.abril.com.br/tecnologia/exposto-a-internet-robo-da-microsoft-vira-racista-em-1-dia/> Acesso em: 23 nov. 2021.

A própria ONU reconhece o fato de que a inteligência artificial pode trazer impactos positivos e negativos à sociedade, senão vejamos:

> *O uso crescente de inteligência artificial para a saúde apresenta oportunidades a governos, providores e comunidades, como o uso de dados na prevenção de emergências ou a telemedicina. Mas ela também traz importantes riscos, como questões de cibersegurança e desafios éticos de coleta e uso de dados de saúde.*[18]

É fato que os países possuem facilidade de criar um Estado de vigilância em massa com as ferramentas e as tecnologias existentes e sem embasamento legal atualizado, com o preenchimento de todas as lacunas. Pode-se citar o fato de que a União Européia e a China, líderes nesta modalidade de tecnologia, já apresentaram projetos para a regulamentação da inteligência artificial.[19] Como citado anteriormente, a Organização para a Cooperação do Desenvolvimento Econômico também já traçou diretrizes para explorar essa tecnologia.

Especialistas independentes das Nações Unidas, inclusive, avaliaram de forma positiva o avanço tecnológico em tempos de pandemia do Covid-19:

> *Apesar do papel instrumental da Internet e das tecnologias digitais, que forneceram novos caminhos para o exercício das liberdades públicas e acesso à saúde, informações relacionadas à saúde e cuidados, em particular durante a pandemia da COVID-19, os estados continuam a alavancar essas tecnologias para amordaçar os dissidentes, vigiar e anular a ação coletiva online e offline e as empresas de tecnologia têm feito muito pouco para evitar esse abuso dos direitos humanos.*[20]

Porém, ao mesmo tempo em que são pensados projetos novos e diretrizes novas, o desenvolvimento da inteligência artificial parece superar a legislação estatal e todo o esforço global. Será que devemos temer a vigilância

---

18   Disponível em: <https://brasil.un.org/pt-br/133507-oms-publica-relatorio-global-e-principios-orientadores-sobre-inteligencia-artificial-na> Acesso em: 25 ago. 2021.

19   No Brasil, já circularam propostas na Câmara dos Deputados e no Senado Federal para regulação da inteligência artificial, como ocorreu nos PL 240/2020, PLS 5051/2019 e 5961/2019. No entanto, atualmente, iniciou-se a tramitação do PL 21/2020, que se encontra pendente à apreciação do Plenário.

20   Disponível em: <https://brasil.un.org/index.php/pt-br/130568-especialistas-da-onu-apontam-direitos-digitais-como-chave-para-recuperacao-inclusiva-no-pos> Acesso em: 25 ago. 2021.

estatal? Será que estamos retroagindo para uma Era Autoritarista e o uso de reconhecimento facial e demais reconhecimentos biométricos devem ser considerados medidas de coerção do Poder Público?

CONCLUSÃO

Como resultado do presente trabalho, verifica-se que ainda são enfrentados diversos desafios no que tange à aplicação do desenvolvimento tecnológico e, principalmente, da inteligência artificial perante à sociedade. Mais desafiador, ainda, é empregar o reconhecimento facial e os demais reconhecimentos biométricos respeitando os Direitos Humanos e um Estado Democrático de Direito.

Não pode ser afirmado, ainda, que existe um embasamento legal e cem por cento democrático para a aplicação destes reconhecimentos, bem como tal desenvolvimento continua sendo realizado com diversas "lacunas" vazias. De fato, deve-se ter em mente que a sociedade deve estar preparada para a evolução tecnológica e os desafios que devem ser enfrentados por ela.

Entretanto, jamais pode ser esquecido que esse é um tema de caráter global, que enfrenta diretamente os direitos humanos basilares e constitucionais, principalmente o direito à honra, à liberdade, à imagem e à privacidade. Os impactos trazidos por essa evolução tecnológica afeta diretamente os contextos sociais, políticos e econômicos de toda a sociedade.

Afirmar que diversas vezes os algoritmos ditam as regras da sociedade moderna não é exagero. Diante deste fato, é necessário extremo cuidado para que essas regras não sejam puramente matemáticas. As decisões devem ser tomadas, concomitantemente, analisando os fatores éticos, sociais e, principalmente, imparciais, sem vieses.

Não se pode negar, ainda, a existência de vieses, que prejudicam, inclusive, o desenvolvimento da inteligência artificial em seu aspecto amplo. Para isso, "precisamos tratá-lo como uma ferramenta com várias aplicações, não uma coisa em si"[21] e, para que isso ocorra, deve-se ter por primazia a liberdade e a democracia no ciberespaço.

Um Estado Democrático de Direito pressupõe um sistema organizado, que garante a liberdade de expressão, bem como que garante a harmonia com os demais valores, direitos e princípios protegidos pelo ordenamento jurídico. Assim, pode ser entendida como a melhor forma de solucionar tais questões seja a chamada inteligência híbrida ou human plus machine, aquela em que os algoritmos e os indivíduos trabalham juntos com o finco de tomarem as melhores e mais corretas decisões.

Neste toar, verifica-se que as ações governamentais devem estar minuciosamente em conformidade com as novas tecnologias, bem como com os anseios sociais. A vigilância estatal deve ser tecnologizada e deve sofrer

---

21   "We need to treat it as a tool with various applications, not a thing in itself." Disponível em < https://www.washingtonpost.com/outlook/2020/01/13/heres-how-regulate-artificial-intelligence-properly/> Acesso em> 20 nov. 2021.

avanços, porém em prol, sempre, da sociedade, jamais como medida de coerção estatal, inclusive no que tange às novas tecnologias e à inteligência artificial.

REFERÊNCIAS BIBLIOGRÁFICAS

ARELLANO, Joaquin Ferrer. El misterio de los orígenes, EUNSA, Pamplona, 2001, p.83 e 84, apud GONÇALVES, Diogo Costa. Pessoa e direitos da personalidade: fundamentação ontológica da tutela. Coimbra: Almedina, 2008.

BARROS, Bruno Mello Correa. FLAIN, Valdirene Silveira. O marco civil da internet: um olhar sobre a proteção dos direitos e garantias dos usuários na sociedade em rede. 2016. Disponível em: <https://online.unisc.br/acadnet/anais/index.php/sidspp/article/viewFile/15760/3663>. Acesso em 01/11/2021.

BOBBIO, Norberto. A Era dos Direitos. Rio de Janeiro: Campus, 1992.

CELANT, João Henrique Pickcius; e MENEGHETTI, Tarcísio. Liberdade e Controle no Ciberespaço: Uma análise do Marco Civil da Internet e do Governo Eletrônico. Direito e Novas Tecnologias II: XXIII Congresso Nacional do CONPEDI. Universidade Federal da Paraíba / UFPB / João Pessoa – PB. 2014. Disponível em: <http://www.publicadireito.com.br/artigos/?cod=1f9caf93105becc0>. Acesso em 15/10/2021.

DOMINGUES, José Luiz. et. al. A reforma do Ensino Médio: A nova formulação curricular e a realidade da escola pública. São Paulo: SciELO. 2000.

FERRARI, Isabela; e BECKER, Daniel. Algoritmo e preconceito. Disponível em: <https://www.jota.info/opiniao-e-analise/artigos/algoritmo-e-preconceito-12122017> Acesso em: 28 nov. 2021.

FOUREZ, G. A construção das ciências: introdução à filosofia e à ética das ciências. São Paulo: EDUNESP, 1995.

GABRIEL, Martha. Marketing na era digital. São Paulo: Novatec, 2010.

KANT, Immanuel. Fundamentação da metafísica dos costumes. Lisboa: Edições 70, 2007.

LEITE, Flávia Piva Almeida. O Exercício da Liberdade de Expressão nas Redes Sociais: E o Marco Civil da Internet. Revista de Direito Brasileiro. São Paulo, SP. Volume 13, número 6, janeiro/abril, 2016. Disponível em: <https://www.indexlaw.org/index.php/rdb/article/view/2899/2698> Acesso em: 29/10/2021.

LUGER, George F. Inteligência artificial. Tradução Daniel Vieira. 6ª ed. São Paulo: Pearson Education do Brasil, 2013.

ORWELL, George. 1984. 7ª ed. São Paulo: Companhia das Letras, 1986.

PIO, Debora. Dobras #44 // Vieses, algoritmos e raça: como as tecnologias de reconhecimento facial podem aprofundar as desigualdades. Disponível em: <https://medialabufrj.net/blog/2021/04/dobras-44-vieses-algoritmos-e-raca-como-as-tecnologias-de-reconhecimento-facial-podem-aprofundar-as-desigualdades/> Acesso em: 23 nov. 2021.

PIOVESAN, Flávia. Direitos Humanos e o Direito Constitucional Internacional. 13ª ed. São Paulo: Saraiva, 2012.

PIOVESAN, Flávia. Direitos Humanos: Desafios e Perspectivas Contemporâneas. Revista TST: Brasília, vol. 75, nº. 1, jan/mar 2009.

SARAMAGO, José. Citado por Monica de Bolle em Esquizofrênica humanidade. Disponível em <https://www.quatrocincoum.com.br/br/colunas/rupturas/esquizofrenica-humanidade> Acesso em> 07 nov. 2021.

SCHREIBER, Anderson. et. al. Direito e mídia: tecnologia e liberdade de expressão. Indaiatuba, SP: Editora Foco, 2020.

SILVA, F.M.D.; LENZ, M.L.; FREITAS, P.H.C.; BISPO, S.C. Inteligência artificial. Grupo A, 2019. 9788595029392. Disponível em: <https://integrada.minhabiblioteca.com.br/#/books/9788595029392/>. Acesso em: 07 nov. 2021.

WONG, Joshua. Democracia ameaçada: a liberdade de expressão em risco e porque precisamos agir, agora. Tradução de Carlos Szlak. São Paulo: Faro Editorial, 2020.

OS ATAQUES AOS DIREITOS HUMANOS E A HIPERMILITARIZAÇÃO DO COTIDIANO: OBSERVAÇÕES POSSÍVEIS NO INÍCIO DO SÉCULO XXI

Autores:

Marcelo Bordin[1]

Maria Izabel Machado[2]

INTRODUÇÃO

Este texto busca relacionar duas questões fundamentais nestes mais de 20 anos de século XXI: a hipermilitarização do cotidiano (BORDIN; GROTTI, 2021) e os ataques aos Direitos Humanos em diversos países, com avanços de governos populistas de extrema-direita e com uma intensa propagação de ideais fascistas, com especial atenção ao Brasil, onde uma intensa onda conservadora avançou após 2013, culminando na eleição do candidato da extrema-direita Jair Bolsonaro. Com relação a esses dois fatos sociais, a hipermilitarização e os ataques aos direitos humanos, convém citar que eles não estão relacionados a organismos sociais determinados ou mesmo em um tempo definido, conforme segue:

---

1   Geógrafo, Cientista Político, Mestre em Geografia e Doutor em Sociologia. É pesquisador do Centro de Estudos em Segurança Pública e Direitos Humanos (CESPDH/UFPR), do Grupo de Pesquisa em Segurança, Violência e Justiça (SEVIJU/UFABC) e da Rede Nacional de Pesquisa em Militarização da Educação.

2   Socióloga, Professora Doutora do Programa de Pós-Graduação Interdisciplinar em Direitos Humanos - UFG e da Faculdade de Educação da Universidade Federal de Goiás, Pesquisadora do Grupo Mutamba- UFG e do Núcleo de Estudos de Gênero-UFPR.

Existem, pois, os fenômenos sociais que não são estritamente ligados a um organismo social determinado; estendem-se a áreas que ultrapassam um território nacional ou então se desenvolvem em períodos de tempos que ultrapassam a história de uma só sociedade. Têm uma vida de certo modo supranacional (DURKHEIM e MAUSS, p. 470, 1999)

Dessa forma, como um fato supranacional, essa onda conservadora aliada ao retorno de ideais militaristas e/ou nacionalistas, coloca a humanidade em um movimento de viver a guerra, fato este que se torna o sustentáculo do viver cotidiano, em uma paz armada ("até os dentes", nesse caso). Esse momento coloca a noção de Direitos Humanos em um segundo plano, mantendo a constante ideia do inimigo que deve ser combatido (eliminado), seja ele qual for.

Interessante citar que o Brasil viveu um movimento de inspiração fascista, o movimento Integralista, que se tornou um partido político "militarizado", tendo um número expressivo de votos nas eleições que participou e que atualmente possui seguidores que conseguem abrigo em outras legendas partidárias, sendo que para localizar seus idealizadores da década de 1930 e para solidificar a relação do Brasil com o conservadorismo de origem fascista, basta uma rápida busca por ruas com o nome "Plínio Salgado".

GUERRA ONTEM, GUERRA HOJE E GUERRA AMANHÃ: A PAZ DURANTE A GUERRA FRIA.

A derrota do fascismo italiano, do nazismo alemão e do império militarista japonês ao fim da Segunda Guerra Mundial, possibilitou a consolidação dos Direitos Humanos na segunda metade do século XX. A criação da Organização das Nações Unidas[3] (ONU) em 1945 e a publicação da Declaração Universal dos Direitos Humanos (1948), foram marcos fundamentais para evitar a barbárie observada no conflito 1939/1945, em especial contra as populações mais vulneráveis. Ainda que a ONU não tenha evitado outros conflitos, essa instituição tem um papel fundamental para manter uma certa "civilidade" entre as nações na busca de resoluções para diversos conflitos durante o que foi denominado de Guerra Fria, com a bipolaridade do poder mundial nas mãos da União das Repúblicas Socialistas Soviéticas (URSS) e dos Estados Unidos da América (EUA). Com essas duas nações

---

3   Uma característica da ONU, também foi observada na Ligas das Nações, organismo criado após a Primeira Guerra Mundial para manter os acordos de paz após a derrota dos países liderados pela Alemanha, e que não conseguiu evitar a ascensão do nazismo e nem a política de rearmamento dos exércitos de Hitler. No contexto da ONU, essa fragilidade pode ser observada em seus primeiros momentos, em especial com o fim do mandato britânico na Palestina e com uma previsão de criação de dois Estados, um palestino e um judeu. Criação essa que só se consolidou do lado israelense, criando um impasse para a ONU e um conflito que não se finda, mantendo uma relação de dominação do estado militarista israelense sobre o território palestino, mantendo seu povo em um "campo de concentração" urbano.

disputando o controle em suas esferas de poder (comunismo versus capitalismo) sempre com a imposição das armas (convencionais ou nucleares). O fim da Segunda Guerra mundial proporciona também um período de independência em diversos países, antes colônias dos grandes impérios, em um processo que se estende até o fim do século XX.

Esse momento de constante terror nuclear e de inúmeras guerras "menores", pode ser entendido como uma "terceira guerra mundial" (HOBSBAWM, 1995, p. 224). Ainda que o enfrentamento entre as duas grandes potências não tenha ocorrido de fato, os diversos conflitos bélicos da segunda metade do século XX, foram por elas financiados ou induzidos, em guerras de formatos clássicos (enfrentamento entre países), contra grupos guerrilheiros lutando por independência ou com o auxílio para golpes de estados ou insurreições com base popular. Com o fim da União Soviética em dezembro de 1991, o modelo econômico capitalista foi anunciado como o "vencedor" e o que único poderia proporcionar o desenvolvimento necessário para a humanidade (FUKUYAMA, 1992), mesmo depois de mais de 45 anos de uma guerra pulverizada em diversos países do planeta.

Ao findar essa bipolaridade, novos atores surgiram no cenário internacional: a Rússia ressurgindo como uma potência militar e a China, que gradativamente se consolida como uma potência militar convencional e nuclear, momento que foi permeado com a visibilidade de novos atores, menores, mas não menos importantes no cenário geopolítico internacional. O esfacelamento da Iugoslávia e o surgimento de novos países e, consequentemente, de uma nova guerra dentro do continente europeu e ataques genocidas contra grupos étnicos minoritários (guerra da Bósnia entre 1992/1995 e a guerra do Kosovo entre 1998 e 1999) e os atentados terroristas nos EUA, em especial contra as torres do World Trade Center, na cidade de Nova Yorque, em setembro de 2001, perpetrado por um grupo terrorista fundamentalista muçulmano, liderado por Osama bin Laden, que de ex-aliado dos Estados Unidos é colocado como inimigo público número um.

Essa nova configuração do poder internacional, os novos atores internacionais e a mudança na forma de condução da guerra levou os EUA a criar a "guerra ao terror", não vinculado a outra força militar convencional, baseada dentro de um território e sob a bandeira de um país. Ainda que o fenômeno social total denominado "guerra" seja modificado em virtude dos avanços tecnológicos, esse momento em especial sugeriu um espectro ampliado para os corpos dos terroristas, estando onde estivessem. A "guerra ao terror" se estende por 20 anos, sendo o conflito mais longo com a participação dos EUA, e termina com a retirada caótica das tropas da coalizão e com o desespero de inúmeros cidadãos afegãos tentando fugir[4], pois eram prestadores de serviços para as tropas de ocupação, diante do rápido avanço das tropas do grupo Talibã, resultando em um novo governo fundamentalista.

Frente a isso, é possível afirmar que ausência de uma terceira guerra mundial, aos moldes das anteriores não eliminou a belicosidade cotidiana, e essa é a tese apresentada aqui: os desdobramentos de uma cultura de guerra produziram efeitos civilizatórios duradouros que entendemos exercem a força de um fato social total, ou continuum, a exemplo do que conceitua Marcel Mauss (MAUSS, 2003, p.309), estendendo suas influências a todas as instâncias

---

4   Disponível em https://www.bbc.com/portuguese/internacional-58236267 - Acesso em 28 set. 2021.

da vida individual e coletiva, daí podermos afirmar que o pessoal é político, e que não é possível tratar de direitos humanos sem tratarmos da militarização, das migrações, do direito à vida, das questões acerca da nação e outros temas que se intersectam. Nesse aspecto, a fala da liderança indígena e ambientalista Ailton Krenak, corrobora esse aspecto contínuo da guerra, que quando não é nos moldes tradicionais, é uma guerra institucionalizada e silenciosa, conforme segue:

> *Nós estamos em guerra. Eu não sei por que você está me olhando com essa cara tão simpática. Nós estamos em guerra. O seu mundo e o meu mundo estão em guerra. Os nossos mundos estão todos em guerra. A falsificação ideológica que sugere que nós temos paz é pra gente continuar mantendo a coisa funcionando. Não tem paz em lugar nenhum. É guerra em todos os lugares, o tempo todo. (KRENAK, 2019, p?).*

FRONTEIRAS E NAÇÕES AINDA FAZEM SENTIDO?

Diante das reconfigurações globais, as fronteiras, ao que parecem, possuem atualmente um caráter figurativo, não sendo mais problemas para esses novos atores geopolíticos, como por exemplo, os grupos terroristas[5] islâmicos, os narcotraficantes e mesmo para aqueles Estados que violam outros estados[6]. Ainda que as fronteiras e até mesmo a ideia de nação como é conhecida pareça estar em um processo de diminuição da sua importância, em especial para aqueles países que não possuem independência de fato, estando sujeitos aos ditames das grandes potências militares industriais, as fronteiras voltam a ter uma importância enorme, sendo reforçadas com armas, muros e muito arame farpado, para fazer frente a pressão humanitária, por meio das ondas de imigrantes, oriundos dos países afetados por problemas causados pelas mesmas grandes potências, sejam refugiados climáticos, de guerras ou de crises econômicas.

---

[5]   É interessante citar a mudança que os grupos terroristas também sofreram ao longo da segunda metade do século XX e início do XXI, sendo a que os primeiros eram em sua maioria de origem ideológica marxista e após o fim da União Soviética, os fundamentalistas islâmicos passam a ser os "inimigos públicos" do "mundo livre capitalista".

[6]   Nesse caso em especial, a utilização de drones (veículo aéreos não tripulados em português) como armas da "guerra ao terror", mantendo as pessoas em constante vigilância e com a possibilidade de ataques a qualquer momento. Sobre esse tema, ver Chamayou, 2015.

Para esses, o arame farpado[7] enferrujado, o muro alto impossível de ser escalado, ou mesmo o deserto para ser vencido em caminhadas extenuantes e muitas vezes mortais, são símbolos de que as fronteiras ainda existirão e não desaparecerão, mesmo em um mundo globalizado. Mas pelo que se observa, os nacionalismos e o ódio ao estrangeiro tornaram-se a moda, trazendo de volta os discursos e as formas de agir dos fascistas (e nazistas). Discursos esses que não estão longe do ponto de vista histórico, sendo extirpados como forma de governo em 1945, retornando no começo do século XXI.

Esses "novos" nacionalismos, surgem com os velhos dogmas dos seus antepassados e atualmente alimentados pelo mau uso das redes sociais, como por exemplo, a vitória da "Brexit", saída da Inglaterra da Comunidade Europeia, que atualmente está causando sérios problemas de abastecimento com a falta de motoristas de caminhões e outros trabalhadores de indústrias alimentícias e agrícolas[8], por exemplo.

Esse talvez seja um do problema menor diante do negacionismo sobre a pandemia de Covid-19, onde diversos governos de direita e extrema-direita negavam-se a manter o isolamento social e em alguns casos, como o presidente do Brasil, Jair Bolsonaro e o presidente dos EUA, Donald Trump, atrasando a vacinação em massa nesses países. Diante da globalização, esses atores iniciaram uma guerra contra aquilo que entendem por inimigos, que vão das populações pobres aos "comunistas", em um claro retorno aos processos históricos vivenciados no início dos anos 1930, onde as crises econômicas decorrentes dos constantes esgotamentos do capitalismo, direcionam uma multidão em busca de soluções fáceis para seus problemas, capitaneados pelos discursos de Adolf Hitler e Benito Mussolini[9].

Essa situação atualiza-se com a ajuda da tecnologia a da já conhecida guerra aos pobres. A ofensiva das elites econômicas, sociais, culturais, vem através de uma crescente criminalização dos que são as principais vítimas do atual capitalismo financeiro de livre circulação do capital e do interdito aos corpos. Na história brasileira, tais elites sempre aplicaram pena máxima contra qualquer possibilidade de organização popular; podemos lembrar, entre outros, o episódio de Canudos no qual pela primeira vez se utilizou força federal para esmagar um movimento popular. E todo esse processo de criminalização tem por objetivo impedir o acesso das camadas populares aos

---

7   O arame farpado é o instrumento comum em todas as fronteiras. Criado para ser uma ferramenta agrícola, foi transformado em arma de guerra e de opressão, criando obstáculos para soldados nos campos de batalhas, cercando prisioneiros políticos e de guerras e evitando que as pessoas busquem um destino melhor em outros países. Para uma história do arame farpado, ver RAZAC, 2015.

8   Situação essa admitida pelo Primeiro Ministro Boris Johnson. https://veja.abril.com.br/mundo/boris-johnson-diz-que-desabastecimento-no-reino-unido-pode-durar-ate-natal/ - Acesso em 03 out. 2021.

9   O nacionalismo japonês desse período histórico também possui as mesmas características, praticando atrocidades inimagináveis contra outros povos conquistados durante o seu expansionismo pelo pacífico.

direitos já garantidos pelas leis, contraditoriamente elaboradas e sua maioria por essas mesmas elites, muitas vezes com o intuito de impedir mudanças estruturais no país.

O instrumento primeiro desses grupos privilegiados é o Estado, que segundo Weber (2015) detém o monopólio legítimo da força, atualmente transformada no caso brasileiro em mais-valia repressiva exercida através do Controle Social Perverso. Gurvitch (1965) apresenta o controle social segundo alguns pontos de vista: para os norte-americanos está mais baseado na ideia de administração, política, engenharia social pelo uso do poder, dominação e força. Para os europeus o conceito de Controle Social relaciona-se à fiscalização, inspeção, vigilância, sendo que a aplicação é secundária. O autor sintetiza Controle Social da seguinte forma:

> *É um conjunto de modelos culturais, símbolos sociais, significados espirituais coletivos, valores, idéias, ideais, como também as ações e processos diretamente relacionados com eles, mediante os quais toda sociedade, todo grupo particular e todo membro individual componente vencem as tensões e conflitos interiores próprios e restabelecem um equilíbrio interno temporário, o que lhes dá a possibilidade de seguir adiante com novos esforços de criação coletiva".(GURVICTH, 1965, p. 265).*

A relevância dessa discussão reside em questionarmos de que forma internalizamos o Controle Social e qual o limite de coerção exercida pelo Estado em nome da manutenção da Ordem. O que se percebe é que lançando mão da mais-valia repressiva o Estado no lugar de ajudar na internalização do Controle Social, inclusive com produção do que se pode chamar violência positiva (domesticação, docilização dos corpos), baseia-se no Controle Social Perverso utilizando de forma preferencial e intensa o medo e o terror.

A guerra total não deixa de ser, portanto, mais uma face da criminalização da pobreza. Não existe crime igual para todas as pessoas, os operadores modernos da criminalização estão intrinsecamente ligados à classe, gênero, geração, território e etnia. Pode-se afirmar que crime não existe, existem indivíduos, agentes sociais cujas práticas são criminalizadas. Nesse sentido os atos individuais são mais ou menos criminalizados de acordo com o acúmulo de características como cor, idade, profissão, etc. O indivíduo deixa de ser julgado e punido pelo que praticou, passando a responder por seus antecedentes determinados por uma suposta hereditariedade criminosa, pelo ato cometido e pelo perigo potencial que representa. Passado, presente e futuro mesclam-se "dobrando" o crime, como afirmou Foucault (2014). O acusado não praticou o crime, ele é o crime.

Ao aproximar violência/crime de pobreza, instaura-se um fenômeno denominado recentemente de apartheid íntimo, no qual é a cultura do medo que regula as relações ou a ausência delas, desagregando progressivamente indivíduos e grupos sociais. Não se pode ignorar que a violência interpessoal, uma das formas mais temidas por todos e a todo tempo, está profundamente enraizada na enorme desigualdade, sendo que à desigualdade material soma-se a desigualdade social. Deixa-se de enfrentar problemas sociais perturbadores e concentra-se a discussão pública em indivíduos perturbados, como afirmou Glassner (2003). A pobreza, os pobres, deixam de ser questão de política e passam a ser questão de polícia. Informalmente o extermínio dos elementos tipo padrão (jovem, pobre, negro, de periferia) é legal, autorizado. Os exterminados não passam de Homo Sacer, seres matáveis, cuja morte não produz nenhuma consequência para quem matou, quem mandou matar ou quem consentiu nas mortes, como conceitua Giorgio Agamben (2010). Dessa forma as polícias são a visibilização do Controle Social Perverso exercido pelo Estado.

A HIPERMILITARIZAÇÃO DA VIDA: O FIM DOS DIREITOS HUMANOS?

A ideia de um mundo em paz é sempre propagada aos quatro ventos, mas de uma forma geral, a ideia de paz está sempre associada ao conflito bélico, ou seja, a paz é uma ideia que parece estar em um segundo plano, em especial para os governos das grandes potências industriais militares. Nesse sentido, a hipermilitarização da vida está associada aos constantes ataques aos direitos elementares de cada ser humano e ao que se denominou de forma ampla de "Direitos Humanos"[10], e que como já afirmado anteriormente, teve uma maior aceitação na sociedade moderna, mesmo em um período muito conturbado como foi a segunda metade do século XX. Aqui se faz necessário deixar clara que a ideia de hipermilitarização está vinculada à guerra e que como afirmou FERNANDES (2006) "É um fenômeno humano.", deixando claro esse "dom humano" de praticar matanças mútuas, por quaisquer que sejam os motivos e que mesmo assim deixa uma certa surpresa quando uma nova guerra se inicia, como bem afirmou BOBBIO (2003, p.10) ao comparar o surgimento dos conflitos bélicos aos incêndios de verão, que sempre acontecem e mesmo assim deixam as pessoas surpresas.

Não se pode deixar de citar que as guerras que causam espanto quando eclodem, dependem da sua localização geográfica e mesmo quem são os que se combatem, sendo que a Guerra da Bósnia e do Kosovo causaram muito mais perplexidade na sociedade internacional, resultando em intervenções da OTAN (Organização do Tratado do Atlântico Norte), sendo que no Kosovo foi sem apoio da ONU, sendo que na Somália, a ONU autorizou uma intervenção após cinco anos de guerra civil que, aliada a seca, provocou a morte de milhares de pessoas, além dos refugiados. A perplexidade com a guerra não atinge todos os continentes. Assim como a abertura ou fechamento de fronteiras, as intervenções em guerras podem depender de critérios étnicos e geográficos.

Nesse sentido, pode-se inferir que a sociedade humana está extremamente militarizada[11], algumas nações em maior intensidade, como os Estados Unidos, Rússia e China, Coreia do Norte, dentre outras, e outras em menor intensidade como Porto Rico, que nem forças armadas possui e é nesse sentido que a noção de hipermilitarização

---

10   O tema "Direitos Humanos" não será aprofundado nesse texto, uma vez que já é um tema muito estudado e com uma imensidão de artigos e livros sobre o tema.

11   Para uma visão aprofundada sobre o processo de militarização das sociedades, ver RUFANGES (2016).

se faz presente, ou seja, a cultura militarizada vai extrapolar as suas funções e atingir outras áreas da administração civil, como por exemplo, a educação e a segurança pública (no Brasil, essas duas áreas são profundamente atingidas, como será visto a seguir).

E nesse momento histórico, observa-se uma expansão das forças militares em todo o mundo ao mesmo tempo que as extremas-direitas ganham cada vez mais espaço, numa espécie de fusão entre as fases anteriores da 1ª e 2ª Guerras Mundiais, onde, na primeira, o expansionismo militar já estava no auge e o assassinato do príncipe austro-húngaro foi a gota que transbordou o copo já cheio. Na segunda, a busca pelo "espaço vital"[12] para a expansão dos estados nazifascistas e o militarismo japonês. Nesse momento, a China amplia as suas forças armadas e busca a conquista do mar do sul da China, invadindo águas territoriais de outras nações e todas as nações estão investindo em novos armamentos para projeção de força, e na construção de ilhas artificiais para fins militares (pistas de pouso, hangares de manutenção de aeronaves, depósitos de munições e combustíveis, colocando a produção do espaço geográfico em uma esfera bélica sem precedentes na história humana. E as respostas das demais nações não são diferentes, ou seja, ampliação das capacidades bélicas e do surgimento de uma nova aliança de defesa, como é o caso da AUKUS, sigla em inglês para Austrália, Reino Unido e Estados Unidos[13].

Esse é o momento de hipermilitarização da política internacional, ou seja, está em curso um processo de ampliação da militarização dessas regiões, levando-se em conta que nunca existiu um processo de desmilitarização em nenhuma região do planeta, apenas oscilações nas capacidades destrutivas das potências mundiais, sendo que esse momento histórico é muito similar ao período anterior da Primeira Guerra Mundial, faltando apenas uma fagulha para que o incêndio da guerra de fato comece. O processo de hipermilitarização não está dissociado da história após a revolução industrial, possibilitando a criação de armas cada vez mais potentes e em uma escala jamais vista. Essa mesma revolução industrial, agora em sua versão 4.0[14], vai tornar esse processo de hipermilitarização uma constante em um mundo cada vez mais deteriorado ambientalmente, com transformações climáticas que causarão migrações cada vez mais constantes e que vai exigir das nações cada vez mais repressão militar e consequentemente atingindo os direitos básicos de inúmeras populações.

---

12   Espaço vital é uma expressão cunhada pelo Geógrafo alemão Friedrich Ratzel (1844-1904) para definir as necessidades para que uma determinada nação pudesse se desenvolver. Essa expressão vai ser apropriada pelo estado nazista, validando a invasão de outros países para formar o império que Hitler sonhava. Ratzel ainda afirmava que os que os "Estados civilizados" manteriam em um constante "estado de guerra permanente", sendo que os "Estados naturais", viveriam em um "estado de pequena guerra". RATZEL, 1914 apud MORAES; FERNANDES, 1990, p.145.

13   Disponível em https://brasil.elpais.com/internacional/2021-09-15/eua-reino-unido-e-australia-anunciam-alianca-estrategica-contra-a-china-na-regiao-do-indo-pacifico.html - acesso em 07 out. 2021.

14   Sobre isso ver BORDIN, Marcelo; MACHADO, Maria Izabel. Panóptico 4.0: uma revolução conservadora. In.: MORAES, Rodrigo B S. (org.). Indústria 4.0: impactos sociais e profissionais. São Paulo: Blucher, 2021.

É nesse cenário que diversos governos de extrema-direita, com um discurso nacionalista, xenófobo, racista e misógino, conseguem acessar o poder por meio de eleições, sendo que essas nações passam por um processo de esvaziamento das ações estatais de defesa dos direitos humanos e em muitos deles, como o Brasil, facilitando o acesso às armas de fogo e de munições, com base em uma possível defesa dos direitos dos cidadãos (que podem pagar por armas) e também para defender o país de uma possível "volta dos comunistas", em uma alusão aos governos do Partido dos Trabalhadores. Ao que parece, a paixão pelas armas é a mola propulsora para que o Presidente Jair Bolsonaro, e dos filhos também, facilite os trâmites referentes aos CAC's (sigla para Colecionador, Atirador Desportivo e Colecionador de armas), aliado à submissão para com os EUA, que é traduzida em diversas demonstrações de idolatria, país este que tem uma trajetória histórica com armas de fogo e também com massacres em escolas[15].

Mesmo que a segunda metade do século XX tenha proporcionado uma evolução dos direitos humanos, foi um período de intensas violações em virtude da quantidade de conflitos bélicos e também de um período de ataques intensos aos governos eleitos democraticamente e com pautas populares. Além do elevado número de golpes de estados financiados pelos Estados Unidos, em especial na América Latina, a fome assolou alguns países do continente africano. Esse momento foi de dualidade entre se fazer valer os direitos humanos e a manutenção do status quo da exploração capitalista, que sempre vai contra os interesses populares, seja deslocando populações para realizações de obras gigantescas como hidrelétricas, rodovias e oleodutos, seja para a implantação de monoculturas, como a soja no Brasil, que devasta biomas importantes como o Amazônico e o Pantanal, além dos impactos ambientais causados pela criação da megacidade de Dubai, com a criação de ilhas artificiais com a retirada de areia do solo marinho causando impactos imensos para a região, sendo que as violações ainda passam pelo tráfico de seres humanos, de metais preciosos e da lavagem de dinheiro de grupos criminosos de diversos países, violações essas que ocorrem em nome da expansão imobiliária de luxo.

Nesse sentido, pode-se afirmar que o conjunto dos direitos humanos recua mais que avança em meio a inúmeros percalços e retrocessos, observados com maior intensidade nesse início do Século XXI, com o avanço do militarismo mundial e dos governos com inclinações fascistas, e que foi potencializado com a pandemia de Covid-19, onde as medidas de restrições para conter o contágio foram interpretadas como violações ao direito de ir e vir, surgindo manifestações contra o controle sanitário e depois contra as vacinas, deixando claro para esses grupos conservadores, religiosos e antivacinas, que o direito coletivo não tem valor quanto a liberdade individual, mesmo que isso contribua para a propagação da doença. Essas manifestações acontecem com demonstração[16] o de força e em sua maioria com a utilização de símbolos e saudações nazistas por parte dos manifestantes. Um desses

---

15   Disponível em https://jornaldebrasilia.com.br/noticias/mundo/numero-de-tiroteios-em-escolas-nos-eua-e-o-maior-em-22-anos/ - acesso em 08 out. 2021.

16   Disponível em https://www.poder360.com.br/brasil/grupo-anti-vacina-invade-camara-de-porto-alegre-e-agride-vereadores/ - acesso em 22 out. 2021.

episódios aconteceu na Câmara de Vereadores de Porto Alegre, em uma discussão sobre a utilização de um possível passaporte sanitário para vacinados e não vacinados contra a Covid-19, e que culminou com agressões contra vereadores negras.

O BRASIL DOS RETROCESSOS

O Brasil não é um país com uma história amigável com os direitos humanos. O processo de formação da sociedade brasileira é uma sequência de genocídio e segregação de índios, negros e atualmente das populações pobres. A herança escravocrata que se mantém viva, em especial na segurança pública (SOUZA, MORAES & BORDIN, 2018), é um dos pontos de intensa violações de direitos dos brasileiros. A alternância de golpes, contragolpes e quarteladas por parte das forças militares ao longo da nossa história já deixa clara a ideia de uma cidadania incompleta que, mesmo com a promulgação da Constituição Federal de 1988, denominada Constituição Cidadã, não conseguiu modificar o quadro histórico, agravado pelas violações durante os anos da ditadura militar instaurada em 1964.

A manutenção do mesmo aparato de justiça criminal da ditadura militar, a inserção de mecanismos de participação das Forças Armadas no campo da segurança pública são elementos de ligação com o passado de horrores e violações e para muitos a redemocratização não encerrou a participação dos militares na política, como relata REIS (2020, p.67):

> *O fim do regime autocrático militar no Brasil não necessariamente significou a saída definitiva das Forças Armadas da vida política do país, nem da condução de projetos. Após 21 anos de domínio sobre o Estado, os militares estavam por deveras imbuídos em seus ideais e práticas de engrandecimento pátrio, o que motivou a sua permanência, por toda a década de 1980, como atores políticos proeminentes em diversas questões de interesse nacional: desenvolvimento, energia, ecologia, reforma agrária, questão indígena, entre outras. É importante lembrar que a lei da anistia – "ampla, geral e irrestrita" -, elaborada pelo governo militar, além de ter sido um dos instrumentos que garantiu o controle sobre o processo de transição do poder aos civis, também contribuiu para manter os militares à sombra do poder no período democrático, pelo menos até 1990.*

Essa afirmação é correta e pode-se inclusive citar que a permanência dos militares continuou, de forma mais "amena" mas ativa, como por exemplo, no governo de Fernando Henrique Cardoso, inclusive influenciando na militarização da segurança pública (ZAVERUCHA, 2005). A alternância democrática iniciada com a eleição do presidente Fernando Collor de Mello não foi suficiente para que mudanças efetivas surgissem. Nessa direção, nem mesmo a eleição de Lula, pelo Partido dos Trabalhadores, para a Presidência da República, suscitou mudanças no aparato definido pela Constituição de 1967[17].

Com a consolidação do Partido dos Trabalhadores no poder federal, buscou-se uma tentativa mais democrática de alterar algo nesse campo, com a ideia da Conferência Nacional de Segurança Pública, precedida das Conferências Estaduais e Livres, destinadas ao público em geral. Um processo que ao final teve como proposição para desmilitarizar a segurança pública, que não se consolidou nos governos da Presidenta Dilma Rousseff. O modelo foi mantido inalterado, assim como as violações na forma de torturas e das altas taxas de letalidade de civis em confronto com policiais. A política externa do mandato de Lula na presidência será a chefia da MINUSTAH (Missão das Nações Unidas para a Estabilização do Haiti), com a duração de 13 anos com a participação de mais de 37 mil soldados brasileiros em regime de rotatividade a cada 6 meses.

É nesse cenário que o Brasil vai receber eventos internacionais privados (Copa das Confederações, Olimpíadas e Copa do Mundo de Futebol). Esses eventos eram a vitrine para o bom momento econômico do Brasil, proporcionando uma melhoria nas condições de consumo e de acesso ao ensino, em especial, o superior. Para esse evento, uma das condições era uma força policial federal uniformizada, sendo criada a Força Nacional de Segurança Pública, composta por policiais civis e militares dos estados federados, que cederiam seus agentes em troca de investimentos na área da segurança pública. Esses investimentos variaram de armas, carros, coletes e tecnologia de vigilância na figura de Centro Integrado de Comando e Controle, com vigilância por câmeras e monitoramento de tornozeleiras eletrônicas, em um processo denominado de "lógica gerencial-militarizada" (CARDOSO, 2019).

É na esteira dos eventos internacionais privados, que se iniciam protestos contra os gastos públicos em estádios e vilas olímpicas além do debate sobre qual legado restaria para a população em geral, uma vez que muitos estavam sofrendo com remoções forçadas e até mesmo a destruição do Museu do Índio, ao lado do Estádio do Maracanã. foi cogitada mas não efetivada, mas que hoje segue abandonado pelo poder público. As jornadas de junho de 2013, iniciadas na cidade de São Paulo, contra um aumento de vinte centavos na tarifa do transporte coletivo, motivou milhões de pessoas em todo o país, inflando movimentos como o MBL (Movimento Brasil Livre) e o Vem Pra Rua, que afirmavam não ter vinculação partidária. Esse momento inicial criou condições para que o impeachment fosse cogitado, proporcionando o que se denominou de "fim da nova república" (ARBIA, 2020) e o início de uma fase histórica ainda sem uma denominação por parte dos cientistas sociais e historiadores.

Cabe ressaltar que os mandatos presidenciais de Lula e Dilma foram responsáveis por consolidar a participação dos militares das Forças Armadas no campo da segurança pública, com o uso contínuo das Operações de Garantia da Lei e da Ordem e com as intervenções em áreas de pobres do Rio de Janeiro, para validar a política estadual das

---

17   A Constituição de 1967 delimitou o fim das Guardas Civis, delimitou que as Polícias Militares seriam responsáveis pelo policiamento ostensivo e as Polícias Civis fariam as investigações e conduziram os inquéritos com exceção dos Inquéritos Policiais Militares. As Polícias Militares dos estados devem subordinação ao Exército através da Inspetoria Geral das Polícias Militares (IGPM).

Unidades de Polícia Pacificadora, especialmente nas proximidades das áreas com grande circulação de turistas e dos centros esportivos que eram construídos ou reformados. Além dessas ocupações para "pacificar", o Complexo do Alemão foi ocupado por tropas de todas as forças de segurança e militares disponíveis, incluindo o uso de blindados de transporte de tropas da Marinha, para reprimir grupos de criminosos armados que haviam assassinado dois policiais.

Essa ocupação virou espetáculo midiático em todas as redes de televisão do país e do exterior. Muitos imaginaram equivocadamente que aquilo representava uma mudança na condução da segurança pública. Essa operação não foi uma mudança e sim uma aglutinação dos processos de militarização das ações de segurança pública, resultando na hipermilitarização que atingiu o seu grau máximo a partir de 2016, com o golpe jurídico parlamentar contra a Presidenta Dilma Rousseff. O próprio processo de derrubada da Presidenta já caracteriza o retrocesso no campo dos direitos humanos, possuindo um "caráter misógino" (MIGUEL, 2019).

Essa política de "pacificação" aliada ao fato de que inúmeros militares das Forças Armadas possuíam experiência em combates urbanos obtidos durante a participação na MINUSTAH, a ocupação do Complexo do Alemão contou com aproximadamente 60% (de um total de 800 integrantes das Forças Armadas) de veteranos do Haiti (SOUZA NETO, 2012), sendo que durante o processo de ocupação de bairros da capital haitiana, ocorreram rumores que policiais Militares do BOPE (Batalhão de Operações Especiais da Polícia Militar do Estado do Rio de Janeiro) solicitaram autorização para acompanhar as operações naquele país caribenho (ibidem).

Nesse sentido, a política de segurança pública desenhada desde a implantação da ditadura militar de 1964, é a do confronto e com resultados letais e que se manteve após a reabertura democrática vai ser a lógica até os dias de hoje, resultando em inúmeras violações dos direitos humanos, seja na superlotação dos presídios, seja nas operações em áreas pobres que resultam em mortes, numa clara transformação de determinados espaços geográficos periféricos e pobres das grandes cidades, em condição sine qua nonpara que seus moradores sejam transformados em alvos, independente da condição jurídica no momento da sua morte. No Brasil, a necropolítica (MBEMBE, 2018) tem fronteiras sociais e econômicas bem definidas e que são propagadas sem o menor pudor pelas autoridades brasileiras[18].

---

18   O Secretário de Segurança Pública do Rio de Janeiro (2007 até 2016), o Delegado da Polícia José Mariano Beltrame, afirmou que "Um tiro em Copacabana é uma coisa. Um tiro na Coréia (periferia) é outra.", em uma referência ao modo de agir das Polícias nas comunidades pobres do Rio de Janeiro (Disponível em https://extra.globo.com/noticias/rio/beltrame-um-tiro-em-copacabana-uma-coisa-na-favela-da-coreia-outra-oab-critica-diferenciamento-720077.html - acesso em 23 out. 2021.). Já o comandante da ROTA (Rondas Ostensivas Tobias de Aguiar) da Polícia Militar de São Paulo, o Tenente Coronel Ricardo Augusto, afirmou que "É uma outra realidade. São pessoas diferentes que transitam por lá. A forma dele abordar tem que ser diferente. Se ele [policial] for abordar uma pessoa [na periferia], da mesma forma que ele for abordar uma pessoa aqui nos Jardins [região nobre de São Paulo], ele vai ter dificuldade. Ele não vai ser respeitado". (Disponível em https://noticias.uol.com.br/cotidiano/ultimas-noticias/2017/08/24/abordagem-no-jardins-e-na-periferia-tem-de-ser-diferente-diz-novo-comandante-da-rota.htm - acesso em 23 out. 2021).

Na sequência dos fatos, Michel Temer assume a presidência e inicia o desmonte dos ganhos sociais que Lula e Dilma implantaram, anunciando o teto de gastos para o orçamento federal, iniciando os cortes em áreas como saúde, educação e tecnologia, inclusive com congelamento de salários. Os Estados mantêm congelamento de salários e muitos já enfrentavam problemas financeiros graves, como os Estados do Rio de Janeiro e Rio Grande do Sul. Esse momento é anunciado como uma "ponte para o futuro". Outra medida de Temer foi a implantação da intervenção federal no Rio de Janeiro, buscando amenizar as crônicas "crises" na área da segurança pública, sendo nomeado o general de exército Walter Souza Braga Netto como interventor.

Essa intervenção vai possibilitar ações das Forças Armadas em apoio às polícias estaduais, mas que de fato não produziram resultados positivos. Durante a intervenção federal, a vereadora Marielle Franco e o motorista dela, Anderson, foram executados. Outro caso de enorme repercussão foi a ação de militares do Exército que dispararam uma enorme quantidade de tiros em um carro de uma família, alegando ser um carro parecido com de criminosos, resultando na morte do motorista e de um transeunte que tentou ajudar. Segundo dados do Observatório da Intervenção, do Centro de Estudos de Segurança e Cidadania (CESEC), os resultados na redução dos crimes foram pífios, sendo observado um aumento no número de tiroteios e de mortos pelas forças de segurança[19].

O desastre da gestão federal de Michel Temer alimenta ainda mais a disputa eleitoral de 2018, com um aumento na disseminação de fakenews e ataques contra os poderes constituídos, além de uma intensa polarização entre esquerda e (extrema)direita, potencializados pelo discurso do candidato Jair Bolsonaro, atacando minorias e exaltando a violência contra aqueles que não estivessem alinhados com o discurso integralista[20] "Deus, Pátria e Família". Esse mesmo candidato não participa dos debates tradicionais nas redes de televisão e faz a campanha através das mídias sociais e sofre um atentado a faca, recheado de incongruências, na cidade de Juiz de Fora, o favorecendo na corrida presidencial.

Com a eleição de Bolsonaro, uma miríade de negacionistas, militaristas (e militares), policiais (CUNHA, 2020) e saudosistas da ditadura militar são inseridos nas diversas esferas da administração federal, aliado ainda ao fato de que inúmeros deputados estaduais, federais e governadores com o mesmo alinhamento político também foram eleitos, transformando o país em uma espécie de "ditadura" incompleta, balizada por discursos de ódio contra aquele

---

19   Disponível em https://www.ucamcesec.com.br/wp-content/uploads/2018/02/Infografico_observatorio_10_2018_novo.jpeg - acesso em 20 out. 2021.

20   A Ação Integralista Brasileira foi uma "Organização política de âmbito nacional inspirada no fascismo italiano, fundada por Plínio Salgado em 1932." (FGC/CPDOC - Disponível em https://cpdoc.fgv.br/producao/dossies/AEraVargas1/anos30-37/RadicalizacaoPolitica/AIB - acesso em 20 out. 2021.). Colocada na clandestinidade como partido político por Getúlio Vargas em 1937, nos dias de hoje ainda tem integrantes e no atual governo encontra acolhimento em alguns partidos. Uma relação histórica e familiar interessante é o fato de um dos integrantes da Ação Integralista Brasileira, Miguel Reale é pai do jurista Miguel Reale Júnior, um dos responsáveis pelo pedido de impeachment da Presidenta Dilma Rousseff. O integralista era um jurista e também foi reitor da Universidade de São Paulo (FGV/CPDOC - Disponível em https://cpdoc.fgv.br/producao/dossies/AEraVargas1/biografias/miguel_reale - acesso em 20 out 2021.).

que não estivessem de acordo com a "nova ordem", vinculados ao discurso do "bandido bom é bandido morto" e também de "direitos humanos para humanos direitos". Essa lógica política do "nós" e "eles" aliado ao discurso violento contra minorias, os lemas de origens fascistas e a forma como alguns funcionários indicados pelo presidente se portam, realizando discursos nos moldes de figuras nazistas, fazendo gestos de grupos de supremacistas brancos em público, além de inúmeros outros fatos similares é muito similar ao proposto pelo Professor de Filosofia da Universidade de Yale, Jason Stanley, no livro "Como funciona o fascismo" (2018) e ainda que alguns pesquisadores afirmem que no Brasil o fascismo não existiu como forma de governo, as ações de inúmeros agentes públicos, de carreira ou contratados temporariamente, demonstram o contrário, nesse caso, possibilitando o entendimento que existe uma forte tendência ao fascismo no governo ou mesmo na sociedade de uma forma geral.

CONSIDERAÇÕES FINAIS

Como afirmado no início desse texto, o processo de hipermilitarização não surge em um determinado momento, ele se firma pela continuidade dos fatos sociais, em um processo de acumulação histórica ou mesmo social (MISSE, 1999), oscilando sem nunca desaparecer de fato. O momento histórico que o Brasil passa é o ápice desse processo, onde as ações de militarização da sociedade ultrapassam os limites imagináveis, como por exemplo a expansão das escolas militarizadas em todo o país, propagandeadas como a solução para todos os problemas da nossa sociedade. Outra característica desse momento é a vasta inserção dos militares na administração civil, passando de 6 mil, mais que o triplo de cargos durante a gestão de Michel Temer[21]. Além disso, a facilitação do acesso de armas de fogo e munições, alicerçada em um discurso de defesa da liberdade democrática e também para defesa pessoal. Essa facilitação para o acesso de armas incrementou o surgimento de novos clubes de tiro, alguns reunindo outras atrações como por exemplo, espaço gourmet. Para completar o governo macabro de Jair Bolsonaro, durante a pandemia de Covid-19, as forças policiais aumentaram a sua letalidade, tornando mais claro ainda a forma militarizada de agir, não só das polícias militares mas das polícias civis e também das guardas municipais, que cada vez mais adotam modelos de policiamento típicos das polícias estaduais.

Ainda durante a pandemia, uma operação da polícia civil na comunidade do Jacarezinho no dia seis de maio, resultou em 28 mortos, sendo que em uma avaliação inicial de uma força-tarefa do Ministério Público para investigar os fatos, algumas mortes não foram resultados de confrontos[22]. Essa operação aconteceu mesmo com uma determinação do Superior Tribunal Federal (STF) para que as ações policiais fossem em caso excepcional e com acompanhamento do Ministério Público. Nesse sentido, a guerra total e a hipermilitarização da vida, seguem sendo,

---

21   Disponível em https://www.cnnbrasil.com.br/politica/numero-de-militares-em-cargos-civis-cresce-e-passa-de-6-mil-no-governo-bolsonaro/ - acesso em 21 out. 2021.

22   Disponível em https://www.cnnbrasil.com.br/nacional/mp-do-rio-aponta-mortes-sem-indicios-de-confronto-na-operacao-do-jacarezinho/ - acesso em 21 out. 2021.

pois, uma guerra contra os empobrecidos, os espoliados, despejados. Todos e todas que tiveram sua cidadania negada no âmbito das nações, e seu status de pessoa caçado em nível global.

REFERÊNCIAS BIBLIOGRÁFICAS

ARBIA, Alexandre Aranha. Ascensão e declínio da Nova República (1988-2018) in Revista Libertas, v. 20 n. 2, jul / dez 2020. Disponível em https://periodicos.ufjf.br/index.php/libertas/article/view/32099 - acesso em 20 out.2021.

BBC Brasil. Afegãos se agarram a avião em movimento em tentativa desesperada de fugir do Talebã. Disponível em https://www.bbc.com/portuguese/internacional-58236267 - Acesso em 28 set. 2021.

BRASÍLIA, Jornal de. Número de tiroteios em escolas nos EUA é o maior em 22 anos. Disponível em https://jornaldebrasilia.com.br/noticias/mundo/numero-de-tiroteios-em-escolas-nos-eua-e-o-maior-em-22-anos/ - acesso em 08 out. 2021.

AGAMBEN, Giorgio. Homo Sacer: o poder soberano e a vida nua. Belo Horizonte: Editora UFMG, 2010.

BOBBIO, Norberto. O problema da guerra e as vias da paz. São Paulo: Edunesp , 2003.

BORDIN, Marcelo; GROTTI, Vyctor H. G. Considerações sobre a hipermilitarização da vida. Revista de Políticas Públicas da UFPE. v.5. p. 10-26. 2020. Disponível em https://periodicos.ufpe.br/revistas/politicaspublicas/article/view/242872 - acesso em 10 out 2021.

CARDOSO, Bruno de Vasconcelos. A lógica gerencial-militarizada e a segurança pública no Rio de Janeiro: O CICC-RJ e as tecnologias de (re)construção do Estado in 'Passagens de Fronteiras e Cidades Seguras', Dilemas - Revista de Estudos de Conflito e Controle Social, Edição Especial nº 3, setembro, 2019. Disponível em https://revistas.ufrj.br/index.php/dilemas/article/view/23410 - acesso em 20 out. 2021.

CHAMAYOU, Gregoire. Teoria do Drone. Cosac Naify, São Paulo, 2015.

CNN. Número de militares em cargos civis cresce e passa de 6 mil no governo Bolsonaro. Disponível em https://www.cnnbrasil.com.br/politica/numero-de-militares-em-cargos-civis-cresce-e-passa-de-6-mil-no-governo-bolsonaro/ - acesso em 21 out. 2021.

____. MP do Rio aponta mortes sem indícios de confronto na operação do Jacarezinho.

Disponível em https://www.cnnbrasil.com.br/nacional/mp-do-rio-aponta-mortes-sem-indicios-de-confronto-na-operacao-do-jacarezinho/ - acesso em 21 out. 2021.

CUNHA, Paulo Ribeiro da. Militares e Militância: uma relação dialeticamente conflituosa. 2ª edição revista e ampliada. Editora da Unesp, São Paulo, 2020.

DURKHEIM, Émile, MAUSS, Marcel. Nota sobre a noção de civilização in MAUSS, Marcel. Ensaios de Sociologia. 2ª edição, Perspectiva, São Paulo, 1999.

EL PAÍS. EUA, Reino Unido e Austrália anunciam aliança estratégica contra a China na região do Indo-Pacífico. Diposnível em https://brasil.elpais.com/internacional/2021-09-15/eua-reino-unido-e-australia-anunciam-alianca-estrategica-contra-a-china-na-regiao-do-indo-pacifico.html - acesso em 07 out. 2021.

EXTRA, Jornal. Beltrame: 'Um tiro em Copacabana é uma coisa. Um tiro na Coréia (periferia) é outra' OAB critica diferenciamento. Disponível em Disponível em https://extra.globo.com/noticias/rio/beltrame-um-tiro-em-copacabana-uma-coisa-na-favela-da-coreia-outra-oab-critica-diferenciamento-720077.html - acesso em 23 out. 2021.

FERNANDES, Florestan. A função social da guerra na sociedade tupinambá. 3. ed. São Paulo: Editora Globo, 2006.

FGV/CPDOC. Ação Integralista Brasileira (AIB). Disponível em https://cpdoc.fgv.br/producao/dossies/AEraVargas1/anos30-37/RadicalizacaoPolitica/AIB - acesso em 20 out. 2021.

_____. Miguel Reale. Disponível em https://cpdoc.fgv.br/producao/dossies/AEraVargas1/biografias/miguel_reale - acesso em 20 out 2021.

FOUCAULT, Michel. Vigiar e punir: nascimento da prisão. Petrópolis: Vozes, 2014.

FUKUYAMA, Francis. O fim da história e o último homem. Editora Rocco, Rio de Janeiro, 1992.

GURVITCH, G. El control social, In Gurvitch, G. & Moore, W. E. Sociologia del siglo XXI. Barcelona: Editorial el Ateneo, 1965, p. 265

GLASSNER, B. Cultura do Medo. São Paulo: Francis, 2003. P. 53

HOBSBAWM, Eric. Era dos Extremos: o breve século xx: 1914 – 1991. Companhia das Letras, São Paulo, 1995.

INTERVENÇÃO, Observatório da. Oito meses de intervenção federal. Centro de Estudos de Segurança e Cidadania (CESEC). Disponível em https://www.ucamcesec.com.br/wp-content/uploads/2018/02/Infografico_observatorio_10_2018_novo.jpeg - acesso em 20 out. 2021.

KRENAK, Ailton. Guerras do Brasil.doc - Episódio 1. Criação Luis Bolognesi. Disponível na plataforma NETFLIX, 2019.

MAUSS, Marcel. Sociologia e antropologia. Cosac & Naify, São Paulo, 2003.

MBEMBE, Achille. Necropolítica: biopoder, soberania, estado de exceção, política de morte. n-1 Edições, São Paulo, 2018.

MIGUEL, Luis Felipe. O colapso da democracia no Brasil: da Constituição ao golpe de 2016. Fundação Rosa Luxemburgo e Expressão Popular, São Paulo, 2019.

NETO, Manuel Domingos. Sobre o patriotismo castrense in os militares e a política. Revista Perseu: história, memória e política. Nº 18, 2019. Disponível em https://revistaperseu.fpabramo.org.br/index.php/revista-perseu/article/view/314 – Acesso em 02 out. 2021.

NETO, Danilo Marcondes de Souza. O Brasil, o Haiti e a MINUSTAH in KENKEL, Kai Michael & MORAES, Rodrigo Fracalossi de (orgs.) O Brasil e as operações de paz em um mundo globalizado : entre a tradição e a inovação. Disponível em https://www.ipea.gov.br/portal/index.php?option=com_content&view=article&id=16688 - acesso em 20 out. 2021.

MORAES, Antonio Carlos Robert (Org.) FERNANDES, Florestan (Coord.). Ratzel. São Paulo: Editora Ática, 1990.

MORAES, Rodrigo B. S. (org). Indústria 4.0: impactos sociais e profissionais. São Paulo: Blucher, 2021.

RAZAC, Olivier. Histoire politique du barbelé. Paris, Éditions Flammarion, 2009.

REIS, Márcio Roberto Coelho dos. Forças Armadas, defesa e segurança no Brasil contemporâneo. Editora Appris, Curitiba, 2020.

RUFANGES, JORDI CALVO. (Coord.). Mentes militarizadas cómo nos educan para asumir la guerra y la violencia. Barcelona: Editora Icaria Más Madera, 2016.

SOUZA, Aknaton Toczek; MORAES, Pedro R. Bodê de & BORDIN, Marcelo. A herança escravocrata na segurança pública no Brasil in Revista Geogrphia Opportuno Tempore. Volume 4, nº 1, Londrina, 2018. Disponível em https://www.uel.br/revistas/uel/index.php/Geographia/article/view/32545 - acesso em 18 out. 2021.

UOL, Notícias. Abordagem nos Jardins tem de ser diferente da periferia, diz novo comandante da Rota. Disponível em https://noticias.uol.com.br/cotidiano/ultimas-noticias/2017/08/24/abordagem-no-jardins-e-na-periferia-tem-de-ser-diferente-diz-novo-comandante-da-rota.htm - acesso em 23 out. 2021.

VEJA, Revista. Boris Johnson diz que desabastecimento no Reino Unido pode durar até Natal. Disponível em: https://veja.abril.com.br/mundo/boris-johnson-diz-que-desabastecimento-no-reino-unido-pode-durar-ate-natal/ - Acesso em 03 out. 2021.

WEBER, Max. Economia e Sociedade. Vol. 1. Brasília: Editora Universidade de Brasília, 2015.

ZAVERUCHA, Jorge. FHC, forças armadas e polícia: entre o autoritarismo e a democracia - 1999>2002. Editora Record, Rio de Janeiro, 2005.

SUPERLOTAÇÃO CARCERÁRIA E VIOLAÇÃO DOS DIREITOS HUMANOS

Autora:

Maria Edna A. Ribeiro[1]

INTRODUÇÃO

A instituição - prisão foi criada antes das leis criminais, quando a detenção ainda não tinha sido instituída como pena legal. Fato ocorrido, posteriormente, como meio de "humanidade", consequência da evolução social e por ser considerada penalidade mais civilizada[2].

Atualmente, a prisão é bastante utilizada, apesar da existência de outras opções de punição, o que avulta a superlotação nas penitenciárias nacionais, bem como em algumas internacionais.

O sistema carcerário e suas prisões superlotadas, continuam com pessoas privadas de sua liberdade mantidas em local de insalubridade, violência e crueldade. As rebeliões chamam à atenção da sociedade, mas sem modificação. Tal sistema é grande violador dos direitos humanos[3].

---

1   Advogada, Membro da Comissão da Mulher Advogada da OAB/PE, subsecção Caruaru desde 2016. Profissional Orientadora de Estágio no Centro Universitário Tabosa de Almeida (ASCES/UNITA). Mestranda em "Master In Legal Studies" na AMBRA Universiy Especialista em Direito Penal e Processo Penal (Programa de Pós graduação lato sensu). Especialização em Psicopedagogia, IBPEX-FACINTER, Graduada em Ciências pela Universidade de Pernambuco. Participante do Programa de Extensão Universitária "Adoção Jurídica de Cidadãos Presos", mantido pela mesma Instituição de Ensino Superior,

2   A punição foi modificada, novas prisões foram construídas para corrigir os sentenciados com o objetivo de atenuar a humilhação sofrida pelo apenado. Com as leis penais teve início a proposta de finalidade preventiva do crime e readaptação do transgressor a sociedade.

3   Direitos humanos são garantias fundamentais, internacionalmente asseguradas, para proteção de todos

Em que pese ser um tema recorrente na academia e na mídia geral, a superlotação prisional continua evidente e irreversível nos moldes da justiça atual, o que merece ser analisado em busca de soluções viáveis aplicadas na práxis considerando os direitos humanos dos presidiários, com inovação do sistema punitivo.

A superlotação provoca rebeliões, promiscuidade e precariedade dos serviços fundamentais, o que aumenta a insalubridade e, consequentemente, a disseminação de muitas patologias, algumas até com resultado morte, tendo inclusive influído para a maior incidência e consequências da Covid, nos presídios.

Além disso, o sistema carcerário desumaniza e despersonaliza as pessoas privadas de liberdade, as quais vivem em situações deploráveis e sem esperança de reintegração social. Assim, este artigo tem como objetivo primordial demonstrar a superpopulação carcerária e a violação dos direitos humanos sintonizando a teoria com a prática e sugestões de possíveis soluções.

Para tanto, a metodologia aplicada foi a dedutiva, partindo do geral para o específico, tendo como técnicas de informações, a revisão bibliográfica e documental, numa abordagem teórica qualitativa de questões relacionadas ao sistema prisional, com ênfase a dados da situação prisional mundial, do Brasil, Pernambuco e do município de Caruaru/PE, por ser realidade mais próxima. Destarte, interagindo com o método quantitativo, vez que trata de alguns elementos estatísticos, ou seja, abordagem quanti-qualitativa.

A utilização da metodologia qualitativa permitiu demonstrar a realidade prisional de uma forma geral partindo da seleção de conteúdo pertinente, com análise prévia para definir as categorias prioritárias, necessárias para entendimento da situação carcerária, como: superlotação, violação dos direitos humanos, breve histórico da pena e prisão sem, no entanto, se dispersar da abordagem quantitativa cujos dados tornam mais palpável a situação carcerária.

Dividido em três partes, este estudo também buscou contribuir com novos conhecimentos, que possibilitem a implementação de políticas públicas voltadas para o sistema carcerário com vistas a inovações capazes de reabilitar o preso com observância dos direitos humanos. Destarte, inicia com o sistema carcerário e sua conceituação, alguns precedentes históricos da pena e da prisão, com informações gerais acerca do tema, necessários para melhor compreensão do assunto. Na segunda parte, um breve histórico dos direitos humanos, com especial atenção à sua internacionalização. Por fim, a terceira parte contém, aspectos fundamentais referentes à superpopulação prisional e violação dos direitos humanos.

O trabalho teve como base a visão de estudiosos conceituados como, Beccaria, Foucault, Hunt, Piovesan, Ramos, Giacomolli, Cançado Trindade, Bobbio, Greco, Sarmento, Leal, dentre outros de igual importância.

O tema é de suma importância pois, busca a melhoria do sistema prisional, cuja superpopulação afeta não apenas o sistema carcerário, mas toda a sociedade, também com sua parcela de responsabilidade, bem como recebedora desse público egresso, que retorna ao meio social, muitas vezes pior do que quando lá ingressou.

Portanto, a superlotação carcerária perdura com consequências drásticas, mas sem expectativa concreta de modificação.

SISTEMA CARCERÁRIO

CONCEITO

O sistema carcerário é formado pelo complexo prisional (prisões, cadeias e presídios em determinado território) e as políticas públicas nele aplicadas.

No Brasil, o sistema carcerário é constituído pelas prisões estaduais e federais, masculinas e femininas.

CONSTRUÇÃO HISTÓRICA

DA PENA

O ser humano possui como característica essencial a liberdade, no entanto desde o início da humanidade, com a desobediência do homem surgiu a pena.

A pena possui origem muito primitiva, tão velha quanto o gênero humano, existindo dificuldade em fixar seus primórdios (CARNELUTTI, 2015).

Ao verificar a história da pena percebe-se que ela possui raízes religiosas, cuja punição era semelhante a métodos dos grupos sociais brutais, fundada no misticismo, entre crenças, cerimônias e incertezas, cercadas de mistérios e divergências (NETO & CALEGARI, 2015).

A pena simbolicamente desfazia o mal causado mediante a vingança coletiva ou do banimento individual e, não obedecia a um controle quanto à sua extensão. Tinha que haver um culpado para ser punido e assim devolver a normalidade perdida pela ação ofensora. A resposta era mais importante que a dimensão da verdade sobre o culpado, porquanto o sofrimento das vítimas precisava ser vingado. A atribuição da pena, pela vingança, regida pelos ensinamentos primitivos e pelos preceitos dos tabus, marcaram a ideia de punição nessa época histórica (NETO & CALEGARI, 2015). Sendo assim, o primeiro tipo de pena foi advindo da vingança privada.

Em seguida, surgiu a Lei de Talião, trazendo certa ideia de proporção entre a infração praticada e a pena aplicada. Depois surgiu o árbitro – geralmente, sacerdote ou ancião – o qual era responsável por definir com quem estava a "razão". Por fim, o Estado se responsabilizou pela solução dessas contendas com a devida aplicação da pena. Assim, o Estado passou a aplicar o direito a ocorrência real, com execução de suas próprias decisões (GRECO, 2015).

Foi, com o decurso do século XVIII, em especial, depois da Revolução da França, e introdução nos debates do respeito a dignidade humana que a pena de prisão ganhou destaque (GRECO, 2015). No final do século XVIII e início do século XIX ocorre a passagem [das sanções de violência e crueldade] para uma pena de detenção (FOUCAULT, 2014).

O iluminismo contribuiu com a punição, sendo substituída a 'razão' que era utilizada antes pela necessidade de provas para a condenação do acusado, bem como as penalidades que poderiam ser aplicadas, considerando o ser humano não mais como simples objeto, mas com reconhecimento de direitos inerentes ao ser humano, mediante o jusnaturalismo, direitos estes reconhecidos legalmente (GRECO, 2015).

Destarte, a repressão é a reconstrução da ordem infringida. Então, a pena não tem a "virtude" de prevenir um crime ainda não praticado, mas de reprimir o delito já cometido, são duas finalidades diferentes. A função de evitar ulteriores transgressões é considerada acessória, mas isso não reduz sua importância (CARNELUTTI, 2015).

Impende destacar a grande influência de Beccaria na humanização da pena com a discussão sobre a aplicabilidade proporcional ao mal causado pelo acusado.

Portanto, o iluminismo trouxe a ideia de uma pena humanizada e introduziu a consideração da dignidade humana como princípio essencial na aplicação da pena.

DA PRISÃO

A prisão foi a maneira encontrada para reprimir e punir as pessoas que transgridam o contrato social. Na Idade Média surgiram as primeiras leis penais estabelecendo punições corporais desproporcionais, cruéis e sem limites, com a tortura do acusado.

Conforme Greco (2015), a prisão para a pessoa acusada de praticar infração penal se iniciou como "custódia de natureza cautelar", local em que o acusado esperava pelo julgamento que poderia, se condenado, ter uma pena corporal ou pena de morte. Porém, para os monges que cumpriam penitência funcionava como cumprimento de pena, daí a origem do termo "penitenciária", atualmente usada para o condenado cumprir sua pena.

Eram momentos cruéis, verdadeiros suplícios com tortura que obrigava o acusado a confessar o crime que o condenaria às mais diversas formas de penas carnais, com muito sofrimento corporal ou à pena de morte.

A prisão penal ocorreu no final do século XVI, mas ficou "sepultada" nos dois séculos seguintes. No século XVIII, a prisão funcionava somente como "guarda" de réus enquanto esperavam julgamento ou execução, as penas aplicadas, pena de morte, açoites e mutilações e penas infamantes. Dessa forma, durante toda a Idade Média a prisão servia apenas como custódia (BITENCOURT, 2017). A pena de reclusão teve origem no cárcere, como precaução para assegurar ao indivíduo à justiça (CARNELUTTI, 2015).

Dessa forma, na Idade Média, a prisão se mantinha como medida processual e não como cumprimento de pena. Inclusive, foi um período marcado por sofrimento dos custodiados, cujo espetáculo de suplício distraía o público, além de funcionar como "exemplo" para as demais pessoas. Naquela época os cárceres eram lugares insalubres, sem estrutura, bem semelhantes aos de hoje.

Importante ressaltar que um grande percussor da prisão nos moldes atuais, foi o cárcere eclesiástico e que no século XX e início do século XXI se destaca o instituto da ressocialização com implementação de políticas públicas, numa tentativa de reinserir o detento na sociedade com trabalho lícito. Porém, em alguns Estados não funcionou.

A história do sistema carcerário perpassa necessariamente pela significativa contribuição de Beccaria ao editar sua importante obra (Dos delitos e das Penas), em 1764, com ideias inovadoras sobre a humanização e proporcionalidade das penas, chamando à atenção para a dignidade da pessoa humana, violada pelo próprio Estado.

Dessa forma, não se pode tratar sobre sistema prisional sem abordar as ideias de Beccaria, vez que continuam atual e necessárias no âmbito do Processo Penal.

Beccaria contribuiu com diversas reflexões sobre a pena, principalmente quanto à sua finalidade. Ele dava ênfase a proporcionalidade entre o mal causado e a pena, bem como a prevenção, sempre evidenciava que em vez de punir os crimes, melhor seria preveni-los.

John Howard, por sua vez, marcou a história da reforma penitenciária. Realizava comparações entre os sistemas carcerários dos diversos países destacando os pontos negativos e positivos, bem como o que poderia utilizar para modificação do sistema em relação às pessoas privadas de liberdade, as quais deveriam continuar detentoras de sua condição de ser humano. Em meio à situação cruel e caótica do cárcere propôs, dentre outros, o fornecimento de água e alimentação adequada, apontou a necessidade de selas ventiladas, trabalho para evitar depressão, fuga e suicídios, visita de juízes e inspeções estatais para escutarem e solucionarem os problemas dos detentos, medidas estas que precisam ainda, serem atualmente aplicadas (GRECO, 2015).

Como resultado de sua luta, vários estabelecimentos carcerários, especialmente, na Europa passaram a adotar e aplicar suas orientações. Seus ensinamentos são usados para construção de presídios mais humanizados com proposta de recuperação do apenado, pois foi despertado o sentimento de solidariedade (GRECO, 2015).

A prisão ainda continuava desumana, com insalubridade, sem condições básicas para os detentos que, agora, cumprem penalidade de privação de liberdade, com único objetivo de pagar pelo seu erro. Sendo combatida pelos iluministas, dentre os quais, Jeremy Bentham, criador do utilitarismo do Direito, o qual implantou a ideia de que "o cidadão deveria obedecer ao Estado" para a felicidade geral. A proposta de Bentham era a reforma do sistema carcerário visando a garantia da dignidade humana. Sua busca ensejou na criação do modelo denominado panóptico (edifício circular para cumprimento de pena privativa de liberdade, podendo servir para outras finalidades) (GRECO, 2015).

Vários sistemas penitenciários surgiram com a sua evolução, no entanto, Foucault já alertava que a prisão não seria a solução.

Assim, a crítica referente à prisão e de seus métodos teve início em 1820 e perdura até os dias de hoje. Os encarcerados sofrem as agrurias da privação de sua liberdade e indiferença com a dignidade humana. Sem esquecer que a pena de prisão surgiu como alternativa mais digna de punição. Como bem verbalizava Foucault (2019), o sofrimento passaria a ser psicológico.

HISTÓRICO DOS DIREITOS HUMANOS

Apesar de ter surgido a partir dos movimentos revolucionários, especificamente, Revolução Americana e Francesa, no Século XVIII, os direitos humanos nos moldes atuais, merecem um relato de sua história para melhor compreensão dos direitos hoje consagrados, como também das concepções futuras (PRETI & LÉPORE, 2020).

Inicialmente, as condenações eram punidas brutalmente conforme as expectativas da cultura local. A partir de 1790 o Parlamento britânico vetou a queima das mulheres na fogueira, ordenando que todos os corpos de homicidas fossem dissecados por cirurgiões, dando aos juízes discricionariedade para pendurar qualquer assassino masculino, acorrentado após executado. Prática que só foi finalizada em 1834 (HUNT, 2009).

Por sua vez, a Carta de direitos britânica não oferecia proteção aos escravos, por não serem consideradas pessoas titulares de direitos legais. Da década de 1760 em diante, por meio de campanhas diversificadas, a tortura foi abolida pelo Estado e os castigos moderados, inclusive contra escravos, graças ao humanitarismo do iluminismo[4], segundo os reformadores (HUNT, 2009).

Surgiram princípios humanos e racionais no lugar da noção cruel de justiça. Contudo, o assunto veio à tona com a obra de Beccaria, em 1764. Já em 1776 e 1789, as declarações que afirmavam direitos, tornou evidente a relevância dos direitos humanos (HUNT, 2009).

Para se questionar o sistema penitenciário, segundo Rogério Greco (2017), necessário se faz mergulhar nas lições de Beccaria que mesmo "após, 250 anos", da primeira edição de seu livro, continua sendo aplicado na modernidade, bem como serve de inspiração a muitos autores e constitui fundamento do garantismo penal e processual penal. A partir de seus ensinamentos, o ser humano passou a ser tratado de forma diferente com a observância da sua dignidade como ser humano.

Assim, surgiu o alerta para o princípio da dignidade humana, direito inerente a todas as pessoas, merecedoras de dignidade igual perante as leis.

INTERNACIONALIZAÇÃO DOS DIREITOS HUMANOS

Os direitos humanos são reconhecidos, internacionalmente, inclusive para as pessoas privadas de liberdade. Para tanto, diversos mecanismos foram criados visando à proteção desses direitos.

---

4   O Iluminismo foi um movimento Europeu do século XVIII formado por intelectuais e filósofos que tinha a razão como base da autoridade e legitimidade do poder, além das ideias de liberdade e fraternidade, se contrapondo às práxis dos Estados absolutistas ao visar limitar o poder do soberano e salvaguardar os direitos das pessoas. Sobre o tema ver Preti & Lépore. Manual de Direitos Humanos, 2020 p. 66 e ss.

GENERALIDADES RELEVANTES

As cortes e convenções internacionais, mesmo lenta, às vezes, e não atingirem seus principais objetivos, não existe outra estrutura mais adequada para o confronto de problemas a eles relacionados (HUNT, 2009).

Após a Segunda Grande Guerra, com a restauração dos direitos humanos e com intuito de promover a cooperação internacional, várias organizações internacionais foram criadas. A Organização das Nações Unidas (ONU) criada pela Carta das Nações Unidas, em 1945, possuía objetivos de manter os países seguros e pacíficos com a proteção universal dos direitos dos cidadãos, etc (JR. , s.d).

Consoante a história dos direitos, evidencia-se a concepção atual, surgida com a Declaração Universal de 1948 e ratificada pela Declaração de Direitos Humanos de Viena de 1993. Ótica esta advinda da internacionalização dos direitos intrínsecos a todo e qualquer pessoa, movimento resultante das crueldades praticadas por ocasião do nazismo. Princípios e valores constituem a novidade do Direito Constitucional. Destarte, inicia-se o sistema de normas internacionais de salvaguarda dos direitos humanos (GORENSWTGEIN, Hidaka, & Jr., s.d.).

A Declaração de 1948, passou a utilizar os direitos humanos considerando o caráter universal e indivisível desses direitos, tendo como único requisito a condição intrínseca de ser humano para ser titular desses direitos, com foco em sua existência e dignidade (PIOVESAN, 2019).

Ainda, os direitos humanos são considerados imprescritíveis, inalienáveis e indisponíveis (ou irrenunciáveis), além da proteção de intangibilidade aos direitos essenciais a uma vida digna. Entretanto, em razão da ampliação dos direitos humanos e suas colisões, a intangibilidade tem pouca serventia (RAMOS, 2020).

DECLARAÇÃO DE 1948

Contudo, com a Declaração de 1948, houve projeção de um constitucionalismo mundial visando proteger direitos fundamentais com a mitigação do poder estatal. Dessa forma, finaliza a maneira pela qual o Estado lidava com os nacionais, como jurisdição doméstica, em razão de sua soberania (PIOVESAN, 2019).

A Declaração Universal de Direitos Humanos de 1948 passou a proteger os direitos, tanto no âmbito internacional quanto interno, que devem ser estimulados e que abranjam a todos. Os mecanismos internacionais enfatizam o respeito e a observância de valores morais, ético e humanitário que se estende também ao sistema criminal e ao processo penal, com destaque aos direitos e garantias dos arts. 3º a 21". São normas internacionais jus cogens[5] (GIACOMOLLI, 2016).

Conforme Bobbio (2004), com a Declaração Universal dos Direitos do Homem, não se busca mais outros motivos ou até mesmo "a razão das razões" (desejada pelos jusnaturalistas renovados). O foco essencial é obter

---

5   Jus cogens = normas cuja eficácia não depende da concordância dos sujeitos de direito internacional.

meios mais seguros para garantir a sua defesa, oferecendo a proteção necessária para coibir as constantes violações. Atualmente, o problema relacionado aos direitos do homem não é filosófico, mas jurídico e, ampliando, político.

Dessa forma, com intuito de determinar critérios de proteção mínima à dignidade humana, evitar e prevenir violação a direitos humanos, em resposta aos horrores praticados durante a Segunda Guerra Mundial, surgiram os sistemas regionais atuais. Tais sistemas rompem com a "barbárie totalitária. Entre os sistemas regionais, o europeu, mediante a Corte Europeia apresenta excelente experiência de justicialização de direitos do homem, garantindo a salvaguarda dessas garantias e liberdades neles estabelecidos (PIOVESAN, 2019).

Foi elaborada a Convenção Europeia de Direitos Humanos (1949) e a Corte Europeia de Direitos Humanos, mas foi ampliada a justicialização, com a substituição pela Corte Europeia de Direitos Humanos(PIOVESAN, 2019).

Importante ressaltar que o sistema jurídico internacional transitou gradativamente do positivismo dos Estados para o reconhecimento e proteção de interesses coletivos internacionais como um todo tendo como referência o ser humano. Dentre esses interesses, ressalta-se, por sua relevância, o princípio da dignidade, inerente à pessoa, que originou o processo de humanização do ordenamento internacional com observância do direito internacional geral e das normas protetoras do ser humano (DELGADO, 2019).

JUSTICIALIZAÇÃO DOS DIREITOS HUMANOS

No tocante ao sistema de justicialização dos direitos humanos no âmbito internacional, se destaca o Tribunal de Nuremberg[6], que julgava os crimes praticados no período do nazismo. Foi com o Tribunal de Nuremberg que ficou consolidado que não apenas o Estado, mas os próprios indivíduos poderiam ser sujeitos de Direito Internacional, podendo sofrer punições por violação ao Direito Internacional. Já o Tribunal Penal Internacional, criado em 1998, na Conferência de Roma, tem como base a legalidade, por meio de uma justiça prefixada, "permanente e independente" com aplicação igualitária para todos os Estados que a admitem, com a tutela efetiva de direitos, no enfrentamento da impunidade, principalmente, dos casos mais graves contra a humanidade, no âmbito internacional (PIOVESAN, 2019).

O Tribunal estabelece jurisprudências que são acompanhadas por organizações de direitos humanos, como os procedimentos específicos. Sendo a Corte Interamericana assimiladora de interpretações sobre direitos humanos de outras ordens internacionais, possuindo suas próprias interpretações que devem também serem utilizadas por outras organizações (DULIZKY, 2017).

---

6   O Tribunal de Nuremberg realizou 13 julgamentos, inclusive a Alemanha como culpada, inédito, pois dentro do próprio Estado. Mais sobre o tema ver: Manual de Direitos Humanos Internacionais. Jayme Benvenuto Lima Jr.

A partir do século XXI, a Convenção Americana outorgou às instituições do Sistema Interamericano a participação do movimento constitucional inovador nas Américas[7] (BOGDANDY, 2019).

A Corte Interamericana de Direitos Humanos (Corte IDH)[8], Tribunal de San José), na sequência de algumas marcas da jurisprudência do Tribunal Europeu dos Direitos do Homem (CEDH, Tribunal de Estrasburgo) em matéria de direitos sociais, decidiu recentemente, por exemplo, no caso Poblete Vilches, que o direito à saúde impõe ao Estado uma obrigação positiva (obrigações 'progressivas' e 'imediatas'. As obrigações imediatas impõem que sejam adotadas diligências eficazes que garantam o acesso à saúde sem nenhuma discriminação (HITTERS, 2021).

A promoção da cultura dos direitos humanos deve ser uma constante na sociedade nacional na visão humanista do direito internacional, evitando as violações perpetradas no passado. Tendo a proteção da pessoa humana como centro dos ordenamentos nacionais e internacionais. A efetivação dos anseios humanos e da justiça são acrônicos, "se fazem sempre presentes, como imperativos da própria condição humana" (TRINDAADE, 2016, p. 50).

Os contemporâneos diplomas que regem os direitos humanos internacionais, até hoje carregam a influência do jusnaturalismo, como exemplo, a Declaração de Viena de 1993, em § 1º da Parte I, tratam os direitos humanos e as liberdades fundamentais como, direitos naturais de qualquer ser humano. Também no Supremo Tribunal Federal (STF), existe a preponderância da tradição jusnaturalista de percepção de direitos intrínsecos, até aqueles que não estão escritos ou não foram normatizados (RAMOS, 2020).

---

7   Texto original: Desde principios del siglo xxi, la Convención Americana brinda a las instituciones del Sistema Interamericano un mandato para participar en el constitucionalismo transformador en las Américas. Este mandato es el fundamento jurídico de una jurisprudencia de los derechos humanos que aborda los problemas estructurales en la región, en concreto, las instituciones débiles, la exclusión social y la violencia. Esta jurisprudencia configura un tipo de ius constitutionale commune en América Latina,10 un derecho común de derechos humanos que tiene influencia real en la vida de las personas.

8   O Conselho Nacional de Justiça (CNJ) com intuito de ajudar o Brasil a cumprir determinações da Corte Interamericana de Direitos Humanos (CIDH) por violações aos direitos humanos em três penitenciárias e uma unidade de internação de adolescentes nacional, apresentou medidas que abrangem melhorias em todo o sistema carcerário nacional e não apenas nas que foram denunciadas na Corte IDH. A finalidade do Conselho é encontrar solução "mediada" na melhoria da situação crítica de "superlotação e insalubridade" nos presídios, a qual piorou com a Covid 19. No Complexo do Curado (PE), em maio, havia 6.708 pessoas com número de vagas de apenas 1.819 entre sentenciados e presos provisórios, conforme estudo da UMF/CNJ com objetivo de informar a Corte o quadro atual. 'Embora a lotação do Instituto Plácido de Sá não seja tão grave quanto a do Curado, a situação é temporária. Com a Recomendação CNJ N. 62, juízes e juízas da Vara de Execuções Penais da Justiça fluminense concederam o direito à prisão domiciliar a centenas de preso. Com a perspectiva de vacinação da população carcerária e do fim da pandemia, eles deverão retornar ao local. Baseados na norma do Conselho Nacional de Política Criminal e Penitenciária (CNPCP) adotada pela própria Corte IDH em decisões recentes, a Defensoria sustenta que a capacidade da unidade, destinada a presos do regime semiaberto, não passa de 1 mil vagas. Todos os denunciantes e seus representantes legais pediram a manutenção das medidas provisórias e do monitoramento contínuo das decisões à Corte IDH, que deverá se pronunciar a respeito nos próximos", ver Montenegro, 2021.

O direito natural auxiliou ainda a expandir direitos constitucionais, como o direito da pessoa privada de liberdade de permanecer calada (art. 5º, inciso LXIII da CF/88) e do direito de defesa, conceito de autodefesa adotado pelo STF, com base no direito natural. O Direito Internacional e o STF, atualmente, possuem fundamentação jusnaturalista (RAMOS, 2020).

Mas, Apesar de muito abordados, a teoria se desenvolve mais rápido que a prática (BOBBIO, 2004).

Importante frisar que entre os direitos humanos, existem direitos com estatutos diferentes entre si. Alguns têm validade para todos os homens e em qualquer circunstância são aqueles que, em nenhuma hipótese, podem ser limitados (possuem o privilégio de não disputarem com outros direitos, mesmo que fundamentais), mas são poucos nessa categoria, como exemplo, não sofrer torturas e não ser escravizado (BOBBIO, 2004).

Tratados Internacionais e outros instrumentos legais

Atualmente, os tratados internacionais de proteção aos direitos humanos (no âmbito da ONU) possuem grande alcance, monitorados por Comitês criados pelos próprios tratados com competências diversas, funcionando como aparatos voltados à proteção com ênfase à dignidade humana. No âmbito Penal [como já dito] existe o Tribunal Penal Internacional para julgar crimes de maior gravidade em face da ordem internacional aplicando sanções aos transgressores (PIOVESAN, 2019).

Os tratados internacionais referentes à proteção dos direitos humanos impactam no Direito nacional não apenas por solidificarem medidas protetivas mínimas direcionadas à defesa da dignidade humana, mas também como instância internacional de salvaguarda dos direitos humanos, nas omissões e/ou falhas de instituições nacionais (PIOVESAN, 2018).

Nesse sentido Norberto Bobbio (2004) explica que os direitos do homem foram se modificando e direitos que eram considerados absolutos, atualmente, sofreram limitações enquanto outros até então inexistentes são legalmente declarados. Assim, o que aparentemente se considerava como direitos essenciais em determinado período histórico, em outros tempos não mais eram direitos fundamentais.

Na Escola Positivista os direitos humanos se fundamentam na normatização, substituindo a concepção de direitos inerentes pela concepção de direitos positivados pelo Estado. Originariamente, do século XIX a metade do século XX, a positivação dos direitos humanos ocorria apenas internamente, sendo a sua história um procedimento incompleto, onde as normas defeituosas legalizadas ou constitucionalizadas referente aos direitos humanos demonstram a preservação de arbitrariedades ou a origem de outras (RAMOS, 2020).

No entanto, os instrumentos que resguardam os direitos de determinadas categorias de pessoas devem ser abordados como complementares aos tratados gerais de proteção aos direitos humanos (CANÇADO TRINDADE, 2019). No Brasil, a Constituição Federal de 1988 dispõe sobre a possibilidade da adoção de ações afirmativas para mulheres e pessoas portadoras de deficiência traduzindo a busca da igualdade material (PIOVESAN, 2018).

Com a finalidade de atender às especificidades de cada categoria de pessoas, vez que o tratamento e a proteção não podem ser materialmente iguais, novos instrumentos foram surgindo conforme plano de ação aprovado pela ONU. As diferenças legitimam um tratamento não igual (BOBBIO, 2004, p. 34).

Esses direitos alcançaram a internacionalização graças a um processo crescente que permitiu o amparo dos direitos fundamentais nos âmbitos moral, político e jurídico (2019).

O desempenho internacional no tocante aos abusos graves dos direitos humanos se desenvolve pela solidificação da personalidade jurídica internacional dos indivíduos. Contudo, no direito internacional, eles também possuem deveres, sua personalidade jurídica internacional se fortalece ainda mais. Os progressos na personalidade jurídica internacional e "na prestação de contas internacional" formam a ideia jurídica de universalidade, ou seja, toda a comunidade internacional será afetada com os graves atentados aos direitos fundamentais dos seres humanos (CANÇADO TRINDADE, 2019, p. 27).

Logo, a salvaguarda dos direitos humanos ganhou maior relevância com o decurso da Segunda Guerra como resposta às barbaridades ocorridas naquele período sangrento e cruel.

SUPERLOTAÇÃO PRISIONAL E DIREITOS HUMANOS

A prisão é um marco fundamental no histórico da justiça criminal pelo 'seu acesso à humanidade'. Mas, a superlotação prisional é um dos principais entraves para oferecimento de locais de aprisionamento "seguros" e salubres, que atendam aos ditames dos direitos humanos fundamentais (FOUCAULT, 2019).

Conforme o SISDEPEN, de julho a dezembro de 2020, a população carcerária brasileira era de 697.452, sendo 27.075 do sexo feminino e 670.377 do sexo masculino. Em prisão domiciliar, estavam 87.934, sendo 7.337 do sexo feminino e 80.597masculino. Sem contar os presos que estão sob custódia das Polícias Judiciárias, Batalhões de Polícias e Bombeiros Militares – (Outras Prisões). Em PE existiam 67.519 presos, sendo 1.717 no cárcere feminino e 65.793, masculino. Na cidade de Caruaru/PE se encontravam privados de liberdade 2.316 pessoas do sexo masculino, pois não há prisão feminina na cidade, apenas 66 em prisão domiciliar. E, ainda, verifica-se que de 335.773 presos em regime fechado, 215.317 são presos provisórios (DEPEN, 2020). O número de vagas era de 440.530 vagas em presídios.

De acordo com o UNODC, 11, 7 milhões de pessoas foram presas mundialmente em 2019, aumento de 25% em relação a 2000 que era de 9,3 milhões. "A superlotação carcerária é generalizada em todo o mundo. Dos 100 países e territórios para os quais o UNODC tem dados sobre a capacidade e ocupação carcerária entre 2014 e 2019, 47% operando a mais de 100% da capacidade pretendida." A parcela de presos provisórios tem se mantido entre 29% e 31%, nos últimos 20 anos. A questão da superlotação carcerária foi evidenciada ultimamente pela pandemia da Covid 19, pois medidas preventivas utilizadas na sociedade, como protocolos de higiene e distanciamento, são difíceis de serem implementados, ainda mais quando se tratam de prisões superlotadas (UNODC , 2021).

Na maioria dos países não há efetividade quanto a rapidez na aplicação da pena e essa morosidade entre o instante da prisão e da sentença causa superlotação carcerária.

Nesse sentido, César Barros Leal (2005) enfatiza que a superlotação dos presídios causada pela overdose do uso da prisão preventiva atrelada à lentidão da prestação jurisdicional e a escassez de vagas, representa um dos maiores "vilões" do sistema penitenciário, pois prejudica as pessoas privadas de liberdade, impactando diretamente na funcionalidade da unidade e suas atividades essenciais, como limpeza, refeição, garantia a segurança e integridade física, trabalho e lazer.

Na prática, não há por parte das autoridades públicas, a preocupação com os requisitos ínfimos para que os custodiados possam se manter na condição de ser humano, com a garantia do mínimo existencial, sem o qual não há que se falar em liberdade. Os princípios legais que garantem uma vida igualitária, e livre, em seu aspecto material, principalmente quando aplicado ao sistema carcerário, em face da seletividade exercida pela Justiça Penal, são violados continuamente (GRECO, 2017).

Além disso, "A coisificação e a despersonalização" do indivíduo que pratica um delito "são a negação da pessoa", como integrante ativo comunitário e "a consequente niilificação da sociedade pela descaracterização: reage à periculosidade e não à concreta probabilidade da ocorrência do facto" (VALENTE, 2017, p. 133).

Na ótica de Rogério Greco (2017) os princípios essenciais sofrem contínuas violações e desrespeito, principalmente no tocante ao princípio da dignidade humana. O preso condenado à pena privativa de liberdade tem outros direitos e não apenas o direito de ir e vir.

No entanto, a despeito de ser atribuída ao acusado a prática de um crime, no processo penal (GIACOMOLLI, 2016) deve-se considerar que (COMPARATO, 2019) os homens são iguais embora possuam diferenças o que não impede de serem tratados com o mesmo respeito, não podendo nenhum indivíduo alegar superioridade em relação aos demais seres humanos.

É notório que no mundo há mais discurso que garantia efetiva aos direitos humanos (SANTOS, 2014, p. 19) . Contudo, todas as pessoas possuem dignidade pelo simples fato de ser humano, merecendo respeito de forma igual (SARMENTO, 2020). Infelizmente não é o que ocorre.

No Brasil, por exemplo, há uma "despersonalização" da pessoa pela presunção de "perigosidade". "A censurabilidade" é tão alta que os que praticam esses delitos caracterizados como hediondos não possuem o mesmo tratamento dos demais detentos (VALENTE, 2017, p. 136).

Situação em que reforça a desumanização, despersonalização com violação dos direitos humanos no sistema carcerário.

Segundo César Leal (2005), tornar os conselhos interdisciplinares técnicos mais fortes, para que o sistema de progressão e medidas anti-liberatórias tenham melhor aplicabilidade, dentre outros. Oferecer apoio ao procedimento de supervisão prisional dos programas protetores dos direitos humanos. Amparar moral e materialmente, o egresso no retorno à sociedade. Promover cursos para formar e atualizar a equipe, gestores, pessoal administrativo, técnico e vigilância (2005, pp. 34-35).

Por sua vez, vale lembrar que a sociedade clama pelo aprisionamento, mas não prepara o preso para sua volta ao meio social, nem mesmo pela autoproteção. Com a falta de assistência para execução da pena e o desamparo ao sair do cárcere, a tendência será voltar à prática de delitos. Também é direitos humanos assistir ao egresso moral e materialmente, prestando-lhe suporte no processo de reintegração à liberdade (LEAL, 2005).

No cárcere, a convivência abominável com delinquentes irrecuperáveis, são postos em locais que devem propiciar a salvaguarda da sua integridade e viabilizar sua regeneração, vez que a socialização e/ou reinserção no meio social constitui um dos objetivos da própria decisão condenatória (LEAL, 2019).

Conforme Rogério Greco (2017, p. 347) "Direitos humanos, jus puniendi e Estado de Direito" apesar de serem conceitualmente interligados e indissociáveis, verifica-se que com exceção de alguns países desenvolvidos, o Sistema carcerário vive em total abandono com violações à dignidade daquelas pessoas que ali se encontram por terem sido condenadas em razão de certa infração penal.

Com a perversa seletividade do sistema criminal que coincide exatamente para as pessoas que não dispõem de liberdade material, vez que não se pode denominar de livre aqueles que não dispõem de alimento, vestimenta e moradia, mas, é para eles, que o sistema criminal se volta com mais avidez. Tal situação reverbera diretamente sobre o princípio da dignidade humana, violado cotidianamente no sistema carcerário com estímulo, muitas vezes, da mídia que visa à aplicação de sanções rígidas e céleres (GRECO, 2017).

O sistema prisional encontra-se lotado de indivíduos que já se encontram à margem da sociedade (BARROS FILHO, 2014).

Leal (2005), reconhece a prisão como última ratio que deve ser aplicada apenas para delinquentes perigosos e para os outros a aplicação de penas alternativas, segundo ele, bem mais econômicas e muito mais humanas, aptas a proporcionar a reinserção social. Entende também que o descaso com o sistema prisional não pode mais se estender, nem é mais possível que a prisão em razão da superpopulação, da ausência assistencial, do autogoverno, da desvalorização de seu pessoal, seja um meio de aprimoramento do delito.

Conforme Leal (2005) para a concepção de uma política voltada para o sistema prisional que fomente o hábito cultural de respeito à dignidade das pessoas encarceradas, imprescindível se faz, o incentivo a todos os servidores penitenciários, em qualquer esfera, com aumento salarial, melhoria das condições de trabalho, antecipação de aposentadorias, cursos de capacitação, prestações iguais, dentre outros (como acontece em vários países).

Como a pena é a interferência estatal mais grave na liberdade individual o Estado só pode determiná-la quando não possuir outras formas mais amenas capazes de atingir o objetivo almejado, pois não pode tolher o direito do indivíduo além do necessário (ROXIN, 2012).

Entretanto, o princípio da humanização das penas, apesar de existir há séculos, continua a ser desrespeitado. O direito penal tem dificuldade em repreender o crime, e concomitantemente, respeitar as garantias constitucionais.

Importante frisar que o respeito a estas garantias, não se confunde com impunidade. Assim, necessário se faz uma "constitucionalização do processo penal", estabelecendo-se um "inafastável" sistema de garantias mínimas, com redução de danos (LOPES JÚNIOR, 2020).

Impende destacar nesse momento que a obra de Beccaria, continua bastante relevante e abrange questões políticas e jurídicas, ainda atuais, bem como que muitos dos problemas por ele retratados não tiveram solução, o que demonstra, o óbvio.

Para que se efetive a defesa dos direitos humanos do aprisionado, "quase sempre analfabeto e pobre", deve-se oferecer-lhe unidade carcerária estruturada, informatizada com a garantia dos direitos básicos como refeições adequadas e instalações salubres. Manter a saúde física e mental das pessoas privadas de liberdade, alienadas, portadoras de enfermidade mental, presas provisoriamente ou sentenciadas, além de tratar HIV/AIDS, tuberculose e dependência química. Assegurar-lhe trabalho com remição de parte da pena, conforme suas habilidades e condições da unidade prisional (LEAL, 2005).

Contudo, o fortalecimento de mecanismos regularizadores enfraquece as particularidades da prisão e sua função de junção. Caso exista em torno da prisão, um desafio universal, o questionamento está focado na opção "prisão ou algo diferente da prisão". As normas crescem e provocam consequências com repercussões de poder que eles trazem, mediante novas objetividades, constituindo o problema na atualidade.

Assim, a superlotação carcerária continua sendo uma das maiores violadoras dos direitos humanos dos detentos em várias partes do mundo tanto pelas péssimas estruturas das celas como pela afronta a dignidade humana, e mais ainda, quando se trata de presos provisórios.

CONCLUSÃO

Diante do exposto[9] não resta dúvida de que a superlotação carcerária viola, sobremaneira, os direitos humanos das pessoas privadas de liberdade[10]. São pessoas amontoadas em espaços bem reduzidos com capacidade inferior,

---

9   A realidade retratada constantemente nas mídias nacionais e internacionais, especialmente, em ocasiões de conflitos e rebeliões demonstram claramente a violação de direitos humanos nos cárceres superlotados.

10   Violência sexual, agressões físicas e até mortes ocorrem nas penitenciárias superlotadas, muitas vezes por membros de facções rivais que se encontram no mesmo espaço. Doenças infecciosas, como tuberculose, dentre outras patologias são adquiridas e potencializadas pela superlotação carcerária.

insalubridade, sem condições higiênicas adequadas, tortura e situação degradante, corroborando com diversas implicações no âmbito estrutural[11], disciplinar, da saúde, dentre outros.

Isso contraria as legislações e mecanismos internacionais que asseguram um mínimo existencial aos presos com observância aos seus direitos, os quais devem ser mantidos, exceto, tão somente a liberdade.

Portanto, a reflexão proposta foi apresentada com sugestões pertinentes para um sistema carcerário mais humano e sem sobrelotação.

REFERÊNCIAS

BARROS FILHO, Armando Dantas de. Educação Física e Direitos Humanos em prisões. Dissertação de Mestrado- Universidade Federal da Paraíba. PB, 2014.

BITENCOURT, Cézar Roberto. Falência da pena de prisão: causas e alternativas (5ª ed. ed.). São Paulo: Saraiva, 2017.

BOBBIO, Norberto. A era dos direitos (Nova ed. 7ª reimpressão ed.). (C. N. Coutinho, Trad.) Rio de Janeiro: Elsevier, 2004.

BOGDANDY, Armin Von. Em mandato transformador del sistema interamericano de derechos humanos. Legalidad y legitimidad de un proceso iurisgenerativo extraordinario. Em A. Bogdandy, E. Ferrer Mac - Gregor, M. Morales Antoniazzi, & P. Saavedra Alessandri, Cumplimiento e impacto de las sentencias de la cortee interamericana y el tribunal europeo de derechos humanos. Transformando realidades. México: Max Planck Institute, 2019.

CANÇADO TRINDADE, Antônio Augusto. A Proteção Internacional dos Direitos Econômicos, Sociais e Culturais: Evolução, Estado Atual e Perspectivas. Em c. Antônio Augusto Cançado Trindade e César Barros Leal, O Desafio dos Direitos Econômicos Sociais e Culturais. Fortaleza, 2019.

CARNELUTTI, Francesco. O problema da pena. (R. P. Banega, Trad.) São Paulo: Pillares,2015.

COMPARATO, Fábio Konder. A afirmação histórica dos direitos humanos (12ª ed.). São Paulo: Sariava Educação, 2019.

DELGADO, César. A. Villegas. Revisitando el proceso de humanización del derecho internacional en las primeras décadas del siglo xxi: naciones unidas. Acesso em 28 de março de 2020, disponível em Revista do Instituto Brasileiro de Direitos Humanos - IBDH: http://revista.ibdh.org.br/index.php/ibdh/article/view/398/377, 2019.

---

11   No Brasil, por exemplo, as celas deveriam ser individual e ter seis metros quadrado com condições estruturais humanas para abrigarem o preso, previsão legal, visivelmente descumprida.

DEPEN. Levantamento Nacional de Informações Penitenciárias: período de julho a dezembro de 2020. Brasíliua: Ministério da Justiça e Segurança Pública. Acesso em 21 de set de 2021, disponível em https://www.gov.br/depen/pt-br/sisdepen/sisdepen, dez. 2020.

DULIZKY, Ariel. Derechos humanos en Latinoamérica y el Sistema Interamericano: modelos para (des)armar. México: Instituto de Estudios Constitucionales del Estado de Querétaro, 2017.

FOUCAULT, Michel. Vigiar e Punir: Nascimento da prisão (42 ed. 7ª reimpressão, 2019 ed.). (R. RAMALHETE, Trad.) Petrópolis, RJ: Vozes, 2019.

GIACOMOLLI, José Nereu. O devido processo penal: abordagem conforma a Constituição Federal e o Pacto de São José da Costa Rica (3ª rev. atual. e ampl. ed.). São Paulo: Atlas, 2016.

GORENSWTGEIN, Fabiana, Hidaka, Leonardo Jun, & Jr., Jaime Benvenuto (s.d.). Manual de direitos humanos internacionais: acesso aos sistemas global e regional de proteção dos direitos humanos. Acesso em 21 de set de 2021, disponível em https://www.uclg-cisdp.org/sites/default/files/ManualDireitosHumanosSistemasglobaleRegional_0.pdf

GRECO, Rogério. Sistema Prisional: colapso atual e soluções alternativas (2ª ed. rev. ampl. e atual. ed.). (RJ, Ed.) Niterói: Impetus, 2015.

_____. Sistema Prisional: Colapso Atual e Soluções Alternativas (4ª rev.,ampl.e atual ed.). Niterói, RJ: Impetus, 2017.

HITTERS, Juan Carlos. Constitución y derechos: el control de convencionalidad en el sistema interamericano efectos. Obligatoriedad. México: Instituto de Estudios Constitucionales, 2021.

NT, Lynn. A invenção dos direitos humanos: uma história. (R. Eichenberg, Trad.) São Paulo: Companhia das Lertras, 2009.

LEAL, César Barros. O sistema Penitenciário sob a perspectiva dos direitos humanos: uma visão da realidade mexicana e seus desafios. (M. d. Justiça, Ed.) Revista do Conselho Nacional de Política Criminal e Penitenciária, 1, 2005.

_____. Violencia, seguridad pública y sistema prisional: una visión desde la perspectiva de los derechos humanos, Espanhol. Acesso em 28 de março de 2020, disponível em Revista do Instituto Brasileiro de Direitos Humanos - IBDH: http://revista.ibdh.org.br/index.php/ibdh/article/view/397/376, 2019.

LOPES JÚNIOR, Aury. Direito processual penal (17 ed.). São Paulo: Saraiva Educação, 2020.

PIOVESAN, Flávia. Temas de direitos humanos (11 ed.). São Paulo, SP: Saraiva Educação, 2018.

_____. Direitos humanos e justiça internacional: um estudo comparativo dos sistemas regionais europeu, interamericano e africano (9ª ed. rev. e atual. ed.). São Paulo: Saraiva Educação, 2020.

PRETI, Bruno Del., & LÉPORE, Paulo. Manual de direitos humanos. Salvador: JuPovm, 2020.

RAMOS, André de Carvalho. Curso de Direitos Humanos (7ª ed.). São Paulo: Saraiva Educação, 2020.

ROXIN, Claus. Estudos de direito penal (2ª ed. 2ª tiragem: janeiro 2012 ed.). (L. Greco, Trad.) Rio de Janeiro: Renovar, 2012.

SANTOS, Boaventura de Sousa. Se Deus fosse um ativista dos direitos humanos (1ª ed. ed.). São Paulo: Cortez, 2014.

SARMENTO, Daniel. Dignidade da pessoa humana: conteúdo, trajetórias e metodologia (2ªed. 3ª reimp. ed.). Belo Horizonte: Fórum, 2020.

TRINDADE, Antônio Augusto Cançado. A visão humanística da missão dos tribunais internacionais contemporâneos. Fortaleza: Expressão Gráfica e Editora, 2016.

UNODC. Estratégia do UNODC 2021-2025. Acesso em 27 de agosto de 2021, disponível em UNODC-Escritório das Nações Unidas sobre Drogas e Crim: https://www.unodc.org/documents/lpo-brazil//relatorio_estrategia_UNODC_web.pdf 2021.

VALENTE, Manuel Monteiro. Direito Penal do Inimigo e o Terrorismo. Coimbra: Almedina, 2017.

UMA ANÁLISE SOBRE OS IMPACTOS AMBIENTAIS E AS MEDIDAS SUSTENTÁVEIS DA INDÚSTRIA INTERNACIONAL DA MODA

Autora:

Andressa Paludzyszyn Ferreira[1] [2]

RESUMO

A proteção internacional do meio ambiente vem sendo, cada vez mais, tema de preocupação e debate no sistema internacional; sabe-se, também, que a indústria da moda é grande colaboradora para a degradação ambiental mundial. Dessa forma, este trabalho evidencia e analisa os impactos ambientais causados pela indumentária, atrelados às discussões de proteção ambiental internacional. Conta-se com uma análise das possíveis medidas de sustentabilidade na moda, com a exposição da importância das indústrias, em especial a da moda, para o sistema internacional e para a sociedade como um todo.

Palavras-Chave: Moda. Sustentabilidade. Proteção do meio ambiente. Indústria da moda.

ABSTRACT

The international protection of the environment has been increasingly a matter of concern and debate in the international system; it is also known that the fashion industry is an enormous contributor to global environmental

---

1   Bacharel em Relações Internacionais pelo Centro Universitário Curitiba (UNICURITIBA).

2   Pós graduanda em História Contemporânea e Relações Internacionais pela Pontifícia Universidade Católica do Paraná, PUCPR.

degradation. Thus, this work highlights and analyzes the environmental impacts caused by clothing, linked to discussions on international environmental protection. There is an analysis of possible sustainability measures in fashion, with an exposition of the importance of industries, especially fashion, for the international system and for society as a whole.

Keywords: Fashion. Sustainability. Protection of the environment. Fashion industry.

INTRODUÇÃO

As roupas, com o passar dos séculos, deixaram de ser apenas meios de se vestir e proteger-se do frio. De acordo com Lipovetsky (2009), a moda é um meio de expressão, reflete sua personalidade, sua essência; a moda também é responsável por controlar, ditar e impor o que se usa por um período, dominando todas as classes sociais. Assim, nota-se o verdadeiro poder de influência da moda e de sua indústria, destacando-se sua responsabilidade social, ambiental e política. Evidencia-se, o mesmo poder de influência sobre a sociedade, de forma com que ajude no processo de conscientização, contribuindo direta e indiretamente para o consumo ambiental sustentável e correto.

O presente trabalho tem como objetivo geral a compreensão da relevância da indumentária[3] para os impactos ambientais mundialmente gerados, assim como as medidas sustentáveis apresentadas cada vez mais pela mesma. Dentre os objetivos específicos, encontra-se a necessidade de entender, primeiramente, o porquê da importância das indústrias, em específico a da moda, para o sistema internacional. Também, observa-se uma análise da evolução histórica da moda, juntamente com a análise das discussões em torno da proteção internacional do meio ambiente. Por fim, analisar-se-ão as diferentes estratégias de sustentabilidade adotadas por algumas empresas de moda.

Motivada pela crescente preocupação mundial atrelada ao meio ambiente, esta pesquisa embasa-se na hipótese de que a moda deve fazer parte da construção de uma sustentabilidade ecológica mundial, implementando métodos e técnicas que algumas empresas e indústrias da moda – como o caso da H&M, analisado ao final – já praticam, não somente pela questão ambiental, mas também englobando as questões sociais e políticas. A obsessão pelo consumo, atrelada diretamente ao sistema capitalista, também se faz presente como motivação para este trabalho.

Para o bom entendimento do trabalho como um todo e das teorias e conceitos aplicados no mesmo, o método utilizado será o de pesquisa exploratória aplicada, proporcionando um conhecimento abrangente do problema para a construção das hipóteses. O método hipotético-dedutivo também será utilizado ao passo que serão usadas diversas fontes bibliográficas, como livros sobre relações internacionais, assim como artigos científicos apresentados sobre o assunto, contando também com fontes documentais para que possam ser exemplificadas as hipóteses, partindo do princípio de serem fontes elaboradas e consistentes.

---

3 Indústria da moda.

Na parte inicial, será abordado brevemente a evolução histórica da moda como indústria e como a mesma se insere no mundo acadêmico em 1980, ligada diretamente aos estudos de Gilles Lipovetsky. Em seguida será apresentada uma breve análise histórica da atuação das indústrias transnacionais no sistema internacional, assim como a sua importância para o mesmo.

Na segunda parte, introduz-se a proteção internacional do meio ambiente. Este capítulo analisará de forma geral as discussões em torno do meio ambiente e sua proteção internacional, desde os primórdios da Conferência de Estocolmo em 1972 até os dias atuais, assim como os impactos causados pela ação humana. Logo após, será feita uma análise das repercussões da proteção internacional do meio ambiente nas empresas transnacionais (ETN), em especial nas indústrias da moda.

A última parte conta com uma análise das consequências e impactos ambientais causados pela indústria da moda, explanando os maiores desafios e medidas sustentáveis dessa indústria. Analisar-se-á o grande desperdício de água como consequência da fabricação de jeans. Outra medida sustentável analisada será a prática do upcycling, que visa a transformação de peças de roupas em outras diferentes, em conjunto com uma análise do elitismo econômico envolto nesta prática. Por fim, será analisado o caso específico da H&M, marca mundialmente conhecida que vem, cada vez mais ao longo dos anos, buscando ser exemplo de sustentabilidade na indústria da moda, desde o início de sua fabricação até a reutilização de tecidos descartados, criando um ciclo circular.

A INDÚSTRIA INTERNACIONAL DA MODA

A moda invade as academias em 1980, ligadas aos estudos de Gilles Lipovetsky, O império do Efêmero, "no qual conceituou a moda como fenômeno histórico social, que estrutura a própria lógica da sociedade contemporânea." (FARIAS, 2006, p. 3). Entretanto, faz-se necessário explicitar que "a moda se estabeleceu anteriormente como produto e depois como fenômeno da sociedade moderna", como explica Farias (2003, p. 3). De acordo com Lipovetsky (2009, p. 25), "não é invocando uma suposta universalidade da moda que se revelarão seus efeitos fascinantes e seu poder na vida social, mas delimitando estritamente sua extensão histórica". Para isso, observa-se uma breve linha do tempo sobre a moda, que reflete o porquê da crítica realizada neste trabalho.

Pode-se observar que durante as últimas décadas do século passado a moda se tornou um tema de indagação e investigação no meio acadêmico, em várias disciplinas, como instrumento de entendimento para psicólogos, antropólogos, historiadores e sociólogos. De acordo com Sarah Nicolau (2017, p. 9), "a indumentária consiste no que o indivíduo veste, do chapéu ao sapato, e pode ser interpretada como um conjunto de signos que imprimem uma mensagem, podendo representar – ou não – a identidade de quem a carrega".

Retrocedendo na história, observa-se no século XIX que a moda, de certa forma, já engatilhava a curiosidade de estudiosos da época, notando a construção da moda como fenômeno moderno. Sua consolidação acontece acompanhando a expansão acelerada da economia industrial, ao passo que se forma um mercado de massas, juntamente com o crescimento do sistema capitalista, que estabelece uma estrutura social constituída em valores e relações, que muitas vezes significaram o quebramento de vínculos com a tradição. A partir da segunda metade do século XX, nota-se a venda das primeiras roupas já prontas em grandes lojas de departamento, como se fossem shoppings da época, em Paris, iniciando assim a produção em série da moda, mesmo não tendo muito sucesso na qualidade (NERY, 2003).

Ainda no século XX, observa-se a continuidade do crescimento e generalização da moda, impactando agora não somente no vestuário, mas também em diferentes aspectos da sociedade: arte, música, costumes e as letras, entretanto, restrita às ciências humanas. Surgem então alguns autores como Flugel, que em 1930 escreve um dos clássicos do tema, A Psicologia das Roupas, onde evidencia a utilização da moda em três razões: pudor, decoração e proteção. Pode-se citar também o autor Roland Barthes, que escreveu em 1963 a obra intitulada O Sistema da Moda. Esses autores - e outros -, demonstram a significância da moda já na sociedade moderna, onde busca-se entendê-la nas relações sociais e nas suas diversas dimensões: econômica, política, cultural, social, psicológica e linguística (FARIAS, 2003).

Dessa forma, para a melhor compreensão do papel da indústria da moda, deve-se explicar o contexto histórico-evolutivo das empresas transnacionais e em seguida como e por que as indústrias se tornam atualmente um ator de grande relevância do sistema internacional, e ainda, como a indústria da moda se faz importante neste cenário. Para que se compreenda melhor o funcionamento e atuação desse tipo de ator internacional, deve-se entender sua evolução histórica em fases. Esse contexto será abordado a seguir.

BREVE HISTÓRICO-EVOLUTIVO DA MODA

Retornando ao momento em que o capitalismo[4] do modo que se conhece espalhou-se pelo mundo, no século XIX, observam-se muitas empresas europeias, e posteriormente norte-americanas, implantando-se em diversos territórios com o intuito de apoderar-se do controle das matérias-primas nestas regiões, e também das saídas necessárias para a colocação de sua produção. Nota-se o surgimento acelerado dessas empresas transnacionais causada pela inovação tecnológica, que proporcionava não apenas novidades nos meios de transporte – com a navegação a vapor e o trem-, mas também nos meios de comunicação, com o uso do telégrafo e rádio (OLIVEIRA, 2001).

Durante o final do século XIX, pode ser observada uma revolução nas estruturas da vida social e no âmbito privado do Ocidente. Revolução essa, possibilitada pelo "desenvolvimento industrial, a ascensão do capitalismo e

---

4   "O Capitalismo é dividido em três fases: 1. Capitalismo Comercial ou Mercantil, que é considerado por alguns autores como o pré-capitalismo, tendo sua duração do século XV ao XVIII; 2. Capitalismo Industrial ou Industrialismo, dos séculos XVIII e XIX; 3. Capitalismo Financeiro ou Monopolista, a partir do século XX, como conhecemos atualmente." PRONI, Marcelo. História do capitalismo: uma visão panorâmica. Campinas, 1997. Disponível em <http://www.cesit.net.br/cesit/images/stories/25CadernosdoCESIT.pdf> Acesso em 20 de jul. de 2021.

a redefinição de valor e códigos morais da vida urbana, são elementos formadores da condição que concebemos como 'modernidade'" (BRANDINI, 2009, p. 76).

Trazendo novos aspectos para a vida coletiva nos centros urbanos, a modernidade do século XIX gerou transformações em diversas esferas. Em conjunto com a ascensão do capitalismo industrial, a figura do homem modelo, aristocrata, refinado e elegante foi substituída pela figura do homem empreendedor, o que se prova pelos trajes masculinos adotados no século XIX (BRANDINI, 2009).

Dessa forma, examina-se o fato de que a indústria da moda durante esse primeiro período estava em ascensão, onde as pessoas acreditavam que suas roupas revelavam não mais sua origem social, mas sim sua personalidade. Nesse momento, "o individual se sobrepõe ao coletivo, ao passo que a vida privada torna-se mais segura que a vida pública" (BRANDINI, 2009, p. 80).

No século XIX, a moda é subsidiada pela produção de indústrias menores adjacentes, o que culmina em uma reformulação da indumentária e do mercado. O consumo da moda nesse período, fica marcado pelo surgimento de algumas lojas de departamento e revistas femininas de costura.

O aparecimento da Alta Costura[5], ajudou na formação da moda como um fenômeno, um sistema de produção em massa, difusão e consumo que se manteve por todo um século, ainda de acordo com Brandini (2009). Entretanto, as roupas que eram produzidas em massa nos Estados Unidos, Inglaterra e França, no início do século XX eram em sua maioria compradas por operários, enquanto as classes mais favorecidas ainda confeccionavam suas peças de roupas em costureiras, sob medida. A partir de então, as roupas definiam a diferenciação de classes, tendo em vista que "a homogeneização da composição indumentária era sinal de pobreza" (BRANDINI, 2009, p. 88).

Neste período, a indumentária enfrentava uma divisão importante, entre a confecção industrial em si e a Alta Costura, marcando um sistema dividido entre a produção em massa e criações de luxo. Esse momento fica conhecido, pela definição de Lipovetsky (2009), como a "moda de cem anos", que se inicia em meados do século XIX e dura até meados do século XX.

O segundo período acontece entre 1914 e 1945, conhecido também como o entreguerras. Apesar de ter sofrido os impactos da Primeira Guerra Mundial, o desenvolvimento tecnológico do primeiro período se junta com o

---

5   "Outono de 1876-inverno de 1858: Charles-Fréderic Worth funda, na rue de la Paix em Paris, sua própria casa, primeira da linhagem do que um pouco mais tarde será chamado de Alta Costura. Ele anuncia: 'vestidos e mantôs confeccionados, sedas, altas novidades', mas a verdadeira originalidade de Worth, de quem a moda atual continua herdeira, reside em que, pela primeira vez, modelos inéditos, preparados com antecedência e mudados frequentemente, são apresentados em salões luxuosos aos clientes e executados após escolha, em suas medidas. Revolução no processo de criação, que foi acompanhada, além disso, de uma inovação capital na comercialização da moda e de que Worth é ainda o iniciador: os modelos, com efeito, são usados e apresentados por mulheres jovens, os futuros manequins, denominados na época "sósias". Sob a iniciativa de Worth, a moda chega à era moderna; tornou-se uma empresa de criação mas também de espetáculo publicitário." LIPOVETSKY, Gilles. O Império do Efêmero. Companhia das Letras, 2009, p. 63.

"aperfeiçoamento dos métodos de produção, a nova gestão empresarial e os estímulos à superioridade crescente das empresas transnacionais europeias" (OLIVEIRA, 2001, p.255)

Percebe-se uma crescente das ETN norte-americanas em comparação às empresas europeias. Isso se dá pela situação precária de algumas empresas da Europa pelo conflito bélico da Primeira Guerra Mundial, enquanto nos Estados Unidos nota-se, devido à duplicação de sua produção do carvão entre 1914 e 1919, uma importante expansão econômica. Entretanto, em 1929 as consequências da Grande Depressão atingiram as empresas transnacionais, motivando o impacto direto junto às suas oportunidades aceleradas de evolução e de desenvolvimento.

Em contrapartida, nota-se o decréscimo tanto da produção, como da demanda e dos preços, conduzindo à quebra de numerosas empresas, obrigando os governos norte-americanos e europeus a apoiar suas indústrias nacionais pelo meio de medidas protecionistas, objetivando proteger seus mercados frente a competência e a penetração de empresas estrangeiras, cujas consequências prejudicaram muitas empresas transnacionais.

Enquanto Paris era o centro da Alta Costura, Londres ficara responsável pela indústria de confecção. Esse período é marcado, especialmente, pelas duas grandes guerras mundiais, que certamente marcaram a indústria da moda através dos períodos de crescimento e euforia que as sucederam e que geraram grandes inovações nas criações do traje. Após a primeira guerra, a confecção torna-se mais desenvolvida tecnicamente. Ocorre uma maior divisão do trabalho, o aperfeiçoamento das máquinas e os progressos da indústria química. Após a segunda guerra surgem novos têxteis à base de fibras sintéticas (BRANDINI, 2009, p.93).

Neste mesmo momento, mais especificamente a partir dos anos de 1920 que a Chanel substituiu a "lógica da ornamentação complexa, que prevalecia desde sempre, pela do estilo e da linha rigorosa; aparece uma revolução no vestuário feminino" (LIPOVETSKY, 2009, p. 71). Neste período, os costureiros e alfaiates passaram por uma grande promoção social, Lipovetsky (2009): viriam a ser reconhecidos como poetas, celebrados em revistas, árbitros incontestes da elegância. Suas obras eram assinadas e protegidas pelas leis, tais como a de um pintor.

A Alta Costura, de acordo com Lipovetsky (2009), monopolizava a inovação, lançando as tendências a cada ano, que eram replicadas pelas indústrias a preços reduzidos. Esta indústria de luxo que representava a Alta Costura teve um papel capital na economia francesa, ao passo que na metade dos anos 1920, a exportação de roupas ocupava o segundo lugar no comércio exterior parisiense, como cita Lipovetsky (2009). Em conclusão, apesar dos progressos industriais alcançados após as duas grandes guerras, somente após 1960 as indústrias deixam de ser dependentes dos decretos da Alta Costura.

O terceiro período inicia-se em 1945 e perdura até meados de 1990. Esse período pode ser considerado como o período de universalização das empresas transnacionais. Após o período de guerra, foram criadas condições favoráveis a um melhor desenvolvimento de algumas empresas transnacionais norte-americanas: as que são chamadas de segunda geração, onde observa-se o destaque aos setores das indústrias dos automóveis, petroquímicas, transportes e comercialização do petróleo e derivados, segundo Oliveira (2001).

Verifica-se dessa forma a diversificação da implantação de empresas transnacionais no Japão, Argentina, Brasil, México, Coréia do Sul e Índia, juntamente com a ampliação das suas atividades, que agora também abrangiam serviços bancários, seguros, comércio, prestação de serviços em recursos humanos. De acordo com Bartlett e Goshal (1998), na década de 80 as empresas são pressionadas a praticar eficiência, multinacionalidade, baixa de custos e difusão de novas tecnologias (apud, GUIDO, 2012, p. 87).

Com o surgimento do prêt-à-porter[6], em 1949, lançado por J.C. Weill na França, a arquitetura da chamada por Lipovetsky (2009) moda de cem anos, é destruída e ocorre uma transformação da lógica da produção industrial. Esse modelo propôs a fabricação industrial de roupas acessíveis a todas as classes, em conjunto com a moda. Pode-se dizer, então, que esse período da indústria da moda ficara marcado como a junção da indústria de produção em série com a moda em si. De acordo com Lipovetsky (1987, p. 97) "o prêt-à-porter quer fundir a indústria e a moda, quer colocar a novidade, o estilo, a estética na rua". O crescimento de desejo da moda após a Segunda Guerra Mundial, foi um ajudante para a "revolução do prêt-à-porter", de acordo com Sarah Nicolau (2017).

Naturalmente, conforme a necessidade se cria, as indústrias prêt-à-porter se alinham com estilistas, somando agora, a moda à estética, ao exemplo dos Estados Unidos. A partir dos anos 1960, o prêt-à-porter começa a se voltar ao espírito da juventude. Nos anos de 1970 a 1980, surge uma nova onda de estilistas, novamente modificando a estrutura e o modo de como se conhecia o prêt-à-porter, notando-se a questão da universalização das empresas transnacionais, uma vez que a moda e, por consequência, sua indústria alcançam outros países (LIPOVETSKY, 2009, p. 95).

A moda neste período já tinha se espalhado por todos os países e a Alta-Costura francesa não era mais a tendência que dominava (SILVA, 2009). Os países começaram a desenvolver seus próprios estilos, e observam-se países como Inglaterra, Itália e Alemanha tornando-se produtores de moda, em conjunto com os japoneses, que desde essa época já traziam a discussão em torno do minimalismo.

Ademais, outro aspecto relevante fora o surgimento da microfibra que, como resultado da inovação tecnológica da área têxtil, trouxe, nos anos 80, a possibilidade de serem criados tecidos mais leves e resistentes, contribuindo, assim, para que a moda viesse a abraçar a ideia de praticidade (SILVA, 2009).

Se o período anterior é classificado como a universalização das empresas transnacionais, o quarto e último período analisado aqui, que discorre desde 1990 até a atualidade, pode ser classificado como a consolidação do processo de globalização das mesmas. Neste momento, além de todos os produtos e mercadorias citados nos períodos acima, as empresas transnacionais dominam a produção global de tecnologia, também sendo responsáveis pelos gastos majoritários privados em pesquisa e desenvolvimento.

Na década de 1990, nota-se o aparecimento de um novo conceito na moda: o Supermercado de Estilos. De acordo com Silva (2009, p. 86) "não havia mais uma fidelidade extrema a determinado grupo e sim uma liberdade maior de decisão de quando e onde ser cada um deles, [...] a escolha era livre e cada um podia ser adepto de vários". A proposta belga do desconstrutivismo, neste mesmo momento, visava a "desconstrução para em seguida

---

6   Expressão tirada do inglês "ready do wear".

construir novamente" (SILVA, 2009, p. 86). Ainda nos anos 1990, o discurso enaltecendo a preocupação com o meio ambiente impactou a moda, uma vez que vários estilistas adotaram esta postura.

Além das inovações ligadas à ecologia e preocupação eminente com o meio ambiente, nota-se também a evolução da microfibra em conjunto com a criação dos chamados Tecidos Inteligentes[7].

A RELEVÂNCIA DA INDÚSTRIA DA MODA PARA O SISTEMA INTERNACIONAL

Considerado e analisado o papel das indústrias no Sistema Internacional em conjunto com a evolução de sua relevância, pode-se analisar com mais precisão o papel da indústria da moda em si em tal contexto.

A indústria da moda é, de acordo com Zawislak (2002, p. 05, apud BENTO 2008, p. 55), "um verdadeiro complexo industrial produtor de moda e estilo, responsável pela dinâmica sócio-econômica de muitas regiões e até mesmo países". Essa indústria constitui sua importância e complexidade em níveis psicológicos, sociais e econômicos. É uma indústria produtora de bens de consumo por impulso. "Observamos que cada vez mais as grandes empresas desse ramo focam suas atividades e esforços na marca, desenvolvimento de produtos, canais de distribuição e comércio" (BENTO, 2008, p. 56).

Ao se falar de moda, precisa-se entender que as mudanças e diferenças se formam e se desestruturam com maior frequência do que nos séculos passados, ao passo que o processo de globalização cresce (TONIOL, 2018).

A partir dos processos de globalização nos anos 90, notam-se profundas mudanças no âmbito do Sistema Internacional (SI) que influenciam diretamente na indumentária. Foi neste período que ocorreu uma maior liberalização comercial com a queda de algumas barreiras tarifárias e mudanças organizadas por parte de diversas organizações internacionais, como o Fundo Monetário Internacional (FMI), o Branco Mundial (BM) mas principalmente pela Organização Mundial do Comércio (OMC).

Neste mesmo período, a moda se apropria de um novo conceito, chamado de life style[8]. Esse conceito é fundamentado nas preferências ético-morais, ou seja, comportamentos. Utiliza-se desse conceito ao passo que percebe-se que a moda proporciona o "novo" e o "diferente", implicando em novas dinâmicas de consumo (TONIOL, 2018). Dessa forma, pode-se ver a indumentária se apropriando de cada estilo de vida, para captar e difundir tendências desse life style em novos produtos e geração de lucro.

Como citado antes, um dos conceitos responsáveis pela aceleração do mercado consumidor é o fast fashion, uma vez que o mesmo promoveu uma reorganização da cadeia produtiva. Para Erner (2005, apud TONIOL, 2018,

---

[7]   Tecidos de alta performance tecnológica.

[8]   Tradução em português: estilo de vida.

p. 13) o fast fashion, chamado de quick response system, ou circuito curto, é a resposta da indústria à aceleração da moda, estabelecendo a diferença de que o ciclo de criação, produção e consumo, não acontece mais duas vezes ao ano, mas sim continuamente, as vezes em fluxos quinzenais.

Sendo uma das maiores indústrias da atualidade, a indumentária traz consigo não somente relevância no plano econômico para o SI, mas também no social e ambiental. Trabalhadas em uma produção voltada para a mensuração de lucros, as confecções não têm um incentivo para mudar – seja essa mudança no âmbito social ou ambiental, como vê-se na sequência.

Apesar de ter grande relevância positiva para o SI no que se trata de economia, a indústria da moda se mostra, em sua maioria, relevante em diversos problemas para a sociedade internacional. Direitos humanos, como meio ambiente e a temática social, perdem-se no meio dessa indústria, ocasionando não somente o empobrecimento de milhões de pessoas ao redor do mundo, mas também variados impactos ambientais, como nota-se a seguir.

A PROTEÇÃO INTERNACIONAL DO MEIO AMBIENTE E SEUS IMPACTOS NA INDUMENTÁRIA

Uma das questões mais importantes a serem tratadas atualmente são os problemas ambientais. Para compreender melhor a importância do assunto, elucidam-se as discussões e encontros que tratam sobre a questão ambiental. No pós-Primeira Guerra Mundial, nota-se o início da percepção humana às consequências do meio ambiente que impactavam em sua qualidade de vida. Não obstante a proteção ter emergido neste momento, observa-se que o instituto da Revolução Ambiental só se consolidou no período posterior à Segunda Guerra Mundial, todavia, ainda com uma visão antropocêntrica[9] da questão ambiental.

No período entre o final da Segunda Guerra Mundial (1945) e a Conferência de Estocolmo (1972), encontravam-se tratados específicos para a proteção da natureza, como a Convenção sobre o estabelecimento da Comissão Interamericana para a Pesca do Atum, assim como a Convenção Internacional sobre a regulação da pesca da baleia, ambas em 1946 (VARELLA, 2009). Também se observam tratados mais amplos, como o de 1949 sobre a pesca em geral e o de 1950, sobre a proteção dos pássaros.

As revoluções industriais contribuíram também para essa percepção, uma vez que o ambiente das fábricas, além de ter poluído o ar, ainda era ambiente propício à proliferação de doenças. Não somente as ondas de revoluções

9   "O antropocentrismo puro separa o homem do restante do meio ambiente, tendo o homem maior valor devido a sua soberana forma de raciocínio, devendo o restante da natureza apenas lhe servir" BUSSINGUER, Elda. BRANDÃO, Maria. Proteção ambiental e Direito à vida: uma análise antropocêntrica na perspectiva da compreensão da existência de um Direito Humano Supradimensional. Fortaleza, 2010. Disponível em <http://www.publicadireito.com.br/conpedi/manaus/arquivos/anais/fortaleza/3686.pdf> Acesso em 12 de ago. de 2020.

industriais trouxeram esse debate à tona, mas também a industrialização do campo, tanto é verdade que em 1962, Rachel Carson lança a obra "Silent Spring", relatando o problema dos pesticidas e inseticidas à saúde humana, tornando-se um dos estopins para a revolução ambiental (POTT, ESTRELA, 2017).

A Conferência de Estocolmo (CE) é considerada o principal marco de internacionalização do debate em torno do meio ambiente. Oficialmente denominada de "Conferência das Nações Unidas sobre o Meio Ambiente Humano", foi realizada em 1972, na Suécia, representando o grande primeiro encontro sobre meio ambiente realizado pela ONU. Acontecendo ao meio dos eventos da Guerra Fria, a Conferência de Estocolmo tinha como objetivo discutir especificamente os problemas ambientais, que não viam limitações em fronteiras, demonstrando a necessidade de uma "ação conjunta entre os diversos países atingidos para a busca de soluções" (DIAS, 2017, p. 9).

De acordo Le Preste (2005, p. 24) "um problema ambiental não existe senão através do impacto que provoca em certos grupos ou atores", dessa forma, não é surpreendente que as primeiras discussões ambientais internacionais tenham sido ditadas a partir da visão de países desenvolvidos. Entretanto, a partir das reuniões antecedentes à Conferência de Estocolmo, a perspectiva de países menos desenvolvidos (países Sul) começa ser inserida.

A CE realizou-se após a influência de reuniões preparatórias, tais como: o relatório "The limits to growth" e a Mesa Redonda de Especialistas em Desenvolvimento e Meio Ambiente, que acontecera em Founex, Suíça, em 1971, onde foram lançadas bases do conceito de desenvolvimento sustentável (DIAS, 2017). Em meio a conflitos e polêmicas, a Conferência de Estocolmo aconteceu com a presença de mais de 100 Estados, ainda que houvesse uma resistência dos governos que participaram a "qualquer medida avaliada como ingerência externa" (DIAS, 2017, p. 10). Mesmo que conturbada e envolta em divergências, a CE fortaleceu o papel das ONGs atreladas à proteção ambiental, impulsionando essas entidades para um prospectivo papel de destaque frente à proteção ambiental.

A CE trazia como temas de discussão o ar, as águas, o lixo e a contenção da degradação ambiental, em conjunto com a perspectiva de trabalhar o meio ambiente de forma global, não de forma pontual, como visto anteriormente. Assuntos como o desenvolvimento socioeconômico, sociedade capitalista e o desenvolvimento desenfreado dos países foram discutidos na ocasião, causando um conflito diplomático, onde Estados preservacionistas e Estados desenvolvimentistas apresentaram propostas diferentes, onde se beneficiavam de formas diferentes (MACHADO, 2006).

De um lado, os Estados preservacionistas (europeus e estadunidenses em sua maioria) preocupavam-se com os efeitos da devastação ambiental e apresentaram a proposta de conservação dos recursos naturais e genéticos da Terra, considerando a ideia de medida preventiva imediata. Do outro lado, os Estados desenvolvimentistas (Índia, China e Brasil, por exemplo) preocupavam-se com a miséria na qual se encontravam, com problemas de moradia, riscos de doenças infecciosas por conta da falta de saneamento básico, propondo, dessa forma, um desenvolvimento econômico rápido alegando as necessidades explícitas (MACHADO, 2006). Ignacy Sachs (2009, p. 28) conclui que, ainda que a CE tenha sido convocada para tratar sobre meio ambiente, ela acaba transmitindo a "necessidade de repensar, à luz de problemas ambientais e sociais, as estratégias de desenvolvimento".

Por decorrência desse conflito, não existiu um acordo ou tratado na CE, uma vez que nenhuma das propostas foram aceitas. Todavia, alguns documentos de caráter não obrigatório foram resultantes da CE, como a Resolução da Assembleia Geral da ONU, Nº2997, que estabelecia a criação do Programa das Nações Unidas para o Meio Ambiente (PNUMA), com sede em Nairóbi, no Quênia, sendo, desde então, a principal autoridade global em meio ambiente, responsável pela promoção da conservação ambiental e do uso eficiente e consciente de recursos no contexto do desenvolvimento sustentável (ONU). Outro documento importante advindo da CE, foi a Declaração da Conferência da ONU sobre o Meio Ambiente, conhecida também como a Declaração de Princípios de Estocolmo, que conta com 26 princípios, entre os mais importantes: a declaração do meio ambiente como um direito humano (art. 1º), a proteção da biodiversidade, o desenvolvimento tecnológico para evitar a degradação do meio ambiente, a limitação da soberania territorial frente à proteção ambiental e a cooperação e solidariedade para a proteção ambiental; Não menos importante, os Estados presentes se comprometeram a realizar uma nova Conferência Internacional para tratar do meio ambiente após 20 anos da realização da CE.

Dez anos após a CE, em 1982, foi elaborada a Carta Mundial da Natureza, que "afirmava que a humanidade é parte da natureza e depende do funcionamento ininterrupto de seus sistemas naturais" (BESKOW, MATTEI, 2012, p. 4). Foi nesse momento que a visão antropocêntrica deixa de ser evidenciada nas discussões internacionais sobre meio ambiente, entendendo-se então, que a proteção internacional do meio ambiente deveria acontecer não para bem servir o homem, mas agora, proteger a natureza por ela ser digna de tutela, inserindo o homem no meio ambiente, e não acima dele.

Nesse período ocorreu também a formação da Comissão Mundial sobre o Meio Ambiente e Desenvolvimento, por proposta do PNUMA, em resposta a uma decisão da Assembleia Geral da ONU, presidida pela médica Gro Harlem Brundtland, ex-Primeira-Ministra da Noruega. Foi encomendado, então, pela Assembleia das Nações Unidas, um relatório, uma vez que era crescente o interesse internacional pela questão do desenvolvimento sustentável, que era cada vez mais discutido.

O termo desenvolvimento sustentável está atrelado ao relatório que ficara conhecido como Relatório de Brundtland. Publicado em abril de 1987 e intitulado de Our Common Future: from one Earth to one World, "difundiu o conceito de desenvolvimento sustentável, que passou a estar presente nas discussões internacionais, servindo como eixo orientador para organizações públicas e privadas" (MOTTA, et. Al. 2008, p. 13). O Relatório tinha como objetivos tutelar os direitos de utilização dos recursos da natureza das gerações futuras e atuais, possibilitar a proteção ambiental, mas também compatibilizar a fruição dos recursos naturais para com a sua proteção, gerando, assim, a ideia de compensação ambiental.

A partir da década de 1980, a ONU vem tratando do tema ambiental com mais relevância. Em 1988, no Canadá, iniciam-se a discussões formais sobre mudanças climáticas, com a Conference of the Changing Atmosphere, que ajudou na criação do Painel Intergovernamental sobre Mudanças Climáticas (IPCC da denominação em inglês Intergovernmental Panel on Climate Change), em 1989, cujo qual, por sua vez, culminou na criação da Convenção Quadro das Nações Unidas sobre Mudanças Climáticas (UNFCCC) (BESKOW, MATTEI, 2012).

As recomendações feitas pelo Relatório de Brundtland, levaram à realização da Conferência das Nações Unidas sobre o Meio Ambiente e o Desenvolvimento, em 1992, no Rio de Janeiro, conhecida também como Cúpula da Terra, ECO92 e Rio92. A ECO92 tinha por objetivo colher os resultados da Conferência de Estocolmo, 20 anos após sua realização, fazendo com que os Estados trouxessem informações acerca do que conseguiram efetivar em relação à Declaração dos Princípios de Estocolmo. Da Rio2 surgiram novos documentos, como a Declaração do Rio Sobre Meio Ambiente e Desenvolvimento, a Declaração de Princípios sobre Florestas, a Convenção sobre Diversidade Biológica e a Agenda 21.

A Agenda 21 representa uma série de programas de ação, que foram elaborados baseados nos princípios do desenvolvimento sustentável, que são distribuídos em 40 áreas, entre elas: cooperação internacional, política econômica, controle demográfico, combate à pobreza e proteção da atmosfera. A mudança do padrão de consumo também está inclusa no programa de ação da Agenda 21, observando-se que os relatórios da ECO2 relatam o exame dos padrões não sustentáveis e o estabelecimento de estratégias que estimulem hábitos de consumo que respeitem e conservem o meio ambiente.

Como citado anteriormente, foi na Rio92 que as Convenções-Quadros tiveram sua consolidação, a primeira sendo sobre Mudanças Climáticas, em maio de 1992, não tendo vínculo com a ECO92, e a segunda sendo a Convenção Quadro para Biodiversidade, negociada e ratificada durante a Rio92. De acordo com o site do Fundo Mundial para a Vida Selvagem e Natureza (WWF, World Wide Found for Nature), a partir desse momento, foram estabelecidos os alicerces para acordos climáticos que viriam em seguida.

Ainda na mesma Convenção, foi imposto o princípio das "responsabilidades comuns, porém diferenciadas", o qual diz que todos os países deveriam reduzir suas emissões de gases de efeitos estufa. Entretanto, o esforço e a porcentagem de diminuição daqueles Estados que emitiram mais ao longo dos anos – Estados com industrialização antiga - deveria ser maior. Da UNFCCC e da Convenção Quadro para Biodiversidade, surge a necessidade dos países signatários de se reunirem de tempo em tempo, tendo configurado as reuniões das Conferência das Partes (COP), sendo o órgão supremo de decisão no âmbito da UNFCCC.

O objetivo das COP's é manter, regularmente, sob avaliação e tomar decisões que promovam e efetivem a implementação das Convenções que a COP possa vir a adotar. Entre outras competências, a COP deve examinar as obrigações das Partes, periodicamente, além de examinar também os mecanismos institucionais estabelecidos pela UNFCCC e pela Convenção-Quadro para Biodiversidade, promover e facilitar a troca de informações entre as partes, orientar o desenvolvimento e aperfeiçoamento de metodologias comparáveis e examinar relatórios periódicos sobre a implementação das Convenções.

O SURGIMENTO DO ECODESENVOLVIMENTO

Atualmente, observam-se diversos instrumentos de controle ambiental[10], seja na Constituição da República Federativa do Brasil, de 1988, nas discussões estabelecidas pela ONU e pelas COP's ou em Ministérios do Meio Ambiente espalhados pelo globo. Entretanto, esses instrumentos não existiam antes dos acontecimentos relatados no capítulo anterior, como o Relatório de Founex e, principalmente, a Conferência de Estocolmo.

O embate diplomático entre desenvolvimentistas e preservacionistas, já citado anteriormente, que acontecera durante a Conferência de Estocolmo possibilitou, de certa forma, o nascimento do conceito de Ecodesenvolvimento.

Ao longo dos anos, o conceito de ecodesenvolvimento passou a ser chamando de desenvolvimento sustentável, podendo ser chamado de desenvolvimento socialmente includente, ambiente sustentável e economicamente sustentado (SACHS, 2009). Na teoria de Ignacy Sachs (2009, p. 28), o ecodesenvolvimento "subordina o crescimento a objetivos socais e explicita as condicionalidades ambientais sem se descuidar da viabilidade econômica indispensável para fazer as coisas acontecerem". Destarte, pode-se entender que o desenvolvimento deve acontecer com a harmonização dos objetivos sociais, ambientais e econômicos. Sachs (2009) cita que nesse "jogo de harmonização", os estilos de vida e de consumo, a "ação sobre a demanda", deve ser a variável mais importante, e é, da mesma maneira, a mais difícil de controlar.

Em termos intelectuais – a revolução ambiental no pensamento – aconteceu bem mais rápido do que as possíveis ações. Isso se dá pelas limitações impostas, como a ideia de tratar o meio ambiente como "um setor à parte e não como dimensão transversal da problemática do desenvolvimento" (SACHS, 2009, p. 30).

Dessa maneira, fica claro para Ignacy Sachs, que a implementação desse desenvolvimento includente, sustentável e sustentado, só será possível quando – e se – formos capazes de superar o domínio das doutrinas neoliberais, que consistem em abordagens setoriais, avaliando os impactos ambientais, um por um, sem contar e examinar as "sinergias positivas e negativas do conjunto das atividades humanas e [...], a recorrências, muitas vezes espúria, à quantificação monetária, sem contemplar os aspectos qualitativos" (SACHS, 2009, p. 30).

Todavia, a teoria de Ignacy Sachs reconhece que, apesar das limitações mencionadas, o histórico de discussões acerca da proteção internacional do meio ambiente que acontecera entre 1972 e 1992, foi marcado por intensas atividades intelectuais, aprofundando-se sobre as consequências filosóficas e epistemológicas da decorrente Revolução Ambiental, saindo também do plano intelectual, uma vez que, como citado no início, observam-se avanços institucionais e legislativos, nacionais e internacionais, sobre diferentes aspectos. Não obstante os avanços,

---

10   "No Brasil, por exemplo, temos o SISNAMA. Criado pela Lei 6.938/1981, regulamentada pelo Decreto 99274/1990, o Sistema Nacional de Meio Ambiente (Sisnama) é a estrutura adotada para a gestão ambiental no Brasil, e é formado pelos órgãos e entidades da União, dos Estados, do Distrito Federal e dos Municípios responsáveis pela proteção, melhoria e recuperação da qualidade ambiental no Brasil." Ministério do Meio Ambiente. 2020. Disponível em: <https://antigo.mma.gov.br/biomas/caatinga/reserva-da-biosfera/itemlist/user/80001-administrador-cgti.html> Acesso em 20 de set. de 2021.

Sachs deixa claro que o desenvolvimento sustentável não acontecerá apenas pelo "poder do verbo, por encantação" (SACHS, 2009, p. 31), exigindo um plano de ação, que acontece, por exemplo, na Agenda 21.

Por fim, pode-se concluir que o surgimento do ecodesenvolvimento – ou desenvolvimento sustentável – trouxe a compreensão de que a dimensão social é tão importante quanto a dimensão ambiental no que se fala dos impactos ambientais. O autor cita, ainda, que existe uma relação dialética entre as duas dimensões, uma vez que, sim, parte da degradação ambiental é resultado da pobreza, mas também, de modo inverso, as degradações ambientais se tornam problemas sociais num futuro não tão distante.

AS REPERCUSSÕES DA PROTEÇÃO INTERNACIONAL DO MEIO AMBIENTE NA INDUMENTÁRIA

Uma das maiores preocupações ambientais das indústrias ligadas à moda é o descarte inadequado de materiais como retalhos, metais, papel e plásticos – que são utilizados para a confecção – no meio ambiente. Dessa forma, muitos países, como o Brasil, elaboraram medidas que possibilitam o crescimento do setor de sustentabilidade, uma dessas medidas diz respeito a associações e empresas, de forma com que cria-se uma rede de criação de valor sustentável.

Um dos principais dilemas da indústria da moda em termos de sustentabilidade é o fast fashion. Ainda que seja importante para o aumento de faturamento das empresas e de outras vantagens nos processos de produção, os impactos desse modelo de produção são alarmantes. Podem-se citar algumas iniciativas de sustentabilidade, lançadas a partir dos anos 1980, como importantes tentativas de minimização dos impactos. No setor agrícola, mais especificamente na produção de algodão – que produz fibras e outros tipos de matérias-primas para a indumentária – observa-se um movimento em prol do algodão orgânico, em alguns países da África, na Índia e no Peru (UNIETHOS, 2013). Nesse sistema orgânico, o algodão é cultivado sem fertilizantes, pesticidas ou reguladores químicos. Entretanto, apesar de ser uma medida sustentável, utiliza demasiada mão-de-obra, criando dificuldades para a expansão desses sistemas (UNIETHOS, 2013).

Cada vez mais notam-se tentativas dessa indústria de adaptar-se ao conceito de desenvolvimento sustentável. Ainda nesse pensamento, evidencia-se o começo da prática de reutilização de roupas (upcycling), de forma com que o processo de consumo se desacelere, e ainda que ocorram em pequenos negócios, essas iniciativas demonstram uma união entre moda e sustentabilidade (UNIETHOS, 2013).

Outro ramo dessa indústria que expressa interesse na inserção da sustentabilidade, é o dos estilistas. Por meio de seus desfiles e confecções, esses levantam bandeiras sociais e ambientais, investindo em pesquisas para a reutilização e desenvolvimento de materiais que contribuam para a proteção ambiental:

Outro setor importante para a indústria da moda são os desfiles e as semanas de moda espalhados pelo mundo. Muitas marcas vêm cada vez mais agregando o conceito de sustentabilidade em seus desfiles e eventos, como por exemplo os Green Shows que acontecem durante as semanas de moda em Berlim e Nova York (UNIETHOS,

2013). Muitas dessas iniciativas são pautadas nos acontecimentos, discussões, tratados e declarações advindas da Conferência de Estocolmo, da ECO92 e da Rio+10, entre outras já citadas.

Assim sendo, fica explícita a importância e relevância dessas discussões para a proteção internacional ambiental, de forma com que essas impactem não apenas em Estados, mas façam-se presentes nas empresas – e aqui especificamente a indumentária –, importante ator do Sistema Internacional, para que possam agir e tomarem medidas sustentáveis.

A SUSTENTABILIDADE NA INDÚSTRIA DA MODA

A sustentabilidade talvez seja o maior desafio enfrentado pela indumentária. A expansão do fast fashion foi possibilitada pela obsessão do consumo e esse ciclo de compra, uso e descarte causa, inquestionavelmente, diversas consequências ambientais e sociais. Neste trabalho, examina-se o caso da H&M e a tentativa da marca de praticar o desenvolvimento sustentável.

Durante os últimos anos, o termo sustentabilidade vem sendo atrelado aos produtos dessa indústria; entretanto, existem questionamentos se esse conceito de fato é exercido para além de estratégias de marketing (ALMEIDA, MOURA, 2011). O consumidor é impulsionado a consumir dessa indústria de diversas formas, como a indução à efemeridade de alguns produtos, com escreve Lipovetsky em "O Império do Efêmero", ou os lançamentos de novos produtos um atrás do outros, até mesmo em datas comemorativas, como o dia das mães ou o dia das crianças, fazendo com que as pessoas troquem presentes e consumam cada vez mais dessa indústria. Também, testemunha-se um apelo gigantesco pela construção da imagem pessoal que é especialmente formada por produtos de moda (ALMEIDA, MOURA, 2011).

Um problema apontado por Almeida e Moura (2011, p. 2), é a "incompatibilidade das questões sustentáveis ante o caráter efêmero das peças", uma vez que se nota o tempo curto de vida que é atrelado a peças de vestuário que ainda estão em condições de uso. A mesma se torna ultrapassada, frente aos reclames dos ciclos de estações da moda, refletindo na necessidade de consumo de algo novo.

Conclui-se, dessa forma, que muitos – a maioria – dos produtos dessa indústria são descartados precocemente, o que ocasiona diversos impactos ambientais. Ademais, como pode a dinâmica da moda ser modificada se, ao longo da história, vem sendo alicerçada no estímulo consumista baseado, essencialmente, em uma dimensão capitalista? Em 1989, Lipovetsky já apontava a necessidade de superar certos paradigmas envoltos nessa indústria visando a reciclagem da moda, acreditando que essa nova atitude não significaria o fim de novas ideologias possíveis, mas sim a mudança de uma trajetória catastrófica.

Essa mudança do paradigma vigente, um possível projeto de mudanças de reflexão, observa-se ser a sustentabilidade como uma rota alternativa para o desenvolvimento de produtos, surge modificando os atuais produtos e suas formas de fabricação (ALMEIDA, MOURA, 2011). Um exemplo a ser dado são os produtos jeans, fabricados a partir do denim, que apresentam um forte apelo para o consumidor, "seja pela aparência ou pela obtenção de um corpo modelado e sensual, ou ainda, pelo conforto e despojamento que essas peças trazem ao usuário" (ALMEIDA, MOURA, 2011, p. 2).

Como já exposto, a moda é um fator importante para a construção da imagem pessoal. Dessa maneira, nota-se o jeans se tornando parte deste mundo nos anos 20, como um símbolo de rebeldia, ganhando certa força nos cinemas a partir dos personagens de James Dean e Marlon Brando e conquistando, nos anos 60, certa preferência entre os jovens, para que nos anos 90 estabeleça-se como peça importante, versátil e democrática do guarda-roupa da sociedade (FIGUEIREDO, 2010).

Para compreender a importância dessa peça de moda, deve-se entender o seu surgimento. Em 1850, Levi Strauss chega aos Estados Unidos em um momento delicado, onde diversos de pioneiros, à procura de ouro, migravam para a Califórnia. Durante seus anos iniciais, Strauss trabalhou como mascate e em sua bagagem carregava um tecido grosso e escuro, ideal para a confecção de tendas, mas também de grande serventia para os trabalhadores das minas, que necessitavam de um tecido resistente; assim, Strauss confeccionou calças reforçadas com lonas, criando um modelo próprio usando como molde a calça de um marinheiro genovês. Fora de tal forma que se consolidou a criação da primeira peça de jeans. Seis anos depois, em 1856, era inaugurada a primeira fábrica da grande empresa que ficaria conhecida como uma das marcas mais famosas de jeans, a Levi Strauss & Co, onde o mesmo decidiu substituir a lona por algodão, e esse tecido ficou conhecido como denim (FIGUEIREDO, 2010).

O denim é hoje a matéria-prima para a fabricação do jeans. Durante todos esses anos entre a criação do primeiro jeans até hoje, notam-se evoluções na sua fabricação, no seu design e até no modo de consumo. Para chegar em seu consumidor final, e peça de jeans percorre um processo longo de confecção e beneficiamento. Além do algodão, a composição do jeans conta com outros materiais têxteis, como o poliéster e o elastano, e a inserção de outros componentes, como corantes.

O chamando beneficiamento do jeans corresponde a "um fator da produção que atribui características ao produto, que irá diferenciá-lo dos demais produtos dispostos no mercado" (ALMEIDA, 2013, p. 101). A indústria do jeanswear é altamente globalizada, notando-se a variedade de indústrias que se conectam para que uma única peça de jeans seja produzida.

O segmento do jeans, tanto em sua produção quanto em seu consumo, causa extremos impactos socioambientais negativos. O processo de beneficiamento da peça é um dos mais importantes da produção do jeans, e as lavanderias têxteis são de extrema importância para este, uma vez que as mesmas são responsáveis pela transformação na tela têxtil, ou seja, acrescentam o acabamento, coloração e conforto ao denim bruto, através de longas e diversas lavagens químicas, que utilizam milhares de litros de água (ALMEIDA, 2013). Além do uso exacerbado da água, também destaca-se o uso de componentes químicos, que trazem efeitos que agregam valor de mercado ao jeans, entretanto, danificam o meio ambiente, degradando não somente o solo em que são despejados, mas também podendo ser prejudicial à saúde da população que vive nos locais aos arredores onde são despejados os resíduos das lavanderias.

Ademais, a maioria dessas lavanderias estão localizadas em países em desenvolvimento, como a China, Índia e Brasil. A falta de legislação e o descaso industrial observados nesses países, além do menor nível de desenvolvimento, fazem com que a produção do jeans acarrete num impacto grande sobre lagos e rios, como cita Almeida (2013). Pode-se evidenciar o caso da cidade de Tehuacán, no México, que abrigou por anos empresas estadunidenses como a Levi's, sendo durante um período a cidade que mais produzia jeans no mundo. Como fruto da atividade, a poluição recorrente dos rios contaminou alimentos, uma vez que a água escoada das lavanderias têxteis era utilizada para irrigação das lavouras, trazendo um prejuízo nacionais e internacional (ALMEIDA, 2013). Além de tais degradações, a busca das grandes indústrias de moda pelo crescimento da produção de jeans reflete métodos antiéticos, que discorrem por questões de direitos trabalhistas a impactos ambientais.

De acordo com Almeida (2013, p. 108), "as peças jeans têm que superar as adversidades da moda e de seu próprio método de produzir para se adequar ao conceito sustentável". Ainda, explica que a sustentabilidade deve ser, além de um conceito questionador, uma proposta para a reformulação do jeans.

Como medidas para diminuição desses impactos ambientais, pode-se citar alguns exemplos, como o uso do algodão orgânico, já citado anteriormente, mas também o uso de tecnologias que reduzam a quantidade de água e energia usadas para a produção do jeans. A água potável, preocupação esta que deve estar presente na fabricação do jeans, cada vez mais se torna escassa, cada vez mais é ameaçada com o crescimento populacional, atividades agrícolas e industriais e com as mudanças climáticas alterando o ciclo hidrólogo global (MONTEIRO, 2018). Por muito tempo, as indústrias – não somente a da moda – utilizaram-se dos recursos da água sem responsabilidade alguma, sem preocupação, além de produzir resíduos e efluentes que são descartados em rios e oceanos, prejudicando e contaminando esses ambientes.

Nota-se, todavia, o esforço de algumas marcas e indústrias para a reformulação da produção do jeans. Em âmbito nacional, pode-se evidenciar a tentativa sustentável da Riachuelo, grande loja de departamento brasileira, fundada em 1947, conta com mais de 300 lojas e 40 mil funcionários pelo Brasil, contando com mais de 30 parcerias com os principais nomes da moda mundial. De acordo com seu site[11], o maior propósito da marca é facilitar o acesso à moda, de modo a levá-la ao consumidor com agilidade, qualidade e valor justo.

Recentemente, a empresa deu início ao projeto intitulado de Jeans + Transparente. De acordo com seu site[12] da marca, esse projeto representa o início de uma nova etapa na história de um ícone da moda – o jeanswear. A marca evidencia que 100% do jeans é fabricado em solo brasileiro, na fábrica de Fortaleza, contando com 5 mil colaboradores. No processo de fabricação, a marca demonstra a sustentabilidade dos nebulizadores e geradores de ozônio, que otimizam os processos e diminuem a necessidade do uso da água na produção do jeans – cerca de 35%

---

11   RIACHUELO. Disponível em: <https://www.riachuelo.com.br/a-empresa/historia> Acesso em 22 de out. de 2020.

12   RIACHUELO. Jeans mais transparente. Riachuelo. Disponível em: <https://www.riachuelo.com.br/moda-que-transforma/jeans-mais-transparente> Acesso em 22 de out. de 2020.

a 90% de economia de água. Cita-se também o uso da tecnologia da lavagem a laser, que elimina o uso de produtos químicos na hora de tingir as peças – entre 40% e 85% de redução. Além disso, a marca afirma que 100% da água é tratada e recuperada.

Ademais, a marca brasileira evidencia que os jeans são produzidos 100% com uso de energia renovável, uma vez que a fábrica em Fortaleza é abastecida com fontes renováveis, como a eólica, a solar, a de biomassa e também a produzida por Pequenas Centrais Hidroelétricas (PCH). Por fim, a empresa deixa algumas dicas para a conservação da peça de jeans, contribuindo com a durabilidade do produto, prolongando seu tempo de vida útil e reduzindo – mesmo que minimamente – o descarte exacerbado do tecido (RIACHUELO, 2020).

UPCYCLING: UMA PRÁTICA SUSTENTÁVEL VIÁVEL OU O ELITISMO DA SUSTENTABILIDADE?

Para alcançar a sustentabilidade na indumentária são necessárias novas maneiras de criação, de produção e de sistemas. A proposta do upcycling é, basicamente, a criação de roupas feitas de roupas. O termo, em conjunto com o design sustentável, tem crescido cada vez mais, a fim de diminuir a poluição do meio ambiente (SILVA, 2017). Como destacado anteriormente, a indústria têxtil e a própria indústria da moda são responsáveis por variados impactos socioambientais, e o design sustentável é visto como uma saída para um dos problemas: o descarte dos resíduos têxteis.

Faz-se necessário, entretanto, antes de analisar o upcycling em si, entender outro conceito: o de design sustentável. O designer de moda pode repensar suas escolhas de diversas formas durante o processo de elaboração para que seja uma prática sustentável; ele pode criar peças que necessitem de menos operações possíveis, poupando energia; ele pode projetar o reuso de matérias-primas, de forma que se recicle materiais pós descarte (MARTINS, 2018). De acordo com Fletcher e Grose (2011), existem diversas estratégias que podem ser adotadas, tanto pelos designers como pelas empresas, algumas são: roupas multifuncionais e modulares; roupas que precisam de pouca lavagem e economizam água; roupas feitas para durar, mesmo com envelhecimento e desperdício mínimo no corte, reciclagem e reaproveitamento. Neste último, encaixa-se a técnica do upcycling.

Outro conceito importante para o entendimento do funcionamento do upcycling é a prática do slow fashion, que é a "produção em pequena escala, técnicas tradicionais de confecção, materiais disponíveis na região e mercados locais" (FLETCHER, GROSE, 2011, p.128). Em outras palavras, a proposta do slow fashion é ir contra os moldes do fast fashion, incentivando a compra em brechós e em mercados locais, assim como incentiva a prática do upcycling. O slow fashion pode ser definido também como um movimento,

> *que se orienta por diminuir a rapidez e a frequência com a qual se consome e, adicionalmente, estar atento à produção em pequena escala, técnicas tradicionais de confecção, materiais e mercados*

locais, ou seja, um modo de produção e consumo mais responsável e menos impulsivo (UNIETHOS, 2013, p. 47).

De acordo com Fletcher e Grose (2011), o descarte de materiais e sobras de tecido, além da própria roupa após o fim do seu uso são oportunidades de design e de negócio. Existem diversos processos para a reinserção desses resíduos para a indumentária, vindo a ser um deles é o upcycling, que pode ser utilizado para a criação de modelagens, cortes, recortes e formas diferentes de costurar, estimulando a criação de peças únicas. É diferente de reciclagem, onde pode-se perder o valor do material; é fazer do velho, novo; é transformar uma peça de fast fashion – que tem milhares semelhantes – em algo novo, em slow fashion, em peça única.

A reutilização de roupas velhas e sobras de materiais é um fenômeno visto na alta costura, em algumas marcas que já são estabelecidas no mercado da moda, como a Margiela, Comme des Garçons e Jessica Orgden. Entretanto, como qualquer outra peça de alta costura, o novo valor instituído pela marca ou pelos designers é alto, "tornando-se objeto de um status mais elevado, muitas vezes maior do que a criação original" (LARA et. Al., 2015, p. 2). De tal modo, apesar de prolongarem o ciclo de vida das matérias-primas, contribuindo para a proteção do meio ambiente, são altamente inacessíveis à renda média da população mundial.

Nota-se, dessa maneira, uma tendência de difusão do upcycling entre as classes sociais. Logo depois de marcas de alta costura terem abordado e incorporado a técnica, a partir de 2012 as redes de fast fashion começaram a colaborar com designers que já praticavam o upcycling há tempos, como a parceria da Topshop, grande rede de fast fashion, com a marca inglesa From Somewhere, onde lançaram uma coleção intitulada "Reclaim to Wear", com resíduos de malha de algodão e denim.

A teoria do filósofo alemão Georg Simmel sobre o "trickle down" no começo do século XX, aplicado à moda, foi uma das primeiras teorias sobre o assunto; numa sociedade capitalista hierarquizada, a busca das classes mais baixas de se parecer com as mais altas é constante. Dessa forma, quando um determinado estilo é adotado pelos "representantes dos níveis mais altos da pirâmide social, gradualmente vai sendo incorporado pelas classes de menor poder aquisitivo" (LARA, et. Al., 2015, p. 3).

Em todos os conceitos trabalhados anteriormente, observa-se, além da tentativa de sustentabilidade, outra semelhança inerente à moda: a busca por autenticidade. No contexto desses conceitos, de slow fashion, de design sustentável e de upcycling, a moda se torna algo experimental além de apenas consumo; torna-se uma experiência, servindo além da utilidade prática das roupas, proporcionando um ajuste moral para a compra, uma vez que com ela possibilita-se a proteção do meio ambiente (SOUZA, 2018).

Sendo um produto visto como grife, como alta costura em sua maioria, o upcycling apresenta alguns pontos negativos; por ser uma prática quase sempre artesanal, é agregado às peças um valor alto. Dessa forma, se torna inviável para a população de renda média possuir esse tipo de produto, uma vez observado que, por exemplo, um casaco produzido pela técnica do upcycling pode custar cerca de cinco vezes mais que um casaco vendido pelas redes de fast fashion

Ainda que seja um produto com alto valor agregado, a técnica do upcycling lembra a necessidade da compreensão de que moda e roupa não são a mesma coisa. Fletcher (2010) expõe que ambas contribuem para o bem-estar do ser humano, mas de formas diferentes; a roupa tem a função de cobrir, de proteger do frio; a moda é simbólica, está relacionada à identidade contemporânea de cada ser humano, individualmente manifestando desejos e emoções, é uma necessidade não material de afeto, de aceitação, de pertencimentos, de liberdade. Conclui-se, assim, que a prática do upcycling é um meio eficiente para a prática da moda sustentável, entretanto, é uma medida monetariamente inviável até o momento à renda média da população mundial.

O CASO DA H&M E O EXEMPLO DE UMA INDÚSTRIA DE MODA SUSTENTÁVEL

Fundada em 1947 por Erling Persson em Vasteras na Suécia, a H&M inicialmente vendia apenas roupas para mulheres e era chamada de Hennes, que significa "delas" em sueco, e tinha por objetivo vender moda de qualidade por preços baixos (H&M, 2020).

Em 1952 a primeira loja na capital, Estocolmo, foi inaugurada e a primeira loja internacional foi na Noruega, em 1964. Quatro anos depois, em 1968, Persson comprou a loja Mauritz Widforss, e a partir disso a loja passou a se chamar Hennes & Mauritz, conhecida atualmente apenas pela sigla H&M; neste mesmo ano as lojas da franquia começaram a vender roupas masculinas e infantis (H&M, 2020).

Nos dias atuais, a H&M está em mais de 50 países e conta com mais de 3.500 lojas, sendo responsável por mais de um milhão de empregos. O processo para instalação de uma loja em um novo país ou cidade avalia o potencial do mercado, a estrutura demográfica, o risco político, a infraestrutura, direitos humanos e sustentabilidade ambiental (H&M, 2020).

A sustentabilidade é totalmente integrada ao modelo de negócio da marca. Em seu site é possível notar que o objetivo da H&M é executar suas atividades baseadas nos pilares da sustentabilidade, de forma que essas sejam social, econômica e ambientalmente sustentáveis.

Nota-se que a H&M não possui fábricas, dessa forma, os produtos são obtidos de fornecedores independentes. Entretanto, por terem conhecimento dos impactos ambientais causados durante as etapas de abastecimento, a empresa busca medidas sustentáveis em outras etapas.

Entende-se que a H&M busca influenciar seus fornecedores e funcionários com suas ações de sustentabilidade. Além de treinamentos para funcionários, a empresa busca manter uma boa relação com os fornecedores; são mais de 800 fornecedores que fabricam os produtos da marca. Em 1997 fora estabelecido um código de conduta sustentável, incluindo requisitos socioambientais que deveriam ser cumpridos pelos fornecedores (H&M, 2019). Essas exigências são regularmente verificadas, além dos treinamentos e prêmios ofertados pela H&M para parceiros sustentáveis.

Ademais, a H&M se tornou, em 2013, a primeira empresa no mundo que oferece postos de recolha de vestuário, permitindo, dessa forma, que seus clientes deixem roupas usadas, não somente da marca H&M, para que sejam recicladas. Em 2014, as primeiras roupas feitas a partir desses tecidos foram lançadas (H&M, 2014). Em seu relatório de sustentabilidade anual (2019), a marca reforça a abordagem de circularidade, destacando o objetivo de se tornarem um negócio totalmente circular em toda a cadeia de valor.

Em outras palavras, a marca explica que saiu de um sistema linear – pegar, usar, desperdiçar – para um sistema de modelo circular, maximizando o uso e reutilização de recursos onde nada é desperdiçado. Esse modelo é o objetivo de 2040 da marca. No relatório de sustentabilidade da marca (2019), a H&M destaca que mais de 29 mil toneladas de roupas foram coletadas – em termos práticos, isto significa mais de 145 milhões de camisetas.

Vale destacar que a H&M, em conjunto com o Fundo Mundial para a Natureza (WWF), desenvolveu uma maneira de otimização da utilização de água, sendo que algumas lojas que já contam com esse sistema eficiente, não especificado pela marca. A meta esperada é a implementação desse sistema em 100% das lojas até o final de 2020 (H&M, 2019).

A redução do uso de energia também é um tópico do relatório de sustentabilidade. A H&M explicita que em 2019 houve uma redução de 10,1% na utilização de energia desde 2017. Ademais, nota-se que desde 2015, o uso de energia renovável cresceu mais de 80% ao ano (H&M, 2019). Em 2019, 96% da energia utilizada para as operações da marca eram renováveis.

No que tange aos negócios, a H&M traça uma estratégia de oferecer moda de qualidade com o melhor preço. Moda de qualidade está diretamente ligada à questão de sustentabilidade, de acordo com o relatório de sustentabilidade (2019). Sabendo do interesse crescente por sustentabilidade ambiental do consumidor, a empresa acredita que os consumidores estariam dispostos a desembolsar um valor mais alto para adquirir produtos que tenham acrescentado ao seu valor das características sustentáveis. Isto posto, a empresa acredita que sua política sustentável seja o diferencial das concorrentes de fast fashion, e procura o contínuo aumento dessas políticas, mantendo um negócio bem-sucedido e amigo do meio ambiente (H&M, 2019).

Se comparada com uma grande rede de fast fashion como a Zara, notam-se algumas diferenças. O preço médio de uma roupa da H&M, em 2014, era em torno de vinte dólares, enquanto uma peça da Zara, no mesmo período, custava mais de 45 dólares (Smith, 2014). Outra comparação são as taxas de descontos; enquanto a H&M apresenta, geralmente, cerca de 24% do seu catálogo com descontos, a Zara dispõe desconto em apenas 3,2% dos produtos. Isso acontece, de acordo com Oliveira (2017), entre outros fatores, pelo fato de que a Zara é focada na centralização e integralização vertical, enquanto a H&M é totalmente baseada na terceirização, de modo circular, como já explanado anteriormente. Dessa forma, pode-se entender que apesar de não ser a líder no mercado das fast fashions, a H&M possui uma vantagem frente as outras, pela sua estratégia sustentável.

Ademais, observa-se que são proporcionados benefícios para a sociedade a partir e através da uma sustentabilidade maior na indústria da moda. Demonstra-se isso pela criação, em 2007, da H&M Conscious Fondation, inicialmente criada para a comemoração dos sessenta anos da empresa. A empresa tem três áreas de foco maior: educação, águas limpas e fortalecimento das mulheres economicamente e socialmente (H&M, 2019).

A H&M Foundation é uma entidade legal independente, sem vínculo direto com o Grupo H&M, e atua fora da esfera empresarial. Sua visão, a longo prazo, é contribuir para alcançar os objetivos de desenvolvimento sustentável da ONU para 2030, que ressoam com as áreas de foco da fundação. A fundação diz desejar possibilitar um impacto real por meio de parcerias, e ser um catalisador para mudanças positivas para o planeta e para a sociedade. O site da fundação indica que mais de 7 milhões de pessoas já foram alcançadas e ajudadas pelas inciativas da fundação, além de terem doado mais de 98 milhões de dólares.

Conclui-se, posteriormente a todos os fatos apresentados, que a adoção de práticas sustentáveis pela H&M revela benefícios enormes para a indústria da moda. Ademais, nota-se que as diversas práticas e medidas sustentáveis na indústria da moda criam valor para as empresas, para o meio ambiente e para as sociedades. Destaca-se, ainda, o importante papel da indumentária para que o desenvolvimento sustentável se torne possível e real.

CONCLUSÃO

A moda é condutora da essência, do estilo, da personalidade. Além disso, a moda é relevante, é influência; ela dita períodos, comportamentos e padrões. Conquista milhares de mulheres, homens, de todas as idades, etnias, religiões e classes sociais. Torna-se capital não apenas pela venda de roupas, mas pela atração de pessoas a desfiles, influenciando na política, nas artes, nos filmes, na música, no teatro. Desde o século XV, a moda se mostra importante, citando-se o exemplo da França, quando foi pedido ao rei Carlos VII para que destinasse um ministério somente para a moda.

Observa-se que à medida que as empresas transnacionais foram evoluindo, as indústrias da moda foram as acompanhando, crescendo cada vez mais para além da Alta Costura. A importância desta enorme indústria – além da transmissão da essência, da personalidade – evidencia-se através da movimentação de bilhões de dólares ao ano, do emprego de milhares de pessoas e da evidente degradação ambiental. Todavia, ao concluir a análise, percebem-se inúmeros métodos utilizados pela indústria da moda que proporcionam ao meio ambiente uma diminuição nos impactos, além da conscientização dos consumidores para um consumo mais limpo, ecológico e consciente.

Nota-se, assim, a importância da indumentária para os impactos ambientais, tanto como poluidora, como reparadora e influenciadora de práticas sustentáveis através das medidas apresentadas durante a análise.

Examinando-se as discussões acerca da proteção internacional do meio ambiente, nota-se o enorme impacto do assunto na sociedade internacional. Não apenas por meio de acordos ou conferências, a humanidade – ou parte dela – nota a importância da discussão do tema e da procura por soluções e medidas que proporcionem ao meio ambiente melhores condições.

No documentário Seremos História? (2016), protagonizado pelo ativista ambiental e ator Leonardo DiCaprio, nota-se logo no início, a fala interessante acerca do meio ambiente do então Secretário Geral do ONU, Ban Ki-Moon: "Se pensarmos na imensidão do universo, o planeta Terra é apenas um pequeno barco, se esse barco afundar, acho que todos nós afundaremos juntos". A partir de tal perspectiva, pode-se dizer que ser ecologicamente sustentável não pode ser mais uma escolha individual, mas sim uma necessidade global. O período mais crítico da existência da Terra acontece agora.

Por toda esta análise, o meio ambiente está relacionado com política, com a sociedade. A evolução da indumentária, atrelada às discussões da proteção ambiental internacional, torna-se evidente e necessária, ao passo que a sustentabilidade é vista como uma rota alternativa para o desenvolvimento de produtos, modificando as formas atuais de produção que degradam o meio ambiente. Os exemplos analisados durante a pesquisa, evidenciam a tentativa e sucesso das grandes indústrias da moda, tal como as novas técnicas aderidas pela Riachuelo em sua produção local, com menos utilização de água e energia.

Com a técnica do upcycling, torna-se possível a reutilização de tecidos, roupas e acessórios que seriam descartados de maneira irresponsável. Ainda que esta técnica cause uma cisão entre classes sociais por conta do seu caráter, algumas vezes, elitista, nota-se a evolução cotidiana do upcycling, em pequenos negócios e em grandes indústrias, demonstrando ainda mais a evolução e a disposição de mudança desta indústria.

Ainda, as grandes indústrias da moda têm um papel de enorme importância no assunto. O caso apresentado da H&M expõe tal importância de maneira impecável. A grande empresa fundada em meados dos anos de 1940 evoluiu e ainda evolui em sua sustentabilidade, além de que em todos os seus processos, evidencia-se a total integração da moda sustentável. Além da óbvia importância das medidas sustentáveis tomadas pela empresa, atenta-se a um ponto importante: a influência da mesma para outras empresas de fast fashion, ao passo que as técnicas e medidas apontadas pela mesma podem ser usadas de exemplo para outras, demonstrando que fazer moda sustentável não causa prejuízos, uma vez que moda de qualidade está diretamente ligada à questão sustentável nos dias atuais.

A crescente procura por produtos ecológicos por parte do consumidor demonstra a tendência dessas práticas. As políticas ambientais, sejam na indústria da moda ou não, são diferenciais cada vez mais procurados, o que mantém um negócio bem-sucedido economicamente e amigo do meio ambiente.

Enfatiza-se, ainda, a relação econômica e ambiental na indústria da moda. Assim, com o caso do upcycling e da H&M, nota-se que o mito do "sustentável ser caro" cai por terra. Cada vez mais, observa-se a procura – e escolha possível e dentro de perspectivas econômicas concretas – por sustentabilidade partindo de indivíduos, de partidos políticos, de empresas. Com a indumentária – principalmente – não deve ser diferente.

REFERÊNCIAS BIBLIOGRÁFICAS

ALMEIDA, M. D. A moda contemporânea e a sustentabilidade no jeanswear: estudos de caso. 2013. 176 f. Dissertação (mestrado) - Universidade Estadual Paulista Júlio de Mesquita Filho, Faculdade de Arquitetura, Artes e Comunicação de Bauru, 2013. Disponível em: <http://hdl.handle.net/11449/89707> Acesso em 21 de set. de 2021.

ALMEIDA, M.D. MOURA, M. A sustentabilidade no produto de moda, uma discussão sobre o jeanswear. São Paulo. 2011. Disponível em: <http://www.coloquiomoda.com.br/anais/Coloquio%20de%20Moda%20-%20 2011/GT11/Comunicacao-Oral/CO_89486Sustentabilidade_no_produto_de_moda,_uma_discussao_sobre_o_ jeanswear.pdf> Acesso em 08 de out. de 2021.

BESKOW, E. MATTEI, L. Notas sobre a trajetória da questão ambiental e principais temas em debate na conferência rio +20. NECAT, ISSN 2317-8523, Florianópolis, Brasil, 2012. Disponível em: <http://incubadora. periodicos.ufsc.br/index.php/necat/article/view/2228/2587> Acesso em 18 de ago. de 2021.

BRANDINI, V. Moda, cultura de consumo e modernidade no século XIX. São Paulo: Revista Signos do Consumo, 2009 Disponível em: <http://www.revistas.usp.br/signosdoconsumo/article/view/42766/46420> Acesso em 04 de jul. de 2021.

COMPANHIA AMBIENTAL DO ESTADO DE SÃO PAULO. Declaração do Rio sobre Meio Ambiente e Desenvolvimento. Disponível em: <https://cetesb.sp.gov.br/proclima/wp-content/uploads/sites/36/2013/12/ declaracao_rio_ma.pdf> Acesso em: 13 de jul. de 2021.

DIAS, E. Os (des) encontros internacionais sobre meio ambiente: da conferência de Estocolmo à Rio+20 – Expectativas e contradições. Caderno Prudentino de Geografia. Presidente Prudente, 2017. Disponível em <https:// revista.fct.unesp.br/index.php/cpg/article/view/3538> Acesso em 11 de ago. de 2021.

FARIAS, M. Modas da Moda – possíveis recortes de uma história acelerada. Salvador, 2006. Disponível em: <https://www.academia.edu/27511848/Modas_da_Moda_poss%C3%ADveis_recortes_de_uma_hist%C3%B3ria_ acelerada> Acesso em 25 de jul. de 2021.

GUIDO, A. L. B.; LIMA, R. T.. Empresas transnacionais e internacionalização: uma análise bibliométrica dos termos. Revista Brasileira de Administração Científica, Aquidabã, v.3, n.3, p.83-96, 2012. Disponível em: <https:// sustenere.co/index.php/rbadm/article/download/ESS2179-684X.2012.003.0006/196> Acesso em 20 de jul. de 2021.

H&M Foundation. Disponível em: <https://hmfoundation.com/> Acesso em 02 de ago. de 2021.

H&M Sustainability. Disponível em: <https://www2.hm.com/en_us/hm-sustainability/lets-change.html> Acesso em 03 de ago. de 2021.

H&M. Sustainnability Report, 2019. Disponível em: <https://hmgroup.com/sustainability/sustainability-reporting.html> Acesso em 03 de ago. de 2021.

LIPOVETSKY, G. O império do efêmero: a moda e seus destinos nas sociedades modernas. Tradução Maria Lucia Machado. São Paulo: Companhia das Letras, 2010.

MACHADO, V. A produção do Discurso do Desenvolvimento Sustentável: de Estocolmo à Rio-92. III Encontro de ANPPAS, Brasília, 2006. Disponível em < http://www.anppas.org.br/encontro_anual/encontro3/arquivos/TA398-07032006-233539.DOC> Acesso em 16 de ago. de 2021.

MOTA, J.A, et. Al. Trajetória da Governança Ambiental. IPEA. 2008. Disponível em: <http://repositorio.ipea.gov.br/bitstream/11058/5523/1/BRU_n1_trajetoria.pdf> Acesso em 16 de ago. de 2021.

NERY, M.L. A Evolução da Indumentária. São Paulo: Senac National, 2003.

NICOLAU, S. A Dinâmica de inovação no mercado de moda e o caso Zara: uma análise neo-schumpeteriana. Rio de Janeiro, 2017. Disponível em: <https://pantheon.ufrj.br/bitstream/11422/4893/1/MONOGRAFIA%20-%20Sarah%20Nicolau%20-%20DRE%20110051800%20.pdf> Acesso em 20 de jul. de 2021.

OLIVEIRA, H. O mercado das empresas fast fashion: um estudo de caso da cadeira de suprimentos da H&M e Zara. Simpósio de Engenharia de Produção de Sergipe. 2017. Disponível em: <https://ri.ufs.br/bitstream/riufs/7684/2/MercadoEmpresasFastFashion.pdf> Acesso em 14 de ago. de 2021.

ORGANIZAÇÃO DAS NAÇÕES UNIDAS. Declaração da Conferência da ONU sobre o Meio Ambiente. Disponível em: <https://legal.un.org/avl/ha/dunche/dunche.html> Acesso em 13 de jul. de 2021.

ORGANIZAÇÃO DAS NAÇÕES UNIDAS. Our Commom Future. Disponível em: <https://sustainabledevelopment.un.org/content/documents/5987our-common-future.pdf> Acesso em: 13 de jul. de 2021.

ORGANIZAÇÃO DAS NAÇÕES UNIDAS. Programa das Nações Unidas para o Meio ambiente (PNUMA). Disponível em: <https://nacoesunidas.org/agencia/pnuma/> Acesso em 11 de ago. de 2021.

POTT, C. ESTRELA, C. Histórico ambiental: desastres ambientais e o despertar de um novo pensamento. Estudos Avançados, 2017. Disponível em: < https://www.scielo.br/pdf/ea/v31n89/0103-4014-ea-31-89-0271.pdf> Acesso em 17 de ago. de 2021.

RIBEIRO, W. C. A ordem ambiental internacional. São Paulo: Contexto, 2008.

SACHS, I. Proteção Internacional do Meio Ambiente: O desenvolvimento sustentável: do conceito à ação, de Estocolmo a Joanesburgo. Brasília: Unitar, UniCEUB e UnB, 2009.

SEREMOS história?. Direção de Fisher Stevens. EUA. 2016. 95min.

SILVA, U. História da indumentária. Araranguá 2009, p. 85. Disponível em <https://wiki.ifsc.edu.br/mediawiki/images/e/e2/Hist%C3%B3ria_da_Indument%C3%A1ria_vers%C3%A3o_02.pdf> Acesso em 30 de jul. de 2021.

Smith, K. (2014). Zara vs H&M – who's in the global lead? Disponível em: <https://editd.com/blog/2014/04/zaravs-hm-whos-in-the-global-lead/>. Acesso em 15 de ago. de 2021

TONIOL, A. Moda e Globalização. São Paulo. Disponível em <http://www.abphe.org.br/uploads/Encontro_2018/TONIOL.%20MODA%20E%20GLOBALIZA%C3%87%C3%83O.pdf> Acesso em 13 de maio de 2020.

UNIETHOS. Sustentabilidade e Competitividade na Cadeia da moda. 2013. São Paulo. Disponível em: <http://abit-files.abit.org.br/site/links_site/2019/08_agosto/estudo_sustentabilidade_uniethos.pdf> Acesso em 25 de set. de 2020.

VARELLA, M. Proteção internacional do meio ambiente. Brasília: Unitar, UniCEUB e UnB, 2009.

BREVES CONSIDERAÇÕES SOBRE OS PRINCÍPIOS DA IGUALDADE E DA CAPACIDADE CONTRIBUTIVA

Autores:

Maurício Dalri Timm Do Valle[1]

Valterlei A. Da Costa[2]

INTRODUÇÃO

O presente artigo tem por escopo analisar aquilo a que Maria Celina Bodin de Moraes atribui a condição de um dos "...conceitos mais essenciais..." da Constituição da República: a dignidade humana. (Moraes, 2003, p.107). Essa expressão padece dos "problemas" da linguagem natural, que são a ambiguidade e a vagueza. Essa a razão pela qual, parece-nos, tem razão Antônio Junqueira de Azevedo, ao trata-la como "..conceito jurídico indeterminado" (Azevedo, 2004, p.3). E, também, Maria Celina Bodin de Moraes ao mencionar que "dignidade humana" é "...expressão reconhecidamente vaga, fluida e indeterminada"[3] (Moraes. 2003, p.111).

Em razão disso, muitos partem em busca da noção de "Dignidade" construída ao longo do tempo, tratando de uma "conceito filosófico-político" da dignidade. É isso o que fez Maria Celina Bodin de Moraes (2003, p.111-

---

1   Bacharel, Mestre e Doutor em Direito do Estado pela UFPR, Coordenador do Programa de Pós-Graduação Stricto Sensu em Direito da Universidade Católica de Brasília – UCB, Conselheiro Titular do Concelho Administrativo de Recursos Fiscais - CARFEx-Assessor de Ministro do Supremo Tribunal FederalAdvogado licenciado

2   Doutorando, Mestre e Bacharel em Direito pela UFPR, Doutorando em Direito pela USPEx-Técnico de Finanças e Controle da Procuradoria da Fazenda Nacional, Membro do Instituto de Direito Tributário do Paraná, Professor dos cursos de pós-graduação em direito lato sensu da ABDCONST, Advogado em Curitiba/PR

3   No mesmo sentido, Ingo Wolfgang Sarlet, Dignidade da pessoa humana e direitos fundamentais na Constituição Federal de 1988, p. 38-39.

116). O que nos chama a atenção, entretanto, é o posicionamento de Maria Celina Bodin de Moraes num ponto específico do mencionado trabalho. Após expor o que ela chama de "construção do conceito filosófico-político da dignidade humana" – a qual encontramos também em Ingo Wolfgang Sarlet (2002, p.29-38) –, afirma que "Ao ordenamento jurídico, enquanto tal, não cumpre determinar seu conteúdo, suas características ou permitir que se avalie essa dignidade". E mais: diz que "Tampouco são as Constituições que a definem". E, de forma mais enfática: "A dignidade humana, então, não é criação da ordem constitucional, embora seja por ela respeitada e protegida. A Constituição consagrou o princípio e, considerando a sua eminência, proclamou-o entre os princípios fundamentais, atribuindo-o valor supremo de alicerce da ordem jurídica democrática"[4] (Sarlet, 2002, p.116-117).

Lembremos, com Ingo Wolfgang Sarlet, que "...a previsão no texto constitucional acaba por ser imprescindível, muito embora por si só não tenha o condão de assegurar o devido respeito e proteção à dignidade" (Sarlet, 2002, p.26). Observemos que, de fato, o legislador constitucional estabeleceu, logo no inciso III do artigo 1º que a dignidade da pessoa humana é um dos fundamentos da República Federativa do Brasil. Deve, portanto, ser observada.

---

4   O Conceito de Dignidade Humana: Substrato Axiológico e Conteúdo Normativo, p. 116-117. Aqui, cabíveis as palavras de Ingo Wolfgang Sarlet: "Inicialmente, cumpre salientar – retomando a idéia nuclear que já se fazia presente até mesmo no pensamento clássico – que a dignidade como qualidade intrínseca da pessoa humana, é irrenunciável e inalienável, constituindo elemento que qualifica o ser humano como tal e dele não pode ser destacado, de tal sorte que não se pode cogitar na possibilidade de determinada pessoa ser titular de uma pretensão a que lhe seja concedida a dignidade. Esta, portanto, como qualidade integrante e irrenunciável da própria condição humana, pode (e deve) ser reconhecida, respeitada, promovida e protegida, não podendo, contudo no sentido ora empregado) ser criada, concedida ou retirada, já que existe em cada ser humano como algo que lhe é inerente. Ainda nesta linha de entendimento, houve até mesmo quem afirmasse que a dignidade representa 'o valor absoluto de cada ser humano, que, não sendo indispensável, é insubstituível', o que, como se verá mais adiante, não afasta a possibilidade de uma abordagem de cunho crítico e não inviabiliza, ao menos não por si só, eventual relativização da dignidade, notadamente na sua condição jurídico-normativa e em alguma de suas facetas. Assim, vale lembrar que a dignidade evidentemente não existe apenas onde é reconhecida pelo Direito e na medida que este a reconhece, já que constitui dado prévio, não esquecendo, todavia, que o Direito poderá exercer papel crucial na sua proteção e promoção, não sendo, portanto, completamente sem razão que se sustentou até mesmo a desnecessidade de uma definição jurídica da dignidade da pessoa humana, na medida em que, em última análise, se cuida do valor próprio, da natureza do ser humano como tal. No entanto, quando se cuida de aferir a existência de ofensas à dignidade, não há como prescindir – na esteira do que leciona González Pérez – de uma clarificação quanto ao que se entende por dignidade da pessoa, justamente para que se possa constatar e, o que é mais importante, coibir eventuais violações. Em verdade, como nos lembra o mesmo autor, a dignidade é tida como intangível pelo fato de que assim foi decidido, na medida e no sentido em que se decidiu, o que demonstra como se pode chegar a resultados tão díspares e até mesmo conflitantes entre si, na aplicação concreta da noção de dignidade da pessoa" – Dignidade da pessoa humana e direitos fundamentais na Constituição Federal de 1988, p. 41-43.

Adverte Maria Celina Bodin de Moraes que um dos corolários da dignidade humana, ao lado da liberdade e da solidariedade, é a igualdade[5]. Para ela, "O fundamento jurídico da dignidade humana manifesta-se, em primeiro lugar, no princípio da igualdade, isto é, no direito de não receber qualquer tratamento discriminatório, no direito de ter direitos iguais aos de todos os demais". Entretanto, é importante frisar que a primeira forma de igualdade surgida – a igualdade formal, de acordo com a qual todos são iguais perante a lei – "...era insuficiente para atingir o fim desejado, isto é, não privilegiar nem discriminar, uma vez que as pessoas não detêm idênticas condições sociais, econômicas ou psicológicas". Em razão disso, desenvolveu-se a noção de igualdade substancial, de acordo com a qual é necessário "...tratar as pessoas, quando desiguais, em conformidade com a sua desigualdade..." (Moraes, 2003, p.119-125). Antônio Junqueira de Azevedo também aponta a igualdade como consequência do princípio da dignidade humana[6].

A própria Maria Celina Bodin de Moraes reconhece, entretanto, que "Os problemas surgem, porém, no momento em que se tenta responder à questão sobre quem é igual e quem é diferente" (Moraes, 2003, p.119-125).

Buscamos, aqui, responder a essa indagação, especificamente em matéria tributária. Em matéria tributária, qual critério é utilizado para identificar os iguais e desigualar os diferentes ? Lembremos que Cass Sunstein e Stephen Holmes em "The Cost of Rights: Why Liberty Dependes on Taxes", defendem a ideia de que os direitos possuem um

---

5   Maria Celina Bodin de Moraes entende que a "...liberdade individual se consubstancia, hije, numa perspectiva de privacidade, de intimidade, de livre exercício da vida privada. Liberdade significa, cada vez mais, poder realizar, sem interferências de qualquer gênero, as próprias escolhas individuais, mais, o próprio projeto de vida, exercendo-o como melhor convier" – O Conceito de Dignidade Humana: Substrato Axiológico e Conteúdo Normativo, p. 138. E, entende a solidariedade como o "...conjunto de instrumentos voltados para garantir uma existência digna, comum a todos, em uma sociedade que se desenvolva como livre e justa, sem excluídos ou marginalizados" – O Conceito de Dignidade Humana: Substrato Axiológico e Conteúdo Normativo, p. 142.

6   Diz ele: "Grosso modo, o pressuposto e as conseqüências do princípio da dignidade (art. 1º, III, da CR) estão expressos pelos cinco substantivos correspondentes aos bens jurídicos tutelados no caput do art. 5º da CR; são eles: vida (é o pressuposto), segurança (1ª conseqüência), propriedade (2ª conseqüência) e liberdade e igualdade (3ª conseqüência), sendo o pressuposto absoluto e as conseqüências, 'quase absolutas'. [...] c) Direito à igualdade. Antes de mais nada, cabe aqui a condenação de todo e qualquer ato discriminatório, que quebre a igualdade profunda dos seres humanos – tema sobre o qual não nos estenderemos, tendo em vista a abundante literatura a respeito" (sic) – A caracterização jurídica da dignidade da pessoa humana, p. 20-12.

custo e, por isso, a salvaguarda deles – dos direitos – dependem da tributação[7]. Por isso é tão importante identificar qual parcela de responsabilidade cabe a cada um dos contribuintes[8].

Passemos, então, à análise do Princípio da Igualdade em matéria tributária.

PRINCÍPIO DA IGUALDADE

Maurício Dalri Timm do Valle (2017), apoiando-se nas preciosas lições de José Roberto Vieira, lembra que o Princípio da Igualdade integra, "...sem chance de contestação...", o Estatuto do Contribuinte (Vieira, 2012, p.173). Ao examinar o caput do artigo 5o da Constituição Federal, José Roberto Vieira afirma que o "Todos são iguais perante a lei, sem distinção de qualquer natureza...", é mandamento que "...não se limita a igualar os indivíduos em face das leis...", estabelecendo, também, a "...igualdade na lei" (Vieira, 1990, p.97).

O art. 5º, caput, da Constituição Federal prescreve que "Todos são iguais perante a lei, sem distinção de qualquer natureza, garantindo-se aos brasileiros e aos estrangeiros residentes no País a inviolabilidade do direito à vida, à liberdade, à igualdade, à segurança e à propriedade ...". A igualdade é, na visão de Victor Uckmar, um dos "... imperativos categóricos contenidos en casi todas las Cartas Magnas" (Uckmar, 2008, p.195). É, ao mesmo tempo, garantia e direito fundamental instrumental, como ressalta José Roberto Vieira, ao tratar da "...dupla face ..." da

---

7   Utilizamos, aqui, a versão espanhola – El costo de los derechos: Por qué la libertad depende de los impuestos. Buenos Aires: Siglo Veituno Editores, 2011. Na apresentação do livro, Roberto Gargarella sintetiza bem o principal argumento dos autores. Diz ele: "El libro de Sunstein y Holmes sostiene un argumento en extremo relevante para los debates de la actualidad: todos nuestros derechos dependen de los impuestos recaudados por el gobierno. Eso significa que no es posible pedir, al mismo tiempo, que la política reduzca los impuestos y dé garantía plena a nuestros derechos. La libertad de expresión, la seguridad social, el debido proceso, el voto son algunos de los derechos que más valoramos, y no son gratuitos, sino que cuestan dinero. Es decir que requieren la permanente inversión estatal. Sin embargo, las batallas electorales de nuestro tiempo se encuentran inundadas de reclamos que exigen una rebaja en los impuestos y demandan, a la vez, protecciones básicas en materia de derechos. Más allá de su enorme importancia política, la tesis que defienden Sunstein y Holmes es significativa porque nos ayuda a salir al cruce de al menos dos afirmaciones habituales. Por un lado, aquella según la cual algunos derechos básicos –como a la libertad de expresión o la libertad de cultos– resultan satisfechos con la mera inacción estatal. Para asegurar su vigencia, en efecto, bastaría con atarle las manos al Estado –que no persiga, ni censure, ni reprima–. Esta interesada afirmación, sin embargo, ignora el modo en que todas nuestras libertades dependen del activismo estatal, de su intervención permanente: necesitamos, en todos los casos, que existan tribunales abiertos y efectivos, una policía funcionando, mecanismos de controles vigentes, sin lo cual aquellas libertades resultarían constantemente amenazadas. Dicho de otro modo: la oposición entre mercado libre e intervencionismo estatal está erróneamente fundada, ya que el Estado interviene siempre. Lo que importa es decidir qué intervenciones son apropiadas y justificadas, y cuáles no lo son".

8   Recomendamos, fortemente, a leitura do capítulo 5 do Praticabilidade tributária: eficiência, segurança jurídica e igualdade, de Carlos Renato Cunha.

igualdade tributária (Vieira, 2012, p.175). Mas essa igualdade não se restringe à igualdade formal, na qual todos são tratados de forma igual, sem se atentar para as especificidades de cada um. A igualdade de que se trata não é aquela relativa à aplicação do direito, que se dá de forma indiscriminada para todos. Se assim fosse, haveria uma igualdade meramente formal que desaguaria, inevitavelmente, em desigualdade material.

É necessário que haja igualdade não apenas perante a lei, mas na lei, ou seja, na criação do direito. Na visão de José Joaquim Gomes Canotinho, essa ideia está diretamente ligada ao alcance da igualdade material, por meio da lei.

Insatisfeito e tomando tais lições apenas como o ponto de partida, Celso Antônio Bandeira de Mello avançou, aprofundando o estudo sobre o princípio que Geraldo Ataliba denominou de "... pedra básica de todos os institutos jurídicos" (Mello, 2004, p.11; Ataliba, 1969, p.93). Partiu do questionamento "o que permite radicalizar alguns sob a rubrica de iguais e outros sob a rubrica de desiguais?", com o escopo de identificar quais são as desequiparações juridicamente permitidas, na medida em que é evidente que as pessoas são diferentes e que, justamente por isso, deve o direito tratá-las também dessa maneira. As normas discriminam situações de forma a estabelecer regimes jurídicos próprios para pessoas em diferentes situações (Mello, 2004, p.12-13). Mas essa função não é livre. Antes disso, é cercada por limites, os quais procurou, Celso Antônio Bandeira de Mello, desvendar. Ele inicia, desmistificando a ideia de que alguns fatores – como cor da pele, sexo ou religião – não podem ser tomados como critérios para o estabelecimento da discriminação normativa. E o faz citando convincentes exemplos. Assim, conclui que "... qualquer elemento residente nas coisas, pessoas ou situações,pode ser escolhido pela lei como fator discriminatório ...", pois não é neles que estará eventual mácula ao Princípio da Igualdade. Haverá desrespeito ao Princípio da Isonomia se inexistir vínculo entre o "elemento" ou "fator de discriminação" eleito e a diferença de tratamento dele decorrente, e, por fim, se esse vínculo for incompatível com os valores constitucionais (Mello, 2004, p.15-18).

Celso Antônio Bandeira de Mello estabelece três fatores que se devem considerar por ocasião da tentativa de identificação do que ele chama de quebra da isonomia. O primeiro refere-se ao "... fator de discrímen..." (elemento de desigualação). O segundo diz com a "... correlação lógica abstrata ..." entre o fator de discrímen e a diferença de tratamento estabelecida. E, por fim, o terceiro alude à necessidade de conformidade entre a correlação lógica e os valores ou interesses constitucionais, ou seja, se, "in concreto", afina-se, a discriminação procedida, com as diretrizes constantes do Texto Constitucional[9] (Mello, 2004, p.21-22). Atentemos mais detidamente para cada uma das questões.

Por ocasião da escolha do "fator de discrímen", não pode ele ser específico a tal ponto que individualize definitivamente o sujeito que será alcançado pela norma. E isso ocorre no momento político, pré-jurídico,

---

9   É necessário, ainda, fazer menção às reflexões de Humberto Ávila – Teoria da igualdade tributária, p. 63-73, retomadas por José Roberto Vieira, ao afirmar que "Ávila prefere aludir, aqui, adequadamente, à compatibilidade com a finalidade – e da consonância entre essa correlação e os valores constitucionais" – A extrafiscalidade da Lei 12.715/2012 e a capacidade contributiva: a convivência do lobo e do cordeiro? In Revista de direito tributário, v. 118, p. 23.

portanto, de elaboração dos enunciados prescritivos dos quais emergirão as normas. Se eles abrirem margem a hipóteses de incidência irrepetíveis, ou, para utilizarmos os termos do autor, "... insuscetíveis de se reproduzir..." ou "... materialmente inviáveis...", o Princípio da Isonomia cai por terra. A inviabilidade de repetição ou reprodução da hipótese de incidência poderá ser "lógica", quando a hipótese descrever "... situação atual irreproduzível por força da própria abrangência racional do enunciado", como nos casos da concessão de incentivos fiscais àqueles que, em período pretérito, ostentavam determinada característica e fosse de conhecimento geral que apenas uma pessoa se enquadrava nos contornos estabelecidos pela hipótese; ou "material", nos casos em que, sendo possível a repetição da hipótese, a situação por ela descrita é de tal maneira particularizante que outras pessoas, que não uma em particular, nela não se enquadrarão, ocorrendo o que o autor denomina de "singularização atual absoluta do destinatário" (Mello, 2004, p.24-25).

Parece-nos que haverá mácula ao Princípio da Isonomia se a hipótese da norma descrever um fato abstrato individualizado ou, mesmo com ares de generalidade, que, ao conceito da norma, apenas se subsuma o conceito de um fato, entendendo-se esse fato, literalmente, como uma única situação concreta, ensejando favoritismos ou perseguições. Melhor explicando: se o conceito da hipótese de incidência possibilitar uma única subsunção do conceito do fato, afastando possíveis futuras subsunções do conceito de outros fatos, haverá afronta ao Princípio da Igualdade.

Em síntese: a hipótese de incidência deve ser desenhada a ponto de permitir a conclusão de que a norma da qual faz parte é geral e abstrata, e não individual e concreta. Dessa forma, jamais ofenderão o Princípio da Igualdade as normas gerais e as normas abstratas. E poderão contrariar o Princípio da Isonomia as normas individuais e as normas concretas. As primeiras, nos casos em que singularize o sujeito de forma absoluta, e as segundas, nos casos em que, além de concreta for também individual (Mello, 2004, p.28-29).

Além disso, o elemento distintivo deve, necessariamente, estar ligado à pessoa, à coisa ou à situação objetos de discriminação, o que, desde logo, permite afirmar que fatores como "local" e "tempo", por si sós, não podem ser alçados à condição de fatores de discriminação. Eles funcionam como delimitadores de fatos ou situações que poderão ser diferençados. Mas outro argumento pode ser levantado. Se a desequiparação visa a tratar desigualmente os desiguais na medida de suas desigualdades o "tempo" não poderá ser utilizado para tal intento, pois é igual para todos (Mello, 2004, p.29-35).

É exatamente em decorrência disso que a Constituição Federal, em seu art. 151, I, veda à União "... instituir tributo que não seja uniforme em todo o território nacional ou que implique distinção ou preferência em relação a Estados, ao Distrito Federal ou a Município, em detrimento de outro...", mas admite "... a concessão de incentivos fiscais destinados a promover o equilíbrio do desenvolvimento socioeconômico entre as diferentes Regiões do País". Percebemos, portanto, que a desequiparação permitida não guarda relação com o lugar – determinada Região do País –, e sim com uma característica ligada à situação – o desenvolvimento econômico experimentado pelas diversas Regiões do País.

No que concerne à "correlação lógica entre o fator de discrímen e a desequiparação procedida", tem-se que uma norma discriminatória somente estará em conformidade com o Princípio da Igualdade se o "fator de discrímen" eleito guardar relação ou pertinência lógica com a distinção de tratamento jurídico realizada. Nas palavras de Celso Antônio Bandeira de Mello (2004, p.37-38), "... se há justificativa racional para, à vista do traço desigualador adotado, atribuir o específico tratamento jurídico construído em função da desigualdade afirmada". Com isso, afastam-se as desequiparações imotivadas. Lembremo-nos, entretanto, que essa correlação lógica poderá sofrer influência das concepções próprias de cada período histórico pelo qual passa a sociedade.

Por fim, importante frisarmos a necessária "conformidade da discriminação com os valores e interesses protegidos pela Constituição". Não poderá o legislador estabelecer desequiparações que não tenham por escopo privilegiar um bem prestigiado constitucionalmente. Se o legislador eleger um "fator de discrímen" que possua correlação lógica com a desequiparação pretendida, mas ela não esteja de acordo com os valores e interesses presentes no Código Supremo, estará em desacordo com o Princípio da Isonomia (Mello, 2004, p.41-43).

Essa nos parece ser a forma correta de interpretar o Princípio da Igualdade, previsto no caput do art. 5º do Texto Constitucional, quando prescreve que "Todos são iguais perante a lei, sem distinção de qualquer natureza ...". Tão importante o Princípio da Igualdade que o legislador constituinte resolveu explicitá-lo no campo tributário. Dentre as garantias dos contribuintes consta aquela do art. 150, II, a qual veda à União, aos Estados, ao Distrito Federal e aos Municípios

> [...] instituir tratamento desigual entre contribuintes que se encontrem em situação equivalente, proibida qualquer distinção em razão de ocupação profissional ou função por eles exercida, independentemente da denominação jurídica dos rendimentos, títulos ou direitos; [...].

Mas outro princípio constitucional é manifestação do Princípio da Igualdade em matéria tributária. Trata-se do Princípio da Capacidade Contributiva, o qual passamos a examinar[10].

---

10   Sobre a capacidade contributiva ser decorrente do princípio da igualdade: VIEIRA, José Roberto. O IRPF e o Direito Fundamental à Igualdade: Um Tributo de Dupla Personalidade !. In: Paulo Gonet Branco; Liziane Angelotti Meira; Celso de Barros Correia Neto. (Org.). Tributação e Direitos Fundamentais Conforme a Jurisprudência do STF e do STJ. São Paulo: Saraiva, 2012, p. 177-178. Do mesmo autor: A Extrafiscalidade da Lei 12.715/2012 e a Capacidade Contributiva: A Convivência do Lobo e do Cordeiro ? Revista de Direito Tributário (São Paulo), v. 118, 2013, p. 22. E, ainda, Apropriação Indébita Tributária no IPI e no ICMS: Vislumbres de um Estado "Shylock". In: BARRETO, Aires F. et al. (Org.). Direito Tributário, Linguagem e Método: As Grandes Disputas entre Jurisprudência e Dogmática na Experiência Brasileira Atual. São Paulo: Noeses, 2008, p. 510. Ver, ainda, VALLE, Maurício Dalri Timm do. Princípios constitucionais e regras-matrizes de incidência do Imposto sobre Produtos Industrializados – IPI. São Paulo: Noeses, 2016, p. 458.

PRINCÍPIO DA CAPACIDADE CONTRIBUTIVA

São dois os princípios que conduzem a um sistema tributário ideal do ponto de vista da igualdade: o Princípio da Retribuição e o Princípio da Capacidade Contributiva. O Princípio da Retribuição significa, em síntese, que os contribuintes devem contribuir na proporção dos benefícios por eles experimentados em decorrência dos gastos realizados pelo Estado[11].

Observemos as palavras de Maurício Dalri Timm do Valle (2017, p.308), apoiado nas lições de José Roberto Vieira:

> O Princípio da Capacidade Contributiva, hoje expressamente previsto no artigo 145, § 1o, da Constituição Federal, poderia continuar implícito. Isso porque, inegavelmente, como afirma José Roberto Vieira, é "...corolário do Princípio da Igualdade em matéria tributária" (2012, p. 177-178, grifo do autor). Lembremos que "...o fundamento da Capacidade Contributiva se encontra no Princípio da Igualdade" (2013a, p. 22). Ou, ainda, que o "...Princípio da Igualdade [...] se exprime, em matéria tributária, pelo dever de pagar os tributos conforme a Capacidade Contributiva de cada um..." (2008a, p. 510, grifo do autor). Alguns poderiam criticar o conteúdo do mencionado § 1o, em razão da expressão "capacidade econômica", nele contida. As críticas não procedem, entretanto; lembremos, como José Roberto Vieira, que "...a expressão inteira – 'capacidade econômica do contribuinte' – afasta as equivocidades, desde que indica, nitidamente, aquele cuja riqueza disponível é qualificada, tornando-o apto à sujeição passiva de uma obrigação tributária, na condição de 'contribuinte'" (2012, p. 180).

O Princípio da Capacidade Contributiva decorre do Princípio da Igualdade. É ele o "fator de discrímen", a que alude Celso Antônio Bandeira de Mello, para tratar os desiguais de forma desigual e, assim, alcançar a igualdade material[12] (COSTA, 2003, p.40; CONTI, 1997, p.26-27; TIPKE e YAMASHITA, 2002, p.28). Prescindível, portanto, sua explicitação no Texto Constitucional. Entretanto, houve por bem o legislador constituinte enunciá-lo no art. 145, § 1º.

---

11   Sobre o Princípio Retributivo, vide José Maurício Conti, Princípios tributários da capacidade contributiva e da progressividade, p. 14-16. Semelhantes as considerações de Klaus Tipke e Douglas Yamashita ao tratar do Princípio da Equivalência – Justiça fiscal e princípio da capacidade contributiva, p. 29.

12   Sobre ser decorrência do Princípio da Isonomia, vide Henry Tilbery, O conceito de essencialidade como critério de tributação, Direito tributário atual, v. 10, p. 3016-3019 e 3029; Victor Uckmar, Princípios comuns de direito constitucional tributário, p. 78 e ss.

> *§ 1º. Sempre que possível, os impostos terão caráter pessoal e serão graduados segundo a capacidade econômica do contribuinte, facultado à administração tributária, especialmente para conferir efetividade a esses objetivos, identificar, respeitados os direitos individuais e nos termos da lei, o patrimônio, os rendimentos e as atividades econômicas do contribuinte.*

Em outra oportunidade escrevemos que alguns poderiam criticar o conteúdo do mencionado §1º, em razão da expressão "capacidade econômica", nele contida[13]. As críticas não procedem, entretanto, lembremos, como José Roberto Vieira, que "...a expressão inteira – 'capacidade econômica do contribuinte' – afasta as equivocidades desde que indica, nitidamente, aquele cuja riqueza disponível é qualificada, tornando-o apto à sujeição passiva de uma obrigação tributária, na condição de 'contribuinte'" (VIEIRA, 2012, p.180).

Mas o que se deve entender por Capacidade Contributiva? É bem verdade que a expressão é vaga, como ressalta Regina Helena Costa ou, ambígua, como afirmou Alfredo Augusto Becker, e ainda, indeterminada. Mas, apesar de indeterminada, é determinável (COSTA, 2003, p.23; BECKER, 2007, p.511; TIPKE e YAMASHITA, 2002, p.31-32). Apesar de sua "inerente indeterminabilidade", para alcançarmos uma "noção razoável" do Princípio da Capacidade Contributiva – alerta José Roberto Vieira – não é necessário "... acompanhar toda a [sua] evolução histórico-conceptual..."[14] (VIEIRA, 2012, p.179-180). Nos diversos planos, a capacidade contributiva revela diferentes significados. No plano jurídico-positivo, significa que o sujeito é detentor de direitos e deveres decorrentes da legislação tributária, que é quem definirá o seu sentido e o seu alcance. No plano ético-econômico, refere-se à "... aptidão econômica do sujeito para suportar ou ser destinatário ..." do ônus tributário, a depender do volume de recursos à disposição do sujeito para fazer frente ao gravame e à carência que deles tem. E, por fim, no plano técnico-econômico, guarda relação com "... todos os princípios, regras, procedimentos e categorias relativos à operatividade e eficácia arrecadatória dos impostos" (Costa, 2003, p.26).

Geraldo Ataliba defende que o Princípio da Capacidade Contributiva é uma diretriz dirigida ao legislador e conceitua-a como "... a possibilidade normal que cada um tem de contribuir, mediante impostos, para as necessidades financeiras do estado, sem prejuízo de suas necessidades (e de sua família) de subsistência e expansão pessoal e social", no que é acompanhado por José Maurício Conti (Ataliba, 1969, p.94; Conti, 1997. p.29).

---

13   Um pouco do que nos ensinou o Professor José Roberto Vieira: uma humilde homenagem a um grande exemplo. Ensaios em homenagem ao Professor José Roberto Vieira: ao mestre e amigo, com carinho.... São Paulo: Noeses, 2017, p. 89-90. Um pouco do que nos ensinou o Professor José Roberto Vieira: uma humilde homenagem a um grande exemplo. Ensaios em homenagem ao Professor José Roberto Vieira: ao mestre e amigo, com carinho.... São Paulo: Noeses, 2017, p. 89-90.

14   Esclarecemos entre os colchetes.

Pode ser encarada a partir de dois prismas: o estrutural e o funcional. O primeiro relaciona-se com a possibilidade de suportar o pagamento de determinado tributo. O segundo permite a identificação, dentre todos os indivíduos, daqueles que são os iguais e quem são os desiguais, a fim de possibilitar a aplicação do Princípio da Igualdade (Conti, 1997, p.33).

De qualquer forma, encerra a ideia de que somente fatos reveladores de riqueza poderão ser eleitos como hipóteses de incidência tributária. Mas não todos os fatos signo-presuntivos de riqueza serão tributados. Essa seria uma das constrições jurídicas que o conceito de Capacidade Contributiva teria sofrido, por ocasião de sua juridicização, à qual alude Alfredo Augusto Becker. Como bem lembra Regina Helena Costa, a eleição dos fatos que serão gravados é uma decisão política (Becker, 2007, p. 526-527; Costa, 2003, p.29). Esses signos presuntivos de riqueza poderão ser diretos – posse, propriedade ou renda – ou indiretos, quais sejam, a circulação e o consumo de produtos, mercadorias ou serviços (Costa, 2003, p.29).

É preciso ressaltar que, apesar de existir, na prescrição do art. 145, §1º, da Constituição Federal, a expressão "sempre que possível", sua presença é desnecessária e problemática. É desnecessária, na medida em que, como ensina Paulo de Barros Carvalho, o legislador somente pode atuar no campo do possível, sendo esse "... pressuposto inafastável do próprio sentido jurídico-deôntico", como dissemos por ocasião da análise do consequente normativo (Carvalho, 2015, p.33). A expressão é problemática porque abre margem à interpretação de que há casos em que a observância do Princípio da Capacidade Contributiva é desnecessária, no escólio confiável de Regina Helena Costa e de José Maurício Conti (Costa, 2003, .91; Conti, 1997, p.46 e 65)[15].

Como veremos, a capacidade contributiva é aplicável a todos os tributos.

CAPACIDADE CONTRIBUTIVA ABSOLUTA OU OBJETIVA, RELATIVA E SUBJETIVA

A doutrina afirma serem três os critérios aptos a mensurar a capacidade contributiva: renda auferida, renda despendida (consumo) e renda acumulada (patrimônio; Conti, 1997, p.41-43). Além disso, costuma-se afirmar que

---

15   Smith Robert Barreni realiza, ainda, outra crítica, a partir do que ele chama de "impropriedades": "... em segundo lugar, da forma como se apresenta, a expressão parece albergar tanto a questão do caráter pessoal dos impostos como a própria capacidade contributiva, quando, em verdade, diz respeito apenas e tão somente ao caráter pessoal dos tributos não vinculados [...] Dizer que determinado imposto possui caráter pessoal significa afirmar que, pela sua própria natureza, é possível que se leve em conta as situações econômicas particulares do sujeito que arcará com o ônus tributário. [...] Contudo, nem todos os impostos possuem caráter pessoal. Há exações que, por sua própria natureza, não permitem a identificação do sujeito que arcará com o ônus tributário, como é o caso, por exemplo, do IPI e do ICMS, impostos ditos indiretos. De fato, nestes impostos, onde se verifica a repercussão econômica do tributo para o consumir final do produto (IPI) ou mercadoria (ICMS), não há que se falar em pessoalidade, pois o legislador tributário jamais saberá, exatamente, as condições econômicas individuais dos sujeitos que irão adquirir bens tributados pelos impostos em questão" – Princípio da proibição aos efeitos de confisco no direito tributário brasileiro, p. 184-184.

a capacidade contributiva se manifesta de diversas formas: "absoluta" ou "objetiva", "relativa" e "subjetiva". Em todas haverá fatos reveladores, seja direta ou indiretamente, de riqueza[16].

Por capacidade absoluta ou objetiva, têm se a determinação de que a hipótese de incidência do tributo deve conter previsão que indique uma manifestação de riqueza. Um de nós identificou, em outra oportunidade, a capacidade contributiva absoluta ou objetiva como "...aquela que se identifica no momento da eleição do fato que será abstratamente descrito na hipótese de incidência tributária. Nesse momento, não se cogitará de qualquer característica subjetiva, ou seja, relacionada ao sujeito que realizará o fato. Importará tão somente a manifestação objetivamente considerada do fato (Valle, 2016, p.462). A capacidade contributiva absoluta funciona como um limitador à atividade de escolha dos fatos tributáveis que comporão as hipóteses de incidência dos tributos, na medida em que somente aqueles que sejam reveladores de riqueza poderão ser pelo legislador utilizados (Costa, 2003, p.28). Geralmente, é essa espécie de capacidade contributiva que tem em mente, o legislador, no momento político de eleger os fatos tributáveis pelos impostos e o desenho de suas hipóteses de incidência. Ao tratar dessa manifestação da capacidade contributiva, Aires Fernandino Barreto afirma que "Ter capacidade contributiva significa, assim, que o ato-fato, fato, ou estado de fato conectado ao contribuinte é revelador de conteúdo econômico, ontologicamente considerado, sem perquirições de natureza subjetiva" (Barreto, 1998, p.28).

Não é diverso o entender de Paulo de Barros Carvalho, para quem essa manifestação da capacidade contributiva "... retrata a eleição, pela autoridade legislativa competente, de fatos que ostentem signos de riqueza" (Carvalho, 2016, p.182). Regina Helena Costa (2003, p.27) trilha o mesmo caminho, ao afirmar:

> *Fala-se em capacidade contributiva absoluta ou objetiva quando se está diante de um fato que se constitua numa manifestação de riqueza; refere-se o termo, nessa acepção, à atividade de eleição, pelo legislador, de eventos que demonstrem aptidão para concorrer às despesas públicas. Tais eventos, assim escolhidos, apontam para a existência de um sujeito passivo em potencial.*

Lembremos com Maurício Dalri Timm do Valle que as "...capacidades contributivas, relativa e subjetiva, por outro lado, referem-se diretamente à figura do sujeito individualmente considerado. Analisa-se sua capacidade "in concreto" para contribuir para a manutenção do Estado por meio dos impostos" (Valle, 2016, p.463). A primeira

---

16   Afirma Aires Fernandino Barreto: "Todos os signos de riqueza têm um valor. O que a lei faz é colher esse valor, que está sempre embutido no núcleo, de forma subjetiva ou objetiva. Em resumo, ou as hipóteses expressam signos presuntivos de riqueza e terão uma dimensão ou não têm dimensão e não são dignos de riqueza, vale dizer, não expressam capacidade contributiva. há signos de riqueza quando o núcleo é valorável, isto é, tem um certo valor. Mesmo quando se erige o peso, a altura, o comprimento, a capacidade, o volume e assim por diante, obliquamente se terá escolhido o valor como núcleo. Tanto é assim que, nesses casos, à unidade de medida se correlaciona, obrigatoriamente, um valor já expresso em moeda (alíquota)..." – Base de cálculo, alíquota e princípios constitucionais, p. 30.

delas é aquela a qual faz referência Paulo de Barros Carvalho. Segundo ele, trata-se da "... repartição da persecussão tributária, de tal modo que os participantes do acontecimento contribuam de acordo com o tamanho econômico do evento" (Carvalho, 2016, p.182). A capacidade contributiva relativa, por sua vez, na visão de Maurício Dalri Timm do Valle, diz respeito à correspondência da base de cálculo com o fato tributado (Valle, 2016, p.463).

A segunda delas é a mencionada por Regina Helena Costa (2003, p.27), para quem,

> *...a capacidade contributiva relativa ou subjetiva – como a própria designação indica – reporta-se a um sujeito individualmente considerado. Expressa aquela aptidão de contribuir na medida das possibilidades econômicas de determinada pessoa. Nesse plano, presente a capacidade contributiva in concreto, aquele potencial sujeito passivo torna-se efetivo – apto, pois, a absorver o impacto tributário.*

Observe-se que a posição de Regina Helena Costa diverge da posição de Paulo de Barros Carvalho. Aqui, tem lugar a possibilidade econômica do próprio sujeito passivo, e não a correspondência da base de cálculo com o fato tributável. Essa segunda espécie de capacidade contributiva, por ser identificada caso a caso, é privilegiada pelo legislador por meio da concessão de isenções, por exemplo. Encontramos boa síntese da distinção em José Roberto Vieira (2016, p.XXXVI):

> *Também é o que acontece no subitem 4.5.1.2, quando. ao estudar a classificação da capacidade contributiva em absoluta ou objetiva, de um lado, e em relativa "e" subjetiva, do outro, o autor acompanha nossa interpretação, no sentido de que, se os adjetivos "absoluta" e "objetiva" são equivalentes, tal sinonímia não se verifica entre os adjetivos "relativa" e "subjetiva", que têm, cada um deles, sentidos próprios e inconfundíveis. Quando se estabelece o tributo, adequando o seu "quantum" ao porte econômico do fato jurídico tributário, está-se atendendo à capacidade contributiva relativa; e quando se promove a adequação do tributo às circunstâncias pessoais do sujeito passivo, atenta-se para a capacidade contributiva subjetiva.*

Importante é fixar a premissa de que nos impostos, regra geral, a capacidade contributiva predominante é a objetiva.

CAPACIDADES ECONÔMICA, CONTRIBUTIVA E FINANCEIRA

Este é o momento adequado para realizarmos a distinção entre capacidade econômica, capacidade contributiva e capacidade financeira.

Diz-se que o sujeito possui capacidade econômica quando é apto a obter riqueza. Se essa riqueza for superior ao valor necessário para fazer frente às despesas relativas à manutenção do mínimo vital e, ainda, se houver relação jurídica tributária entre ele e o Estado, o sujeito passa a demonstrar capacidade contributiva. Por esse motivo chamam-na de "capacidade econômica específica". A capacidade financeira, por sua vez, está diretamente ligada com a ideia de liquidez. Ostentará capacidade financeira aquele que possuir recursos suficientes para saldar as obrigações no tempo e na forma assumidas (Conti, 1997, p.34-35). Percebemos, portanto, que está com a razão Aires Fernandino Barreto (1998, p.27-28), ao afirmar que a capacidade contributiva não é demonstração de disponibilidade financeira.

Convém examinarmos os limites impostos à capacidade contributiva.

LIMITES À CAPACIDADE CONTRIBUTIVA

Como visto, a capacidade contributiva não atinge toda e qualquer manifestação de riqueza. Não será tributada toda e qualquer renda ou o consumo de todo e qualquer produto. A pretensão arrecadatória do Estado encontra limites estabelecidos na própria Constituição. Diante isso, é de se questionar entre quais faixas está compreendida a capacidade contributiva.

Regina Helena Costa (2003, p.30-31) abre a trilha, afirmando que a Capacidade Contributiva atuará como "... limite da tributação, permitindo a manutenção do 'mínimo vital' e obstando que a progressividade tributária atinja níveis de confisco ...", posicionamento compartilhado por José Maurício Conti (1997, p.53). A Capacidade Contributiva está localizada, portanto, na faixa compreendida entre o chamado "mínimo vital" – que é o seu limite inferior – e o "confisco" (art. 150, IV, da CF/88), que a confina no que se refere ao limite superior.

Apesar de a Constituição Federal não dispor de maneira expressa o que entende por mínimo vital ou, ainda, mínimo indispensável, uma interpretação sistemática de seus dispositivos permitirá identificar seus contornos. Observe-se, como o faz Luiz Felipe Silveira Difini (2007, p.136), que é objetivo fundamental da República "erradicar a pobreza", de acordo com a prescrição do art. 3º, III, da Constituição Federal. Segundo Geraldo Ataliba "... o estado democrático e de direito deve evitar que a tributação atinja os recursos necessários para que cada qual se sustente e à sua família, e atenda às suas necessidades essenciais de subsistência e de expansão do desenvolvimento, pessoal e social ..." (Ataliba, 1969, p.92-93).

Deve-se entender como mínimo vital aquele conjunto de bens materiais e imateriais que são indispensáveis para a manutenção da vida digna dos cidadãos. Como bem dizem Klaus Tipke e Douglas Yamashita o mínimo vital é "... parte da dignidade humana..." (Tipke & Yamashita; 2002, p.30). De acordo com Marcelo Saldanha Rohenkohl

(2007, p.89), o chamado por ele de "princípio do mínimo vital tributário" impõe ao Estado que se abstenha de tributar "... tudo que concorra para a fruição de uma vida que possa ser qualificada como digna".

A Constituição Federal direciona o intérprete na tarefa de revelar o conteúdo do "mínimo vital" quando prescreve, em seu art. 7º, IV:

> *Art. 7º São direitos dos trabalhadores urbanos e rurais, além de outros que visem à melhoria de sua condição social:*
>
> *[...]*
>
> *IV – salário mínimo, fixado em lei, nacionalmente unificado, capaz de atender a suas necessidades vitais básicas e às de sua família com moradia, alimentação, educação, saúde, lazer, vestuário, higiene, transporte e previdência social, com reajustes periódicos que lhe preservem o poder aquisitivo, sendo vedada sua vinculação para qualquer fim; [...].*

O mencionado artigo, ao dispor sobre o salário-mínimo, estabelece quais necessidades são consideradas básicas. Alfredo Augusto Becker (2007, p.528), ao discorrer sobre o mínimo indispensável, menciona dele fazerem parte o salário-mínimo e os bens indispensáveis à sobrevivência. Este foi também o caminho percorrido por Regina Helena Costa (2003, p.101) e Fábio Brun Goldschmidt (2003, p.170-172).

Essa seria uma constrição jurídica que teria sofrido a capacidade contributiva. A de que somente a renda ou o capital acima do mínimo indispensável poderão ser tributados (Becker, 2007, p.528). Dessa forma, numa interpretação sistemática do Texto Constitucional, é possível concluirmos que as necessidades básicas dispostas no inciso IV do art. 7º da Constituição Federal integram o chamado "mínimo vital", estando, ou pelo menos devendo estar, a salvo da tributação, pois, como bem ressaltam Klaus Tipkee Douglas Yamashita (2002, p.34), "Enquanto a renda não ultrapassa o mínimo existencial, não há capacidade contributiva".

Em que pese ser mais comum ligar-se o mínimo vital e a capacidade contributiva às pessoas físicas, ambas também são características das pessoas jurídicas, as quais possuem também um mínimo indispensável para a manutenção de suas atividades. Essa a conclusão alcançada por Marcelo Saldanha Rohenkohl (2007, p.94-95), segundo o qual, a vedação ao Estado de tributar o mínimo indispensável das pessoas jurídicas está intimamente ligada não com os dispositivos que garantem a intributabilidade do mínimo vital das pessoas físicas, mas sim com outros enunciados, tais como o art. art. 170 da Constituição Federal, que estabelece a livre iniciativa. No mesmo sentido é o pensar de Regina Helena Costa (2003, p.62-63) e de Klaus Tipke e Douglas Yamashita (2002, p.35).

Examinado o limite inferior, passamos à análise do limite superior, qual seja, o confisco. A proibição da utilização de tributos com efeito confiscatório é estabelecida pelo art. 150, IV, da Constituição Federal:

Art. 150. Sem prejuízo de outras garantias asseguradas ao contribuinte, é vedado à União, aos Estados, ao Distrito Federal e aos Municípios:

[...]

IV – utilizar tributo com efeito de confisco; [...].

A ideia de proibição do confisco está atrelada à defesa do direito de propriedade. Lembremo-nos dos ensinamentos de Regina Helena Costa (2003, p.79 e 94), de acordo com a qual, o confisco "... é a absorção total ou substancial da propriedade privada pelo Poder Público, sem a correspondente indenização". Entretanto, a autora faz menção apenas à capacidade relativa ou subjetiva, dizendo que o tributo será confiscatório quando a exceder[17]. Klaus Tipke e Douglas Yamashita (2002, p. 46) consideram que ocorre confisco quando o tributo "... consome completa ou quase completamente o rendimento de capital ..." ou quando "... torna não rentável uma empresa, ou a leva à paralisia".

Em razão disso, parece-nos que está com a razão Smith Robert Barreni (2012, p. 305-306) que, ao dedicar obra específica ao tema, concluiu:

A norma que proíbe a tributação com efeitos de confisco não deve ser analisada exclusivamente em relação ao tributo isolado, mas, também, com vistas ao sistema tributário global. Do contrário, estar-se-ia suprimindo, indevidamente, uma garantia fundamental do sujeito passivo, de suportar uma carga tributária global em conformidade com sua capacidade contributiva.

Captada a ideia de confisco, cumpre analisar a imperatividade de sua observância quando se estiver a tratar dos impostos chamados "indiretos". Chamam-se indiretos os impostos que comportam a transferência do encargo financeiro a terceiro que não o contribuinte. Geralmente, verifica-se tal característica nos impostos incidentes sobre o consumo – a exemplo do IPI, do ICMS e do ISS – nos quais o valor do tributo é repassado para o consumidor, embutido no preço da operação com o produto, com a mercadoria ou de prestação do serviço, respectivamente.

Nessa espécie de impostos, a doutrina criou a figura do "contribuinte de direito" e do "contribuinte de fato" ou, ainda, "contribuinte sui generis" como querem Klaus Tipke e Douglas Yamashita (2002, p.107). O primeiro é aquele eleito como sujeito passivo pela lei. O segundo é quem efetivamente arca com o ônus financeiro do tributo.

---

17   No mesmo sentido: Conti, 1997, p.55.

Não há dúvida de que a classificação nada tem de jurídica, na medida em que escolhe um fator metajurídico como elemento distintivo. Entretanto, o legislador tornou-a jurídica no momento em que desenhou os contornos do art. 166 do CTN.

> Art. 166. A restituição de tributos que comportem, por sua natureza, transferência do respectivo encargo financeiro somente será feita a quem prove haver assumido referido encargo, ou, no caso de tê-lo transferido a terceiro, estar por este expressamente autorizado a recebê-la.

Eis aí a introdução, no direito positivo, de classificação econômica, que de jurídica nada tinha, na medida em que o contribuinte de fato, juridicamente, contribuinte não é. Não paga imposto, mas sim o preço da operação com o produto, com a mercadoria ou da prestação do serviço[18].

Vencida a apresentação da característica dos impostos indiretos, cumpre analisarmos se lhes é aplicável a proibição de possuírem caráter confiscatório. A respeito do assunto formaram-se três correntes: a primeira, que defende a inaplicabilidade da proibição do efeito confiscatório aos impostos indiretos. São partidários desse entendimento Aires Fernandino Barreto e Paulo Cesar Baria de Castilho. O primeiro separa a interpretação do Princípio do Não Confisco entre os tributos vinculados e não vinculados, e separa a análise em relação àqueles que incidem sobre a propriedade e a renda daqueles que incidem sobre o comércio, como o IPI e o ICMS, por exemplo. Defende que

> ...é admissível, consoante a natureza do imposto, até a estipulação de fator (alíquota) superior a 100%. É que nesses casos, a medida do confisco já não há mais de ser buscada, tendo por núcleo a coisa objeto da tributação, mas o patrimônio global do contribuinte. Por isso, é irrelevante que a importação de dado veículo estrangeiro acarrete, v.g., incidência de imposto com alíquota (fator) de 400%. É a riqueza do contribuinte e não o objeto (veículo) que atua como critério de aferição.
> (Barreto, 1998, p.152)

---

18   Nesse sentido, conferir o Recurso Especial n. 903.394-Al, no qual "O 'contribuinte de fato' (in casu, distribuidora de bebida) não detém legitimidade ativa ad causam para pleitear a restituição do indébito relativo ao IPI incidente sobre os descontos incondicionais, recolhido pelo 'contribuinte de direito' (fabricante de bebida), por não integrar a relação jurídica tributária pertinente" – Superior Tribunal de Justiça, REsp nº 903.394-AL, rel. Min. Luiz Fux, disponível em: <http://www.stj.jus.br>, acesso em: 11 jul. 2016.

O segundo, por sua vez, é enfático ao afirmar que, nos casos dos chamados impostos indiretos, se for possível "... incorporá-los ao preço do produto, mercadoria ou serviço, sendo, portanto, efetivamente suportados pelo comprador da mercadoria, jamais serão confiscatórios" (Castilho, 2002, p.112). Citamos somente esses dois representantes da doutrina, a fim de explicitação do entendimento.

A segunda corrente aceita a possibilidade de tributos indiretos assumirem feição confiscatória, desde que sejam instituídos em níveis desproporcionais, a ponto de desestimular a realização da atividade. Nesse caso, a proibição do efeito confiscatório não decorreria das prescrições do art. 150, IV, da Constituição Federal, e sim em razão das prescrições dos arts. 5º, XIII, e 170, parágrafo único, ambos da Constituição Federal. Os comentários elaborados por Fábio Brun Goldschmidt (2003, p.242), nesse particular, são de grande valia, razão pela qual aqui vão transcritos:

> Não nos parecem adequadas, contudo, nenhuma dessas restrições à aplicação do princípio do não confisco. É certo que o art. 170, parágrafo único, pode ser invocado em defesa dos contribuintes que se veem diante de um tributo que realmente inviabilize o comércio ou a industrialização de determinado bem, e assim prejudique a livre iniciativa. Parece-nos, entretanto, que, sem prejuízo disso, incide o art. 150, IV, na medida em que a tributação extrapolar os limites possíveis, assumindo o caráter de pena, ao comprometer o exercício concomitante de outros direitos constitucionalmente assegurados. De mais a mais, é necessário lembrar que o próprio art. 170, em seu inciso segundo, busca fundamento para a proteção da livre iniciativa no 'princípio da propriedade privada'; ou seja, o art. 170 está estabelecido sobre as mesmas bases do art. 5º, caput e XXII (garantia genérica do direito de propriedade), e assim é elementar que, a admitir-se que o princípio do não confisco fundamenta-se na proteção da propriedade privada, deveremos admitir que ele alcança também a proteção da liberdade de iniciativa (e, via de consequência, os impostos indiretos), pois ela igualmente encontra-se alicerçada na garantia da propriedade privada.

E as conclusões de Fábio Brun Goldschmidt conduzem à terceira corrente, para a qual as prescrições do art. 150, IV, da Constituição Federal, são perfeitamente aplicáveis aos impostos indiretos. Haverá confisco, nessa particular espécie de impostos, nos quais se inclui o IPI, como bem expõe Luiz Felipe Silveira Difini (2007, p.174), quando

> ... a tributação é de tal forma exacerbada e absorve tão significativa parte do lucro da atividade que não deixa parte razoável dele para utilização pelo produtor, comerciante, industrial, ou prestador de serviços e circunstâncias jurídicas (por exemplo, tabelamento de preços) ou econômicas (por exemplo, recessão global ou setorial) impedem sua transferência aos adquirentes dos bens e serviços.

É importante mencionar que, até o presente momento, tratamos do efeito de confisco em seu sentido quantitativo ou, de acordo com Fabio Brun Goldschmidt, em "sentido estrito". O efeito de confisco em "sentido amplo", ou qualitativo, ocorre nos casos em que as balizas constitucionais e legais não são observadas quando da instituição do tributo (Goldschmidt, 2003, p.100-103; Pawlowsky, 2008, p.55).

Dessa forma, concluímos que a proibição veiculada pelo art. 150, IV, da Constituição Federal, aplica-se também aos chamados impostos indiretos.

CONCLUSÕES

Uma das manifestações da dignidade é a igualdade.

A igualdade prevista no art. 5º, II, da Constituição Federal, é a igualdade material.

Três são os fatores que se devem considerar por ocasião da tentativa de identificação da quebra da isonomia. O primeiro refere-se ao fator de discrímen (elemento de desigualação). O segundo diz com a correlação lógica abstrata entre o fator de discrímen e a diferença de tratamento estabelecida. E, por fim, o terceiro alude à necessidade de conformidade entre a correlação lógica e os valores ou interesses constitucionais, ou seja, se, "in concreto", afina-se, a discriminação procedida, com as diretrizes constantes do Texto Constitucional.

O Princípio da Capacidade Contributiva é manifestação do Princípio da Igualdade em matéria tributária. É ele o fator de discrímen, no âmbitos dos tributos, para tratar os desiguais de forma desigual e, assim, alcançar a igualdade material.

O Princípio da Capacidade Contributiva encerra a ideia de que somente fatos reveladores de riqueza poderão ser eleitos como hipóteses de incidência tributária.

A capacidade contributiva absoluta ou objetiva é aquela que se identifica no momento da eleição do fato que será abstratamente descrito na hipótese de incidência tributária.

A capacidade contributiva relativa ou subjetiva refere-se diretamente à figura do sujeito individualmente considerado e, ainda, à proporção entre a base de cálculo e o fato ocorrido.

Nos impostos, regra geral, a capacidade contributiva predominante é a objetiva.

O sujeito possui capacidade econômica quando é apto a obter riqueza. Se essa riqueza for superior ao valor necessário para fazer frente às despesas relativas à manutenção do mínimo vital e, ainda, se houver relação jurídica tributária entre ele e o Estado, o sujeito passa a demonstrar capacidade contributiva. Por esse motivo, chamam-na de "capacidade econômica específica". A capacidade financeira, por sua vez, está diretamente ligada com a ideia de liquidez. Ostentará capacidade financeira aquele que possuir recursos suficientes para saldar as obrigações no tempo e na forma assumidas.

A Capacidade Contributiva está localizada na faixa compreendida entre o chamado mínimo vital – que é o seu limite inferior – e o confisco, que a confina no que se refere ao limite superior.

As necessidades básicas dispostas no inciso IV do art. 7º da Constituição Federal integram o chamado mínimo vital, estando, ou pelo menos devendo estar, a salvo da tributação.

A ideia de proibição do confisco está atrelada à defesa do direito de propriedade.

A proibição veiculada pelo art. 150, IV, da Constituição Federal, aplica-se também aos chamados impostos indiretos.

Também nos chamados impostos indiretos, o Princípio da Capacidade Contributiva tem lugar. Entretanto, sua aplicação será diversa da dos impostos diretos, na medida em que não há como medir, de forma absoluta, as características pessoais daquele que será atingido pelo gravame, a fim de individualizar sua capacidade contributiva subjetiva ou relativa.

REFERÊNCIAS

ATALIBA, Geraldo. Apontamentos de ciência das finanças, direito financeiro e tributário. São Paulo: RT, 1969.

ÁVILA, Humberto. Teoria da igualdade tributária. São Paulo: Malheiros, 2008.

AZEVEDO, Antônio Junqueira de. Caracterização jurídica da dignidade da pessoa humana. Estudos e pareceres de direito privado. São Paulo: Saraiva, 2004, p. 3-24.

BARBOSA, Rui. Oração aos moços. São Paulo: Editora Papagaio, 2003.

BARRENI, Smith Robert. Princípio da proibição aos efeitos de confisco no direito tributário brasileiro. Dissertação (Mestrado em Direito) – Universidade Federal do Paraná. Curitiba, 2012.

BARRETO, Aires F. Base de cálculo, alíquota e princípios constitucionais. 2. ed. São Paulo: Max Limonad, 1998.

BECKER, Alfredo Augusto. Teoria geral do direito tributário. 4. ed. São Paulo: Noeses, 2007.

CANOTILHO, Jose Joaquim Gomes. Direito constitucional e teoria da constituição. Coimbra: Almedina, 2003.

CARVALHO, Paulo de Barro. Direito tributário: fundamentos jurídicos da incidência. 10. ed. rev. São Paulo: Saraiva, 2015.

_____. Curso de direito tributário. 27. ed. São Paulo: Saraiva, 2016.

CASTILHO, Paulo Cesar Baria de. Confisco tributário. São Paulo: RT, 2002.

CONTI, José Maurício. Princípios tributários da capacidade contributiva e da progressividade, São Paulo: Dialética, 1997.

COSTA, Regina Helena. Princípio da capacidade contributiva. 3.ed. São Paulo: Malheiros, 2003.

CUNHA, Carlos Renato. Praticabilidade tributária; eficiência, segurança jurídica e igualdade. São Paulo: Almedina, 2021. (Coleção Direito Tributário – UFPR).

DIFINI, Luiz Felipe Silveira. Proibição de tributos com efeito de confisco. Porto Alegre: Livraria do Advogado, 2007.

GOLDSCHMIDT, Fábio Brun. O princípio do não confisco no direito tributário. São Paulo: RT, 2003.

MELLO, Celso Antônio Bandeira de. O conteúdo jurídico do princípio da igualdade. 3. ed. 12. tir. São Paulo: Malheiros, 2004.

MORAES, Maria Celina Bodin de. O Conceito de Dignidade Humana: Substrato Axiológico e Conteúdo Normativo. In: Ingo W. Sarlet. (Org.). Constituição, Direitos Fundamentais e Direito Privado. Porto Alegre: Livraria do Advogado Editora, 2003.

PAWLOWSKY, Karina. A utilização de tributo com efeito de confisco e sua vedação constitucional, Dissertação (Mestrado em Direito) – Universidade Federal do Paraná. Curitiba, 2008.

ROHENKOHL, Marcelo Saldanha. O princípio da capacidade contributiva no estado democrático de direito: dignidade, igualdade e progressividade na tributação. São Paulo: Quartier Latin, 2007.

SARLET, Ingo Wolfgang. Dignidade da pessoa humana e direitos fundamentais na Constituição Federal de 1988. 2. ed. Porto Alegre: Livraria do Advogado, 2002.

SUSTEIN, Cass e HOLMENS, Stephen. El costo de los derechos: Por qué la libertad depende de los impuestos. Buenos Aires: Siglo Veituno Editores, 2011.

TILBERY, Henry. O conceito de essencialidade como critério de tributação. Direito tributário atual. São Paulo: Resenha Tributária, v. 10, 1990, p. 2969-3035.

TIPKE, Klaus; YAMASHITA, Douglas. Justiça fiscal e princípio da capacidade contributiva. São Paulo: Malheiros, 2002.

UCKMAR, Victor. El principio de igualdad tributaria. In: NOVOA, César García e JIMÉNEZ, Catalina Hoyos. (coord.). El tributo y su aplicación: perspectivas para el siglo XXI. T. I, Barcelona: Marcial Pons, 2008, p. 195-225.

UCKMAR, Victor. Princípios comuns de direito constitucional tributário. 2.ed. São Paulo: Malheiros, 1999.

VALLE, Maurício Dalri Timm do. Princípios constitucionais e regras-matrizes de incidência do Imposto sobre Produtos Industrializados – IPI. São Paulo: Noeses, 2016.

_____. Um pouco do que nos ensinou o Professor José Roberto Vieira: uma humilde homenagem a um grande exemplo. Ensaios em homenagem ao Professor José Roberto Vieira: ao mestre e amigo, com carinho.... São Paulo: Noeses, 2017.

_____.. O direito constitucional tributário brasileiro pelas mãos de José Roberto Vieira. Revista da Faculdade de Direito UFPR, Curitiba, PR, Brasil, v. 62, n. 3, p. 285-322, set./dez. 2017. ISSN 2236-7284. Disponível em: <http://

revistas.ufpr.br/direito/article/view/55219>. Acesso em: 21 dez. 2017. DOI: http://dx.doi.org/10.5380/rfdufpr.v62i3.55219.

VIEIRA, José Roberto. A extrafiscalidade da lei 12.715/2012 e a capacidade contributiva: a convivência do lobo e do cordeiro? Revista de direito tributário, v. 118. São Paulo: Malheiros, p. 18-42.

_____. Apropriação Indébita Tributária no IPI e no ICMS: Vislumbres de um Estado "Shylock". In: BARRETO, Aires F. et al. (Org.). Direito Tributário, Linguagem e Método: As Grandes Disputas entre Jurisprudência e Dogmática na Experiência Brasileira Atual. São Paulo: Noeses, 2008.

_____. Em busca da verdade sobre o IPI: dos voos com instrutor aos voos solos ousados. Princípios constitucionais e regras-matrizes de incidência do Imposto sobre Produtos Industrializados – IPI. São Paulo: Noeses, 2016.

_____. O IRPF e direito fundamental à igualdade: um tributo de dupla personalidade. In: BRANCO, Paulo Gonet; MEIRA, Liziane Angelotti; e CORREIA NETO, Celso de Barros. (coord.). Tributação e direitos fundamentais. São Paulo: Saraiva, 2012.

_____. Princípios constitucionais e estado de direito. Revista de direito tributário, São Paulo: Malheiros, n. 54, out./dez. 1990.

O CUSTO DA LIBERDADE: UMA ANÁLISE TRIBUTÁRIA

Autor:

Cassio Aguiar Caneparo[1]

INTRODUÇÃO

Como já dizia Aristóteles em uma de suas principais obras, Ética a Nicômaco: "Todos, de fato, estão concordes de que a justiça distributiva tem que ser a partir de certo mérito, embora nem todos entendam o mesmo tipo de mérito; para os adeptos da democracia, trata-se da liberdade..." (ARISTOTELES, 2020, p. 153). Esta, que é tão desejada, necessária, mas muitas vezes, arduamente conquistada.

Primeiro de tudo, é imperioso ressaltar que este ensaio não tem o objetivo de aprofundar-se em conceitos filosóficos sobre a liberdade, muito menos analisar sua legitimidade em contextos sociais e temporais. O foco principal deste trabalho é a análise de que o tributo, desde sua criação, é um meio necessário para custear a liberdade – enquanto um direito –, ou seja, através de uma contextualização histórica e reflexões atuais, analisar-se-á os tributos como um custo necessário em troca da liberdade.

Para fins deste artigo trataremos a palavra "custo" como um custo orçamentário, ou um preço a ser pago por algo, e a palavra "liberdade" como um "direito". Nas sábias palavras de Stephen Holmes e Cass R. Sunstein, podemos admitir "direitos" como "interesses importantes que possam ser protegidos de modo confiável por indivíduos ou grupos mediante o uso dos instrumentos disponibilizados pelo Estado" (SUNSTEIN; HOLMES, 2019, p. 5), em outras palavras, trataremos a "liberdade" como um interesse comum a ser protegido.

Destarte, através de uma análise metodológica dedutiva buscaremos iluminar a relação do Estado e dos tributos com a liberdade, abordando, inclusive, sobre seu valor. Afinal, como veremos, não adianta nada ter liberdade se esta

---

[1]   Especialista em Direito Tributário pelo Instituto Brasileiro de Estudos Tributários – IBET; Especialista em Direito Aplicado lato sensu pela Fundação Escola do Ministério Público do Estado do Paraná – FEMPAR; Especialista em Direito Aplicado lato sensu pela Escola da Magistratura do Paraná – EMAP; Mestrando em Direito, Justiça, Instituições e Desenvolvimento pela Universidade Católica de Brasília; Advogado Licenciado.

não tiver valor. Com isto, tentaremos responder a seguinte pergunta: qual o melhor caminho para termos liberdade, e como manteremos o seu valor?

O TRIBUTO E SUA FINALIDADE NO TEMPO

Iniciamos este ensaio com a seguinte indagação: qual a principal finalidade dos tributos? Ora, de forma automática, imediata e intuitiva, parece-nos que o tributo detém como principal finalidade manter a burocracia estatal. Em outras palavras, busca-se, através dos tributos, custear as despesas para a manutenção da autoridade Estatal e, consequentemente, seus objetivos.

Ao responder a indagação, é importante ter em mente que esta resposta é superficial, mas trata-se de uma afirmação atemporal e necessária, uma vez que temos como ponto de partida a análise do tributo através dos tempos. Como assinala Cleucio Santos Nunes, "a verificação de que os tributos servem à sustentação da máquina burocrática é algo que subsiste antes mesmo do chamado 'estado moderno'" (NUNES, 2019, p. 210).

Torna-se impossível saber com exatidão em que dado momento surgiram os tributos, como lembra Luís Eduardo Schoueri, "historicamente, pode-se contemplar a existência de tributos desde tempos imemoriais", enunciam-se indícios ao destacar que "as mais primitivas formas de organização social já relatavam alguma espécie de cobrança para os gastos coletivos, como os dízimos, cobrados no século XIII a.C. sobre frutos, carnes, óleo e mel" (SCHOUERI, 2019, p. 17).

Com a evolução das estruturas sociais, políticas e econômicas o tributo passa a adquirir certas características. Na Grécia antiga, os tributos não eram cobrados de toda a sociedade, muito embora os cidadãos, chamados de livres[2], tivessem deveres públicos com a coletividade, estes deveres não tinham natureza de sujeição. Os cidadãos não se sujeitavam ao pagamento de tributos. A obrigação de pagar tributo era dos escravos, como sinal de submissão, ou dos estrangeiros que adentrassem no território tributante, como um sinal de proteção, em outras palavras, um "preço" por sua integridade e liberdade de locomoção. Em Roma, seguindo pela mesma linha, o tributo era cobrado dos que não eram considerados cidadãos. Ainda que, em casos extraordinários pudessem ser criados os chamados tributum, cobrados, então, dos cidadãos, mas com características de empréstimos para fins bélicos, que seriam posteriormente devolvidos com espólios provenientes das pilhagens da guerra (SCHOUERI, 2019, p. 17-20).

Imperioso notar que, com exceção do tributum, cuja característica era de empréstimo, todos os impostos da antiguidade estavam diretamente relacionados com a liberdade ou a falta dela, seja diante dos escravos ou diante dos estrangeiros, ambos não eram considerados cidadãos, careciam de liberdade, e, por isto, deveriam pagar impostos, adotava-se "em síntese: tributo como preço da falta de liberdade" (SCHOUERI, 2019, p. 20).

---

2   Apenas eram considerados cidadãos e, portanto, livres os que estavam inseridos na polis (cidade-estado).

Na Idade Média, o contexto é outro, desde a época de Diocleciano[3], o tributo havia assumido um caráter predominantemente rural, a estrutura política e social havia mudado. Visando a segurança, as habitações rurais foram se fortificando criando a relação dos senhores de terra e seus vassalos, constituindo, então, o feudalismo. Nesta época, apenas os homens livres no exercício de sua liberdade poderiam contribuir, mas o tributo não era coercitivo e assumia um caráter contratual, permanente e irresolúvel quando firmado, em troca de benefícios e proteção (SCHOUERI, 2019, p. 20-21). Em outras palavras, o tributo tornara-se o "preço" pago com a finalidade de assegurar o exercício da liberdade.

Imperioso ressaltar que, nesta relação, as contribuições dos vassalos aos seus soberanos ou, inclusive, dos subordinados ao rei, assumiam "natureza contratual ou indenizatória", mesmo na cobrança de impostos ou freda (remuneração devida pelo cometimento de crimes), da reclamação do glîte (direito do senhor em ser alimentado por seu vassalo), da reclamação do prise (direito de serem tomados, mediante indenização, bens que o senhor necessitasse) ou de todas as outras formas coercitivas na relação hierárquica constituída (SCHOUERI, 2019, p. 20-21).

Do século IX ao século XIII, na maior parte da Europa o imposto era cobrado pelo senhor da própria terra, iniciando-se, a partir deste momento, o Estado Patrimonial[4] , no qual o rei, a igreja e o senhorio auferiam suas receitas pelo exercício da propriedade. Nesta estrutura, o Estado atua como um agente econômico gerando a riqueza que consome, vive dos recursos patrimoniais ou dominiais do soberano e atua ao lado do particular na economia (SCHOUERI, 2019, p. 22-23).

Imperioso ressaltar que, no senso comum dos juristas, a transição da "natureza contratual" para a "natureza legal" do tributo, constituindo o nascimento da Legalidade Tributária, tem como marco histórico a Magna Charta Libertatum[5] promulgada pelo rei João Sem Terra em 15 de junho de 1215 – século XIII (VIEIRA, 2014, p. 944-945). Muito embora, haja indícios do surgimento da Legalidade Tributária em momentos anteriores.[6]

---

3   O reinado do imperador romano Diocleciano perdurou do final do século III ao início do século IV.

4   Historicamente, o Estado Patrimonial consolidou-se apenas no século XVI.

5   Como afirma André de Carvalho Ramos, "mesmo nessa época de autocracia, surgem os primeiros movimentos de reivindicação de liberdades a determinados estamentos, como a Declaração das Cortes de Leão adotada na Península Ibérica em 1188 e ainda a Magna Carta inglesa de 1215" (RAMOS, 2017, p. 32).

6   Como aponta Victor Uckman: "Em geral, atribui-se à Magna Charta a primeira afirmação do princípio de que nenhuma prestação pecuniária pode ser imposta a não ser por deliberação dos órgãos legislativos; e, portanto, o Parlamentarismo nasce associado às instituições financeiras, à necessidade de adequar entradas e despesas públicas. Porém, na realidade, a origem remonta a época anterior: por exemplo, na Inglaterra, o Rei, que já arrecadava impostos e obtinha subsídios pelo Direito Consuetudinário, exigia dos vassalos, para fazer frente a despesas extraordinárias, pagamentos em dinheiro, aos quais estes podiam recusar-se – embora fosse, na prática, bastante difícil" (UCKMAN, 1999, p. 21).

Muito embora a promulgação da Magna Carta tenha destacado um evidente avanço político, a representação política e, consequentemente, tributária no século XIII ainda era incipiente. Entretanto, pouco a pouco estava se tornando cada vez mais robusta com a convocação dos cavaleiros de cada condado para agir como autênticos representantes de suas comunidades. Ainda, ao final do século XIII o Rei Eduardo I, cujo reinado nasceu o parlamento, determinou que nenhum tributo poderia ser imposto sem o assentimento, não apenas de toda nobreza, mas de todos homens livres do reino (VIEIRA, 2014, p. 952-953).

Aos poucos, mas especialmente no século XVIII (TORRES, 2011, p. 7), o Estado Patrimonial foi sendo substituído pelo Estado Policial, cujas características do modelo são as mesmas do anterior, no entanto deixa de ser um mero agente econômico abstraindo um caráter intervencionista na economia, utilizando-se, assim, de todos os meios, inclusive tributos, para regê-la (SCHOUERI, 2019, p. 23).

Como destaca Ricardo Lobo Torres, "o Estado de Polícia é modernizador, intervencionista, centralizador e paternalistar. Baseia-se na atividade de 'polícia', que corresponde ao conceito alemão de Polizei, e não ao de política no sentido grego ou latino, eis que visa sobretudo à garantia da ordem e da segurança e à administração do bem-estar e da felicidade dos súditos e do Estado" (TORRES, 2011, p. 8).

Interessante notar que a base teórica para este modelo de Estado remonta características de Niccolò Machiavelli (1469-1527, O Príncipe), ao abordar que o Estado deve ter características próprias, seguir suas técnicas e suas próprias leis, bem como fazer sua política, além de intervir na economia[7]; de Jean Bodin (1530-1596, A República, 1576), afirmando que a soberania é o alicerce de toda estrutura do Estado; de Thomas Hobbes (1588-1679, Leviatã), cuja obra entende que "o homem se despoja da liberdade natural pela civil determinada pelo poder público e o Estado torna-se o depositário de todos os direitos naturais de liberdade que exerce em nome dos indivíduos, de forma onipotente e absoluta. Dessa forma, não pode haver liberdade fora do Estado, tampouco contrária a este" (SCHOUERI, 2019, p. 23), denotando assim a hialina necessidade da intervenção estatal[8]. Como salienta Luís Eduardo Schoueri, "Surgiram, assim, as bases teóricas para a atuação de um Estado forte, interventor:

---

7   "Deve um príncipe... estimular seus concidadãos a desenvolverem suas atividades, tanto no comércio como na agricultura ou em qualquer outro ramo. Deve fazer com que não temam ornar suas propriedades por receio de que estas lhes sejam tomadas, nem que deixem de abrir negócios com medo dos impostos; mas, ao contrário, deve proporcionar prêmios a quem quiser realizar essas coisas e a qualquer um que intente melhorar sua cidade ou seu Estado..." (MAQUIAVEL, 2004, p. 108-109).

8   "Feito isto, à multidão assim unida numa só pessoa se chama Estado, em latim civitas. É esta a geração daquele grande Leviatã, ou antes (para falar em termos mais reverentes) daquele Deus Mortal, ao qual devemos, abaixo do Deus Imortal, nossa paz e defesa. Pois graças a esta autoridade que lhe é dada por cada indivíduo no Estado, é-lhe conferido o uso de tamanho poder e força que o terror assim inspirado o torna capaz de conformar as vontades de todos eles, no sentido da paz em seu próprio país, e ela ajuda mútua contra os inimigos estrangeiros. É nele que consiste a essência do testado, a qual pode ser assim definida: Uma pessoa de cujos atos uma grande multidão, mediante pactos recíprocos uns com os outros, foi instituída por cada um como autora, de modo a ela poder usar a força e os recursos de todos, da maneira que considerar conveniente, para assegurara paz

paradoxalmente, a liberdade se vê garantida a partir do Estado, a quem compete atuar positivamente em todos os ramos sociais" (grifos nossos) (SCHOUERI, 2019, p. 23).

Na sequência, "o Estado de Polícia, com seu absolutismo político[9] e a sua economia mercantil ou comercial, foi historicamente substituído pelo Estado Fiscal, com estrutura econômica capitalista e o seu liberalismo político e financeiro" (TORRES, 2011, p. 8). Este, que também é chamado de Estado do Imposto (Steuerstaat), em sua primeira fase dotava um caráter interventivo minimalista, no qual o particular torna-se a fonte originária das riquezas do Estado e, este, era o "preço da liberdade" enunciado por Schoueri: "...o tributo era o preço a ser pago para que o cidadão ficasse livre das amarras do Estado: o preço da liberdade" (SCHOUERI, 2019, p. 26).

A primeira fase do Estado Fiscal pode ser conhecida como Estado Fiscal Minimalista ou Estado Liberal, e se estendeu do final do século XVIII ao início do século XX. Nesta fase, como lembra Ricardo Lobo Torres, o Estado "...se restringia ao exercício do poder de polícia, da administração da justiça e da prestação de uns poucos serviços públicos, não necessitando de sistemas tributários amplos, por não assumir demasiados encargos na via da despesa pública e por não ser provedor da felicidade do povo, como acontecera no patrimonialismo" (TORRES, 2011, p. 9).

O liberalismo foi fruto da revolução liberal inglesa que se concluiu com um acordo entre os monarcas e os aristocratas em 1689 (SCHOUERI, 2019, p. 24). Esta ideologia teve como base teórica, clássicos da literatura política como: Thomas Hobbes (1588-1679), que argumentou sobre a necessidade da proteção da liberdade pelo Estado e considerações sobre os pedidos dos homens em se tornarem senhores de sua própria vida; John Locke (1632-1704, Dois Tratados Sobre o Governo), o qual compreende que o homem em seu estado natural é plenamente livre, mas, com esta liberdade plena, lutas intensas inviabilizariam garantir a propriedade e consequentemente a liberdade durável (SCHOUERI, 2019, p. 25), e necessita, assim, de leis para garantias[10]; Jean-Jacques Rousseau (1712-1778,

---

e a defesa comum. Àquele que é portador dessa pessoa se chama soberano, e dele se diz que possui poder soberano. Todos os restantes são súditos." (ipsis litteris) (HOBBES, 1651, p. 117).

9   No contexto do Estado Absoluto existiam regra jurídicas, mas a palavra final sempre era a do monarca (última instância), sendo assim, "imperava a insegurança nas relações jurídicas...", além de que diversas ordens paralelas vigoravam em simultâneo.   Neste período a classe burguesa já era socialmente homogênea e diante dos entraves que pairavam (insegurança e inexistência de uma normatividade unificada), os quais dificultavam as relações mercantis, formaram-se a base ideológica e política que justificou a eclosão das revoluções burguesas. Em outras palavras, a classe hegemônica tornou-se politicamente dirigente, reorganizando a estrutura do poder político submetendo-o a um código de juridicidade favorecendo a formação da teoria constitucional. "Importa dotar o Estado de uma Constituição jurídica que delimite o raio de ação do poder político e promova o surgimento do binômio Estado/sociedade civil. A Constituição organizará o Estado limitará o poder, positivará os direitos individuais reclamados pela burguesia. Assim, livres e seguros juridicamente, nenhum obstáculo impedirá o desenvolvimento das potencialidades dos indivíduos". (grifos nossos) (CLÈVE, 2011, p. 28-29).

10   Nas palavras de Locke: "Pois a lei, em sua verdadeira concepção, não é tanto uma limitação quanto a direção de um agente livre e inteligente rumo a seu interesse adequado, e não prescreve além daquilo que é para o bem geral de todos quantos

Do Contrato Social), cuja ideologia tratava que "a liberdade, aliada à igualdade, eram os bens supremos a serem protegidos" (NUNES, 2019, p. 220), como lembra André de Carvalho Ramos, "a pretensa renúncia à liberdade e igualdade pelos homens nos Estados autocráticos (base do pensamento de Hobbes) é inadmissível para Rousseau, uma vez que tal renúncia seria incompatível com a natureza humana" (RAMOS, 2017, p. 36); Adam Smith (1723-1790), cujo pensamento alega que "... com a plena liberdade econômica alcançar-se-iam a harmonia e a justiça social, na teoria conhecida como 'liberalismo econômico'" (SCHOUERI, 2019, p. 26). Destarte, na sociedade liberal, busca-se a promoção do mercado independente e tem como ideologia política um Estado considerado fruto de um contrato, cujo funcionamento gira em torno de "... um sistema de arrecadação de receitas apto a custear, em síntese, a proteção à liberdade, à propriedade e à segurança dos contratos privados"(NUNES, 2019, p. 218).

Na sequência, o Estado Fiscal Minimalista foi sucedido pela segunda fase do Estado Fiscal dando surgimento ao Estado Social, cujas características arrecadatórias são as mesmas da fase anterior, mas a ideologia política evolui buscando outros objetivos. No Estado Social a liberdade deixa de ser individual, do sujeito e de suas relações contratuais, tornando-se coletiva. O "preço da liberdade" passa a ser o preço para redução das desigualdades sociais. Aqui marcou-se a extrafiscalidade e entra em foco a receita estatal destinada a atender demandas sociais (saúde, educação, previdência, etc.).

No curso natural, com o aumento da demanda pela atividade estatal, consequentemente, aumentou-se a necessidade de recursos para a sustentação desta atividade. Assim, a criação de novos tributos e o aumento da carga tributária foi demasiadamente exacerbado nesta fase.

Como lembra Ricardo Lobo Torres, "o Estado Social Fiscal corresponde ao aspecto financeiro do Estado Social de Direito (ou Estado do Bem-estar Social, ou Estado Pós-liberal, ou Estado da Sociedade Industrial), que florece no Ocidente no curto séc. XX (de 1919 a 1989, aproximadamente)", destacando que,"deixa o Estado de ser o mero garantidor das liberdades individuais e passa à intervenção na ordem econômica e social" (TORRES, 2011, p. 9), com objetivo do desenvolvimento econômico-social em setores específicos e inibição de certas condutas nocivas à sociedade.

Na terceira fase do Estado Fiscal, por fim, surgiu o Estado como conhecemos hoje, o Estado Democrático de Direito, que "mantém características do Estado Social, mas passa por modificações importantes, como a diminuição do seu tamanho e a restrição ao seu intervencionismo no domínio social e econômico" (TORRES, 2011, p. 9). Como afirma Luiza Cristina Fonseca Frischeisen, o Estado Democrático de Direito, "...caracteriza-se pela obediência a procedimentos que visam à legitimação de suas normas jurídicas e da atuação dos entes estatais, bem como pela garantia dos direitos fundamentais, sendo certo que esses procedimentos são estabelecidos pelas Constituições" (FRISCHEISEN, 2009, p. 260).

---

lhe estão sujeitos. Se estes pudessem ser mais felizes sem ela, a lei desapareceria por si mesma como coisa inútil; e mal mereceria o nome de restrição a sebe que nos protegesse apenas de pântanos e precipícios. De modo que, por mais que possa ser mal interpretado, o fim da lei não é abolir ou restringir, mas conservar e ampliar a liberdade, pois, em todos os estados de seres criados capazes de lei, onde não há lei, não há liberdade." (grifos no original) (ipsis litteris) (LOCKE, 1998, p. 433).

Neste Estado, a liberdade se mantém coletiva e a sociedade exige sua liberdade como instrumento para a promoção de direitos e inclusão social. A coletividade, como deve ser na democracia[11], de forma mais efetiva, embora em alguns casos ainda incipiente, representa os interesses da nação.

Diante de toda evolução da tributação e dos objetivos dos Estados, oportunamente destaca-se uma passagem dos filósofos Stephen Holmes e Cass R. Sunstein:

> *"Todos nossos direitos jurídicos – no direito constitucional como no direito privado – surgiram como respostar práticas a problemas concretos. Essa é uma das razões pelas quais variam de época para época e de jurisdição para jurisdição. Na qualidade de instrumentos forjados para servir a interesses humanos e concepções morais mutáveis, são reiteradamente remoldados ou reespecificados por novas leis e decisões judiciais. Os direitos também se transformam porque os obstáculos ao bem-estar humano – os problemas que os direitos visam mitigar ou superar – mudam a pari passu com a tecnologia, a economia, a demografia, os papéis profissionais, os estilos de vida e muitos outros fatores." (SUNSTEIN; HOLMES, 2019, p. 189)*

Em síntese, das entranhas do Estado absoluto do tempo dos monarcas, nasceu o Estado Liberal que, por sua vez, permitiu a emergência do Estado Social, evoluindo os conceitos e objetivos para permitir o desabrochar do Estado Democrático de Direito. Independentemente do seu tempo, é notável que o tributo sempre designou-se a financiar a autoridade Estatal, a "burocracia estatal", e, consequentemente, seus objetivos, direitos e deveres. Estimável, e ainda bem, que no curso da história o Estado evoluiu tornando-se o "poder do povo", e, assim, permitindo o despertar dos princípios fundamentais que, com efeito, tornaram-se os objetivos[12] de nosso Estado Democrático de Direito.

---

11   Como aponta José Roberto Vieira, o termo democracia é de elevado grau polissêmico, mas que, relevantemente, pode significar "o governo ou poder do povo". A democracia existe onde a vontade estatal seja provida da participação do povo, de forma mediata ou imediata ou, também, pode-se alegar que a democracia existe quando o poder é exercido pelo povo ou seus representantes eleitos. Importante ressaltar que a decisão primordial da elaboração legislativa é do povo e que o princípio da maioria convive com o direito da minoria, os quais são regras fundamentais da democracia: muito embora a maioria prevalece, o direito da minoria "deve seguir inatacável e intocável, sob pena de inconsistência democrática, porque a regra majoritária sozinha não faz democracia..." (VIEIRA, 2006, p. 207-209).

12   Em destaque o artigo 3º da Constituição da República de 1988.

O MERCADO E A NECESSIDADE PÚBLICA

Faz-se, necessário ao momento, uma breve análise sobre os custos da "burocracia estatal" sobre o fundamento da teoria econômica, trazida por Richard A. Musgrave, uma vez que, como exposto, a intervenção do Estado no mercado necessita da arrecadação de tributos, seja para a prestação direta de serviços como as políticas públicas, como para a simples proteção ao mercado e sua liberdade.

Na teoria econômica, busca-se um cenário de equilíbrio nas relações econômicas, onde os agentes do mercado podem negociar livremente e solucionar suas diferenças pelos instrumentos próprios do mercado privado[13], encontrando-se a eficiência econômica do mercado privado. "Assim, a vontade do consumidor (entendido como o agente de mercado interessado na aquisição de alguns bens) pode ser satisfeita, pois o tipo de bem a ser adquirido depende tão somente de se pagar o preço estipulado", como assinala Cleucio Santos Nunes (NUNES, 2019, p. 214).

Entretanto, há diversas situações que podem contribuir para o desequilíbrio do mercado, com isto, este mercado desajustado trará insatisfações para as necessidades dos indivíduos.[14] Exemplos destas situações seriam: o monopólio do mercado, no qual os outros agentes estão impedidos de ingressar no setor produtivo haja vista a formação de uma concorrência desleal pelo monopólio; a queda da produção econômica por fatores externos como a alta inflação; ou, ainda, um outro exemplo, que infringe outras esferas que não só a do mercado, mas se dá por conta do seu desajuste, seria a depreciação da sociedade e do meio ambiente pela poluição do ar, do solo ou da água por agentes privados que não foram conduzidos pelo Estado para tomar tais cautelas (este exemplo são as chamadas "externalidades negativas") (NUNES, 2019, p. 214-215).

Outrossim, há necessidades que o mercado nunca poderia suprir, com isto, "do ponto de vista econômico, as necessidades sociais são explicadas pelas regras de mercado, mas sob o aspecto jurídico tem-se que determinados bens devem ser usufruídos por todos, não havendo espaço para sua apropriação individual" (NUNES, 2019, p. 216). Por tais razões teremos as chamadas "necessidades públicas", que demandam dos "serviços sociais", custeados pelo Estado, em outras palavras, pelos tributos.

Pode-se encontrar, nas chamadas "necessidades públicas", todos os bens e serviços destinados ao coletivo, que sejam estritamente necessários, ou que demandariam um alto custeio a certo indivíduo, como por exemplo obras públicas, como o saneamento básico, ruas ou estradas, a prestação de serviço do judiciário como um sistema, a produção legislativa de um Estado, etc.

---

13   Nas palavras originais Musgrave: "The pricing mechanism of the market secures an optimal allocation of resources, provided that certain conditions are met. These conditions are met reasonably well over wide areas of economic activity, so that the bulk of the allocating function may be left to the forces of the market." (MUSGRAVE, 1959, p. 6).

14   "We thus find a wide array of situation where the market mechanism involves varying degrees inefficiency in resource allocation – inefficiencies that arise collateral to the satisfaction of private wants." (MUSGRAVE, 1959, p. 7-8).

Estas "necessidades públicas" são de usufruto coletivo, não se pode atribuir um preço a elas,[15] muito menos aceitar que não sejam usufruídas da mesma forma por todos. Com isto, torna-se pertinente indagar sobre o valor, mais especificadamente, o valor da liberdade em usufruir dos "serviços sociais", bens da coletividade.

Afinal, como vimos anteriormente, o "preço da liberdade" evoluiu junto com a sociedade. Se na época do Estado Liberal, os tributos eram pagos para que o Estado apenas garantisse liberdade individual e o mercado, o valor da liberdade estava presente quando se garantia as escolhas individuais e dos contratos; na medida em que se percebe que o mercado é insuficiente para atender a sociedade em certas premências, e, com isto, o Estado amplia seu campo de atuação assegurando o atendimento das "necessidades públicas", o valor da liberdade evolui encontrando-se não apenas na possibilidade de escolha destas, mas no efetivo oferecimento destes serviços garantindo o usufruto pela sociedade deste Estado interventor.

O CUSTO DOS DIREITOS

Como abordado na introdução, a "liberdade" é um "direito", para alguns, inclusive, um direito fundamental, podendo até ser compreendida como um princípio[16]. Para fins deste trabalho, é importante ter em mente que os "direitos", como tratamos,[17] apenas existem quando estão atrelados a um custo orçamentário (TAMANAHA, 2012, p. 198), não é objeto de nosso estudo a liberdade de indivíduos que residem em lugares – possivelmente inóspitos – onde não exista uma autoridade política constituída.

Tendo isto em mente, ao momento, distingue-se o "direito" em uma suposta dualidade: "direitos positivos" e "direitos negativos". Os "direitos positivos", inicialmente, exigem a intervenção estatal, são vistos como solidários, igualitários e pressupõem a prestação de serviços pelo Estado; em contrapartida, os "direitos negativos" banem

---

15   "Such wants cannot be satisfied through the mechanism of the market because their enjoyment cannot be made subject to price paymentes" (MUSGRAVE, 1959, p. 9).

16   Paulo de Barros Carvalho define a liberdade, enquanto direito, como um sobreprincípio: "Adotando o pressuposto de que o sobreprincípio da liberdade é um direito fundamental, podemos dizer que se encontra permeado por todo o sistema jurídico prescritivo em diferentes feições. Temos liberdade legiferante de que os Parlamentos são portadores, dentro dos limites constitucionais; a liberdade política entre os entes do Estado-governo; a liberdade de associação, entre pessoas individuais, empresas ou sindicatos; a liberdade de expressão, opinião e difusão, garantida, na ordem tributária, pelas imunidades; a liberdade de tráfego no direito tributário; entre tantas outras liberdades explícitas no texto constitucional. Essas figuras vem a aparecer, mediatamente, na realização do Estado Democrático Brasileiro, em que se impõe sistema que equilibra liberdades e limitações de direitos." (CARVALHO, 2018, p. 296)

17   E objeto de estudo dos filósofos Stephen Holmes e Cass R. Sunstein.

ou excluem a figura estatal, protegem a liberdade dos indivíduos atuando como um escudo contra o Estado, estão diretamente atrelados aos ideais do Estado Liberal (TAMANAHA, 2012, 200-201).

Muito embora muitos enxerguem esta diferença, inclusive tendo previsão na Suprema Corte Americana[18], a partir do momento que se coloca como norte a premissa de que "os indivíduos só gozam de direitos no sentido jurídico, e não apenas moral, quando as injustiças de que são objetos são reparadas pelo Estado de maneira justa e previsível" (SUNSTEIN; HOLMES, 2019, p. 30), percebe-se que, na realidade, todos os direitos são positivos.

Esta afirmação torna-se mais clara quando se coloca em foco que os direitos básicos são financiados por meio das rendas tributárias, e, com isto, vislumbra-se que "...os direitos são bens públicos: serviços sociais pagos pelo contribuinte e administrados pelo governo, cujo objeto é aperfeiçoar o bem-estar coletivo e individual" (SUNSTEIN; HOLMES, 2019, p. 35).

Ainda, mesmo partindo de outra premissa da dualidade entre "direito positivo" e "direito negativo", quando coloca-se em evidência os custos do Estado para efetivar os direitos, não existem diferenças entre os direitos positivos e negativos. Como destaca Cleucio Santos Nunes, "garantir as liberdades individuais arduamente defendidas pelos libertários custa para sociedade assim como são dispendiosas as ações estatais para promover direitos sociais" (NUNES, 2019, 228), concluindo que, manter a máquina estatal impõe aos governantes o dever de pagar pelos "bens públicos" direta ou indiretamente usufruídos pelos indivíduos.[19]

Sabendo que os direitos tem seus custos, podemos concluir que a liberdade, como um direito, também tem um custo, com isto, caminha-se para a questão do "valor".

O VALOR DA LIBERDADE

Na palavras de Stephen Holmes e Cass R. Sunstein, "a liberdade tem pouco valor quando aqueles que aparentemente a possuem não dispõem dos recursos necessários para dar eficácia a seus direitos" (SUNSTEIN; HOLMES, 2019, p. 9).

---

18   Distinção entre os casos Roe vs. Wade (410 U.S. 113 - 1973) e Maher vs. Roe (432 U.S. 464 - 1977). (SUNSTEIN; HOLMES, 2019, p. 23-26)

19   "Manter a máquina estatal com uma estrutura legislativa, de execução e fiscalização da legalidade, ou da solução judicial dos conflitos, ou das controvérsias sobre contratos e a interpretação dos direitos formalmente legislados, impõe aos governados o dever de pagar por tais benefícios direta ou indiretamente usufruídos"(NUNES, 2019, p. 228).

Para tratar a questão do valor, é imperioso tocarmos no tema da ADPF n.º 45 de relatoria do Min. Celso de Mello[20], cuja decisão fez menção expressa aos filósofos Holmes e Sunstein, e trouxe ao debate os direitos fundamentais, a escassez de recursos e a chamada cláusula da "reserva do possível".[21]

A ADPF n.º 45 aborda a questão da distribuição gratuita de medicamento para as pessoas carentes, cuja conduta "...dá efetividade a preceitos fundamentais da Constituição da República (art. 5º, caput, e 196)..." (ADPF nº 45). Neste julgado, o relator Min. Celso de Mello ilumina que o Estado não pode deixar de cumprir com suas obrigações constitucionais invocando a "reserva do possível"[22] como justificativa, "...ainda mais se a referida omissão estatal tiver o condão de concorrer para violar as condições mínimas de existência dos cidadãos"(TAMANAHA, 2012, p. 206).

Em seu voto, o Ministro relator, de forma louvável, decide da seguinte forma:

> "Não deixo de conferir, no entanto, assentadas tais premissas, significativo relevo ao tema pertinente à 'reserva do possível' (STEPHEN HOLMES/CASS R. SUNSTEIN, 'The Cost of Rights', 1999, Norton, New York), notadamente em sede de efetivação e implementação (sempre onerosas) dos direitos de segunda geração (direitos econômicos, sociais e culturais), cujo adimplemento, pelo Poder Público, impõe e exige, deste, prestações estatais positivas concretizadoras de tais prerrogativas individuais e/ou coletivas...
>
> Não se mostrará lícito, no entanto, ao Poder Público, em tal hipótese – mediante indevida manipulação de sua atividade financeira e/ou político-administrativa – criar obstáculo artificial que revele o ilegítimo, arbitrário e censurável propósito de fraudar, de frustrar e de inviabilizar o estabelecimento e a preservação, em favor da pessoa e dos cidadãos, de condições materiais mínimas de existência.
>
> Cumpre advertir, desse modo, que a cláusula da 'reserva do possível' – ressalvada a ocorrência de justo motivo objetivamente aferível – não pode ser invocada, pelo Estado, com a finalidade de

---

20   ADPF nº 45, Rel. Min. Celso de Mello, Data de Julgamento 29/04/2004, Dje 04/05/2004. Disponível em: <http://stf.jus.br/portal/diarioJustica/verDiarioProcesso.asp?numDj=84&dataPublicacaoDj=04/05/2004&incidente=3737704&codCapitulo=6&numMateria=61&codMateria=2> Acesso em: 11 de novembro de 2021.

21   Objeto de análise de Rodolfo T. Tamanaha em sua obra, citada anteriormente.

22   Invocação de resguardar-se financeiramente com o objetivo de equilibrar a economia, fixando a razoabilidade da pretensão social.

exonerar-se do cumprimento de suas obrigações constitucionais…" (ADPF nº 45, Rel. Min. Celso de
Mello, Data de Julgamento 29/04/2004, Dje 04/05/2004)

A partir do momento que se denota a essência da discussão do caso em tela, percebe-se como é significativa, e temorosa, a íntima e necessária conexão dos direitos com a receita orçamentária do Estado. A percepção de que os direitos estão atrelados aos custos orçamentários e, consequentemente, às escolhas políticas podem ser de grande incômodo. Como Rodolfo Tsunetaka Tamanaha afirma "…encarar que os direitos custam dinheiro implica, de forma dolorosa, mas realista aceitar o fato de que a esfera política, responsável pela alocação dos recursos públicos, afeta de forma substancial e decisiva a concretização dos direitos inscritos na carta constitucional"(TAMANAHA, 2012, p. 208).

Destarte, faz-se o seguinte questionamento: Aonde encontramos o valor de nossa liberdade, partindo da premissa de que somos obrigados a abdicar de determinados direitos pela inexistência de oportunidades por conta da escolha de distribuição dos recursos públicos?

Para clarear esta indagação exemplifica-se a seguinte situação. Consoante o inciso LV, do art. 5º, da Constituição da República, "aos litigantes, em processo judicial ou administrativo, e aos acusados em geral são assegurados o contraditório e ampla defesa, com os meios e recursos a ela inerentes". Imagine uma situação na qual um sujeito não disponha de recursos para contratar um advogado, mas, impreterivelmente, necessite da atuação de um para lhe defender em um litígio. O direito de defesa e de acesso à justiça são resguardados pela Constituição, nesta hipótese, a liberdade deste sujeito é encontrada no desimpedido acesso aos meios necessários para que seja efetuada e apreciada a sua defesa. Se o Estado não dispor de orçamentos para conceder a este sujeito um defensor público ou um advogado dativo para o exercício de sua defesa, consequentemente, a liberdade concedida pela Constituição a este sujeito não terá um devido valor, uma vez que ela não pode ser exercida de forma eficaz.

Com isto, reforço a citação de Stephen Holmes e Cass R. Sunstein mencionada no início deste capítulo, e afirmo, a liberdade apenas terá valor se seu possuidor dispor dos recursos necessários para dar eficácia a seus direitos. Nas palavras dos autores "A liberdade de contratar um advogado nada significa quando todos os advogados cobram honorários, você não tem dinheiro e o Estado não o ajuda" (SUNSTEIN; HOLMES, 2019, p. 9). Em outro exemplo, o mesmo vale para "o direito à propriedade privada, que é um elemento importante para a liberdade, nada significa quando você não dispõe de recursos para proteger o que é seu e a polícia não existe" (SUNSTEIN; HOLMES, 2019, p. 9).

Desse modo conclui-se, de forma realista, que os poderes Executivo e Legislativo, através do recolhimento e da destinação dos recursos públicos, afetam substancialmente o valor de nossos direitos e, consequentemente, de nossa liberdade.[23]

Com isto, inicia-se um segundo questionamento: Como é possível tornar o direito mais eficaz constituindo o seu devido valor?

A resposta para esta pergunta parece-me ser até intuitiva, evidentemente, "o Estado ainda é o mais eficaz instrumento disponível pelo qual uma sociedade politicamente organizada é capaz de buscar seus objetivos comuns" (SUNSTEIN; HOLMES, 2019, p. 197), com isto, sabe-se que o caminho para alcançar a eficácia dos direitos está no Estado, inclusive porque, os direitos pressupõem um Estado eficaz, pois "...é somente por meio do Estado que uma complexa sociedade moderna é capaz de alcançar o grau de cooperação social necessário para transformar o papel e a tinta das declarações em liberdades efetivamente exigíveis" (SUNSTEIN; HOLMES, 2019, p. 196).

Com isto, constata-se que o caminho ideal se divide em duas partes: primeiro, a existência de um bom sistema tributário, o qual para Luís Eduardo Schoueri deve ter características de eficiência econômica (sem interferência na alocação econômica), simplicidade administrativa (fácil e custo baixo), flexibilidade (reação fácil do sistema com a economia), responsabilidade política (sistema transparente) e equidade (equitativo nas diferenças individuais)[24]; e, por seguinte, uma boa alocação dos recursos públicos, cuja atuação estatal pressupõe decisões políticas que canalizem os recursos, quando escassos, de modo mais eficaz em face dos problemas e oportunidades (SUNSTEIN; HOLMES, 2019, p. 188-189) em evidência ao momento.

Mas não basta apenas a existência de um bom sistema tributário e uma boa alocação de recursos públicos, faz-se necessário, acima de tudo, que todos os membros da sociedade busquem, de forma individual ou coletiva, cooperar visando o desenvolvimento econômico-social e a manutenção da "burocracia estatal", no que lhes incubir, inclusive, pagando devidamente seus tributos, uma vez que, estes, como afirma José Casalta Nabais, são "o preço que todos, enquanto integrantes de uma dada comunidade organizada em Estado, pagamos por termos a sociedade que temos" (NABAIS, 2011, p. 12-13).

---

23   Nas palavras de Holmes e Sunstein: "Num sentido doloroso, mas realista, o custo dos direitos implica que os dois poderes políticos (o Executivo e o Legislativo), que recolhem e determinam a destinação dos recursos públicos, afetam substancialmente o valor, o âmbito e a previsibilidade dos nossos direitos" (SUNSTEIN e HOLMES, 2019, p. 19).

24   Nas palavras do autor: "Afirma-se, hoje, que um bom sistema tributário deve ter as seguintes características: - eficiência econômica: o sistema tributário não deve interferir na alocação econômica de recursos; - simplicidade administrativa: o sistema tributário deve ser de administração fácil e relativamente pouco custosa; - flexibilidade: o sistema tributário deve ser capaz de reagir facilmente (em alguns casos automaticamente) as mudanças nas circunstâncias econômicas; - responsabilidade política: o sistema tributário deve ser transparente; equidade: o sistema tributário deve ser equitativo, diante das diferenças individuais" (SCHOUERI, 2019, p. 42-43).

Sendo assim, por termos uma sociedade estruturada na garantia e na promoção dos direitos fundamentais, implica-se no reconhecimento, de que a todos é assegurado um mínimo de igual liberdade e, com isto, uma necessária solidariedade. Apenas com um bom sistema tributário, uma boa alocação de recursos públicos e a solidariedade dos integrantes da sociedade é possível ter um Estado eficaz e, consequentemente, direitos mais eficazes constituindo, assim, a liberdade com seu devido valor.

CONSIDERAÇÕES FINAIS

Como analisado, os tributos existem desde os tempos imemoriais e a relação dos tributos com os direitos e, consequentemente, com a liberdade sempre existiu. Na Antiguidade os escravos e estrangeiros pagavam o tributo porque não eram considerados livres no Estado tributante; na Idade Média o tributo, com características contratuais, era um preço a ser pago em troca de benefícios e proteção, para garantir a liberdade; no decorrer dos próximos séculos, o tributo tornou-se a fonte originária de riquezas do Estado, iniciando-se então o Estado Fiscal, no qual, em sua primeira fase, o tributo passou a ser um preço para que o Estado apenas garantisse as escolhas individuais e os contratos; nas próximas fases o tributo passou a custear a intervenção do Estado no bem-estar social e, assim, assumiu-se uma feição diferente, ser livre é ter oportunidade, ter acesso aos "serviços sociais" e, com isto, coletivamente, ter as "necessidades públicas" atendidas.

De todo o exposto, faz-se a seguinte associação: para que se tenha os direitos, e a liberdade, é necessário que os "serviços sociais" sejam disponibilizados; para que os "serviços sociais" sejam disponibilizados é necessária a "burocracia estatal"; para que se custeie e tenha a "burocracia estatal" são necessários os tributos. Ou seja, para se ter liberdade deve-se ter tributos.

Todavia, não basta apenas o tributo para ser livre, pois tudo funciona como um organismo, é necessário um bom sistema tributário, uma boa alocação de recursos públicos, canalizados de forma eficaz, e uma sociedade solidária que coopere com o desenvolvimento econômico-social e com a manutenção da "burocracia estatal". Apenas assim, os direitos serão eficazes e poderá ser atribuído, à desejada liberdade, o valor que lhe é devido.

REFERÊNCIAS BIBLIOGRÁFICAS

ADPF nº 45, Rel. Min. Celso de Mello, Data de Julgamento 29/04/2004, Dje 04/05/2004. Disponível em:

< h t t p : / / s t f . j u s . b r / p o r t a l / d i a r i o J u s t i c a / v e r D i a r i o P r o c e s s o . a s p ? n u m D j = 8 4 & d a t a P u b l i c a c a o D j = 0 4 / 0 5 / 2 0 0 4 & i n c i d e n t e = 3 7 3 7 7 0 4 & c o d Capitulo=6&numMateria=61&codMateria=2> Acesso em: 11 de novembro de 2021.

ARISTÓTELES. Ética a Nicômaco; tradução, textos adicionais e notas de Edson Bini. São Paulo: Edipro, 2020.

CARRAZZA, Roque Antonio. Curso de Direito Constitucional Tributário. 28ª ed. São Paulo: Malheiros, 2012.

CARVALHO, Paulo de Barros. Direito Tributário Linguagem e Método.7ª ed. São Paulo: Noeses, 2018.

CLÈVE, Clèmerson Merlin. Atividade Legislativa do Poder Executivo. 3ª ed. São Paulo: Revista dos Tribunais, 2011.

FRISCHEISEN Luiza Cristina Fonseca. A Justiciabilidade e a Imposição dos Direitos Econômicos, Sociais e Culturais. In: Coord. PETERKE, Sven. Manual Prático de Direitos Humanos Internacionais. Brasília: Escola Superior do Ministério Público da União, 2009.

HOBBES, Thomas. Leviatã ou Matéria, Forma e Poder de um Estado Eclesiástico e Civil. Tradução de João Paulo Monteiro e Maria Beatriz Nizza da Silva, 1651.

LOCKE, John. Dois Tratados Sobre o Governo: tradução Julio Fischer. São Paulo: Martins Fontes, 1998.

MAQUIAVEL, Nicolau. O Príncipe; tradução Maria Júlia Goldwasser. 3º ed. São Paulo: Martins Fontes, 2004.

MURPHY, Liam; NAGEL, Thomas. O Mito da Propriedade. Trad. Marcelo Brandão Cipolla. São Paulo: Martins Fontes, 2005.

NABAIS, José Casalta. Sustentabilidade Fiscal em Tempos de Crise. Coimbra: Almedina, 2011.

NUNES, Cleucio Santos. Justiça Tributária. Belo Horizonte: Fórum, 2019.

SCHOUERI, Luís Eduardo. Direito Tributário. 9. ed. São Paulo: Saraiva Educação, 2019.

SUNSTEIN, Cass; HOLMES, Stephen. O Custo dos Direitos: por que a liberdade depende dos impostos. São Paulo: Martins Fontes, 2019.

TAMANAHA, Rodolfo Tsunetaka. Percepção de que os direitos têm custos e a jurisprudência do STF. In: GASSEN, Valcir (Org.). Equidade e eficiência da matriz tributária brasileira: diálogos sobre Estado, Constituição e Direito Tributário. Brasília: Consulex, 2012.

TORRES, Ricardo Lobo. Curso de Direito Financeiro e Tributário. 18ª ed. Rio de Janeiro: Renovar, 2011.

UCKMAN, Victor. Princípios Comuns de Direito Constitucional Tributário. 2.ed. Trad. Marco Aurélio Greco. São Paulo, Malheiros, 1999.

RAMOS, André de Carvalho. Curso de Direitos Humanos. 4ª ed. São Paulo: Saraiva, 2017.

VIEIRA, José Roberto. Medidas Provisórias em Matéria Tributária: As Catilinárias Brasileiras. Tese (Doutorado em Direito) – Pontifícia Universidade Católica de São Paulo. São Paulo, 1999.

_____. Fundamentos Republicano-Democráticos da Legalidade Tributária: Óbvios Ululantes e Não Ululantes. In: FOLMANN, Melissa (coord.). Tributação e Direitos Fundamentais: Propostas de Efetividade. Curitiba, Juruá, 2006.

_____. Legalidade e Norma de Incidência: Influxos Democráticos no Direito Tributário. In: GRUPENMACHER, Betina T. (coord.). Tributação: Democracia e Liberdade – Em Homenagem à Ministra Denise Martins Arruda. São Paulo: Noeses, 2014.

LINCHAMENTOS, PRECARIEDADES E O LUTO COMO RECONHECIMENTO PÚBLICO: UMA REVISÃO DE LITERATURA A PARTIR DA APLICAÇÃO DA TEORIA DE JUDITH BUTLER AOS CASOS OCORRIDOS NO MARANHÃO

Autor:

Thiago Allisson Cardoso De Jesus[1]

Na ambiência do Estado Democrático de Direito, partindo-se estruturalmente do arcabouço normativo e principiológico constante na Constituição de 1988, o mundo ideal delineado nesse enquadramento jurídico

---

1   Advogado. Pós-Doutor em Ciências Criminais pela Pontifícia Universidade Católica do Rio Grande do Sul. Pós-Doutor pelo Programa Desigualdades Globais e Justiça Social (Capes/Programa de Internacionalização) pela Faculdade de Direito da Universidade de Brasília e pela Faculdade Latinoamericana de Estudos Sociais (FLACSo). Doutor e Mestre em Políticas Públicas pela Universidade Federal do Maranhão. Doutorando em Estado de Derecho y Gobernanza Global (Universidad del Salamanca/Espanha), tendo como Diretora de Tese a Profa. Dra. Maria Esther Martinez Quinteiro. Bacharel em Direito pela UFMA. Professor Adjunto I na Graduação e Pós-Graduação em Direitos Humanos da Universidade Estadual do Maranhão e atual Diretor do Curso de Relações Internacionais da UEMA. Integrante do Comitê Institucional de Pesquisa e Extensão da Uema. Professor Permanente do Mestrado Profissional em Direito e Afirmação de Vulneráveis e da graduação em Direito da Universidade Ceuma. Orientador de Iniciação Científica (FAPEMA e CNPQ). Integrante do Corpo Nacional e Internacional de Pareceristas do Conselho Nacional de Pesquisa e Pós-Graduação em Direito (CONPEDI). Líder do Núcleo de Estudos em Processo Penal e Contemporaneidade (NEEPPC/UEMA/DGP-Capes) e do Núcleo de Estudos em Estado, Segurança Pública e Sociedade (NEESS/CEUMA/DGP-Capes). Conferencista, Autor e organizador de diversas obras. Cristão católico. Ocupa a Cadeira 27 da Academia Atheniense de Letras e Artes/ATHEART com patrono Nauro Machado. Email: t_allisson@hotmail.com / http://lattes.cnpq.br/5469677786284210 / https://orcid.org/0000-0002-4605-8019

denotaria segurança e preservação da vida humana contra todo azar de violação de direitos, violências e de espetacularização da dor e do sofrimento.

Paradoxalmente, porém implicado em um contexto de dissonâncias entre o perfil normativo e a realidade de profundas desigualdades e precariedades; a expressiva incidência de linchamentos no Brasil mitiga essa ambiência democrática e garantista. Ainda que escassa a literatura e os estudos sobre o tema, denotando a invisibilidade do fenômeno; há pesquisas em diversos estados brasileiros que monitoram as ocorrências, pautando-se em dados noticiados pela imprensa e considerando a intensa subnotificação (MANSOLDO, 2019).

No Maranhão, um dos estados brasileiros mais pobres, fazendo uso dos relatórios elaborados pelo Caop/ Crim – Centro Apoio Operacional Criminal (CAOP, 2019) do Ministério Público Estadual, elaborados a partir da sistematização de informações oriundos da Sociedade Maranhense de Direitos Humanos, da Secretaria de Segurança Pública do Estado do Maranhão e dos casos noticiados pela imprensa –, foram registradas 10 mortes por linchamentos no ano de 2013. No ano posterior, o número subiu para 15. Já em 2015, os registros aumentaram para 28 vítimas fatais; e, em 2016, foram registrados 42 mortos (SOCIEDADE MARANHENSE DE DIREITOS HUMANOS, 2017), provocando a declaração pela Sociedade Maranhense de Direitos Humanos (SMDH) que vivia-se uma epidemia de linchamentos no Maranhão, problema humanitário para o mundo contemporâneo. O ano de 2017 contabilizou 30 óbitos e, somente a partir de 2018, as ocorrências de linchamentos foram registradas, independentemente de violência homicida. Em 2018, ocorreram 26 óbitos em virtude dos linchamentos e 08 vítimas que não faleceram. Destaca-se aqui que, além da vitimização não letal, restaram prejudicados na sistematização nos períodos supracitados os casos de linchamentos ocorridos fora da área metropolitana da Ilha de São Luís, capital maranhense, e os que não foram enquadrados como casos de linchamentos.

Em suma e sintetizando o dilema da violência sacrificial maranhense no período de 2013 a 2018, chega-se a uma razão de 01 linchamento a cada treze dias e a nota histórica de 159 vítimas, sendo 151 óbitos, tratando-se de um fenômeno complexo e concreto em dilemas e sofrimento.

Nessa toada, elegeu-se como problema de pesquisa para a presente investigação: em que consistem, como se relacionam e repercutem as diversas tensões, racionalidades e os dispositivos de controle no complexo processo de (não) reconhecimento dos linchados como vítimas em um contexto contemporâneo de precariedades e de normalização da morte a partir dos casos ocorridos no Maranhão?

A hipótese é que o não-reconhecimento do linchado como uma vida passível de luto afigura-se como um produto de um processo histórico complexo, sustentado nas lógicas de dominação dos corpos, de enquadramento seletivo e de inúmeras precariedades, desigualmente socializadas, em um contexto de normalização da morte e de construção racista do inimigo público que deve ser eliminado por dispositivos de controle dos indesejáveis.

O objetivo do presente texto é analisar as diversas tensões, racionalidades e os dispositivos de controle no complexo processo de (não) reconhecimento dos linchados como vítimas no contexto contemporâneo de normalização da morte a partir dos casos ocorridos no Maranhão, considerando as precariedades da vida, as históricas violências estruturais e os fundamentos contemporâneos da necropolítica e de construção do inimigo público no Brasil.

Como pressuposto conceitual, orienta-se pela compreensão do linchamento como fenômeno complexo e de descompassado trato político-criminal; e da violência estrutural como a que decorre das relações desiguais em sociedade, locus situado sobretudo em democracias aparentes (WACQUANT, 2012), declaradora de direitos pifiamente efetivados (ANDRADE, 2003), dialogando com Butler (2015), Mbembe (2018) e Agamben (2003). Elegem-se as categorias Luto, Enquadramento, Reconhecimento, Morte, Linchamentos, Violência Estrutural, Vidas Precárias, Necropolítica, Inimigo, Outro e Normalização.

A abordagem será predominantemente qualitativa, com natureza descritiva e exploratória e fará uso da triangulação de métodos, combinando técnicas e procedimentos que permitam a compreensão da realidade, com prevalência do método crítico-dialético, rompendo com estruturas postas, confrontando a aparência com a essência e observando as tensões nas diversas relações sociais permeadas por contradições. A pesquisa possuiu importante dimensão empírica, a partir da análise dos casos ocorridos no Maranhão, contextualmente situados em regiões periféricas nas quais as marcas das precariedades são históricas e manifestam processos de exclusão social a fim de que se torne concreta a teorização aqui utilizada.

O plano de investigação é constituído por duas seções. A primeira seção descreverá o fenômeno experimentado no Nordeste brasileiro, especificamente no Maranhão, a partir da análise contextualmente situada das ocorrências com o fito de perceber a base material violenta e excludente que sustentam os linchamentos; a segunda, por derradeiro, fará uma revisão de literatura da aplicação da teoria de Judith Butler ao fenômeno através da análise de diversos pressupostos teórico-conceituais.

A BASE MATERIAL DE LINCHAMENTOS COMO PREMISSA PARA A COMPREENSÃO DO FENÔMENO

Expressão das múltiplas feições que as violências adquirem na contemporaneidade, o fenômeno dos linchamentos afigura-se como complexo; contextualmente situado; e como uma tensa repercussão de uma estrutura social desigual, de precariedades e de históricos processos de exclusão e racismos experimentados.

Decerto, nesse contexto de estado de exceção permanente (AGAMBEN, 2010) como herança colonial e consequências da normalização da violação de direitos que fizeram do Brasil uma máquina de moer gente como disse o imortal Darcy Ribeiro (1990), cuja engrenagem mata ainda que permita viver (BUTLER, 2015) nossas relações estão condicionadas às estruturas sociais marcadas a) com os ranços do patrimonialismo, clientelismo, mandonismo, do patriarcado e pela busca do ter, do consumo desenfreado e do discurso da meritocracia; b) pelas bases escravocratas, racistas, discriminatórias e destrutivas das culturas e identidades dos grupos vulneráveis a partir de um intenso processo de coisificação e de um enquadramento seletivo e diferenciado da violência; c) pelos interditos e pelas posições declaradas de mentalidades punitivistas, autoritárias e pela construção do inimigo público, eleito bode expiatório a ser sacrificado, que repercutem em práticas de etiquetamento, higienização social e indiferença ao outro em um contexto armamentista; d) por uma intensa crise de desagregação entre os poderes constituídos e pelos microfocos de poder, cujo ápice foi a intensa polarização no pré-eleições de 2018 que perdura, fragilizando as capacidades estatais a uma governabilidade democrática, inclusiva, plural, comprometida com os valores da Cultura de Paz preconizados pelos sistemas protetivos dos direitos humanos e que afeta indivíduos e grupos, em suas múltiplas precariedades; e) pela clarividente necessidade de releitura da política, da soberania e do sujeito, que olhem para categorias mais palpáveis como a vida, a morte, as precariedades e as vulnerabilidades (BUTLER, 2015; BUTLER, 2006; MBEMBE, 2018; AGAMBEN, 2003; ALAGIA,2013; ZIZEK, 2017; BARBOSA et al, 2018; COUTINHO et al, 201; ZAFFARONI, 2008; SANCHEZ, 2018; FERNANDES, 2001; MULAS, 2017; JACKOBS, 2008; CHAUÍ, 2006; HOLANDA, 1991; SANTOS, 2010; BARATTA, 2008; YOUNG, 2002; ANDRADE, 2003; ANDRADE, 2003; BAUMAN, 2013; BECK, 2011; RUBIO, 2014; COMPARATO, 2004; NAPOLITANO, 2014; PERALVA, 2000; PEREIRA, 2010; FOUCAULT, 2010).

Do silenciamento – que perpassa a invisibilidade – à relevância na agenda social, imersa em uma constante tensão entre o espaço público e privado; a violência adquiriu status de questão pública, ante às suas distintas repercussões. Com efeito, é sério entrave para os governos declarados democráticos (CIIIP, 2002; PNUD, 2006); é um grave problema de saúde pública (PERES, 2008); é evidência da fragilidade dos compromissos estatais de proteção a pessoa e dos arranjos democráticos voltado a uma governabilidade inclusiva, plural e socialmente justa (O'DONNELL, 1999; ELIAS, 2005; PNUD, 2006); é forte causa para afastamento de investimentos (AZEVEDO, 2007) e gera impactos, de variadas ordens, para o desenvolvimento humano sustentável, por uma precisa análise econômica da violência (BECKER, 1974) e a partir dos elementos fundantes de uma nuda vida que submetem indivíduos e grupos vulneráveis às piores consequências de um projeto político econômico neoliberal (AGAMBEN, 2003) que elimina vidas, inclusive.

Notório desafio argumentativo é o sustentar o reconhecimento do linchado como pessoa, nesses tempos que as ideologias conservadoras avançam, trazem consigo influências autoritárias em uma arena política de exaltação a torturadores, de negação da Ciência, difusão violenta de fakenews e de intensa polarização político-partidária (BRASIL, 2020); o auditório (PERELMAN; OLBRECHTS-TYTECA, 1996) – movimentado pelas diversas lógicas do ciclo hermenêutico da realidade – passa a ser manipulado por a) intensa aversão aos regimes democráticos e pelo apreço a truculência e ao enfrentamento armado, produto de bandeiras partidárias que elegeram diversos governos (MOUNK, 2019); b) clamor por punição, associando a força letal estatal que encarcera a categoria deontológica da Justiça afastada de seu ideal de equidade (SEN, 2014); c) discursos e práticas que atentam contra os poderes constituídos, contra a democracia, contra o acervo jurídico historicamente conquistado na luta dos diversos movimentos sociais, contra a Constituição e contra a pessoa humana.

Sobre uma política de reconhecimento, Habermas (2018, p.345) reitera a afirmação, outrora feita por outros teóricos políticos, que "ao reconhecimento público pleno pertencem duas formas de respeito: 1. O respeito da identidade insubstituível de cada indivíduo, independente de sexo, raça ou pertencimento étnico (...)". Aliado a isso, frisa-se o necessário "2. O respeito a todas as formas de ação, práticas e variedades de concepções de mundo que desfrutam de alto apreço junto aos membros dos grupos menos favorecidos ou que a eles estejam especificamente ligados de modo estreito" (2018, p. 345).

A violência sacrificial (ALAGIA, 2018), outrora como expressão de busca da manutenção da ordem de antigos grupos sociais13 é normalizada pelo próprio povo iconizado (AGAMBEN, 2015) e empobrecido politicamente (DEMO, 2010) que insurge-se contra a democracia e provoca a construção do inimigo contemporâneo (JACKOBS, 2008; FOUCAULT, 2012; ZAFFARONI, 2014), que passa a ser também o humano sacrificável na contemporaneidade. Decerto, "[...]. As vítimas sacrificáveis são seres que pertencem muito pouco a sociedade... Os sacrificáveis são aqueles cuja morte não causa agravo nem em parentes nem em aliados. O sacrifício é uma violência sem risco. (ALAGIA, 2018, p. 59-60)". O linchamento reflete isso. Reflete a negação do ser humano, do indivíduo visto como aquele que não pode ser, de fato, dividido, destituído.

Assim, ratifica-se a politização da violência, investigada por Mbembe (2018), pressupondo que "cualquier tipo de violencia que se intente analizar tiene que comprender dentro de contextos más amplios de poder, más allá de acto de dominación del uno(s) sobre otros(s); es importante desentrañar su relación con la clase, con el mercado, cn la circulación de la mercancia y la politica, así como la respuesta que se tiene ante su ejercicio" (SENDRA, 2012, p. 71). Ademais, sobreleva ressaltar que "la cultura de la violencia se expressa (...) en las formas en que la poblacíon se vive cosificada en su cotidianeidad (SENDRA, 2012, p. 71, grifo nosso)".

Embora negligenciada, conforme historiografou Maria Victória Benevides (apud ADORNO, 1996, pp. 48-49), há um lado obscuro na alma brasileira. Descortina-se que a violência é também praticada em nome da moral, da ordem, da religião, de um suposto bem comum e voltada a manutenção da supremacia de alguns padrões comunitários de comportamento, estética e discurso - configurado, por vezes, à margem das garantias contramajoritárias e do respeito à pessoa; legitimada na constatação discursiva, a partir da qual a autora reflete uma aguçada mentalidade punitivista que "o brasileiro pode matar, torturar, linchar. Quando não o faz diretamente, muitas vezes justifica e aprova" (p.49). Destarte, "en el ejercicio de la violencia se desconece al outro, poniendo em juego la problemática del narcisismo y el desconocimiento de la subjetividade" (SENDRA, 2012, p.73).

Foi a partir da realidade empírica da violência sacrificial no Maranhão, situado no nordeste brasileiro, que delineou-se um perfil dos reais vitimizados pelas expiações (JESUS, 2021), restando demonstrado que a maior parte dos casos ocorridos aniquilam jovens, negros (60%) ou pardos (10%), todos do sexo masculino, com faixa etária média de 26 anos semelhante ao perfil das vítimas enquadradas nas práticas de homicídio no Brasil e no Maranhão, permitindo depreender o elemento socioeconômico e racial como as condições que provocam a eliminação de indivíduos em sede de linchamentos, em grau máximo (ocorrência de óbitos).

Reflete-se, ainda, acerca da suposta ausência de casos de linchamentos com vítimas do sexo feminino, pressupondo a invisibilidade sobre mais essa violência contra mulheres (JESUS, 2021).

Ademais, nada foi sistematizado sobre linchamentos envolvendo a população LGBTQIA+ e os diversos processos históricos de exclusão e eliminação que as necropolíticas brasileiras operam contra. Georreferenciando, o mapa da violência sacrificial no Maranhão permite inferir que tais práticas ocorrem em espaços de nítida deterioração dos serviços públicos essenciais como os de educação, saúde e acesso a equipamentos de lazer; e onde as repercussões da precarização da vida a partir do mundo do trabalho, a exemplo das diversas formas de exploração para a garantia da sobrevivência, também influenciam as formas violentas de solução de conflitos que tendem a ser naturalizadas (JESUS, 2021).

Nesse sentido, atrai-se uma necessária e balizada análise, em diversas variáveis contextuais e de suas nefastas repercussões no corpo social.

É para esse cenário que José de Sousa Martins assevera que o "justiçamento popular se demanda num plano complexo. Há nele evidências de força do inconsciente coletivo e do que estou chamando de estruturas sociais profundas" (2015, p.10).

Decerto, as instâncias normativas que sustentariam movimentos para preservação da vida, de reconhecimento e afirmação de direitos em meio às precariedades (BUTLER, 2006) e vulnerabilidades da vida revestem-se de caráter meramente formal, não possuindo efetividade e operabilidade social (ZAFFARONI, 2010).

Assim, o Outro, que deixa de fazer parte de nós (LEVINAS, 2015) passa a ser visto pela sociedade punitiva como inimigo e deve ser destituído de suas subjetividades, direitos e existência; é alvo de julgamentos (por não-juízes) e condenações (a preço de morte em suplícios e espetáculos públicos) sem compromisso com uma racionalidade garantista, resultante, também, da percepção de que o Estado não teria a capacidade de prover justiça e segurança nessa ambiência apurada de desigualdades, de diversas relações com as faces da precarização da vida.

Nesta senda, aqui eis um contributo à literatura especializada para a compreensão do luto público como instrumento de reconhecimento aplicando-se aos linchamentos tidos como fenômenos complexos e violentos de repercussão global, a partir dos casos ocorridos no Maranhão, colocando na pauta da investigação os diversos contextos que implicam nas condições para reconhecimento do linchado como pessoa e como vida passível de luto, com base nos marcos teóricos instigados por Judith Butler e demais autores contemporâneos que com ela dialogam.

O LINCHADO COMO UMA VIDA NÃO PASSÍVEL DE LUTO: UMA REVISÃO DE LITERATURA A PARTIR DA OBRA DE JUDITH BUTLER

No substractum dessas precariedades, o fenômeno dos linchamentos legitimou-se no apoio das massas, em um contexto marcado a) pela morosidade e inefetividade da prestação jurisdicional ante os incrementos alarmantes da criminalidade e as já obsoletas e insuficientes estratégias repressivas; b) por um clamor do imaginário popular por punitivismo e de uma nítida mentalidade inquisitória (COUTINHO, 2018); c) por uma racionalidade própria (SINORETTO, 2011), ante o iter procedimental pelo qual a população, conscientemente, persegue, neutraliza, condena e sanciona, cerceando a liberdade, as diversas garantias fundamentais e, por muitas vezes, a vida. Com efeito, uma vida que talvez não seja reconhecida como uma vida, já que "uma vida específica não pode ser considerada lesada ou perdida se não for primeiro considerada viva" (BUTLER, 2006, p. 13).

Frisando a espetacularização (DEBORD, 2010) da violência - balizada na idade média por meio dos suplícios e expiações públicos e hodiernamente reiterado no mantra de que "bandido bom é bandido morto" (DATAFOLHA, 2010) que sugere a normalização das mortes (GIGENA, 2012); é nesse campo tenso que o inimigo é identificado como tal e seu corpo passa a ser alvo de um linchamento.

Decerto, aqui configura-se uma tecnologia específica - de origem colonial e de gestão seletiva de determinados grupos e alcançados por dispositivos de controle fundamentados nos racismos, nas lutas de classes e na política de eliminação dos indesejáveis - em um contexto situado em uma fase do capitalismo marcada pela atuação intensa dos aparelhos ideológicos e repressivos do Estado; pela inefetividade das políticas públicas para enfrentamento das precariedades; e pela intensa exploração no mundo do trabalho e indiferença a dor do Outro (FRASER, 2012; MBEMBE, 2018; BUTLER, 2015; MARX, 2011; MASCARO, 2015; ALTHUSSER, 2010).

Nessas interfaces e fraturas entre justiça social, Estado Democrático de Direito, violências, poder punitivo legítimo, precariedades e reconhecimento da pessoa do linchado como vítima de um necropoder situa-se o diálogo entre os marcos teóricos para fundamentação da presente investigação.

Compreendendo, a partir de Judith Butler, que "certas vidas não são qualificadas como vidas ou se, desde o começo, não são concebíveis como vidas de acordo com certos enquadramentos epistemológicos, então essas vidas nunca serão vividas nem perdidas no sentido pleno dessas palavras" (2006, p. 21), volta-se o olhar ao processo de reconhecimento dos linchados como vítimas, em um ambiente de intensas precariedades e violências normalizadas que é o Maranhão, campo escolhido por possuir uma sistematização de dados sobre os linchamentos ocorridos. Na pauta, a noção de moldura, de enquadramento, de apreensão e reconhecimento de uma vida. Na pauta, o luto como reconhecimento público. Com os marcos teóricos que sustentam as tensas relações afloradas pelos estudos da sociologia do luto, visibilizam-se questões não ditas ou interditas mas que norteiam políticas – inclusive de omissão – de morte, uma categoria palpável na dor, no sofrimento e na expiação daquele que é alvo desse fenômeno violento.

Assim, vislumbra-se a investigação dos fundamentos, das interfaces e das tensões que demarcam as condições para ser reconhecido como pessoa, pressupostos para o reconhecimento que, há tempos, já não pode ser contemplado pela "qualidade ou potencialidade de indivíduos humanos" (BUTLER, 2015, p. 20).

A condição de ser reconhecido precede o reconhecimento: nessa toada, perscrutam-se os arranjos históricos que condicionam e são condicionados; os movimentos normativos para enquadramento e seus fracassos; e o uso dos diversos esquemas de inteligibilidade entendidos como um a priori histórico que reconhecem que os indivíduos podem ter "histórias de vida e histórias de morte" (BUTLER, 2015, p. 21).

Axel Honneth aplicaria a concepção de reconhecimento aqui retratada ao manto da coisificação. Nessa senda, denotaria que "a reificação dos seres humanos significa (...) perder de vista ou mesmo recusar o fato do reconhecimento prévio" (2018, p. 95).

Destarte, a pessoa do linchado pode ser visto como uma mera figura, conforme apreendida na literatura de Butler (2015), destituída de sua ontologia como ser. Atrela-se essa construção ao fracasso da instância normativa de proteção. Essa deterioração reduz a pessoa em uma figura que "não reivindica um estatuto ontológico determinado e, embora possa ser apreendida como viva, nem sempre é reconhecida como uma vida. Na verdade, uma figura viva fora das normas da vida não somente se torna o problema como qual a normatividade tem de lidar, mas parece ser aquilo que a normatividade tem de lidar, mas parece ser aquilo que a normatividade está fadada a reproduzir: está vivo, mas não é uma vida" (BUTLER, 2015, p. 22, grifo nosso).

Olhando para o cenário dos linchamentos no Maranhão, com Butler (2015) depreende-se que o não-reconhecimento do linchado como vítima é precedido pelo não reconhecimento da sua condição de pessoa, cujos enquadramentos não favoreceram a emancipação das vidas precárias que caracterizam os casos ocorridos nesse estado nordestino. É nesse tom que "uma vida tem que ser inteligível como uma vida, tem de se conformar a certas concepções do que é a vida, a fim de se tornar reconhecível" (2015, p. 21).

Nesse sentido, a literatura escolhida permite profícuo diálogo com a realidade empírica a fim de, também, fazer perceber que o próprio enquadramento que as instâncias normativas geraram foram insuficientes e, por si, possui um rompimento perpétuo, precisamente porque "não mantém nada integralmente em um lugar... (está) sujeito a uma lógica temporal de acordo com a qual se desloca de um lugar para outro". Logo, também o marco teórico aqui discorrido permite a suposição e a contemplação daquilo que "escapa de controle", que na razão de Butler (2015) seria "o que escapa ao contexto que enquadra o acontecimento, a imagem, o texto da guerra".

De fato, sublinham-se as variáveis contextuais e as precariedades múltiplas que circundam e sustentam o fenômeno no Maranhão. Esse movimento dialético e cíclico provoca uma postura que instiga a investigar "os enquadramentos que, efetivamente, decidem quais vidas serão reconhecíveis como vidas e quais não o serão devem circular a fim de estabelecer sua hegemonia" (BUTLER, 2015, p. 28).

Pressupõe que "a precariedade é um aspecto do que é apreendido no que está vivo (...) a própria precariedade não pode ser adequadamente reconhecida" (BUTLER, 2015, p. 30) e que a vida de alguém está sempre condicionada às "mãos do outro" (BUTLER, 2015, p. 31). Decerto, "isso implica estarmos expostos não somente àqueles que conhecemos, mas também àqueles que não conhecemos, isto é, dependemos das pessoas que conhecemos, das que conhecemos superficialmente e das que desconhecemos totalmente" (BUTLER, 2015, p. 31). Em Butler (2006), a precariedade da vida liga-se, ainda, "uma rede social de ajuda que permita sobreviver, considerando que apenas em condições nas quais a perda tem importância o valor da vida aparece efetivamente" (BUTLER, 2015, p. 32).

Nessa linha, toma-se como premissa que "o luto serve à vida que já foi vivida e pressupõe que essa vida já está terminada. Porém, (...) o fato de ser passível de luto é uma condição do surgimento e da manutenção de uma vida" (BUTLER, 2015, p. 32-33, grifo nosso).

A vida precária, segundo Butler (2015), é a condição de estar condicionado. Nesse sentido, ela é sustentada em determinadas condições de existência, apropriadas ou não para reconhecer o linchado como vítima de fenômeno tão complexo e passíveis de luto.

A precariedade da vida dos linchados, para além dos casos ocorridos no Maranhão é um ponto de partida, bem como a distribuição desigual das condições de precariedade, conceitos atrelados, que forjam a realidade para que essas vidas ceifadas não sejam consideradas como potencialmente lamentáveis em uma necropolítica que condiciona e é condicionada por diversas variáveis.

CONSIDERAÇÕES FINAIS

Reconhecendo a sociedade brasileira a partir de suas históricas desigualdades sociais; o fenômeno dos linchamentos situa-se em uma ambiência de múltiplas violências, visíveis e invisíveis, criminais e estruturais. Nessa linha, a compreensão do fenômeno perpassa o estudo da complexidade, mutabilidade no tempo e no espaço, bem como as diversas repercussões de suas práticas.

A violência sacrificial nega a essência do ser humano, visto em concreto e pela sujeição jurídica que o Ordenamento, no mundo do dever-ser, o assegura. Denotam-se pela sistematização dos fundamentos as nítidas continuidades, ainda que veladas, de um passado autoritário, ditatorial, marcada por um punitivismo e por intenso processo de coisificação do Outro, supostamente superadas com o advento da Constituição de 1988 que configura, formalmente, o Estado Democrático de Direito Brasileiro. Vingança criminal em grau máximo é, decerto, precedido por violência estrutural.

É no contexto de fragilização dos serviços essenciais prestados pelo Estado, de precarização das relações laborais e de inefetividade dos direitos declarados que emerge a violência estrutural, invisibilizada nas pautas diversas. A violência estrutura gera, pois, um ambiente apropriado para os fatídicos casos de linchamentos.

Nesse sentido, depreende-se que os linchamentos constituem questão social complexa, para além dos números alarmantes aqui apresentados, pelos fundamentos socioculturais, políticos e antropológicos que permitem a compreensão de suas práticas e que atestam uma crise de desagregação estrutural da sociedade e, com efeito, afiguram-se intimamente ligados aos processos históricos de exclusão em seus diversos marcadores sociais (raça, gênero, faixa etária e perfil socioeconômico) e acusam um processo civilizatório defasado, na fragilidade do exercício da alteridade, na descrença nas instituições republicanas e democráticas e na assimilação de discursos, práticas e mentalidades voltadas para o aniquilamento do Outro, na ótica de uma outra legalidade comunitária que não é comprometida com os axiomas de proteção da pessoa.

Aniquilam-se sujeitos, violam-se direitos, banaliza-se a vida, coisifica-se a pessoa. Descompassada com o acervo jurídico apregoado no plano nacional e internacional humanitário; a violência sacrificial na contemporaneidade é uma questão social complexa e ainda invisível, tenso fenômeno a ser descortinado e tratado por meio de políticas sérias voltadas a efetivação de direitos nas sociedades, de tantos riscos e incertezas, contemporâneas.

Portanto, salutar o posicionamento da Ciência que, comprometida com o enfrentamento das vulnerabilidades sociais, repercuta para a visibilidade de questões intocáveis, bem como fecunde a Cultura de Paz como uma norma de integridade voltada para a construção de espaços democráticos, inclusivos e comprometidos com o respeito a pessoa humana.

REFERÊNCIAS

ADORNO, Sérgio. A gestão urbana do medo e da insegurança: violência, crime e justiça penal na sociedade brasileira contemporânea. 1996. 282 f. Tese (Doutorado em Livre-Docência) – Universidade de São Paulo, São Paulo, 1996.

AGAMBEN, Giorgio. Meios sem fim: notas sobre política. Belo Horizonte: Autêntica, 2003.

AGAMBEN, Giorgio. O estado de exceção. São Paulo: Boitempo Editora, 2010.

ALAGIA, Alejandro. Fazer sofrer: imagens do homem e da sociedade no direito penal. Rio de Janeiro: Revan, 2013.

ALTHUSSER, Louis. Aparelhos ideológicos de Estado. Rio de Janeiro: Edições Graal, 2010.

ANDRADE, Vera Regina Pereira de. A ilusão da segurança jurídica: do controle da violência a violência do controle penal. 2. ed. Porto Alegre: Livraria do Advogado, 2003a.

ANDRADE, Vera Regina Pereira de. Sistema penal máximo x cidadania mínima: códigos da violência na era da globalização. Porto Alegre: Livraria do Advogado, 2003b.

AZEVEDO, Solange. Cidades violentas perdem negócios: para o economista de Harvard, a criminalidade afasta os empreendedores que impulsionam o progresso: entrevista com Edward L. Glaeser. Revista Época, São Paulo, 2007. Disponível em: http://revistaepoca.globo.com/Revista/Epoca/0,,EDR78226-6009,00.html. Acesso em: 1 ago. 2014.

BARATTA, Alessandro. Direitos humanos: entre a violência estrutural e a violência penal. Saarbrücken: Sarlaand, 2008.

BARATTA, Alessandro. Direitos humanos: entre a violência estrutural e a violência penal. Saarbrücken: Sarlaand, 2008.

BARBOSA, Jefferson Rodrigues et al. Militares e política no Brasil. São Paulo: Expressão Popular, 2018.

BARDIN, Laurence. Análise de conteúdo. Lisboa: Edições 70, 2011.

BAUMAN, Zygmunt. Vigilância líquida. Rio de Janeiro: Zahar, 2013.

BECK, Ulrich. Sociedade de risco: rumo a uma outra modernidade. Lisboa: Editora 34, 2011.

BECKER, Gary. Crime and punishment: an economic approache. UMI: Chicago, 1974.

BRASIL. Conselho Nacional de Justiça. Fonape: Falta de confiança no Estado incentiva criminalidade, diz professor. In: BRASIL. Conselho Nacional de Justiça. Notícias CNJ. Brasília, DF: CNJ, 2016. Disponível em: https://www.cnj.jus.br/fonape-falta-de-confianca-no-estado-incentiva-criminalidade-diz-professor/. Acesso em: 10 ago. 2019.

BUTLER, Judith. Quadros de guerra: quando a vida é passível de luto. Rio de Janeiro: Civilização Brasileira, 2015.

BUTLER, Judith. Vida precária: el poder del duelo y la violencia. Buenos Aires: Paidos, 2006.

CENTRO APOIO OPERACIONAL CRIMINAL. Linchamentos: Estado do Maranhão (2015-2019). São Luís: MPMA, 2019.

CENTRO INTERNACIONAL DE INVESTIGAÇÃO E INFORMAÇÃO PARA A PAZ. Estado da paz e evolução da Violência. Brasília, DF: CIIIP, 2002.

CHAUÍ, Marilena. Brasil: mito fundador e sociedade autoritária. São Paulo: Editora Fundação Perseu Abramo, 2006.

CHIZOTTI, Antônio. Pesquisa em ciências humanas e sociais. São Paulo: Cortez Editora, 2011.

COMPARATO, Fábio Konder. A afirmação dos direitos humanos. 3. ed. São Paulo: Saraiva, 2004.

COUTINHO, Jacinto Nelson de Miranda; PAULA, Leonardo Costa de; SILVEIRA, Marco Aurélio Nunes da. Mentalidade inquisitória e processo penal no Brasil: o sistema acusatório e a reforma do CPP no Brasil e na América Latina. Florianópolis: Empório do Direito, 2017.

COUTINHO, Jacinto Nelson de Miranda; PAULA, Leonardo Costa de; SILVEIRA, Marco Aurélio Nunes da. Mentalidade inquisitória e processo penal no Brasil: o sistema acusatório e a reforma do CPP no Brasil e na América Latina. Florianópolis: Empório do Direito, 2018.

DEBORD, Guy. A sociedade do espetáculo. São Paulo: EbookBrasil, 2010. Disponível em: https://www.marxists.org/portugues/debord/1967/11/sociedade.pdf. Acesso em: 5 fev. 2020.

DEMO, Pedro. Pobreza política (pobreza humana). São Paulo: [s.n.], 2010.

ELIAS, Norbert. O processo civilizador. São Paulo: Zahar, 2005.

FERNANDES, Fernando. O processo penal como instrumento de política criminal. Coimbra: Almedina, 2001.

FOUCAULT, Michel. A arqueologia do saber. Tradução Luiz Felipe Baeta Neves. 7. ed. Rio de Janeiro: Forense Universitária, 2008.

FOUCAULT, Michel. A sociedade punitiva. Rio de Janeiro: Forense Universitária, 2010.

FRASER, Nancy. Da redistribuição ao reconhecimento? Dilemas da justiça comum numa era pós-socialista. Cadernos do Campo, São Paulo, v. 15, n. 14/15, p. 231-239, 2006.

FUNDAÇÃO GETÚLIO VARGAS. Escola de Direito de São Paulo. Relatório ICJ Brasil. São Paulo: FGV, 2017.

GATTI, Bernadete Angelina. Grupo Focal na Pesquisa em Ciências Sociais e Humanas. Série Pesquisa, v.10. Brasília: DF, 2005.

GIGENA, Andrea Ivanna. Necropolítica: los aportes de Mbembe para entender la violencia contemporânea. In: DIAZ, Antonio Fuentes (ed.). Necropolítica, violencia y excepción em América Latina. México: Instituto de Ciencias Sociales y Humanidades, 2012.

GIRARD, René. El chivo expiatório. Barcelona: Anagrama, 2000.

HABERMAS, Jurgen. A inclusão do Outro. São Paulo: Editora UNESP, 2018.

HOLANDA, Sergio Buarque. Raízes do Brasil. 26. ed. São Paulo: Companhia das Letras, 1991.

HONNETH, Axel. Reificação: um estudo de teoria do reconhecimento. São Paulo: Editora UNESP, 2018.

JAKOBS, Gunther. Direito penal do inimigo: noções e críticas. Porto Alegre: Livraria do Advogado, 2008.

JESUS, Thiago Allisson Cardoso de. Vingança Privada, Linchamentos e Desencantos em Direitos Humanos no Brasil Contemporâneo: Interfaces e Tensões Entre Violência Estrutural e Criminal a Partir da Análise do Fenômeno no Maranhão. In: Desigualdades globais e justiça social [livro eletrônico]: violência, discriminação e processos de exclusão na atualidade / Rebecca Lemos Igreja, Camilo Negri (org.). -- Brasília: Faculdade Latino-Americana de Ciências Sociais, 2021. Disponível em http://flacso.org.br/?publication=desigualdades-globais-e-justica-social-violencia-discriminacao-e-processos-de-exclusao-na-atualidade.

LEVINAS, Emmanuel. Entre nós: ensaios sobre a alteridade. São Paulo: Vozes, 2015.

MANSOLDO, Mary Cristina. O linchamento ao redor do mundo: ocorrências no Brasil e no mundo a partir do ano 2000. Tróp: Recife, 2019

MARTINS, José de Sousa. Linchamentos: a justiça popular no Brasil. São Paulo: Contexto, 2015.

MARX, Karl. O capital: o processo de produção de capital: livro 1. Rio de Janeiro: Civilização Brasileira, 2011.

MASCARO, Alysson Leandro. Estado e forma política. São Paulo: Editora Boitempo. 2015.

MATIAS, Pereira José. Manual de metodologia da pesquisa científica. In: MATIAS, Pereira José. Estrutura de um trabalho de pesquisa científica. 3. ed. rev. e atual. São Paulo: Atlas, 2012. p. 72-97.

MBEMBE, Achille. Necropolítica: biopoder, soberania, estado de exceção, política de morte. São Paulo: N-1 Edições, 2018.

MOUNK, Yascha. O povo contra a democracia. São Paulo: Cia das Letras, 2019.

MULAS, Nieves Sanz. Política criminal. Madrid: Ratio Legis, 2019.

NAPOLITANO, Marcos. 1964: história do Regime Militar Brasileiro. São Paulo: Contexto, 2014.

O'DONNELL, Guillermo. Teoria democrática e política comparada. Dados, Rio de Janeiro, v. 42, n. 4, p. 655-690, 1999.

PARA 57% dos brasileiros, 'bandido bom é bandido morto', diz Datafolha. G1 São Paulo, São Paulo, 2 nov. 2016. Disponível em: http://g1.globo.com/sao-paulo/noticia/2016/11/para-57-dos-brasileiros-bandido-bom-e-bandido-morto-diz-datafolha.html. Acesso em: 10 ago. 2020.

PERALVA, Angelina. Violência e democracia: o paradoxo brasileiro. São Paulo: Paz e Terra, 2000.

PEREIRA, Anthony W. Ditadura e repressão: o autoritarismo e o Estado de Direito no Brasil, no Chile e na Argentina. São Paulo: Paz e Terra, 2010.

PERELMAN, Chaïm; OLBRECHTS-TYTECA, Lucie. Tratado da argumentação: a nova retórica. São Paulo: Martins Fontes, 1996.

PROGRAMA DAS NAÇÕES UNIDAS PARA O DESENVOLVIMENTO. Gestão de Políticas Públicas de Segurança Cidadã: caderno de trabalho. Brasília, DF: Secretaria Nacional de Segurança Pública, 2006.

RIBEIRO, Darcy. Crônicas brasileiras. Organização e prefácio Eric Nepomuceno. Rio de Janeiro: Desiderata, 2009.

RUBIO, David Sánchez. Encantos e desencantos dos direitos humanos: de emancipações, libertações e dominações. Porto Alegre: Livraria do Advogado, 2014.

SANCHEZ, Jesús Maria Silva. A expansão do Direito Penal: aspectos da política criminal nas sociedades pós-industriais. São Paulo: Revista dos Tribunais, 2018.

SANTOS, Boaventura de Souza. Reconhecer para libertar: os caminhos do cosmopolitanismo multicultural. Rio de Janeiro: Civilização Brasileira, 2010.

SEN, Amartya. Uma ideia de Justiça. São Paulo: Martins Fontes, 2014.

SENDRA, Natatya Carreras. La politización de la violencia. In: DIAZ, Antonio Fuentes (ed.). Necropolítica, violencia y excepción en América Latina. México: Instituto de Ciencias Sociales y Humanidades, 2012.

SINORETTO, Jacqueline. Os justiçadores e sua justiça: linchamentos, costume e conflito. São Paulo: USP, 2001.

WACQUANT, Loic. Punir os pobres: a nova gestão da miséria nos Estados Unidos. Rio de Janeiro: Revan, 2012.

ZAFFARONI, Eugenio Raúl. Em busca das penas perdidas: a perda da legitimidade do sistema penal. 5. ed. Rio de Janeiro: Revan, 2010.

ZAFFARONI, Eugenio Raúl. O inimigo no direito penal. 2. ed. Rio de Janeiro: Revan, 2014.

ZIZEK, Slavoj. O sujeito incômodo. São Paulo: Boitempo, 2017.

www.ingramcontent.com/pod-product-compliance
Lightning Source LLC
Chambersburg PA
CBHW081803200326
41597CB00023B/4123